地域開発と村落景観の歴史的展開

—多摩川中流域を中心に—

原田信男編

思文閣出版

はじめに

原田信男

これまで人間は、自らの生存の糧を大地に求めて、さまざまな生産活動を行ってきたが、その居住域・生産域を含めて、それらを大地に歴史的に刻み込んできた。考古の遺跡・遺物は、その一部に過ぎない。また文書や記録類も、それを間接的に物語ってくれている。前代を承けて、次の時代があり、その上にまた新たな時代が築かれる。歴史学や考古学の研究においては、専門とする時代が区切られるが、現実の歴史そのものに区切りはなく、過去から重層的に積み上げられた社会のなかで、人間は新たなシステムを築きつつ、それぞれの条件下で生活を営んできたのである。

そうした過去の人々の暮らしを、どのように復原していくか、それが歴史学の大きな課題の一つだと考えるようになってから、私自身のなかでかなりの年月が流れた。そして、そのためには生活の舞台を歩き回り、この眼で現地を確認しておくことが何よりも重要で、そこから歴史というものを認識していく必要があると確信するようになった。こうした地域と景観とから歴史を見直していくという研究方法は、近年になってようやく市民権を得つつあるが、その最大のエポックは、一九八八年の木村礎編『村落景観の史的研究』刊行であろう〔木村編一九八八］。

幸いにも編者は、この三〇年以上も前に始まった共同研究に、当初から深く関与し、木村礎先生の指導を受け、そこで中世部分を担当したことから、その後の調査成果も加えて学位論文『中世村落の景観と生活』を上梓することができた［原田一九九九］。この共同研究では、木村先生を中心に多くの同輩・後輩たちが、関東平野東部の茨城県県西地方をフィールドとして、近世の地方文書を素材としながらも、地図や絵図を片手に現地をくまなく何度も歩き回った。その成果である『村落景観の史的研究』は、古代から近代までの村落景観を追求したもので、歴史学による村落景観史研究の嚆矢となったが、いくつかの問題点を残していた。

もともと関東平野東部は、利根川・鬼怒川が形成した沖積地が広がり、現在では一面の水田地帯となっているが、かつては水が溢れる低湿地が多かった。しかも近代には交通の不便さと相まって、首都圏郊外としての宅地化が遅れたため、急激な開発は進まず、古くからの景観を実によく残した地域であった。いわゆる農村地帯が多かったことから、近世以来の景観とともに、良好な地方文書群も数多く残されていた。

こうした立地条件から、村落景観の研究には最適の地であったが、逆にこうした景観の下に眠る考古遺跡については、あまり発掘が行われていないという状態にあった。すなわち近世の地方文書が多く、景観の復原研究そのものには好都合ではあったが、考古情報が少なく、中世以前の村落景観に関しては、年代観も含めて不明確な推測に留まるという限界を有していた。もちろん、このことは『村落景観の史的研究』における古代・中世部分の叙述を否定するものではないが、不充分さを克服しえないという弱点は有していた。

これに対して、関東平野西部では、首都圏近郊としての住宅地化が一九七〇年代から急速に進んだ。とくに多摩川南岸の多摩丘陵には、多摩ニュータウンが一九七一年に出現をみて、それまでの農村地帯が一挙に住宅団地となり、都市機能を付加したことから、巨大な土地開発が進行していった。しかも一九七〇年代における文化財保護法の改正によって、遺跡該当地開発の際の発掘義務が強化されたことから、とりわけ関東平野西部においては、行政ならびに民間における発掘事業が進み、かなりの数の発掘報告書が作成されるようになった。

それゆえ関東平野西部においては、これらの発掘報告書から近世以前の村落景観に関する豊富なデータが得られるようになった。ところが、こうした地域では、かつての景観は大幅に改変され、現状からの復原という作業はきわめて難しい状況となり、古い土蔵などとともに多くの古文書が失われた。しかし、私たちには関東平野東部において、地形状況から村落景観を読みとるという手法に慣れ親しんだ経験があり、少なくとも一定量の地方文書や村絵図などがあれば、村落景観を歴史的に復原することは可能と思われた。

そこで関東平野のうちでも、古代および中世の村落景観の変遷を考える上で、きわめて興味深い発掘が行われた東京都の日野・八王子市域をフィールドとして、地域開発という観点から村落景観の変遷を明らかにしたいと考えた。とくにこの地域は、沖積低地・台地・丘陵部のほか、八王子市川口地区のような山間部を含むという特色がある。この点は、関東平野東部地区を中心に行った共同研究『村落景観の史的研究』でも、同じような地形条件を有しながらも、近世以降に関しては、台地・丘陵部および山間部を研究対象とすることはほとんどなかった。

さらに、この共同研究においては、考古学的知見を部分的には利用したが、考古学そのものとの連携にはいたらなかった。とくに文献史料が残るようになる中世・近世においては、文献史学と考古学との共同の討議が必要であったが、これを実践するには難しい状況にあった。また考古学が対象とするいわゆる先史時代については扱わなかったが、本書では、考古学研究者を共同研究者として迎え、積極的な議論を展開して、旧石器時代から検討を始めることとする。

すなわち、この地域に人間が住み始めた段階からを研究対象として、どのような形で大地とのかかわりが営まれてきたのかを考えてみたい。人間が文字を用いて、生活にかかわる記録を残し始めるのは、きわめて新しい歴史的段階のことで、とくに日本列島では古代律令国家が確立して以降のことと言っても過言ではなかろう。従って、古代以降については、そうした文献史料と考古遺跡・遺物との突き合わせを重視する。

まさしく考古学と文献史学との協業を基礎とすることを、この共同研究の柱とする。ただ本書では、編者の力量から『村落景観の史的研究』で扱った近代以降については、残念ながら論及することができなかったことを、予めお断りしておきたいと思う。ただ、この時代における景観の変遷や開発の進展などに関しては、別の角度からのさまざまな取り組みがあるので、それらを参照していただくこととして、あくまでも本書では、旧石器から前近代までを研究の対象とする。

この日野・八王子市域を中心とする地域は、関東平野西部の多摩川中流域にあたり、広大な沖積低地を含む。また平野部最西端に位置して、多摩川の支流である浅川流域には、沖積低地である八王子盆地が広がるとともに、周囲には川口・元八王子・小比企・多摩・南北加住丘陵や日野台地が展開し、その西方からは山地部が始まるという地形条件下にある。それゆえ低地部・台地部・山地部における土地利用のほか、多摩川・浅川という大河川が、どのように村落景観や土地開発とかかわっていたのか、等々の点についても検討することが可能となる。

とくに『村落景観の史的研究』においては、関東平野東部のうちでも、ほとんどが沖積低地を中心としたため、平野縁辺部の台地部・山地部を扱った研究は非常に少なかった。この点、本書は平地部を含みながらも縁辺部をも扱うことによって、農耕という生産のスタイルを有しなかった時代や、必ずしも水田農耕に重きを置かなかった地域や時代の土地利用についても、幅広く検討することができるだろうと考えた。

それゆえ人間と大地とのかかわりを、トータルかつ具体的に検討するために、関東平野西部の多摩川中流域という地域を設定することとした。そして景観や開発という問題を扱うためには、それぞれの地域の地形的特色との関連をみていくことが重要だろう。この両者の相関を歴史的な時代ごとに緻密に論ずることは難しいが、地域地形の特色を概観する必要がある。

これに関して序章の久保論文では、広く関東平野を見渡した上で、当地域については、箱根火山や富士火山などの火山灰（テフラ）の影響が強く、かつ関東ローム層の堆積・保存が均一ではなく、とくに多摩丘陵などでは相模川などによる礫層の存在が特徴的で、離水条件が高かったことなどが指摘されている。これと関連してか、多摩丘陵では平坦面が失われているという特色があり、このため〝多摩の横山〟と称されるような地形をなしている点は、歴史的にも注目しておく必要があるだろう。

さらに地理学的な観点からは、久保論文が末尾で提起したように、近代とくに現代における地形の人工改変が、当地域の著しい特色となっている。これについては、先にも述べたように、そうした改変こそが、皮肉にも考古学研究の豊富なデータを産んだ所以でもある。ただ間違いなく、近現代における大規模な人工的地形改変が、斜面崩壊や局地的な大規模増水といった新たな災害を惹き起こしているのである。それゆえ、こうした現状を真剣にみつめるならば、この問題こそが、地域開発と村落景観に関する歴史的研究における最大の課題となることに疑いはない。

しかし本書では、この時代を敢えて研究の対象外とし、きわめて重要な今日的課題に触れることはしない。むしろ、そうした近現代の大規模開発以前における地域開発のありかたを、考古学と文献史学の方法によって、歴史的に解明することに全力を注ぎたい。近年、〝環境〟という言葉が一人歩きし、環境史という研究分野まで生まれつつあるが、あくまでも環境とは、自然と人間による長い歴史的な関係の結果に過ぎない。単なる自然環境などというものは、現代日本には全くと言ってよいほど存在しないのである。あらゆる国土も自然も、長い年月をかけた人間の手によって、歴史的に形成されたことを忘れてはならない。

こうした視点に立ち、本書では、地域開発と村落景観のかかわりについて、旧石器時代から近世までを通史的に見渡したいと思う。ただ本書は、ほぼ二〇年以上にも及ぶ共同研究の成果で、先にも述べたように、考古学研究者や近世史研究者などとの調査・研究に基づくものである。それゆえ同一地域を対象として共同の議論を継続しつつも、それぞれの研究者が、共通の課題のもとに、個々の論文を担当するというスタイルを採っている。

それぞれの論文については、歴史研究の常ながら、各自が専門とする時代を超えることは難しく、また根拠となる史料の有無や性格によって、扱う範囲は地域的にもテーマ的にも大きく限定されざるをえないという宿命をもつ。このため通史的な問題においては、編者が責任をもって全体を見通すために、時代ごとに概説を付すこととした。また人々の生活基盤となる当地域の地形的特色については、先にも述べたように、地理学の立場からの分析を久保純子氏にお願いし、これを全体の序章として冒頭に掲げたので、本書の内容に関する歴史的な理解の前提とされたい。

地域開発と村落景観の歴史的展開◆目次

第三部

地域開発と村落景観の歴史的展開

——多摩川中流域を中心に——

序　章　日野・八王子地域とその周辺の地形

久保純子

一　はじめに

日野・八王子地域の地形の特色について、現在までの知見を整理するとともに、検討すべき課題を明らかにし、いくつかの点について考察を加える。なお、本書では「日野・八王子地域」を、八王子市宇津木台遺跡地区・館町遺跡地区・日野市南広間地遺跡地区・八王子市川口地区などを含む地域として扱うが、これはほぼ現在の行政区画である日野市および、八王子市の東半部に該当する。

二　南関東の地形概観と日野・八王子地域

関東地方の地形をみると（図0—1）、関東平野の周囲には八溝《やみぞ》山地・足尾山地・関東山地（秩父・奥多摩・丹沢《たんざわ》）などの山地があり、また、群馬の榛名《はるな》山や赤城《あかぎ》山・浅間《あさま》山・鬼怒《きぬ》川上流の日光連山、そして西方には富士・箱根などの火山が分布する。これらの火山はいずれも第四紀《だいよんき》（最近約二六〇万年間）の形成である。

房総半島と三浦半島の主部は丘陵または低い山地とされる。丘陵は山地と比べると標高や起伏が小さいなだらかな地形であるが、地質的には山地が侵食されてゆるやかな起伏となったものと、台地を起源として侵食が進んだため平坦面がなくなったものの両方がある。三浦や房総は地質からみると低い山地である。関東山地は中生代という恐竜の時代までさかのぼる海底の堆積物などからなるが、房総や三浦のものは新生代の新第三紀から第四紀のはじめにかけての数百万年前の地層である。房総半島と三浦半島の丘陵は東京湾の南側を防波堤のように取り囲み、狭い浦賀水道を形成している。

関東平野の北〜西側にも、山地との間に丘陵が分布する。鬼怒川流域北部には古い時代の火山噴出物が侵食されて丘陵状になったものがある。関東山地の縁辺部には比企《ひき》丘陵・狭山《さやま》丘陵・多摩丘陵・大磯丘陵などの丘陵がある。これらの丘陵の多くは武蔵野台地や相模野台地のような上部に平坦面をもつ台地が、長い間の侵食によって平坦面を失った「台地のなれの果て」の地形といえる。

関東平野中央部では東京湾を取り囲むように低地と台地が分布する。平野の地形は台地（洪積台地）と低地（沖積低地）を含むのが一般的である。台地は低地と比べるとやや標高が高く、周囲を比較的急な斜面に囲まれる

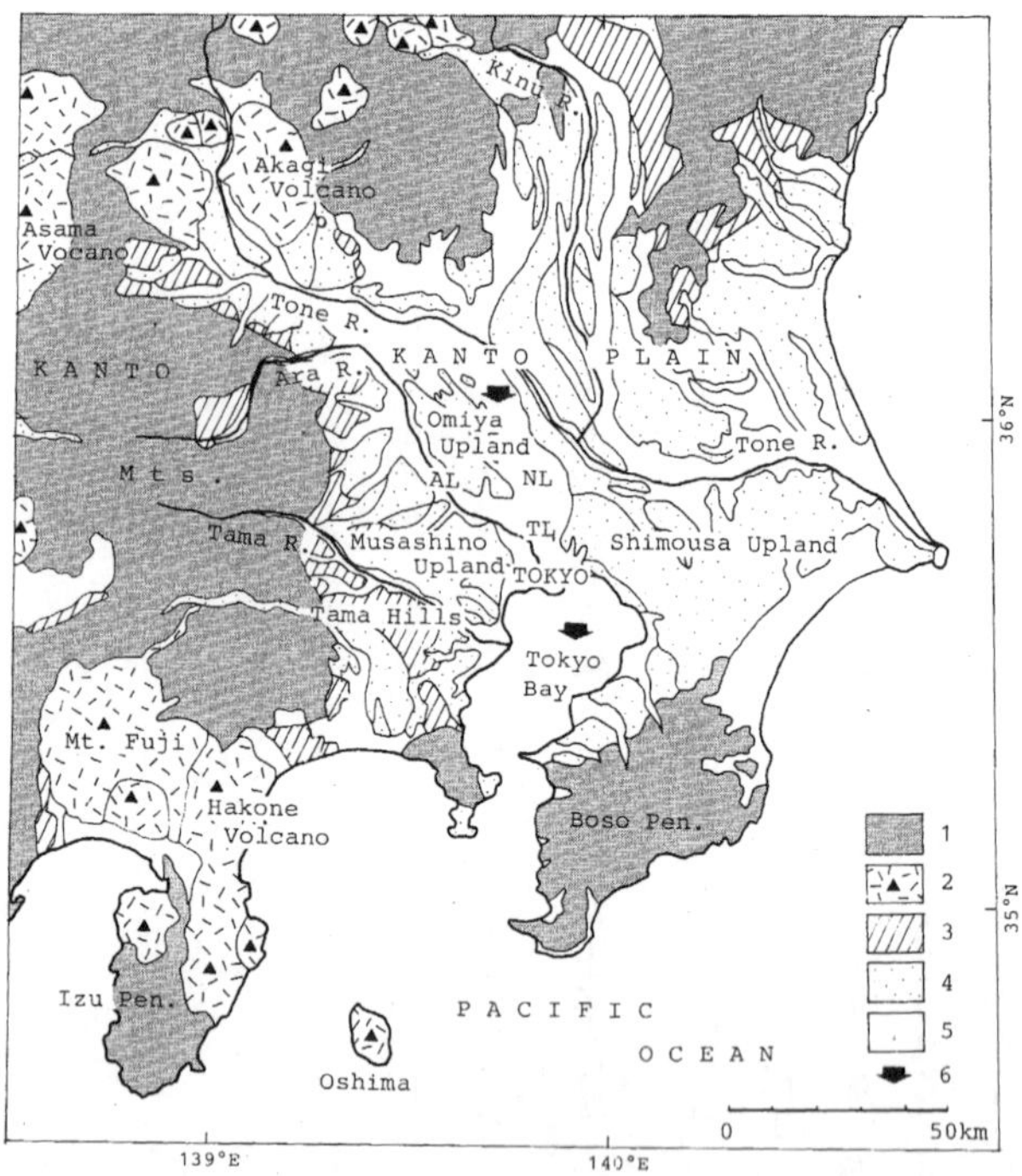

図０―１　関東地方の地形概観（久保編集）
１：山地／２：火山／３：丘陵／４：台地／５：低地／６：沈降運動の中心

が、上面には平坦面を持つ。日野・八王子地域周辺には武蔵野台地や相模野台地、横浜の下末吉《しもすえよし》台地などがある。低地は海岸や河川沿いで洪水の作用がおよぶ地域である。多摩川・荒川・中川（かつての利根川）などが東京湾に注いでいる。

関東平野は低地と較べて台地の分布が広い平野といえる。関東平野のほか、十勝平野などは台地の分布が広く、それに対し新潟平野・濃尾平野・大阪の平野は台地の割合が小さい。

東京湾を取り囲んで低地や台地が分布するのは、平野の沈降の中心が東京湾から中川低地にかけて位置するためと考えられている［貝塚一九八七］。

日野・八王子地域とその周辺の地形を概観すると、西側の関東山地と三浦半島をつなぐように、やや標高と起伏の大きな多摩丘陵・加住《かすみ》丘陵などの丘陵が延び、多摩川が北西から南東へ流れる（図0—2）。日野・八王子地域はこの加住丘陵・多摩丘陵と多摩川低地の接する付近に位置し、多摩川の支流浅川低地とその周辺の段丘を含む。

多摩丘陵の北東側には多摩川低地を挟んで武蔵野台地がひろがり、多摩丘陵の南西側には相模野台地がひろがる。これらの台地は関東山地との接点から広がる扇状地状の形態を示す。一方、武蔵野台地からみて荒川低地の対岸の大宮台地や、中川（旧利根川）低地の東側の下総《しもうさ》台地や常総《じょうそう》台地は扇状地の形態とは異なり、全体に平坦な台地である。

東京付近の南北断面（図0—3・上）をみると、多摩丘陵から多摩川を越えると武蔵野台地で、平坦面を作った砂礫や砂の層がある。立川段丘には立川や府中の市街と立川断層がある。立川段丘の北側は国分寺崖線《がいせん》を境に武蔵野段丘となり、その北に狭山丘陵がある。狭山丘陵は多摩丘陵と似ており、昔の平坦面を作ったときの礫層がある。その北には所沢《ところざわ》や入間《いるま》の台地と金子台がある。

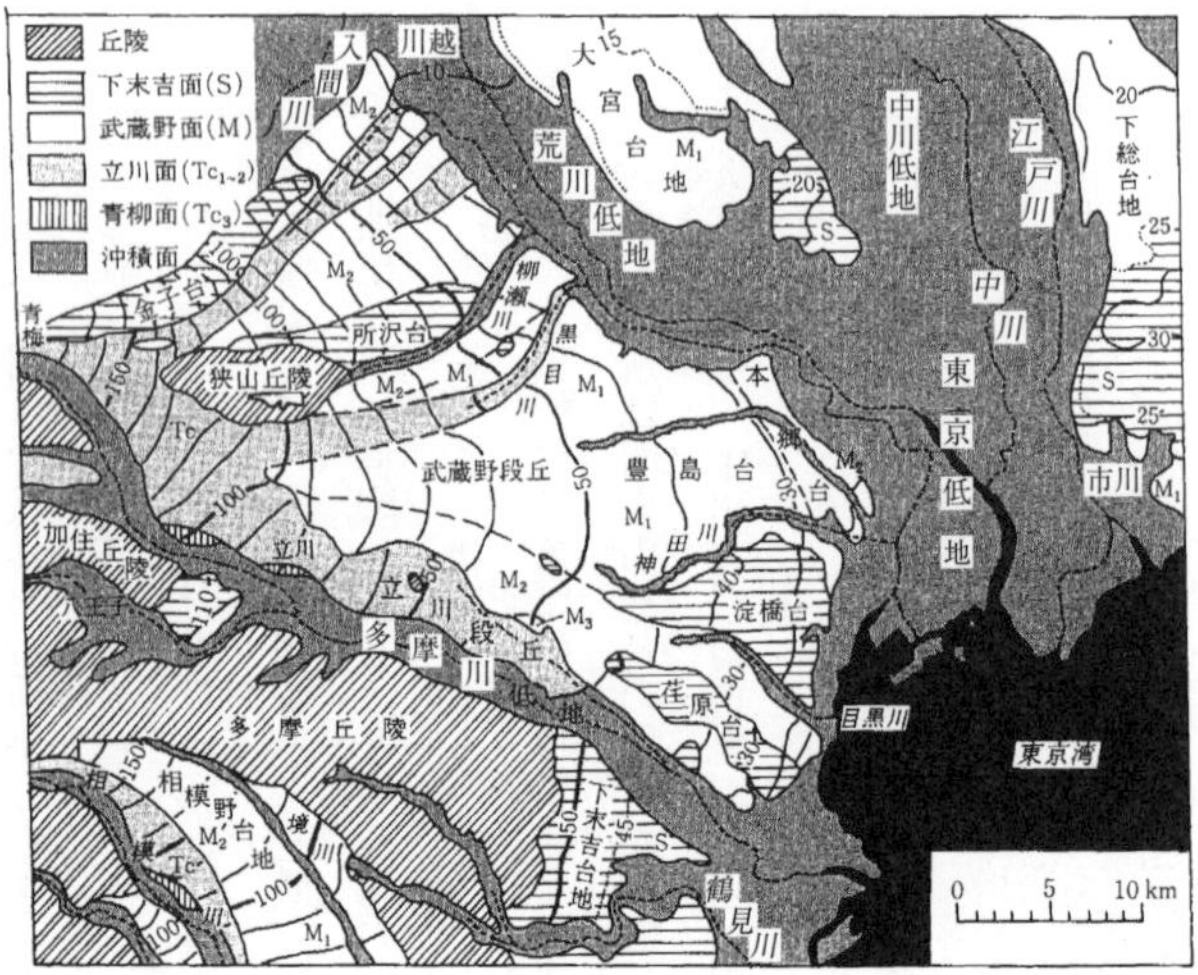

図０―２　武蔵野台地とその周辺の地形（貝塚1992より転載）

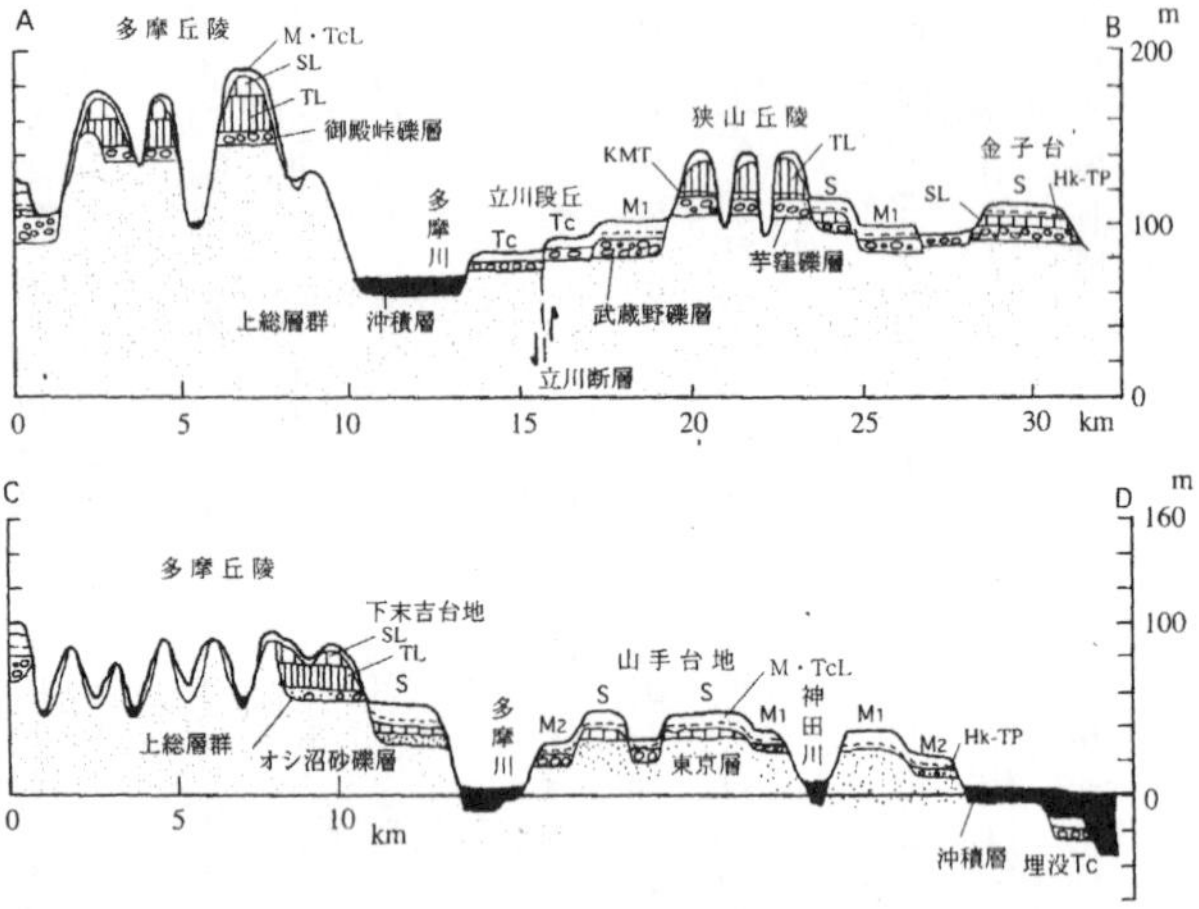

図０―３　多摩丘陵～武蔵野台地の断面図

（貝塚ほか編2000より転載）

（上）南北断面、（下）東西断面

東西断面図（図０―３・下）をみると、多摩丘陵はでこぼこしているが、だいたい山頂の高さがそろっている。こうした傾向を定高性《ていこうせい》をもつという。後述するが、「多摩の横山」という言葉は丘陵の特色をよく示している。多摩丘陵では西の方はだいぶ侵食されているが、東の方には台地の特色が残っている。

多摩川を越えると武蔵野台地で、何段かの段に分かれる（後述）。東側は東京低地で、かつての利根川のデルタ地帯である。

武蔵野台地北部の金子台と所沢台や、東京山の手新宿・渋谷のある淀橋台、世田谷・目黒・品川の荏原《えばら》台、田園調布台などは少し高い台地で、横浜の下末吉面も同時期の形成とされる。日野台地も同じ時期とされた。ただし、近年金子台と所沢台は関東ローム層の比較により、下末吉よりも少し古い時代のものと考えられるようになった。都心部の淀橋台や荏原台は海底で堆積した砂や泥の層で、貝化石もみつかっている。金子台や所沢台は扇状地の礫層からなる。下末吉よりも少し古いと何が違うかというと、形成時期の環境が異なり、氷期と間氷期という違いがある。下末吉面の時代が温暖な間氷期とされるのに対し、金子台や所沢台は氷河時代の寒冷期に形成された扇状地であるらしい。日野台地についてはまだよくわからない点がある。

以下では、武蔵野台地と日野台地・多摩丘陵・相模野台地の順に、それぞれの地域の地形の特色と研究上の課題を述べたい。

三　武蔵野台地と日野台地

武蔵野台地の主体部は等高線の分布から分かるように、多摩川の扇状地の形態をしている（図0―2）。この扇状地は青梅付近を扇頂《せんちょう》として広がる。ただし、東端の赤羽から上野にかけて（本郷台）は扇状地の形が異なり、荒川・利根川系の影響で形成されたとされる。

武蔵野台地西部には、紡錘形の狭山丘陵が突出している（図0―2・0―4）。これはかつての多摩川が削ったため、なめらかな境界となったのである。このほか入間市の阿須山《あずやま》丘陵、草花《くさばな》丘陵、秋留《あきる》台地、加住丘陵、日野台地、多摩丘陵などの丘陵がある。立川段丘上の府中の浅間山《せんげんやま》も丘陵の断片で、多摩丘陵と共通の地質がみられる。

国分寺崖線は武蔵野面と立川面の境界で、崖線沿いにはわき水が点々とあり、それらを集めて野川が流れる。

多摩川の対岸には、浅川との間に日野台地がある。

立川や府中の市街のある立川段丘面は、北の方に分岐する面がある。黒目川や不老《としとらず》川が流れる面などである。これらの面は扇状地面上を多摩川が時々分岐して流れたときのものらしい。立川面も多摩川の扇状地といえるが、武蔵野の時代に比べると分布範囲が狭く、やや狭い谷として形成された。秋留台地も秋川沿いに同じような地形としてみられ、日野台地の南側には浅川沿いに立川面とされる低い面がある。

多摩川沿いには立川段丘よりも新しい時代の段丘があり、そのいちばん広いものは拝島《はいじま》面と呼ばれる。今の氾濫原よりも高い段丘であるが、関東ローム層はのらない新しい面である。ほかにも断片的に新しい面が分布する。秋留台地の周りや八王子の北浅川のあたりにも同じような面がある。

日本国内では武蔵野で最初に台地の研究が進んだため、武蔵野面や立川面という名前がついたが、全国的に同じような時代に扇状地や平野が作られている。現在では世界規模の気候変化、氷期と間氷期の繰り返しでこのような台地や低地が作られたとされている。以下に、地形面ごとにこれまでの知見を整理する。

(一) 下末吉面

下末吉面の平坦面をつくったものは、海の近くの場合の多くは海成段丘であり、当時の浅い海の底である。淀橋台（下末吉面）にある六本木の東京ミッドタウンが建設されているときに現場をみせていただいた（写真0—1）。六本木の盛り場の地面から地下へ掘ってゆくと、一〇メートル位は関東ローム層の赤土がある。さらに下には縞状にみえるが細かい礫層や砂の層がある。礫は碁石よりも小さな丸く扁平な、お供え餅のような形の礫である。今の多摩川の河原にも丸い礫はあるが、それに較べてもっと扁平である。これらは波打ち際で波により、行ったりきたりの移動を繰り返してこのような扁平な礫になったと考えられる。当時のミッドタウンは海岸の波

写真0―1　東京ミッドタウン建設地の関東ローム層（左）とその下の海成層（右）

打ち際であり、淀橋台のほかの場所では貝化石も出ているので、これらは東京湾が浅い海であった時代の堆積物といえる。この浅い海の底の平坦面が海のそばの平野としての淀橋台や荏原台の起源である。

海底の堆積物の上に関東ローム層が堆積しているということは、その後海の底ではなくなり、陸上に箱根や富士山から火山灰が降って堆積したものといえる。それは机の上にほこりがたまるようなもので、一〇何万年間分のほこりである。一番下の海底の年代が、火山灰の（フィッショントラック法などの）放射年代で約一三万年前とされた。一三万年分のほこりが一〇メートル以上の関東ローム層になったといえる。所沢台や金子台ではこの海の砂泥の代わりに礫が堆積している。日野台地も川の礫が堆積している。

(二)　武蔵野面

武蔵野面の中身がみえるところは少ないが、写真0―2は国分寺駅の近くの駐車場で、幸い地主さんが（露頭がみえる状態で）使ってくれている。この崖はちょうど国分寺崖線と呼ばれる武蔵野面と立川面の境界で、国分寺崖線のところはハケと呼ばれるわき水がよくみられ、ハケの水を集めた野川が流れている。

上部に赤土の関東ローム層がみえるが、ミッドタウンと較べると薄

写真０—２　国分寺駅付近（武蔵野面）の関東ローム層と東京軽石層

く、ここでは五〜六メートルである。真ん中のあたりに白っぽい筋がみえるが、これは黄色いはっきりした地層で、箱根火山の噴火で飛んできた軽石の粒の層である。東京周辺ではどこでもよくみられるので、東京軽石層と呼ばれている。国分寺のここでは厚さが三〜四センチメートルほどで、細かいゴマ粒くらいの大きさで、風化して少し粘土化している。

写真ではみえないのだが下の方に礫があり、扇状地礫層である。その上に「ほこり」としての関東ローム層が五〜六メートルつもっている。これは下末吉面より薄く、最近の知見によれば、東京軽石層は六万年前頃の箱根火山の噴火で飛んできたもので、国分寺ではその下にまだ「ほこり」がたまっているので、この付近は八万年前くらいの扇状地といわれる。

もう一ヶ所、都内で露頭がみられる有名な場所として、世田谷の等々力《とどろき》渓谷の例（写真０—３）を示す。上部が武蔵野台地面で、五〜六メートルの関東ローム層、その中央より下に白っぽい筋がみえるのが箱根の東京軽石層、植生に覆われているあたりが礫層であり、厚さは二〜三メートルくらいで、その下にかなり軟らかい泥岩がみられる。雨が降るとローム層と礫層には水がしみ通るが、泥岩は水を通さないため、泥岩との境界で水がわき、等々力不動の滝となっている。不動滝は石の竜の口から水を落としているが、雨の降ったあとなどは礫層と泥岩の境界部のいたる所から水がしみ出すのがみえる。わき水は下に水を通さない層があるところでみられ、日野台地にもある。

ここが崖になっているのは、矢沢川という小さい川の谷地形のためで、矢沢川はもう少し下流で多摩川に合流する。

(三)　立川面

写真０―４は明治大学の付属高校移転先の調布市下原《しもはら》・富士見町遺跡で、ここにはローム層と礫層がみえるが、ローム層の厚さは三～四メートル程度で、その下が多摩川の扇状地の礫層である。人物が手をあてている付近から旧石器が発見された。この近くに野川《のがわ》遺跡という有名な旧石器時代の遺跡があり、同じような層序であるが、野川遺跡の方がもう少しローム層が厚い。ここではローム層が三～四メートルのため、東京軽石層は出てい

写真０―３　等々力渓谷（世田谷区）

写真０―４　下原・富士見町遺跡（調布市）

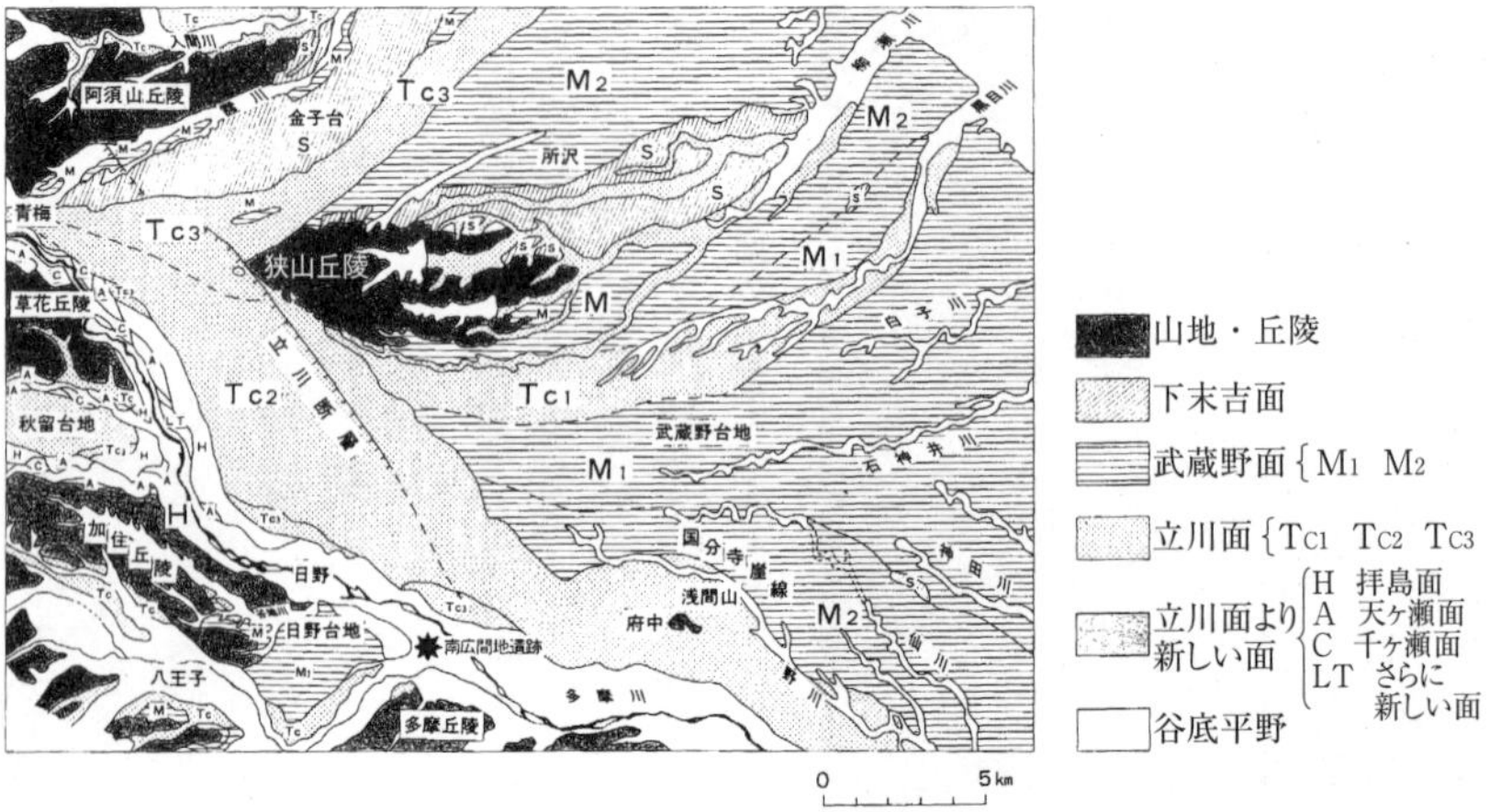

図０―４　武蔵野台地西部～日野・八王子地域の地形（島津ほか1994より転載）

ない。つまり、「ほこり」が薄いといえる。

人物の手のあたりからは、南九州が起源のＡＴという火山灰が認められている。この火山灰が南九州起源であると主張しはじめた当時は［町田・新井一九七二］、これを信じない人が多かったが、顕微鏡下で火山ガラスの屈折率などの物理的特徴が鹿児島のシラス台地を作る堆積物と一致し、この火山灰が全国的に分布することが明らかとなった。この遺跡では姶良《あいら》Ｔｎ火山灰（ＡＴ火山灰）の上下から石器が出ている。近くの野川遺跡では約四メートルの関東ローム層があり、ＡＴ火山灰は上から二メートルくらいのところにあり、そのあたりが文化層とされている。今のところ、関東ではＡＴの少し下からみつかる旧石器がもっとも古い（多摩ニュータウンで東京軽石層の上下から旧石器が「発見」されたが、後に捏造であることが判明）。

関東ローム層から石器が出てくるということは、火山の噴火があったけれども、植物も動物もわき水もあり、そこではヒトの暮らしが可能であったことを示す。

（四）日野台地

日野台地については、下末吉面とするもの（図０―３）や、武蔵野面とするもの（図0―4）などがあり、また、半分くらいが下末吉面で、残りが武蔵野面とする研究もある。東京都の土地分類調査（五万分の一）では、日野台地を下末吉面としている［角田ほか一九九六および羽鳥ほか一九九五］。

日野台地の関東ローム層の厚さは北側と南側で異なるようで、一五メートル位の厚いところ（北側）と、一〇メートル位の薄いところ（南側）があるらしい［地団研東京支部一九八九］。そうすると、北側が下末吉面、南側が武蔵野面相当である。しかし、その下の日野礫層は区別ができないので、礫層以上をまとめて下末吉面としているのであろう。なぜ厚さの差ができたのかについては、火山灰は川の作用がおよばなくなったあとに堆積するので、北半部に比べて南半部の方が遅くまで時々川の影響を受け、火山灰を流してしまったのではないかとも考えられる。

日野礫層は南側の黒川親水公園の湧水の湧き出し地付近でみられる。南側ではローム層の最下部にPm《ピーエム》―I《ワン》という木曾御岳起源のテフラ（火山灰）がみられる。これは武蔵野北部の成増《なります》付近でも確認されたものである。最近の産業技術総合研究所発行の五万分の一地質図「青梅」［植木・酒井二〇〇七］では、日野台地は二つの面に分けられており、北半分が金子台や所沢台と同じくらいの地形面、南半分が武蔵野台地の成増面としている。南側の立川面の分布は共通である。ただし、この地質図の範囲は日野台地の北半分のみで、南半分は未刊である。

四　加住丘陵・多摩丘陵および周辺部の低地

（一）加住丘陵

加住丘陵のサマーランドの近く、秋川に面して六枚屏風という東京都の天然記念物になっているところがある。「屏風」の部分は加住丘陵を作る中身の地層が露出した崖の部分である。植木・酒井両氏の地質図によれば、この部分は加住層という非常に古い時代の礫層で、第四紀のはじめかその前の三〇〇～二〇〇万年前ごろのものといわれ、当時の地形面はまったく残っていない〔植木・酒井二〇〇七〕。東の方にはもっと新しい数一〇万年前の礫層がある。上には平坦面はない。六枚屏風は「悪地地形《あくち》」（バッドランド）といわれ、非常に侵食が進んで、徳島県の「阿波の土柱《どちゅう》」のような、切り立った壁や柱のような地形がみられる。

（二）多摩丘陵

府中からみた多摩丘陵（写真0―5）は、近付いてみるとでこぼこしているが、遠くからみると高さのそろった地形にみえる。かつての扇状地という上の平らな地形が次第に侵食され、平坦面がなくなった状態である。「多摩の横山」というのは武蔵国府付近からみた多摩丘陵の、定高性のある状態を指した言葉であろう。相模野台地には「相模横山」というのがあるが、こちらは段丘崖を下からみたものである。

多摩丘陵がもとは台地・段丘地形であったと述べたが、大きく二つの面に分かれる。現在は平坦面が残っていないが、その平坦面を作った礫層が、御殿峠《ごてんとうげ》礫層とオシ沼砂礫層と名づけられて残っている。御殿峠礫層は八王子から相模野台地の橋本へ行く途中の御殿峠周辺にみられる礫層である。オシ沼砂礫層は川崎の生田緑地のそばにオシ沼峠というところがあり、その周辺でみられる。御殿峠礫層の方が標高の高いところに分布する古い礫層で、オシ沼砂礫層の方が標高が低く新しい。

多摩丘陵の範囲は横浜の下末吉台地に隣接し、南は円海山《えんかいざん》付近までで、そこから南は三浦半島の低い山地とした。御殿峠礫層の分布は丘陵北部で、オシ沼砂礫層は東部である。オシ沼の砂礫は東京ミッドタウンでみられたような扁平な円礫で、波打ちぎわの堆積を示している。テフラとの関係から三〇万年前くらいのものとされている［貝塚他二〇〇〇］。

八王子にかかわりが深いのは御殿峠礫層である。高位・中位・低位の三面に分けているが［岡・宇野沢一九八九］、いずれも丘陵の尾根の部分に点々と残されている。

露頭のスケッチ［地団研東京支部一九八九］をみると、関東ローム研究グループの調査以来、火山灰や軽石などのテフラにいろいろなニックネームがつけられている。ゴマ塩、ドーラン（白いため）、バヤリース（オレンジ色なため）などさまざまである。武蔵野台地や日野台地などと比べると多摩丘陵では斜面のために新しい時代の火山灰は斜面を流れたり侵食で失われたりしてしまい、新しいローム層はよく残っていない。平坦な部分にわずかに残っている程度である。

長沼の大きな崖では最上部にローム層がみえる。また、近くの長沼公園では、御殿峠礫層がみえる。御殿峠礫層は風化が進んでおり、粘土を多く含み、礫がボロボロでスコップで切れてしまうので「くさり礫」と呼ばれる。これは数一〇万年という長い間風雨にさらされてきたためであり、年代は五〇万年前くらいである。日野台地の日野礫層は数万年前なのでくさっていない。その下には平山砂層という二〇〇万年前というような時代の地層がある。

写真０—５　府中からみた多摩丘陵

御殿峠礫層の礫の種類を調べると、相模川上流の丹沢山地に分布する石英閃《せん》緑岩《りょくがん》というものを含む。また、分布の状況をみると、南西の相模野側から北東の多摩川へ向けて堆積していることがわかる。つまり御殿峠礫層は多摩川や浅川ではなく、相模川がかつて北東へ流れていた時代のものといえる。五〇万年前ごろはだいぶ地形が異なり、相模川が北東へ流れて多摩川と合流していたらしい［貝塚ほか二〇〇〇］。

丘陵では大規模な地形改変が行われており、武蔵野とはだいぶ様子が異なる。多摩丘陵では多摩ニュータウンが造成されたが、住宅地にするには斜面の集合である丘陵では不都合なので、ひな壇状に造成して平坦地を造るために谷は埋められ、尾根は削られた。

(三) 多摩川・浅川低地

八王子の市街は加住丘陵と多摩丘陵の間の盆地に位置し、浅川沿いの低地と両岸の段丘上に広がる。日野・八王子周辺の地形分類図（図0—5）では、八王子駅から南浅川までは低い段丘面（拝島面）で、次に立川段丘、藤森公園のあたりは武蔵野段丘、そこから上は多摩丘陵になる。このように八王子駅付近は五段くらいの段丘になっている。

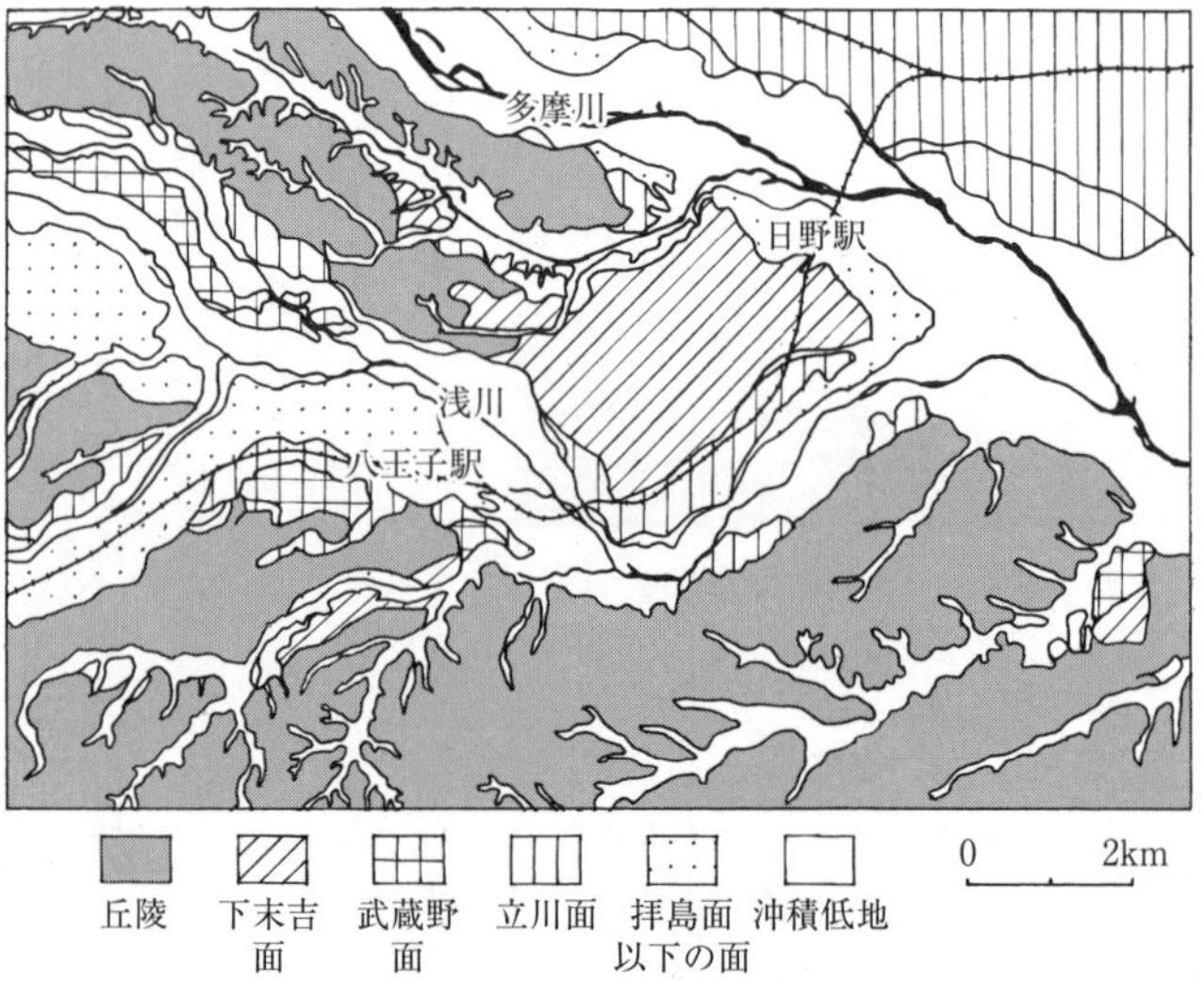

図0—5　日野・八王子周辺の地形
（角田ほか1996および羽鳥他1995を簡略化）

浅川は八王子から多摩川合流点にかけて、中州や河原をともなう幾筋にも分かれた網状《もうじょう》流路《りゅうろ》となっている。これは砂礫を堆積させる扇状地の地形の特色である。扇状地では洪水のたびに河床の砂礫が移動するため、広い河原や中州と、それらの間に複数の流路がみられる。現在の多摩川や浅川は広い扇状地を形成してはいないが、低地の微地形や河床の堆積物は扇状地と共通の特色を示す。

図０—６　多摩川・浅川合流点低地の地形
（島津ほか1994より転載）

南広間地遺跡は浅川と多摩川の合流点付近の低地に位置し、付近はＬ１〜Ｌ３の三面に区分された（図０—６）。これらのうちＬ１面は上流部の拝島面に対比される可能性があり、Ｌ２面は古墳時代中期以前に段丘化したらしい［島津ほか一九九四］。これらの面はいずれも扇状地の特色である網状流路の跡（旧河道）と微高地（旧中州）が分布し、微起伏に富む地形を持つ。

五　相模野台地

相模野台地は武蔵野台地と同様に数段の平坦面を持ち、それぞれ相模原、田名原《たなはら》、陽原《みなはら》……などと呼ばれている（図０—７）。大きく分けて三段あり、相模原が武蔵野面、田名原と陽原がほぼ立川面に該当する。相模川対岸には中津原という、相模原と田名原の中間くらいの面がある［貝塚ほか二〇〇〇］。

相模野台地は武蔵野と較べると富士山や箱根からの距離が近いため、全体に関東ローム層の厚さが大きい。時代が同じくらいでも、武蔵野の国分寺では五〜六メートルのところが、相模野では一〇数メートルの厚さになる（図０—８、写真０—６）。東京軽石層も箱根から近いので、厚さ二〇センチメートルくらいになる（国分寺では四〜五センチメートル）。これらは火山から近い分、厚くなることを示す。

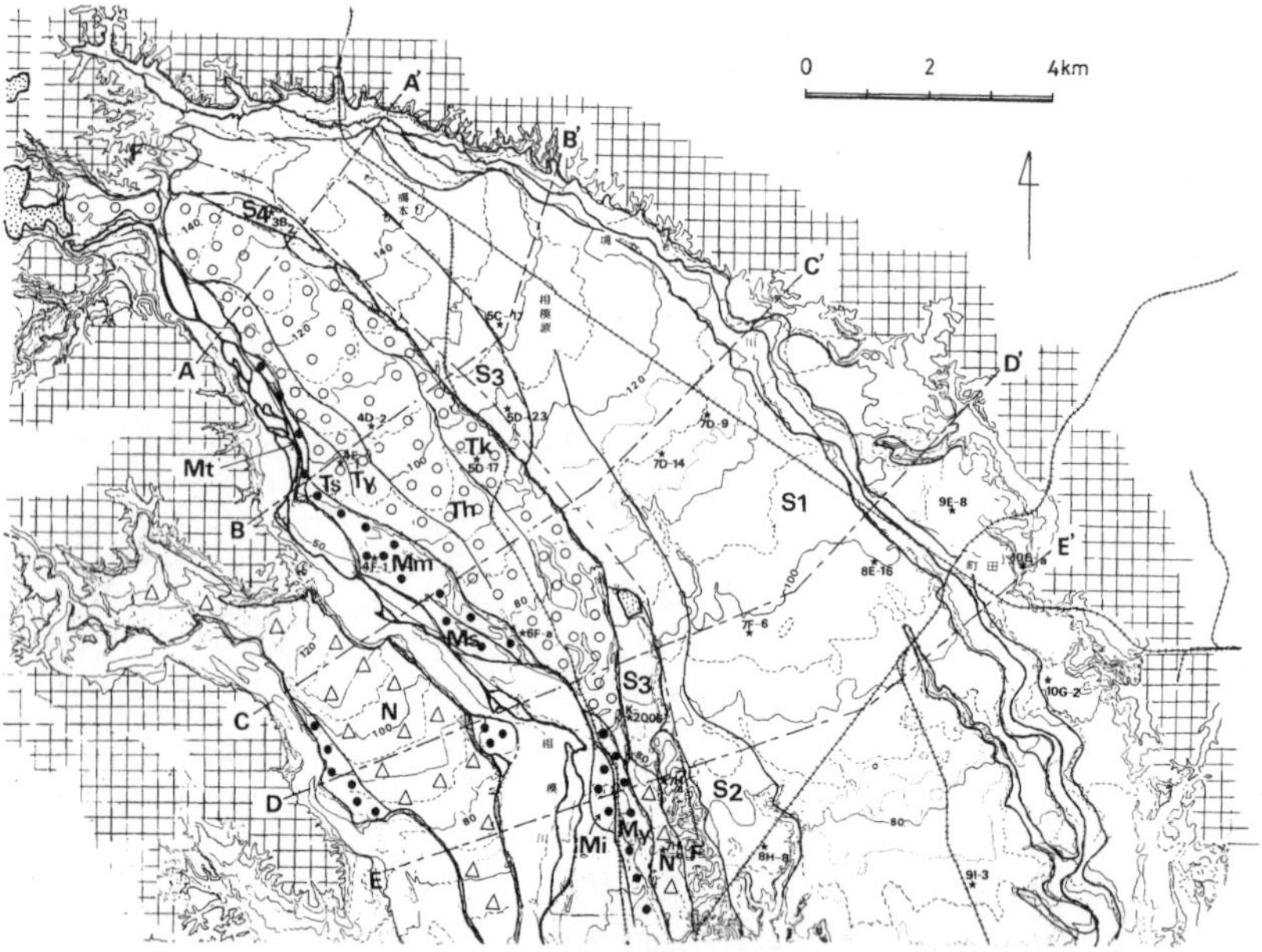

図０―７　相模野台地北部の地形（相模原市地形・地質調査会1984より転載）
S1～S3：相模原面／Tk, Th, Ty, Ts：田名原面（白丸）／Mt, Mm, Ms, My：陽原面（黒丸）／N：中津原面

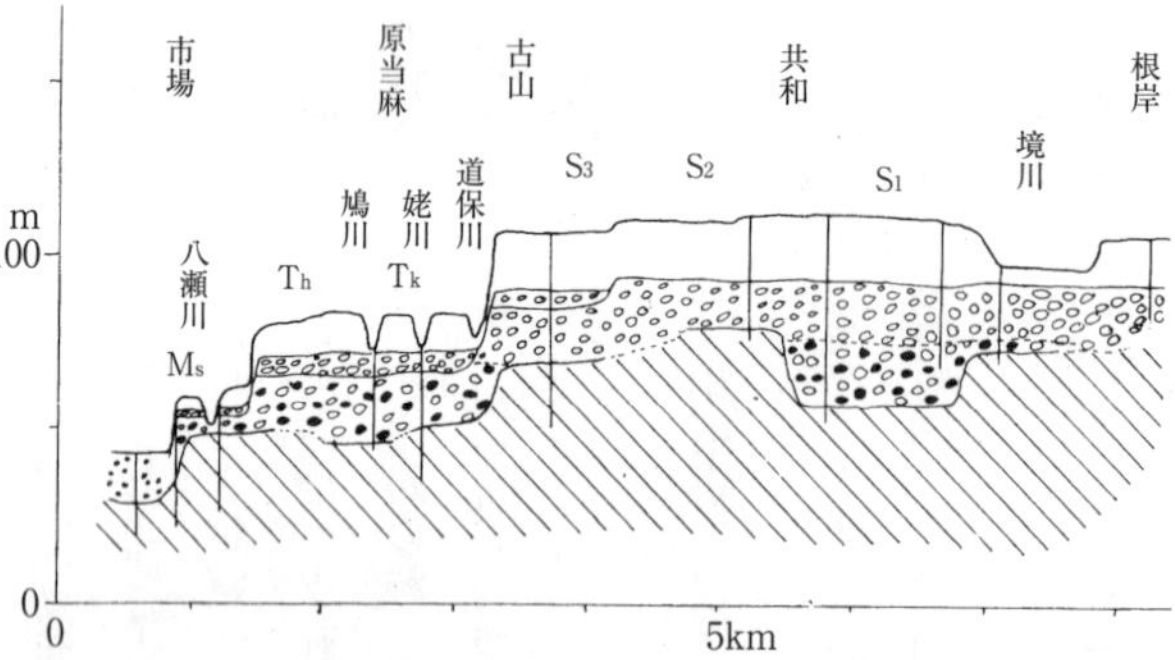

図０―８　相模野台地の横断面図（相模原市地形・地質調査会1986より転載）
＊断面位置は図７のＣ－Ｃ'とＤ－Ｄ'の間、地形面の記号（S1など）は図０―７と同じ
白抜きは関東ローム層、丸印は礫層を示す

写真0—6　相模原面の露頭
（相模原市教育委員会）

相模原では野川遺跡と同じころの月見野遺跡という有名な旧石器時代の遺跡があり、ATテフラの上下から旧石器がみつかっている。ローム層の下には相模川の扇状地の礫層がある。野川遺跡と比べ、全体的にローム層が厚くなる。

相模原面と田名原面の境界（相模横山）が武蔵野の国分寺崖線に相当する。相模野と武蔵野は同じ時代に扇状地を広げ、地球規模の気候変化に対応しているらしい。扇状地を広げたのはやや暖かい時代で、寒冷な氷期には海面低下に伴い、川の下流部はけずりこんで狭い谷をつくった。断面図では扇状地礫層の下に古い時代のよくわからない礫層が分布する。

相模川の上流には富士山があるため、富士の泥流（火山噴出物が水と混合して流れるもの）などが相模川沿いに流れ下った。また、立川面に相当する田名原面は全体に急勾配で、これは氷期に海水準が一〇〇メートル位下がったため河川の下流部が下へ下へと掘り下げた結果、急勾配な断面が作られたのである［相模原市地形地質調査会一九九〇］。相模川ではとくにそれが明瞭であるが、多摩川でも同じようなことが起こった。立川面も急勾配な面で、最も海水準が下がった時は東京低地の地下に深い谷が形成された。

六　最近の地形変化

八王子付近の明治三〇年代の迅速図（二万分の一迅速測図）（図0—9a）では、八王子市街地が拝島面に広がり、立川面や武蔵野面はすべて桑畑に利用されていた。多摩丘陵の尾根上のなだらかな部分も桑畑だった。

平成一九年（二〇〇七）の地形図（図0―9b）では家が建ち並んで地形がよくわからなくなった。湯殿川という小さな川は、明治の地図では細かく蛇行していたが、平成のものでは直線的に改修された。畑はわずかしか残されていない。

多摩ニュータウン付近をみると（図0―10a・b）、御殿峠などの尾根の部分もひな壇状に造成された。造成の際は、一様に削るのではなく、尾根は削り、谷を埋めて平坦な地形を造る。もとの地形は非常に細かく起伏があり平坦面はなかったが、造成の結果、尾根を削った部分（切土地《きりどち》）と谷を埋めた部分（盛土地《もりどち》）があるわけである。

一九七八年に宮城県沖地震が発生したとき、仙台周辺の丘陵地を造成した住宅地において、隣の家はびくともしないのにある家は激しく壊れたという事例が多数みられた。それらはすべて谷を埋めた場所で起こったのである。マイホームを買ってしまったあとでは手遅れかもしれないが、同じようにみえる造成地でも、谷を埋めたところは地盤が弱く、また、切土地と盛土地にまたがって建てられた家も崩壊が激しかった。一九九五年の阪神淡路大震災でも、一部の造成地で崩壊があり、二〇〇四年の中越地震でも長岡市の造成地の一部で谷を埋めた部分に崩壊がみられた。

当初は数十メートルの谷埋めが各地で行われたが、最近はあまり厚い盛土はさけられるようになり、また広い平坦地を造るのではなく、一部に斜面を緑地として残すことも行われるようになった。防災的見地からいえば、丘陵の造成地では地震の時に被害の差がみられるという問題点があり、また丘陵地のオリジナルな植生を残すという意味でも斜面林の保全は望ましいといえる。

七　日野・八王子地域の地形と課題

以上のように、日野・八王子地域の歴史と環境の考察にあたり、関東平野の地形概観と台地や丘陵などの区分に注目してそれぞれの地形の特色と形成過程についての研究を概観し、日野・八王子地域にまつわる問題点の抽出を試みた。

その結果、日野・八王子地域にかかわる地形としては、武蔵野台地と多摩丘陵、多摩川・浅川の低地などがあげられ、それぞれの地形はローカルな区分であると同時に、第四紀の地球環境の変動に伴い、氷期・間氷期のくり返しのなかで形成されてきたこと、また、関東平野の西方に位置する箱根火山や富士火山などの活動による火山灰（テフラ）が重要な役割を果たしてきたことなどを指摘することができる。

一方で、日本で最も集中的に地形が研究された武蔵野台地においてもまだ、地形区分の点で未解決の部分があることも示された。それらのうち、まず、金子台や所沢台などの扇状地起源の台地が従来いわれたような温暖な間氷期に形成された下末吉面ではなく、その直前の寒冷な氷期の面である可能性があることが近年指摘されている。この議論に従えば、日野台地の編年も再検討の必要があろう。さらに、日野台地では南部と北部で関東ローム層の厚さが異なることが指摘されてきたが、その下位の日野礫層も区分されるべきものなのか、あるいは扇状地が形成された後の離水（段丘化）の過程の差なのかというのも残された課題である。

多摩丘陵では平坦面が失われているという丘陵の地形の特色により、関東ローム層の堆積・保存条件が台地と比べると不十分である。このため、丘陵の前身である御殿峠礫層やオシ沼砂礫層の堆積当時の分布範囲や当時の地形を復元するにあたり、データが入手できない地域が存在する。御殿峠礫層は礫の構成種より相模川系の堆積物であることが早くから指摘されているが、上流側への追跡は保存が悪くなされていない。

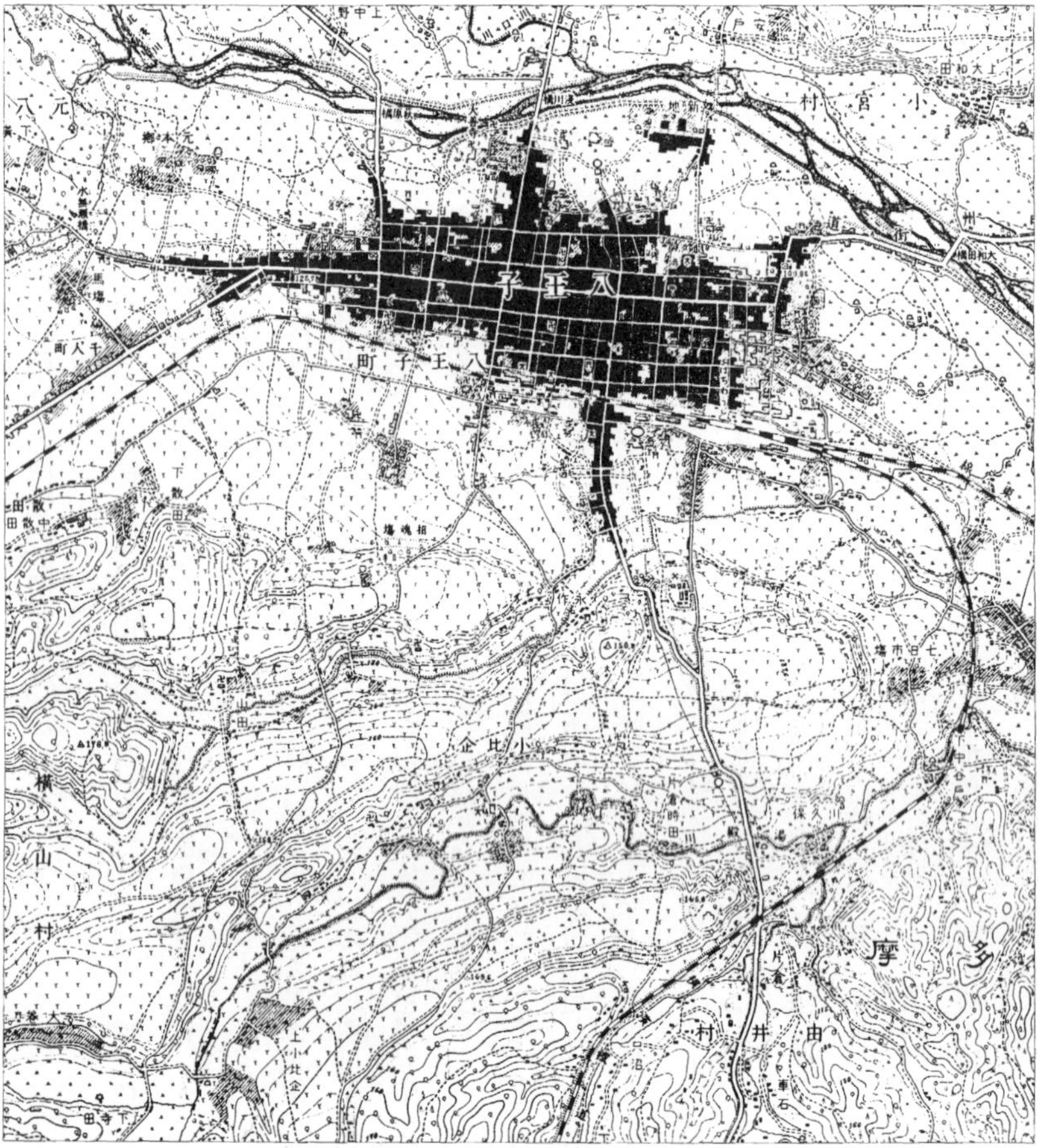

図０－９　八王子付近の地形図の比較（平岡編2008より転載）
(a) 明治39年（1906）２万分の１実測図「八王子」

(b) 平成19年（2007）２万５千分の１地形図「八王子」

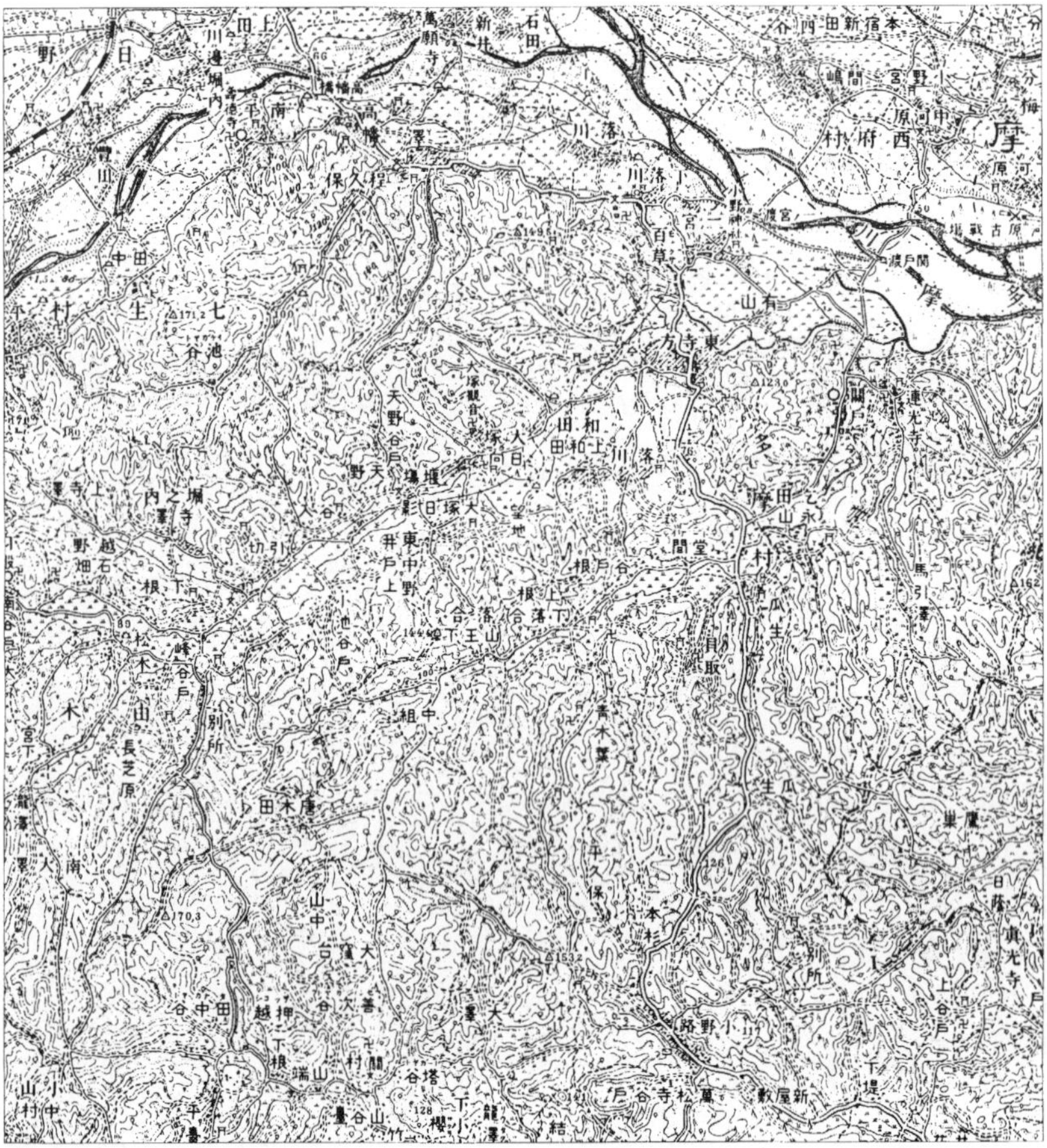

図０—10　多摩センター付近の地形図の比較（平岡編2008より転載）
(a) 明治45年（1912）５万分の１地形図「八王子」

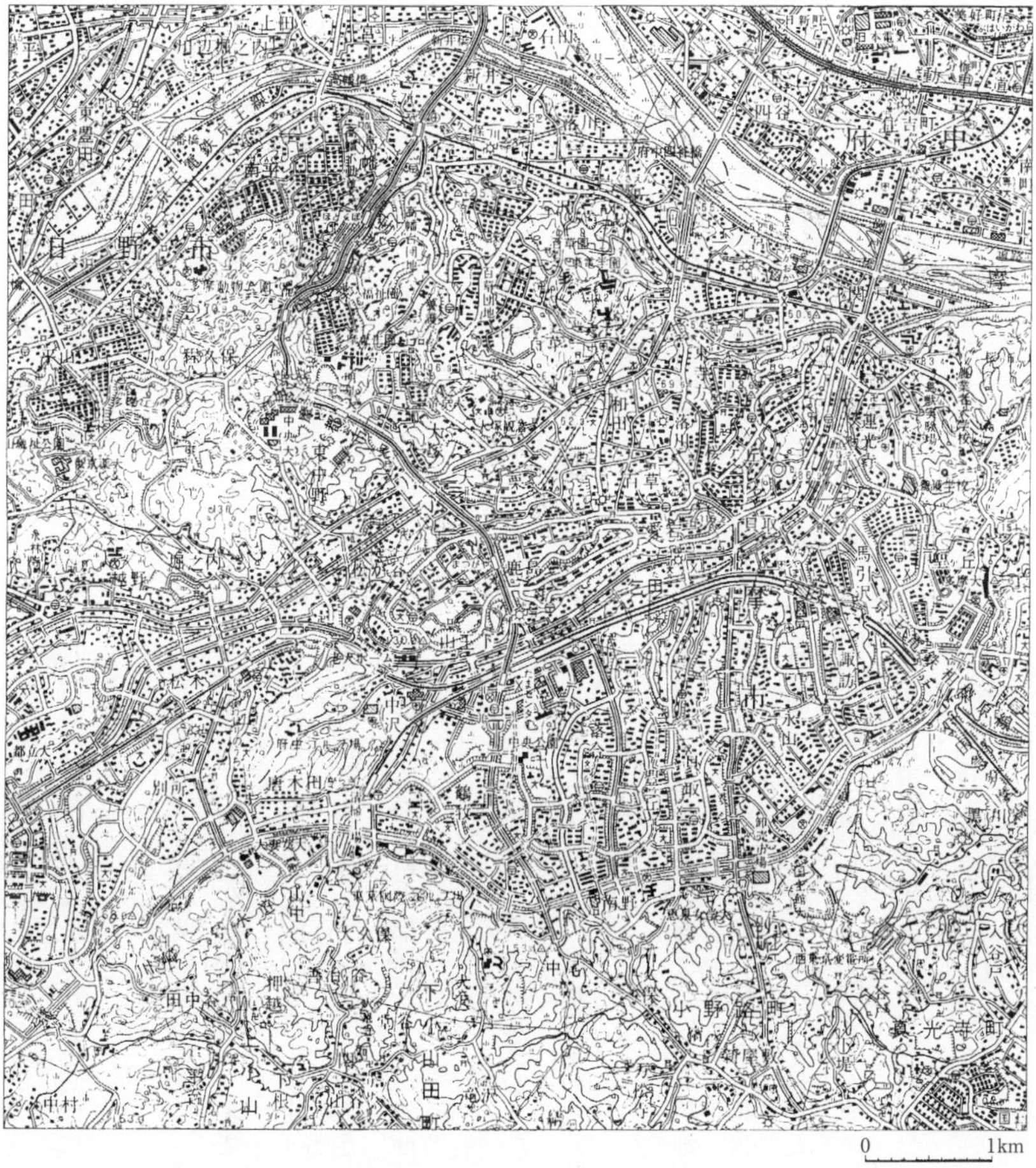

(b) 平成12年（2000）５万分の１地形図「八王子」

多摩丘陵をはさみ、武蔵野台地と相模野台地はよく似た地形面から構成され、野川遺跡や月見野遺跡などの旧石器遺跡も確認されている。これらの台地の旧石器時代以降の古環境変化を明らかにする研究は、今後ますます重要となるといえる。

最後に、二〇世紀以降の地形の人工改変について述べる。多摩丘陵の宅地造成は、高度経済成長期以降大きく進展し、原地形である丘陵が原形をとどめぬほど改変された。丘陵地の造成は、稜線部を削り谷を埋めることによりひな壇状の地形を産み続けた。その結果、もとの谷の部分に未固結な盛土が投入され、見かけ上は旧地形が判別できなくなっているが、大雨や地震などにより斜面崩壊が発生するのはこのような盛土地である。大規模造成により広大な平坦地を生み出す方法よりも、近年は丘陵斜面を一部保存して、斜面林や谷戸の景観を保全する動きも始まっている。

多摩川・浅川のほか、丘陵を流れる小河川も都市化により大きくその景観を変えた。斜面林や谷底低地の谷津田は姿を消し、雨が降ると急激に河川の水位が上昇するようになり、洪水対策のため特に丘陵地の小河川はコンクリートの樋のような水路になった。

台地や丘陵、河川の沖積低地などはそれぞれ地形の特色が異なるとともに、表層地質や土壌、地下水条件や植生などそれぞれ独自の自然景観を生み出してきたものである。歴史的にはこれらの自然の特質を生かした土地利用や資源活用が行われてきたのであるが、二〇世紀後半以降はこれらの差異を無視した形で土地利用がすすめられている。しかしその結果、災害の増加や自然との接触の喪失という問題を生んでいる。歴史をふまえた自然環境の認識や適正な土地利用ということが、今後ますます重視されるにちがいない。

第一部

総論　先史〜古代の通史的展望

原田信男

一　旧石器時代

現在の日本の地域内で人々が生活を始めたのは、ほぼ八万年前のこととされているが、その当時、日本列島は未だ形成されてはおらず、大陸とはまだ地続きの状態にあった。いわゆる前期・中期旧石器時代のことであるが、そうした遺跡は全国でも数が少なく、当該地域の周辺では、栃木県栃木市星野遺跡や群馬県みどり市岩宿遺跡などの一部が知られる。

ちなみに多摩ニュータウン471―B遺跡は、かつて石器の出土地層から中期旧石器のものとされたが〔東京都埋蔵文化財センター調査研究部一九八七〕、同報告書は、石器の同定に、捏造が明らかとなった座散乱木遺跡・馬場壇遺跡からの〝出土〟遺物を判断の指標としており、旧石器談話会の関与が認められることから、旧石器捏造事件の被害例の一つであったことに疑いはない。従って中期旧石器時代の遺跡は、当地域では確認されていない。

本書が対象とする多摩川中流域においては、三万五〇〇〇年〜一万年くらい前に形成された立川ローム層が、後期旧石器時代に相当するもので、ここからの遺物が確認されている。この時期には、ナイフ形石器を中心とした石器類が出土するが、のちには槍先形尖頭器が大きな役割を果たすことになる。

こうした後期旧石器時代には、当地域でもいくつかの遺跡で遺物が発掘されるようになり、人々が生活を営み始めた痕跡が窺われる。

この日野・八王子地区には、八王子市小比企向原・石川天野・下耕地・西野遺跡、日野市七ツ塚・南平遺跡などがあり、約二万五〇〇〇年以降の黒曜石を含む石器群が出土している。これに関して、第一章の上敷領論文によれば、黒曜石を主体とするナイフ形石器の出土は、狩猟活動が盛んであったことを窺わせるが、当地域では陥穽など罠猟遺構は発見されていない。なお日野市七ツ塚の黒曜石については、本研究における分析依頼の結果、一〇点中九点が長野県蓼科冷山群で、一点のみが和田土屋橋西群であることが判明しており、中部日本との関連が重視される。

ただ当地域には全体として旧石器時代の遺跡数が少なく、その実態については明らかではない。また旧石器時代には住居址が確認されにくいことから、本書における地域開発と村落景観という研究テーマが成り立つかどうか、という問題がある。さらに本書では、基本的に村落という概念を、狭義には集落＋耕地＋αと捉える立場を採るため、旧石器時代については、村落そのものを扱いえないという限定が生じる。また耕地とすれば農耕の存在が問題となる縄文時代に関しても、こうした規定は不適切となってしまう。

そもそも耕地という概念は、農耕村落を意識したもので、海村や山村などを念頭におき、かつ初源的な状態を考慮して、α部分に広く共有的性格を認めるとすれば、広義には耕地＋αは大地と言い換えることができよう。ただ旧石器時代に限れば、集落という実態の想定は全く意味をなさないことになる。しかし、これについても、人間が大地を基盤として生きていく存在であることを思えば、開発および村落の前史として旧石器時代の意義を見落としてはならないと考える。

すなわち後期旧石器時代人たちは、全く手つかずの大自然のままの当地域で、最初に生活を始めたことになり、土地開発というよりも土地利用の先駆者とみなしてよいだろう。旧石器時代においては、正確には村落景観と呼びうる形態を形成するには及ばず、身を守り身体を休めつつ、石器製作など一定の作業を行うための拠点的な場所を求めたに過ぎない。旧石器時代の研究者たちは、そうした当時の人々の用いた石器群が集中する地点を、ユニットとかブロックと呼んでいる。

こうした石器の集中部は、ここを拠点に短期間ながら人々が生活を営んだことを示すもので、出土遺物の組み合わせなどの分析から、その性格はさまざまであることが知られているが、いずれにせよ村落の原型をなすものであったことに疑いはない。むしろ、そうしたユニットとかブロックと呼ばれているものの実態こそが、人間と大地の固定的なかかわり合いの初源であった。それゆえ、基本的には農耕を伴わない旧石器・縄文時代における遺跡立地の検討は、当地域における土地開発と村落景観の形成を考える上で、重要な前提となるだろう。

これまで旧石器時代というと、一般的にマンモスやオオツノジカなどの大型獣の狩猟が主体と考えられていた。しかし狩猟は決して安定したものではなく、東北の事例ではあるが、宮城県仙台市の富沢遺跡の発掘によって、約二万年前の地層から、チョウセンゴヨウやハシバミなど油性ナッツ類の種子や花粉の出土が確認されており、植物資源も重要な食料資源として利用されていたことが窺われる。しかも、この遺跡では焚き火跡らしきものもみつかっており、一定期間の居住域であった可能性も考えられる。

さらに近年、後期旧石器時代前半に限られるが、この時期に遺物の集中するブロックが広場のようなものを中心に環状に並ぶという遺構が、関東を中心に列島のほぼ全域で検出され、これらを環状集落とみなす説が有力となってきた。しかも、こうした事例は全国で九七ヶ所（八一遺跡）が確認されており、とくに石斧を多く伴い台形様石器・ナイフ形石器も出土し、それらの用途や接合関係などから、動物解体あるいは石器製作の場さらには祭祀などを行った居住域つまり集落として捉えられている［橋本二〇〇六］。

この環状集落については、大型獣の狩猟などに関与していた可能性は高いが、それが成立の契機とは考えられず、むしろ、その形成には新たな時代的社会条件の変化があったとみなされている。後期旧石器時代以前と以後の遺跡立地を検討した佐藤宏之は、それまでは平坦な丘陵地・丘陵もしくは扇状地などの緩斜面・小規模段丘上などであったものが、後には平地や台地に生活空間を求めるとしている。

さらに後期旧石器時代になると、人口の増加が物資の交易や資源開発を加速させた結果、集団間における関係性の緊密化が遊動行動の計画性と回帰性を招いたとする。また動物解体用とされる石斧の存在は、相対的な温暖化のもとで、石斧による木製具の生産が進んだためで、集団間における同盟関係の形成など新たな社会関係が、一定時期にのみ出現する環状集落を形成せしめたとする［佐藤二〇〇六］。なお、こうした環状ブロックそのものについて稲田孝司は、遺跡ブロック間における石材の均質化作用に注目し、環状ブロック群は単一集団によって残されたもので、複合集団説によって環状集落の成立を説明することは難しいという結論を導き出している［稲田二〇〇六］。

いずれにしても環状集落をめぐる議論については、まだまだ不充分な点が多く、今後の展開を待つ必要はあるが、円形に並ぶ遺物集中部と、その内部に礫集中部や炭化物集中部が別個に存在する点が注目されよう。しかし同じ後期旧石器時代後半になると、環状ブロック群は消滅して、それぞれに遺物集中部と礫集中部とがセットになるような居住システムが出現をみる［桜井二〇〇七］。

こうした居住域の変化をどのように理解するかは、かなり困難な課題であるが、後の縄文時代の環状列石や環状集落に似た円形という形状が、日本列島で人々が生活を本格的に営み始めた後期旧石器時代に登場することは、はなはだ興味深い現象といえよう。ただ、これらの議論は、あくまでも後期旧石器時代の一般的な集落論となるので、これ以上深入りせず、当地域一帯の状況についてみておこう。

まず神奈川県綾瀬市の吉岡遺跡群C区では、約二万四〇〇〇年前の焼礫集積地からイノシシの乳歯の化石がみつかったことなどから、中型獣であるイノシシさらにはニホンジカなどの狩猟が行われていたことが想定されている。また、ほぼ一万五〇〇〇年前頃の神奈川県相模原市の田名向原4遺跡は相模川左岸の崖上に位置し、ヘラジカなどの狩猟や河川漁業などの生業が行われていたと考えられるが、ここからは環状に並ぶ柱穴と、その中央二ヶ所に焼土や木炭を伴う炉跡が検出されており、一定の構造物を想定しうる住居状遺構であることが知られる[稲田二〇〇一]。

こうしたことから旧石器時代では、狩猟以外に漁撈も大きな比重を占め、とくに同時代末期から縄文時代早期にかけて、重要な役割を果したことから、相対的な居住域の安定化が進んだものと思われる。なお、漁業に関しては、先史時代人の食料としてのサケ・マス論が、古くから提唱されてきたが、旧石器時代から縄文時代にかけての移行期に、南関東における定住化の要因の一つとして、漁撈活動を挙げる仮説がある[佐藤一九九二]。

これは北方系削片系細石器石器群が、関東で多く出土することに加えて、湧別技法による船底型細石核と細石刃を主体として、新潟県川口町荒屋遺跡の出土物にちなむ荒屋型彫器を供伴する遺跡がある。すなわち佐藤は、その立地条件が河川と深くかかわることなどから、これらを出土する遺跡の性格を、サケなどの内水面漁撈を中心としたものと推論した。こうした生業は、季節的労働を伴うことから、その時期の移動は見込めず、時期的な定住を促すもので、他の生業との組み合わせによって定住化の契機となりえたとする。

ただ、供伴する石器のうち荒屋型彫器は、多摩川以西には広がらないが、縄文早期と考えられる神奈川県相模原市勝坂遺跡やあきる野市前田耕地遺跡の一部からは、無紋土器片に伴って在地産の削片系細石核や尖頭器などを出土しており、とくに後者からはシロザケの遺存体が大量に検出されている。それゆえ荒屋型彫器の文化圏を超えて、サケ・マスなどの内水面漁撈は、関東平野南西部まで広く受け入れられたと考えられている。

こうした漁撈は、この時期の気候条件と深く関係するもので、寒冷な気候が続いた縄文時代早期には、関東南部の在地集団にも急速に受け入れられたが、気候の温暖化が進んだ縄文前期には、サケ・マスの遡上南限が東北地方北部にまで後退した。このため、この季節的漁撈は短期間の展開に終わったが、その後の定住化に拍車をかけたという。

後期旧石器を代表するナイフ形石器と槍先形尖頭器は、確かに狩猟のイメージを導くものではあるが、この時代においても採集が行われて食料の安定に貢献したとともに、その社会的発展に漁撈が大きな役割を果たしていた点に注目しておく必要があろう。こうしたサケ・マス利用は、その後に発達をみせる漁撈とは技法や用具なども相違するところから、単線的な展開を想定することは難しく、捕獲対象そのものも異なり、栄養価などにも問題が生じたことも考慮しなければならない。

しかし河川沿岸における淡水漁業そのものは、やはり生業としての食糧確保に大きな役割を果たしたものと思われる。ただ遺物・遺構からは、旧石器時代における漁業の比重を検証しうる状況にはない。むしろ当地域では、縄文時代に漁業を主要生業として、多摩川中流域で低地部への進出が活発化するという現象がみられる。この問題に関しては、後にも触れるが、第一章の上敷領論文・第二章の有村論文を参照されたい。

この日野・八王子地区においては、旧石器時代の遺跡数が少なく、その実態についても明らかではない。当地域一帯を広く検討した上敷領論文では、武蔵野台地南部を流れ、旧石器の遺跡群が重層的に存在し国分寺市に端を発する野川流域に較べると、多摩川中流域旧石器遺跡は、継続性が弱い点が指摘されている。また土地利用に関しては遺跡分布から、初め多摩川・谷地川の合流点付近の台地縁辺部を拠点としていたが、次第に台地部の谷戸奥や支流部へと進出していったとしている。しかも、これらの遺跡地は、石器製作と狩猟拠点的な性格が強く、それらが点在するような景観を呈していたと考えられている。

二　縄文時代

次に当地域における縄文遺跡の概要をみておきたい。まず縄文早期の遺跡としては、日野市神明上・百草仁王塚遺跡などがあり、後者からは方形三メートルほどの住居址と思われる遺構が検出されているが、柱穴は確認されていない。さらに旧石器時代から続く日野市の七ツ塚遺跡で縄文早期の竪穴住居跡が発掘されており、直径三メートルほどの円形で四〇センチメートルほど掘り下げられているが、やはり柱穴は検出されてはいない。まだ基本的には、旧石器時代と類似した状況にあったが、早期後半からは台地上や丘陵部で土壙群が検出されるようになり、陥穴猟が盛んに行われていたことが窺われる。

なお、ここでは縄目文様の土器のほか、石鏃の出土から弓矢の利用が知られるなど、最も古い縄文の住居が、谷地川に近い台地部の七ツ塚で確認されていることは非常に興味深い。徐々に定住化が進みつつあったことが窺われるが、このほか多摩丘陵などには、遺構を伴わずに少量の遺物を出土する事例もある。おそらく狩猟などの移動生活用のキャンピングサイト的な性格をもつもので、定住地と野営地を組み合わせたような生活が営まれていたと考えることができよう。

その後、縄文前期になると住居址の検出が顕著となる。この時期の集落としては、八王子市宇津木台・御所水遺跡、日野市七ツ塚・神明上・平山遺跡などがあり、いずれも丘陵上に一、二軒程度の住居を営んだ小規模な集落遺跡が確認されている。さらに縄文前期末から中期初頭には、やや規模が大きくなり、八王子市南八王子地区№25遺跡では、直径五〇メートルほどの広場を囲む形で、七軒の竪穴住居が並んでいたことが知られる。ちなみに同市郷田原遺跡では、直径四～五メートルの住居跡九軒のほか、長さ二〇メートルに及ぶワラジ形大型建物二棟の存在が確認されている。

やがて縄文中期には、いわゆる環状集落が形成され、八王子市滑坂《なめさか》・小比企向原・宇津木台D地区・神谷原遺跡、日野市七ツ塚・吹上・平山遺跡などがある。なかでも椚田遺跡群の一部をなす神谷原遺跡は、湯殿川に沿った台地縁辺部に位置するが、典型的な環状集落の一つで、約五〇軒の住居址が直径約一〇〇メートルの環状に配されている。その中央部分には約六〇基の墓坑とみられる土壙群があり、これと住居址とを区分するように約四〇〇個のピット群が巡らされている。

このうち住居址は何度も立て替えられているため、基本的には二軒から数軒程度の規模であったと考えられるが、集落としての継続性は長く、安定したものであったといえよう。いずれにしても縄文中期には、前代に比して大規模な集落が数多く出現していることが窺われる。これらの集落は、ほとんどが崖下に湧水点を有したり、一定の水量を抱えた小河川を望む台地上に立地するが、神明上北遺跡のように多摩川氾濫源の自然堤防上に集落を営んだ事例も確認されている。

ところで神谷原遺跡の第四期地層からは、藤内Ⅰ・Ⅱ式土器および勝坂式Ⅱ期に属する土器形式のものが出土している。まず基準土器の一つを出土した相模原市勝坂遺跡は、大量の打製石斧を出土する遺跡として知られている。すでに戦前、大山柏がこれらの石斧を検討して「土掻き」用とみなし、ヨーロッパなどの事例と比較して、磨石・石皿などとの関連にも留意しながら、縄文農耕論を展開した。まさに勝坂遺跡は、大山が縄文農耕論を主張するための重要な遺跡でもあった［阿部二〇〇四］。

さらに戦後になって、藤森栄一も長野県八ケ岳山麓の縄文中期の遺跡からの出土遺物を論拠に、同様の視点から縄文農耕論を唱えた［藤森一九八〇］。なかでも藤森は、八ケ岳山麓の藤内遺跡を重要遺跡の一つとみなして、勝坂・藤内両遺跡から出土する顔面取手付土器や土偶を、地母神信仰と結びつけ、農耕との関連を導き出す見通しを与えている。

こうした前提に立てば、顔面把手付土器は別としても、同じく八王子市の神谷原遺跡からは、土偶や藤内Ⅰ・Ⅱ式土器も出土しており、第四期の同遺跡で農耕が行われていた可能性も十分に考えられよう。ちなみに当地域では、土掘り用の打製石斧の出土例も多く、これらは竪穴や墓穴・落し穴を掘ったり、野生の根菜類を掘るのにも使われたとも推測されるが、農耕という線もあながち否定はできまい。

ここでは縄文農耕に関して、これ以上触れることを避けるが、いずれ本格的に検討すべき価値ある問題だと思われる。ただ縄文中期の七ツ塚遺跡などから出土する磨石や石皿は、農耕の直接的な根拠とはならないとしても、やはり木の実など堅果類の利用が盛んであったことの証左でもあり、植物性食料の重要性を認識しておく必要はあろう。

もちろん縄文時代においては、狩猟や漁撈といった生業は重要で、とくに狩猟においては、神谷原遺跡などの例で明らかなように、縄文中期になると動物捕獲用の罠である落し穴が急増する。また当地域では、多摩川・浅川といった主要河川を擁しているため、漁撈活動も盛んに行われた。すでに縄文中期の吹上遺跡からは、小砂利を加工した石錘が出土しており、網漁が行われて大量の魚類が確保されていたことが窺われる。

さらに縄文後期および晩期には、中期にみられたような環状集落が縮小し、住居としては河原石で囲んだ炉を中心に、敷石が施されたタイプが出現をみる。この時期、高い精神性を彷彿とさせる祭祀関係の遺跡・遺物も多数登場するが、地域ごとの土器型式は均一化が進み、遺跡や遺物の分布は分散化して、人口の減少を想定せしめるようになる。とくに関東南西部では集落の途絶が目立つが、東海以西では集落址が増加する傾向にあるという[石井二〇〇九]。また縄文中期までは、台地や丘陵上に集落が営まれていたが、後期には丘陵裾部や低地部にも進出するようになり、集落立地の条件に変化がみられる。

その代表的な当地域の事例として、多摩川と浅川の合流点に形成された沖積低地に位置する日野市南広間地遺跡がある。ここからは大量の石鏃・石錘が出土しており、漁撈活動に拠点をおいた集落であったことが明らかとなる。これについては、上敷領論文が詳しい検討を行っているので参照されたいが、漁撈技術の発展に支えられ、縄文後期から晩期に至って、本格的な沖積低地への進出が始まったことになる。さらには晩期における農耕の可能性も推測されており、石器組成に大きな変化が生じていることが認められる。こうして縄文後期・晩期の当地域においては、新たな生業形態が模索され、あえて洪水などの危険を含む地において、新たな集落の形成と河川資源の開発が本格化したのだといえよう。

三　弥生時代

弥生時代における最も重要な問題は、新たな農耕という生産活動が、大地に対して巨大な改変を強い始めたという事実である。すでに縄文中期にも、新潟県奥三面遺跡の元屋敷地区では、全長約四〇メートルにも及ぶ盛砂利の道路を築いたり、水路を改修するなどの土木工事も行われていた。とくに改修流路は、深さ約三〇～七〇センチメートル、幅約一・二～四メートル、長さ約四七メートルの人工流路を開削しているが［朝日村教育委員会二〇〇二］、それらは後代に較べれば、きわめて小規模なものでしかなかった。

また縄文農耕が盛んに行われていたとしても、おそらくはプリミティブな焼畑を主体とするものであったと考えられる。例えば縄文中期に稲作の痕跡が認められる岡山県南溝手遺跡にしても、栽培されていたのは熱帯系ジャポニカである可能性が高く、水田の形跡は窺えず、焼畑栽培であったものと思われる。縄文農耕が行われた可能性は充分に考えられるものの、大地に対する改変はあまり大規模なものではなかった。

しかし弥生の水田稲作となると、基本的には用排水路を伴って、平坦な水田面を造成するところから、縄文に比して大がかりな土木工事を行ってきたことは間違いない。もちろん水田といっても、湿田も含めてさまざまなスタイルがあり、決して一様ではないが、まさに弥生には本格的な開発の段階に入ったことになる。

ところで近年では、弥生時代をめぐる年代観の問題が注目を浴びており、これまで四〇〇～五〇〇年とされてきたものが、ほぼ一〇〇〇年に及ぶ時代だとする見解が有力になりつつある。その根拠は、いわゆる放射性炭素年代測定法が急速に進歩し、ＡＭＳ（Accelerator Mass Spectrometry＝加速器質量分析法）が開発されて、より精緻な時代測定が可能になったことによる。しかし単なる化学分析のみに頼るのではなく、そうした数値が、中国・朝鮮半島などの歴史的状況などと合致するのか、という検討が必要なほか、縄文時代との年代的調整もあり、その決着にはしばらくの時間を要することになろう。

いうまでもなく、弥生時代は朝鮮半島から水田稲作技術を受容し、これに伴って新たな土器文化を展開しえた点に、歴史的な意義を有している。その国内伝播に関しては、青森県において、早くから砂沢遺跡や垂柳遺跡といった水田址が発掘されたことから、かなりの超スピードで、またたく間に全国を覆い尽くしたごとき印象が一般に受け入れられている。しかし全国各地での精力的に進められた発掘調査においても、東北南部や関東地方に弥生の発掘事例がきわめて少ないことから、最近では青森へは日本海ルートで水田稲作が伝わったと考えられるようになった。

関東全域を見渡した場合、むしろ台地部の広がる群馬県には弥生遺跡が若干はあるが、その他の都県には、一般に弥生の形跡が薄いことが知られている。隣接する東海地方には、代表的な登呂遺跡があるように、弥生遺跡は当地域より卓越する。このことが先にみたような縄文後期・晩期における関東の集落址数の現象と、東海におけるその増加と関係するかどうかは明らかではない。しかし主に日本の北東部を中心とした縄文文化と、南西部に広がる弥生文化の交替期に、何らかの地域的な生活条件の変化があり、その二つの文化の狭間に位置する関東で、この時期の居住痕跡の希薄化が顕著となっているという事実は重要だろう。

こうした巨視的な立場から、当地域における弥生の村落景観と開発を考えてみよう。まず関東においては、弥生前期の遺跡をほとんど確認することができない。最も古い事例とされる弥生中期の埼玉県熊谷市池上遺跡では、東西約一七〇メートル・南北約一六〇メートルの範域を持ち、一二軒の住居址を有する環濠集落が発掘されている。集落の周りに溝を掘って防禦的性格を強めたのは、農耕による社会的剰余をめぐっての争いを想定したためで、高い水田生産力を有していたことに起因する。

こうして弥生中期になると、関東平野でも、池上遺跡周辺の妻沼低地一帯で水田稲作が始まったことが、周囲の遺跡分布から窺われる。当地域では、弥生中期後葉になると遺跡数が増加し、横浜市の多摩丘陵鶴見川流域で多くの遺跡が確認され、大塚遺跡でも大規模な環濠集落が出土している。こうして弥生中期には遺跡数も増加するが、なかでも関東から東北中南部に広まる独自の墓制である再葬墓が、八王子市水崎・叶谷遺跡などでも検出されるようになる。しかし当地域で集落址が確認されるのは、弥生後期中葉を待たねばならない。

なかでも弥生中期の八王子市鞍骨山遺跡は、加住南丘陵を刻む谷地川支流の丘陵上に位置し、尾根筋に一八軒の住居址が並んでいる。このほか弥生後期・終末期まで含めれば、八王子市宇津木向原・神谷原・椚田・川口調井台・犬目中原・御所水・石川天野遺跡や日野市平山・神明上遺跡などが、いずれも丘陵部および台地部に位置するほか、丘陵麓の微高地に立地する八王子市山王林・原屋敷・中田・楢原遺跡などが知られている。

このうち宇津木向原遺跡からは、五八軒の住居址と五基の方形周溝墓が発見された。また最大の集落遺跡としては、同じく神谷原遺跡では、一六三軒の住居址と三四基の方形周溝墓が発掘されている。なお宇津木向原遺跡から出土した炭化米一〇〇粒のほか、籾の圧痕分析の結果、いずれも温帯ジャポニカ種とされるところから、水田耕作によるものと推定されている。

しかし当地域を含めて東京都内においても、まだ水田址は確認されていない。しかし、これら丘陵部に位置する弥生遺跡は、浅川や谷地川などを臨む丘陵部および台地部の先端部分か、丘陵部に刻み込んだ小河川を抱え込むような部分に立地している。いずれにしても八王子市内における弥生後期末から古墳時代前期の集落の中心は、神明上遺跡に代表されるように日野台地東縁部台地部にあり、そこに展開する小規模河川の氾濫源部分を湿田などとして利用していたことが窺われる。

この問題については、弥生後期から古墳時代にかけての八王子市石川天野遺跡に、その具体的事例をみることができる。同遺跡は、加住南丘陵東端から日野台地にかかる丘陵地に位置し、数多くの開析谷が刻まれた起伏に富んだ地形条件下にあるが、これについて詳しくは、第二章の有村論文を参照されたい。

ただ、ここで同遺跡の要点だけを述べれば、弥生後期から末期においては、丘陵頂部の平坦面に数軒程度の集落が営まれていたにすぎない。そして湿田農耕用と思われる木製農具類が出土していることや、地形的な状況から、耕地としては小さな開析谷に開発した谷田を中心とするものであったことが想定される。

しかし有村論文が指摘するように、それは規模などから副次的なもので、主要な生産活動とみなすことには無理がある点に留意すべきだろう。つまり、しばしば氾濫を繰り返す多摩川・浅川の氾濫源に弥生水田を開くことは難しく、当地域においては、丘陵部の小河川の一部を湿田とする以外に稲作農耕の実施が困難であったため、相対的に弥生文化の浸透が弱かったと評すべきだろう。

四　古墳時代

いうまでもなく弥生時代には、環濠をめぐらした防禦集落や、大型鏃などといった武器の登場、さらには殺傷の痕跡をもつ弥生人骨、中国史書などの記述から、小国が乱立しそれぞれが争って、いわば戦争状態にあったと指摘されている［佐原二〇〇五］。とくに西国、なかでも畿内周辺では、後期になるといわゆる高地性集落が著しい発達をみせ、地域的な軍事緊張が続いていたとされている。こうした傾向は東国にも及び、南関東でも焼失した環濠集落が数多く確認されているところから、同様な軍事対立が存在していたことが窺われる。

いずれにしても、そうした地域抗争の結果、各地に小規模な王権が成立し、古墳時代に入ると、その指導者たる王の墓が古墳という形で造立されるようになった。当然のことながら、これには大小の土木工事が伴うもので、前方後円墳に象徴されるように、大地への大規模変更および開発が、集団的・組織的に行われるようになったことを意味する。また前方後円墳に大量に埋葬された鉄器は、もちろん弥生時代から流通していたが、基本的には西国が主流で、古墳時代以降になると東国へも浸透し始めるようになる。

鉄器という農工具と土木技術の社会的普及、さらには五世紀から六世紀にかけてのウシやウマの移入は、大規模開発を推進するための重要な前提条件であった。これに加えて各地における王権の成立は、大規模工事を実施しうるような集団的労働力の編成を可能とした。しかも、こうした技術革新の背景には、朝鮮半島との交流があった。鉄はもちろんウシ・ウマも半島からもたらされたものであり、大規模な土木水利技術もまた同様であった。

こうして五世紀以降に渡来人が大量にやってきた結果、朝鮮半島経由で鉄製農具と灌漑技術がもたらされ、日本における土木工事の技術革新が本格化したと考えられている〔熊谷二〇〇一〕。しかし東国においては巨大古墳の登場はやや遅れ、その土地開発は西国にように著しかったとはみなしがたい。むしろ畿内に成立したヤマト政権との関連で、古墳文化が受容されるようになる。その最も典型的なのは、北関東埼玉県行田市のさきたま古墳群で、五世紀後半の築造にかかり、国造クラスと考えられる前方後円墳・稲荷山古墳から出土した鉄剣銘は、その間の事情を明快に物語るものといえよう。

前方後円墳を有すること自体が、ヤマト政権の政権下に入ったことを意味するとされているが、そもそも日野・八王子地区においては、前方後円墳が存在しないことから、当地域を広汎に支配し、ヤマト政権に従属するような王権の成立はみられなかったと考えられる。ただ南関東においては、川崎市幸区の前方後円墳である加瀬白山古墳から出土した三角縁神獣鏡などから、古墳時代前期に多摩川下流にヤマト政権と深い関係にあった地域豪族の存在が窺われる。

また東京都狛江市南部の狛江古墳群のうち、亀塚古墳も前方後円墳で、鉄剣・鉄鏃や馬具のほか神人歌舞画像鏡も出土している。この銅鏡が大阪出土のものと同笵鏡であることから、同様にヤマト政権との関連が知られる。これは五世紀末から六世紀初頭の築造とされ、古墳時代中期を代表する古墳であることから、多摩川中流域においてもヤマト政権に従属する地域豪族が支配力を強めつつあったことが分かる。

なお、当地域においては、旧石器時代から断続的に続く日野市の七ツ塚遺跡に、八基の古墳群があり、ここから女性埴輪のほか、多くの鉄剣・鉄鏃が出土している。こうした鉄製品の一括出土についても、中央からもたらされたとも考えられており、おそらくはヤマト政権と密接な関係にありつつも、強力な地域豪族の出現がみられなかったとすべきだろう。この七ツ塚古墳は、六世紀後半から七世紀前半の築造と推定されており、集落址は未確認ではあるが、やはり日野台地の北端先端部に、集落が築かれていたと考えられる。

このほか古墳時代中・後期のものとしては、浅川左岸台地上に位置する西平山古墳群などがあるが、すでに巨大な前方後円墳は六世紀代に姿を消し、とくに南武蔵地域においては、七世紀頃から横穴式墳墓が登場するようになる。これには大型の横穴式石室を有するものと、丘陵や台地傾斜面あるいは墳丘に埋葬用の空間を掘り込んで、これに整然と河原石を積み上げるなどしたものがある。

前者には、南武蔵最大規模とされる七世紀前半から中期頃の八王子市北大谷古墳のほか、府中市武蔵府中熊野神社古墳と三鷹市東京天文台構内古墳や多摩市稲荷塚古墳・臼井塚古墳などがある。また後者には、日野台地を掘削した日野市梵天山横穴墓・坂西横穴墓や、日野・多摩両市にまたがる万蔵台古墳群のうち中和田横穴墓群があり、稲城市・国立市・国分寺市・三鷹市など多摩川中流域の台地および丘陵部に広く分布する。

このうち後者は、ほとんどが七世紀後半に属するもので、この頃に横穴式石室から横穴墓へという展開がみられる。これらは終末期古墳の群集墳と呼ばれるもので、比較的強力な地域豪族の支配力が相対的に低下したことを示すと考えられている。代わりに小規模な有力者たちが、それぞれに家族などを単位とした合葬形式の墳墓を造り始めたことを意味する。ただ当地域における群集墳の普及は、全国的には遅い部類に属するほか、前方後円墳が存在しない点に注目する必要があろう。いわゆる古墳文化の浸透は、弥生文化と同じく相対的に稀薄で、当地域においては、水田稲作という生産形態が基本的に脆弱であったものと思われる。

ところで古墳を築造するような地域豪族の居館と当時の集落のありかたについて、関東では群馬県群馬町の三ツ寺遺跡の例が広く知られている［下城一九九〇］。いわゆる豪族居館には、時代差のほかにも、かなりの階層差があり、その居館主の性格もさまざまである。この五世紀後半頃と推定される三ツ寺遺跡の方形環濠居館は、壕を含めて約一六〇メートル四方という大規模なもので、ほぼ同時期に一〇〇メートル級の前方後円墳が周囲に出現することなどから、その埋葬者クラスのものと考えられている。

同遺跡は前橋台地中央部を流れる井野川上流部に位置し、周辺には水田適地が多く、古墳時代の水田址や畠地跡などが検出されており、農耕を基盤とした地域権力が成立していたことが窺える。しかも居館周辺の山麓地帯からは、一〇〇軒を超える規模の大集落が多数発掘されている。こうした豪族居館や大集落の事例は、当地域ではみあたらないが、これに準ずるものとしては、八王子市の川口川が浅川に合流する付近に位置する中田遺跡の一部で、古墳時代後期の大型集落が確認されている。

中田遺跡は、縄文時代からの複合遺跡であるが、弥生時代には後期にいたって四軒、さらに最末期から古墳時代初頭に三軒の竪穴住居が検出され、また古墳時代前期には三軒・中期にも二軒の同様な住居址が、低湿地の微高地上に、等高線に沿って東西に並ぶ小規模な集落景観を呈していた。ところが古墳時代後期になると、竪穴住居が一挙に増加し、その数は九〇軒に上るとともに、八メートル四方の竪穴式大型住居が発掘され、その規模は平均的な住居のほぼ四倍にも及ぶことが注目された［鶴間二〇一〇］。

この中田遺跡に関しては、すでに全体調査が終了し、報告書が刊行されており［東京都埋蔵文化財センター二〇〇九など］、その概要を知ることができる。ここでは川口川と浅川の氾濫源という水田適地を利用した遺跡である点が重要であるが、とくに同様の立地条件でありながら、古墳時代後期に至って周辺低地の水田化が一気に進んだことから、集落規模が著しく増大し、大型住居が出現をみたことになる。しかも、このうち六世紀前半の大型住居からは、鉄鎌のほか鉄製U字形鍬先のほか、米や雑穀を蒸すための甑が大量に出土しており、ここでは生産活動のなかでも水田農耕が重要な位置を占めていたことが窺われる。

おそらく古墳時代後期には、それまでの拠点であった台地部や丘陵地から離れて、中規模河川の沖積低地への本格的な進出が始まり、水田耕作を基盤として、自然堤防などの微高地にも、大規模な集落を営むようになった。一般に古墳時代は、土木水利技術の発展やウシ・ウマの使用や組織的な労働力編成によって、前代の弥生時代に拍車をかける形で水田生産力が良質ともに進展をみたとされている。しかし当地域一帯においては、そうした水田開発の本格化と、それに伴う集落の巨大化・住居の大型化は、基本的には古墳時代後期を待たなければならなかったのだといえよう。

こうした研究史を踏まえた上で、本書では、当地域の当該期における分析対象として、丘陵部に立地する石川天野遺跡と沖積低地に位置する南広間地遺跡の場合をとりあげる。ただし石川天野では、弥生時代からの展開を前提とするのに対して、南広間地では古代へと連続する問題を扱う。これらは出土する遺構や遺物の時代的性格もあるが、当地域における開発の推移を検討するためにも重要な視点と考える。

まず石川天野遺跡については、先にも触れた第二章の有村論文が興味深い分析を行っている。先にも述べたように、弥生後期から末期には、丘陵部に数軒程度の集落が営まれたのみであった。また古墳時代前期・中期においても、集落域としての土地利用痕跡は窺われず、当該時期には廃絶されていたものと考えられる。しかし、やがて古墳時代後期に入ると、再び集落の形成が始まり、大谷沢に面した南斜面一帯に広がりをみせ、集落規模もかなり拡大化していく。

これに伴って植生にも大きな変化が起こり、温帯落葉樹が減少する代わりに、照葉樹や杉などの増加傾向がみられ、水田雑草・畑作雑草などの花粉が検出されている点が重要だろう。さらに、かつての自然流路が埋められた代わりに、新たな水路二条が形成され、これに挟まれた窪地に水田耕作土層の広がりが確認されている。

このことは、森林伐採が本格的に始まり、水田および畑地の開発が大幅に進行したことを物語ると考えられる。すなわち当地域における生産活動の拡大が、地域環境の大きな改変をもたらし始めたのである。しかも有村論文が指摘するように、こうした開発を推進した集団は、弥生末から古墳前・中期の人々とは、おそらく系譜を異にするものと考えられる点が重要で、技術的な革新を伴ったものと思われる。

また先にも述べた北大谷古墳が遺跡地付近にあり、希少性の高い特殊な農具類の出土がみられることなどから、七世紀前半頃には、飛躍的な開発を行いうるような富裕層を主体とした集団の進出が想定される。これはヤマト政権の東国経営とも関係するものと思われ、これを承けた当地域における新たな技術革新によるものか、あるいはかなり遠方からの集団移住によるものかは、今後の検討に委ねるべきだろう。

また多摩川流域の低地部に位置する日野市南広間地遺跡については、第三章の有村・梶原論文を参照されたい。同遺跡は、縄文後・晩期の遺跡を含むが、弥生期における土地利用は空白となっている。ここでも石川天野と同様に、古墳時代前・中期の日野台地を中心に、再び集落が小規模ながら形成されたが、徐々に低地部へと集落域を移動し、同時代後期にいたると著しい増加をみせる。その分布傾向としては、多摩川旧流路右岸の自然堤防微高地という安定的な地区に集中するようになる。なお当遺跡は一部浅川寄りにもまばらに散在するが、洪水による流失事例も確認されている。

ただ南広間地遺跡では、先にみた同じような微高地に立地した中田遺跡とは、かなり状況を異にする。すなわち古墳時代後期には、南広間地遺跡においても、低地部への集落の広がりは明確となるが、農耕関連遺物は少ないことに注目する必要があろう。また水田址についても未確認であることから、農耕への依存度は低かったと考えねばならない。おそらく、これは河川規模と深く関係するものと思われる。多摩川のような大河川は、当該時期において農耕を中心とする生業を営むには、洪水などの危険性を考慮すれば長期的な定住を行うには適していなかったと考えられる。

むしろ川口川クラスのような小規模河川の方が、農耕には安定的な集落生活を営みえたため、中田遺跡のような選地がなされたのであろう。古墳時代後期には、農耕に重きをおいた開発も行われたが、それはまだ複合的な生業体系を維持していたものと思われる。大河川の沖積地に本格的な進出が始まるのは、古代に入ってからのことであった。有村・梶原論文では、古代における土地開発についても詳しく論じているが、その意義については、次節で改めて触れることとしたい。

五　古　代

ヤマト政権の東国経営に関しては、前方後円墳や鉄剣銘などから、すでに五世紀後半には、その支配力を浸透させていたことが明らかである。いわゆる大化前代、ヤマト政権による統一事業は、服従した地方有力豪族を国造というポストに任命し、古墳の築造技術などを分与していたと考えられている。やがてヤマト政権の内部で抗争が起こり、皇極天皇四年（六四五）の軍事クーデターによって大化の改新が開始された。

これを機に一気に新政権による中央集権化が進行し、中国の律令システムを範とする国家体制が成立し、国造たちも新たな地方行政組織の役人に任命されるようになった。それまでの国造たちの支配基盤も改変を迫られて、国郡里制という画一的な地方制度が施行され、条里制が採用されるようになった。しかも古代律令国家は、租税制度とのからみで政策的にも、米を社会的生産の基礎に据えようとしたため、さまざまな生産活動のうちでも水田稲作が重視されるようになっていく［原田一九九四・二〇〇六］。

また古代律令国家は、高度な法体系と細かな行政組織をもったことから、地方における文字の使用を著しく進展させた。直接的には戸籍・計帳など諸文書の作製、および『古事記』『日本書紀』という歴史書や『風土記』という地理書を編纂したことによって、七世紀後半以降には文書・記録類が比較的豊富に残されるようになった。このため考古資料以外にも文献史料を用いた歴史分析が可能となる。このため本総論では、質的な連続性の高い文献史料が物語る問題に関しては、第二部の総論に譲ることとして、ここでは考古資料からみた当地域における地域開発の様相をみていくに留めたい。

ただ古代律令国家の支配が東国にまで浸透していくのは、やや遅く七世紀末ごろのこととされている。また武蔵国府は多磨郡に置かれ、日野市と多摩川を挟んだ対岸東部の府中市に比定されている。しかも武蔵総社である同市大国魂神社の境内および周辺地付近にあてられ、その成立は八世紀前半以降と考えられている。おそらく当地域が本格的に律令国家の支配下に入ったのは、大化の改新からは半世紀ほど遅れて、奈良時代に入る八世紀以降のこととみなしてよいだろう。

いずれにしても古代においては、関東平野のうちでも、その大部分を擁する武蔵国の中心地が、当地域に求められたことには注目しておく必要があろう。多摩川よりも大規模な利根川（古利根川水系）一帯は、あまりにも茫漠とした沖積低地にしかすぎなかった。それゆえ東京都葛飾区の大島郷故地など、一部の存在は知られるものの、『倭名類聚抄』に登場するほとんどの郷名を比定することが難しい。これは大河川の氾濫などによって、地形条件の変化が著しいことを示すもので［原田一九九九］、これに較べれば当地域の方が、はるかに安定的であったことから武蔵国の経営に有利と判断されたのである。

なお、この時期の集落としては、八王子市船田遺跡のほか日野市神明上遺跡・南広間地遺跡・落川遺跡などが知られる。なかでも神明上遺跡は、日野台地南端に位置する古墳時代からの集落址であるが、八世紀前半に大規模な集落としての形成がみられる。しかも、これらの遺跡内では区画溝の存在が認められ、かつ一定方向に沿った建物の配置が確認されており、計画的な集落の形成が図られている点に大きな特徴がある。ここに古墳時代とは異なる明白な開発への国家的意志を読みとることができよう。

さらに第二章有村論文が指摘するように、古代に入ると、当地域低地部における開発がより広汎に進展していく。南広間地遺跡のうちオリエント地区は、多摩川の自然堤防上に位置するが、八世紀前半には、ここでも大規模住居群が出現をみている。南北に直進する大溝を挟んで掘立柱や側柱をもつ建物群が検出されるほか、微高地に接する低地部には水田遺構が確認されており、低地部への大規模な開発行為が実施されていたことが分かる。

とくに微高地以外への進出も行われ、安養寺地区では大きな集落の存在が知られるとともに、農具類や遺構などから、湿田農耕の痕跡ほか、用水路および乾田の存在が確認されている。しかし多摩川流域では、集落においても住居の建て替えが激しかったほか、先にも述べたように、洪水が繰り返し起きている。これによって廃絶された場合も少なくないが、その後においても、さらなる開発の進展がみられた。

奈良時代に入って、古代律令国家のもとでの水田稲作への志向が明白になると、繰り返される洪水の恐れもものともせず、より本格的な開発が試みられ、この低地域においても生産活動がよりいっそう活発化し始めたことになる。さらに第三章の有村・梶原論文が指摘するように、南広間地遺跡の万願寺地区でも、大規模な洪水の後に、大量の噴砂を伴う巨大な地震があったことも確認されている。ここでは八世紀末に大規模な集落が形成されているが、洪水や地震など、さまざまな自然災害に襲われながらも、懸命に低地部への開発を持続してきたことが分かる。

先にも述べたように、南広間地遺跡では、古墳時代における水田址の確認はなされていないが、古代になると多摩川の旧流路を利用して、砂地地帯において水田開発を展開させていったことが窺われる。これは旧流路が洪水で埋まった後の凹地に、用水を引いて水田としたものであるが、多摩川・浅川は氾濫のたびに、浸水と土砂の堆積を繰り返した。このため水田面の嵩は上がり、そのつど用水路は造り替えられ、水田面積は少しずつ拡大していったことになる。

これら水田は、何層にもわたって形成されているが、必ずしも継続的なものではなく、一時的に廃絶した時期があったことも明白で、水田耕作継続への努力は並大抵ではなかったことが窺われる。これが一〇世紀以降になると、住居数がさらに増加する。しかも当地域周辺の台地上においては、この時期に集落遺構がほとんど確認されないこととは対照的に、平安後期ごろから低地部において、急速に集落の形成が活発化してくることが指摘されている。

このような傾向は、当地域のみならず、同じような沖積低地に立地する日野市落川・一の宮遺跡においても同様であり、条里遺構も確認されている。有村・梶原論文が指摘するように、この南広間地遺跡も、落川・一の宮遺跡とほぼ同規模であった点が重要であろう。

両遺跡とも、多磨に設置された武蔵国府周辺の主要国衙の一つとしての中心的役割を担うもので、多摩川・浅川流域の沖積低地が、古代においては開発の主役となっていることに注目しておく必要がある。これは、第二部の第五章・原田論文における国衙と荘園の立地をめぐる問題と深く関係する。

いずれにしても、これら古代の低地遺跡に関しては、七世紀頃から本格的な集落形成が始まり、七世紀末から八世紀前半に著しい発展がみられるが、八世紀後半からは住居数が一挙に減り始めるという傾向が指摘されている［服部二〇〇四］。そして代わりに新たな集落が、沖積地・丘陵・山地を問わずに、多様な立地条件のもとに散在的に展開するが、これらには畑作や手工業生産を基礎とするものも多いという指摘もある［坂井一九九六］。

こうして古代末期からは、とくに沖積低地への進出が盛んとなり、その耕地開発が著しく進行したことに疑いはない。しかもこれらは、洪水による土砂の堆積を前提としたものであり、多摩川沖積低地においては、むしろ自然災害を契機として、やや時間をおいた上で再び開発が進むという事実は注目に値しよう。

ただいっぽうで、古代から中世への移行期である一一世紀後半ごろから、集落址の発掘例が減少するという傾向がみられる。これはおそらく中世に入るころから、現在の住居地と重なる部分に中世以降の遺跡が立地するようになったためと思われる。この問題は、今後の大きな課題となろうが、集落史という観点からは、この時期に一つの大きなエポックがあったものと考えられる。

ちなみに八王子盆地南西部の舟田丘陵に位置する船田遺跡は、弥生時代から継続するが、とくに古墳時代後期に集中するほか、奈良・平安期にも大規模な集落址が確認されている。八世紀には、住居数は一〜五軒であったが、九世紀後半ごろから増大し一〇世紀ごろまで続いた。とくに九世紀後半の最盛期には台地上に三三軒を数えたが、やがて一八軒程度に減り、終末期には七軒となる。

ただ船田遺跡は、鉄鎌などの農耕具の出土例が少なく、むしろ武具である鉄鏃がまとまって出土することから、軍事基地的な性格が強かったとも考えられている。こうしてみると、奈良・平安期には台地部においても集落が営まれたが、とくに当地域では、多摩川のような大河川の沖積低地への進出が盛んになったことが大きな特色であろう。その背景には、古代律令国家による東国支配の進展に伴って、政策的に水田稲作が重視されたという社会的事情があったものと思われる。

【注記】編者である原田は、各論文の冒頭に総論として、それぞれ時代ごとに概論を書いたが、もともと文献史学を学んできたため、考古学研究の成果に関しては素人にすぎない。このため本章における当地域の旧石器から古墳・古代にいたる時代までの遺跡概要については、〔八王子市史編さん委員会一九六五、日野市史編さん委員会一九八八、峰岸監修二〇〇七、『日野市史史料集　考古資料編』〕などを参考としたほか、これまでの知見に基づいて記述を行った。なお、それ以外の事例については参考文献などを明記した。

第一章　先史時代における日野・八王子地区の開発と景観

上敷領久

一　はじめに

日野・八王子地区の旧石器時代から縄文時代における景観と開発について考察するに際し、最初に地理的位置づけをしておきたい。すでに序章・久保論文において、当地域における地形の特色は述べられているが、ここでは旧石器時代すなわち間氷期以前の様相にも留意する必要があることから、遺跡との関連で重視すべき問題を視野に入れつつ、概観しておきたい。

本章で対象とする地域は、多摩川と浅川が合流する地点を含む沖積地、日野台地と加住丘陵およびその境を流れる谷地川流域とその支流域である。加住丘陵は、関東山地の一支脈であり、関東山地末端の雹留《ひょうどめ》山に源を発する谷地川の開折によって、南丘陵北丘陵に縦断されている。また多摩川・浅川合流地点には、多少の凹凸がある平坦面とそれに接する小崖がみられる。段丘崖の分布・旧河道（多摩川や浅川の河道の跡）の残存状態やパターンから、旧河床面を三面に区分し、これを高位から、L1面、L2面、L3面、と呼称している。L1面は低位段丘、L2、L3面は、低位段丘の一部と沖積面に相当される［島津・久保・堀二〇〇二］。

これらの地域に展開する遺跡のうち（図1―1）、旧石器時代遺跡の遺跡・遺物採集地点は、主に日野台地の縁

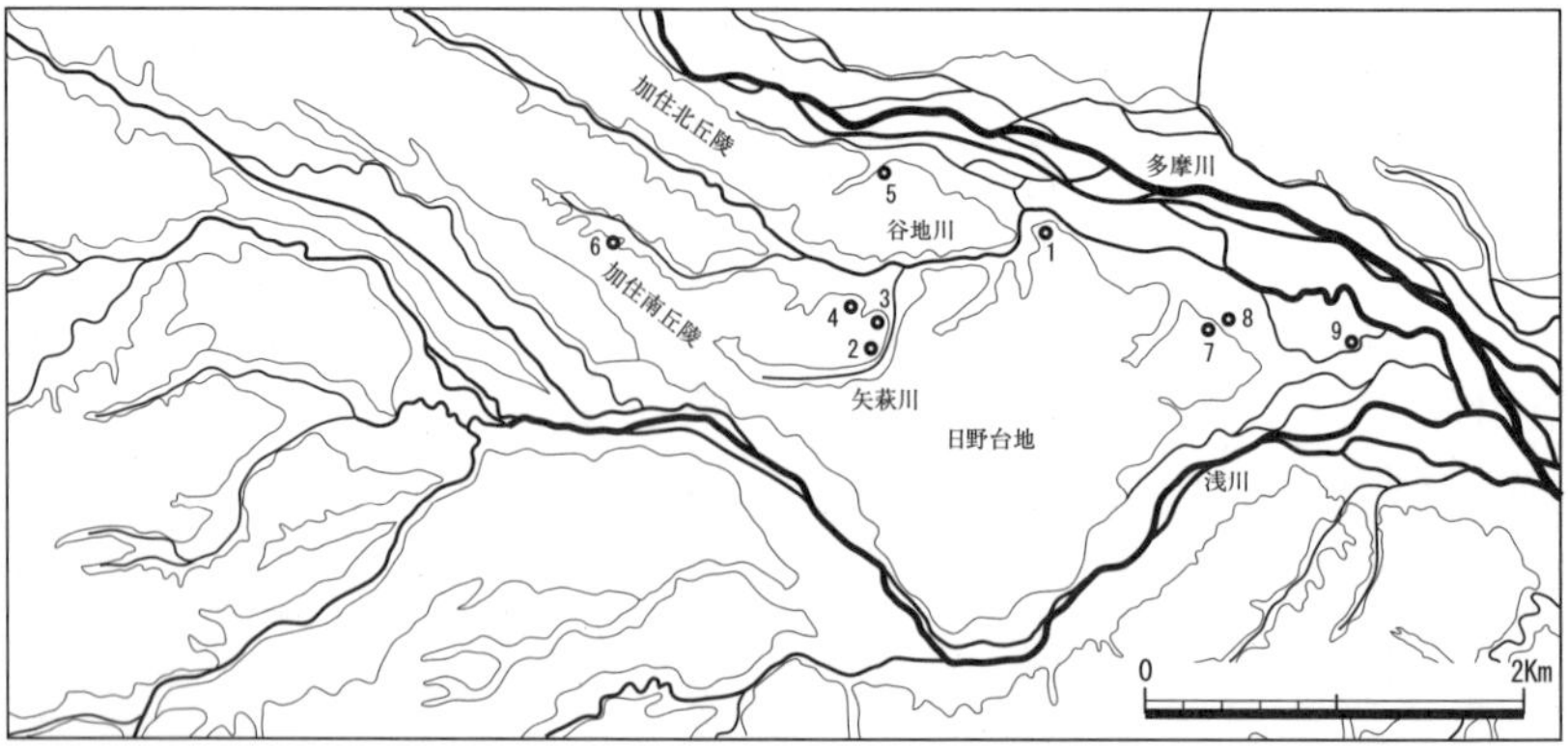

1 七ツ塚遺跡　2 石川天野遺跡　3 西野遺跡　4 下耕地遺跡　5 宇津木台遺跡D地点
6 寺前遺跡　7 神明上遺跡　8 姥久保遺跡　9 南広間地遺跡

図1―1　旧石器時代・縄文時代遺跡分布図

辺部から谷地川流域とその支流域・加住丘陵に分布する。ここでは、日野台地の七ツ塚遺跡・大谷沢地区の石川天野遺跡とこれに近接する西野遺跡・下耕地遺跡・加住北丘陵の宇津木台遺跡群D地区の各遺跡について概観する。

なお、分析の対象とする石器が集中する地点についての標記はそれぞれ報告書ごとに「ブロック」「ユニット」「石器集中部」と異なっているため、報告書の記載に準じた。また出土層位については各遺跡の報告書の層位を記載しており、いわゆる武蔵野台地の立川ローム層標記とは異なる点に留意されたい。各遺跡の時期については、主な出土石器群の様相から（図1―2）、次に記述した武蔵野台地の文化期を基準にして比較する［国分寺市一九八六］。

第Ⅰ文化期は、現在のところ武蔵野台地最古の文化期であり、立川ローム層の第Ⅹ層から第Ⅴ層下部にかけて分布している。さらにa・b・cの三亜文化期に細分される。とくにⅠa・b亜文化期は刃部磨製石斧や打製石斧、台形様石器、ナイフ形石器、大形のサイドスクレイパー、礫器等によって構成される。

第Ⅱ文化期は、第Ⅴ層の上部から第Ⅲ層にかけて存在し、

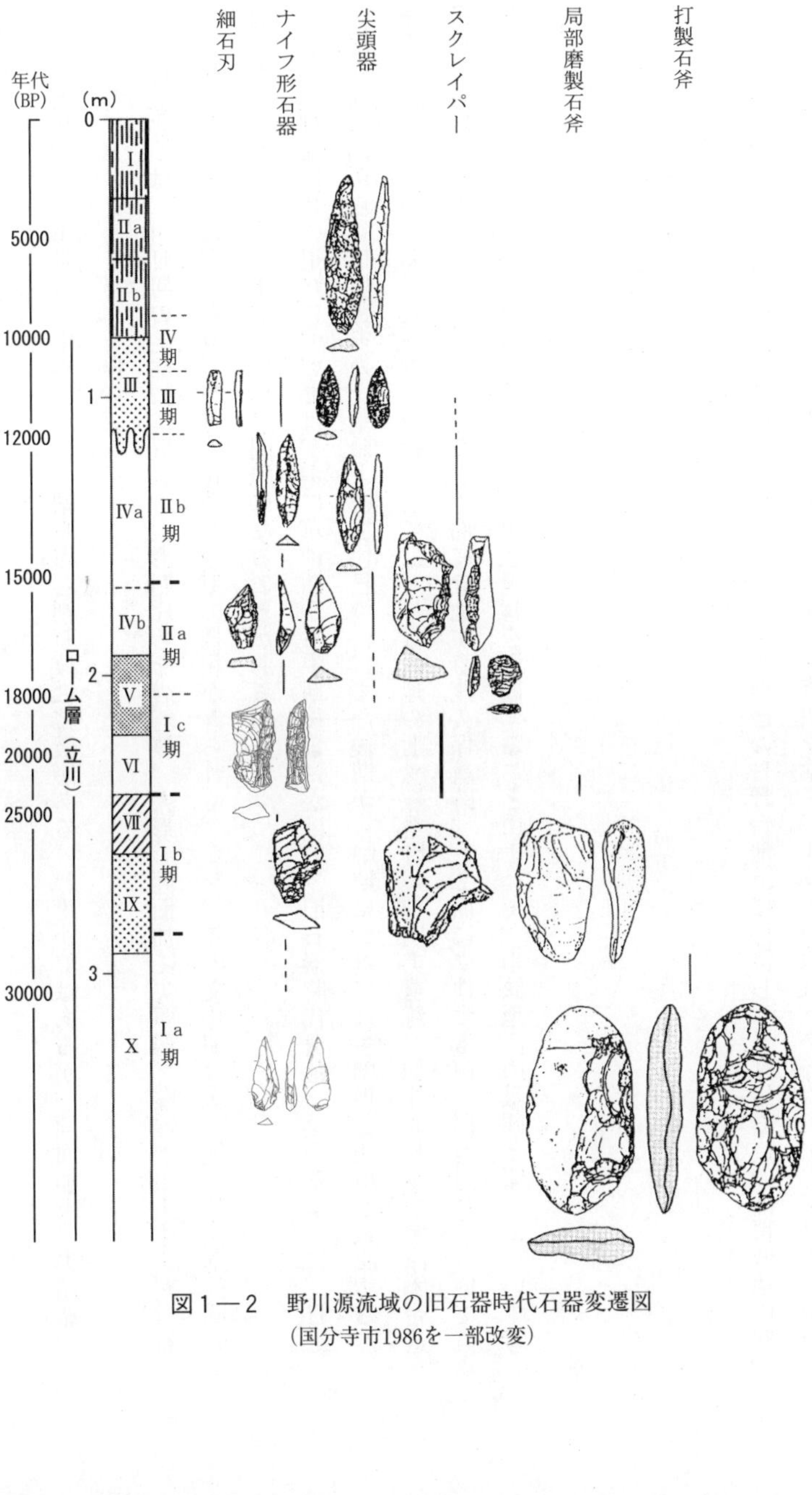

図1―2　野川源流域の旧石器時代石器変遷図
（国分寺市1986を一部改変）

a・bの二亜文化期に細分される。ナイフ形石器とスクレイパーの出現頻度が高いが、後半になると尖頭器が盛行する。

第Ⅲ文化期は、第Ⅲ層の中層にあり、細石刃と細石核に特徴がある。わずかではあるが、両面加工の尖頭器、礫器、サイドスクレイパーを伴う。

第Ⅳ文化期は、第Ⅲ層の上部に位置し、大形剝片とその石核、大形の両面加工尖頭器、礫器が出土するが、石器の組成としては貧弱であり、第Ⅲ文化期と類似の様相がみられる。なお、この文化期は次の縄文時代草創期の包含層と接するため、土器の伴出が問題になることがある。

さらに縄文時代の遺跡については、主に草創期から中期後葉にかけて、旧石器時代遺跡と重なるように、日野台地の縁辺部から谷地川とその支流および加住丘陵に、また後期から晩期にかけては多摩川と浅川が合流する沖積地にかけて分布する。具体的な遺跡としては、日野台地の七ツ塚遺跡、神明上遺跡、加住北丘陵の宇津木台遺跡群D地区、多摩川と浅川の合流するL１面に立地する姥久保遺跡、L２面に立地する南広間地遺跡について概観する。これらの遺跡の立地・検出遺構・出土遺物を概観することによって、当該地区の景観と開発について考察してみたい。

二　旧石器時代遺跡の概観

(一)　七ツ塚遺跡

本遺跡は東京都日野市の北西端の標高一〇〇メートル前後の日野台地上に位置し、多摩川沿いの沖積低地に向かって北側に突出した台地平坦面上に立地する。北に多摩川を臨み、西側の台地直下を谷地川が北流する。報告書によれば［日野市遺跡調査会二〇〇二］、谷地川は現在河川改修工事によってほぼ直線的に北東方向に流れているが、本来、氾濫を繰り返しながら蛇行し、台地の縁辺部も複雑に曲がりくねっていた。さらに台地の中央に向かって東西方向の深い谷が切り込み、その中程には湧水点が存在した（現在は埋め立てられて平坦になっている）。調査区が台地上に縦横に設定されており、図1―3に示したようにブロック一一基、礫群三基が検出されている。

これらの旧石器時代の遺構は主に遺跡の北西部に集中している。この西側または南側には旧谷地川により段丘崖が形成されていた。これらの遺構の分布をみると、ブロックの分布域と礫群の分布域がずれており、ブロックの検出層位はハードローム層が主であるが、礫群はハードローム層下部から始良《あいら》Tn火山灰（AT火山灰(1)）を含む層にかけてとされる。石器群は黒曜石を石材とした茂呂型のナイフ形石器を主体としている。報告では明確な文化層は提示されていないが、出土層位はハードロームの上部と下部に分けられている。図1―4のごとく、それぞれの石器に形態や法量の差異は認められないが、しいていえば上層の方が、刃潰し加工がやや雑であることが観察されている［日野市遺跡調査会二〇〇一b］。

文化層の枚数については、ブロックがハードローム層の上層から下層にかけて検出されるのに対し、礫群はハードローム層下部から始良Tn火山灰を含む層にかけてであることから、二枚程度の文化層が存在する可能性も指摘されよう。また、ハードローム上層から尖頭器が一点出土し、細石刃と記載される石器も五点出土している。なお接合関係が不明であることから明確にはいえないが、多量の黒曜石製石核と剥片・砕片が出土していることから、このブロックがナイフ形石器の製作跡である可能性が強い。

さらに、無作為に選んだ一〇点の黒曜石製ナイフ形石器の石材原産地を、沼津工業高等専門学校の望月明彦氏による蛍光X線分析によって分析したところ、九点が長野県蓼科冷山群で一点のみが長野県和田土屋橋西群であるとの結果を得た。他の遺跡との比較を行っていないため即断はできないものの、一定の原産地と強いつながり

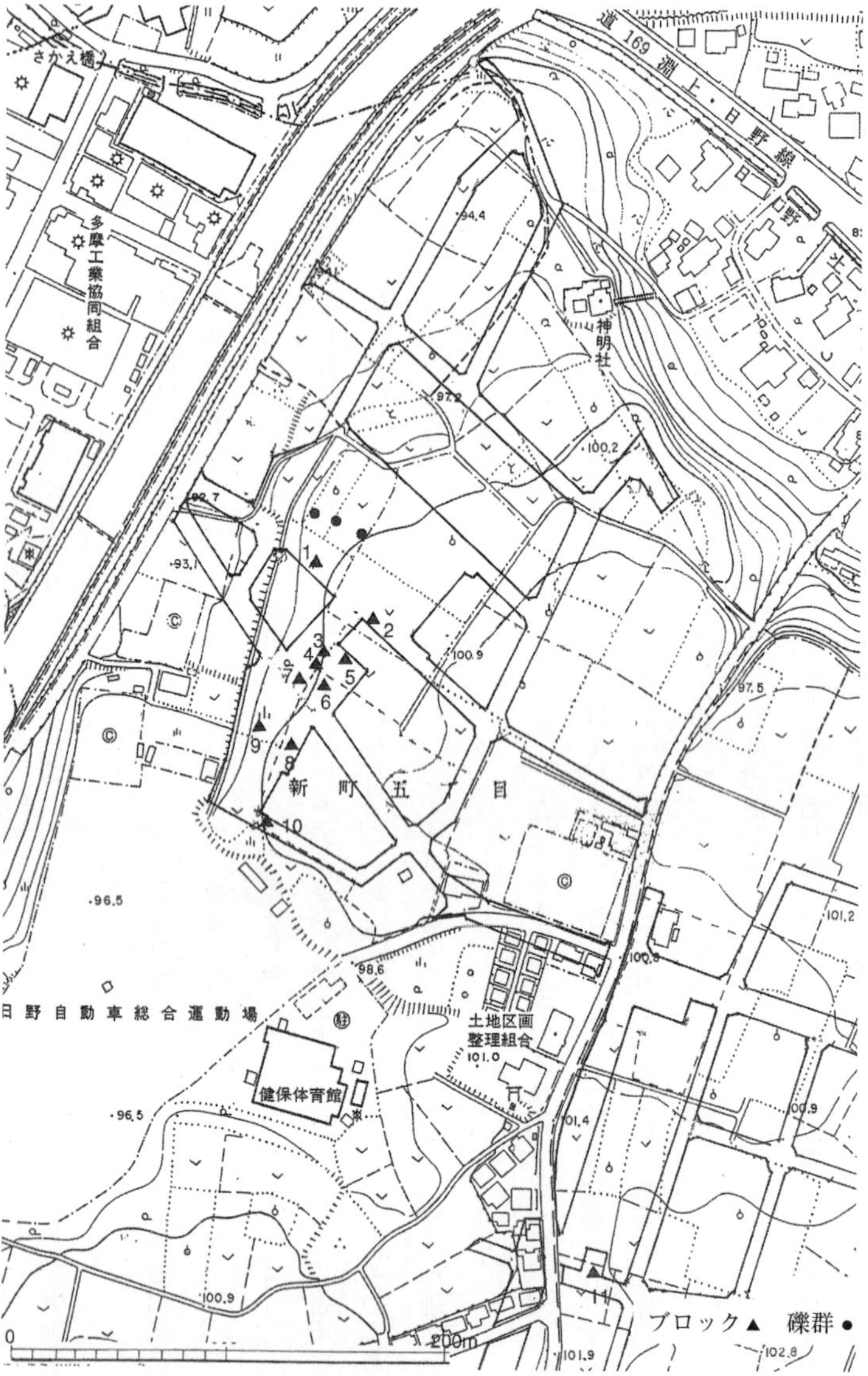

図１―３　七ツ塚遺跡出土の旧石器時代遺構分布図
（日野市遺跡調査会2001b の第81図を転載）

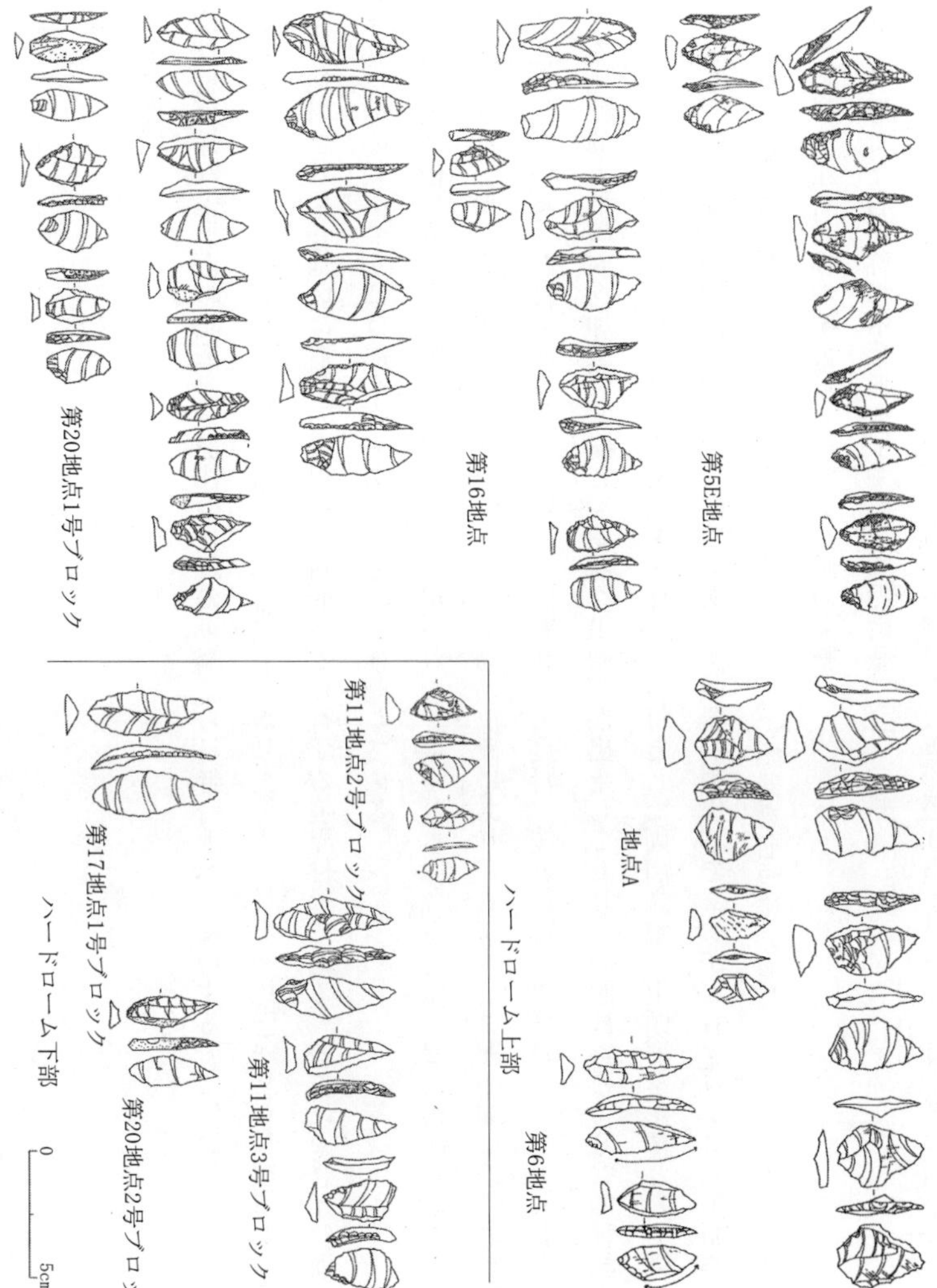

図１－４　七ツ塚遺跡出土のナイフ形石器一覧
（日野市遺跡調査会2001b の第82・83図を改変）

を持っていた可能性を示唆しているといえよう。

二側縁加工のナイフ形石器が主体となることから、時期は武蔵野第Ⅱ文化期後半〜第Ⅲ文化期に相当すると考えられる。

（二）石川天野遺跡

本遺跡は東京都八王子市の北部で、加住南丘陵の東端から日野台地へと移行する所に位置している。そして南側と東側を開析谷の一つである大谷沢で限られ、北側も小谷で刻まれた半島状に孤立した台地上に広がっている。遺物が検出されたA地区は遺跡の平坦部が斜面へと移行する境界付近である。報告によれば斜面には多数の谷が刻まれ、そのいくつかには湧水点があったものと推測している。

旧石器時代の遺構はA・B二基のブロックが検出された。いずれもソフトローム層への漸移層中より出土しているが、垂直分布からみるとAブロックのほうがやや高い位置にあり、Bブロックとの間に若干の時間差が存在すると考えられている。石材をみるとAブロックは硬砂岩・頁岩・珪質頁岩・珪質泥岩・チャート等九種類の石材からなる比較的大形の両面加工尖頭器と尖頭器作出剝片が出土しており、肉眼観察により二四種類の母岩別の遺物に分けられている。Bブロックは黒曜石を主体的な石材とした両面調整の尖頭器を主体としている。A・Bブロックとも、主要な石器は両面調整の尖頭器であり尖頭器の製作跡であるが、Bブロックの尖頭器はすべて黒曜石製である。報告書［駒沢大学考古学研究室一九八六］では尖頭器を七つに分類している（図1―5）。

分類Ⅰ　大形で左右対称の柳葉形を呈する。両面調整。

分類Ⅱ　大形で左右対称の木葉形を呈する。両面調整。

分類Ⅲ　大形で左右非対称形をなし、どちらかの側縁が大きく張り出す。裏面には主剝離面が残る。

分類Ⅳ　小形で左右対称形をなし、最大幅は基部寄りに位置する。全体の形状は菱形に近い。両面調整。
分類Ⅴ　小形で左右対称形をなし、最大幅は基部寄りに位置する。基部は丸味を有する。裏面には主剥離面が残る。
分類Ⅵ　大形で左右非対称形をなす。両面調整。
分類Ⅶ　小形で左右非対称形をなす。基部には丸味を有し、両面に丁寧な調整が施される。大きさに規格性が強い。

ブロックごとの違いをみると分類Ⅰ～ⅤまではＡブロック、分類Ⅵ・ⅦがＢブロックに相当する。Ａブロックの尖頭器がバラエティに富んでいる理由について、このブロック自体が時間幅をもっており、複数の集団により形成された遺物集中地点である可能性が高いことを指摘している。またＡブロックには一点ではあるが斧形石器を伴い、Ｂブロックにはやはり一点ではあるがナイフ形石器が伴う。このことからも、Ａ・Ｂ二基のブロックの性格の違いをみてとることができる。

この違いが報告書で指摘されたように、製作者集団の違いによるものか、製作された石器の機能差による違いか、ブロックが形成された時間差に起因するものかは判然としないが、そのため文化層の設定については慎重にならざるをえない。しかしながら、基本的には尖頭器石器群からなる一枚の文化層であると考えてよいであろう。また、少数ながら別地区よりナイフ形石器一点、細石刃一点がそれぞれ単独で出土している。

先述したように本遺跡の性格は、尖頭器の製作跡と考えられており、報告書は石材の母岩別分類と剥片剥離技術の復元から次のような人間行動を分類している。

①ある程度剥離が進んだ石核を遺跡内に持ち込み、再び剥離を進め、残核・石器ともに、遺跡外へ持ち出す。
②素材剥片を遺跡内に持ち込み、二次調整をした後に、完成した石器を遺跡外へ持ち出す。

③完成した石器を遺跡内に持ち込む。
④素材剝片を遺跡内に持ち込む。
これらの時期としては、両面調整の尖頭器を主体とすることから、武蔵野第Ⅳ文化期に相当すると考えられる。

また、単独で細石刃が出土していることから、後述する下耕地遺跡との関連も指摘されるが、下耕地遺跡からは尖頭器は出土しておらず、本遺跡は時期的には先行する遺跡であると考えられる。

(三) 西野遺跡

本遺跡は石川天野遺跡の北側で、同様に加住南丘陵の東端部、日野台地への移行部分付近に位置する。さらに遺跡は北側を流れる谷地川の小支谷によって東西両側を限られた、南北に細長い舌状台地上に立地する。台地上は、谷地川に向かってゆるやかに傾斜する広い平坦面になっており、谷頭には湧水が認められる。遺物は、第一次調査のおりに黒曜石製の尖頭器が単独で出土した。図1―6―14に示したように、尖頭器の正面は全面に加工がほどこされており、裏面については基部に調整剝離が行われているほかは主要剝離面が残されている。

この尖頭器の出土を契機とし第二次調査において、台地先端部で調査が実施された。その結果ソフトローム層の下部から二ヶ所のユニットが検出された〔東京西線及び北八王子変電所遺跡調査会一九七四〕。いずれのユニットも定型的な石器がなく、石核や剝片類が卓越する(図1―6)。何らかの石器が製作された後、製品は遺跡外に持ち出された結果であろう。石材は硅岩・頁岩・粘板岩・花崗岩等豊富である。

文化層は一枚であり、出土遺物は先述した尖頭器のほかスクレイパーと剝片類が出土しているが、尖頭器とユニットの関係については明確ではない。報告書では立川ローム第Ⅲ層に対応するとされており、時期としては武

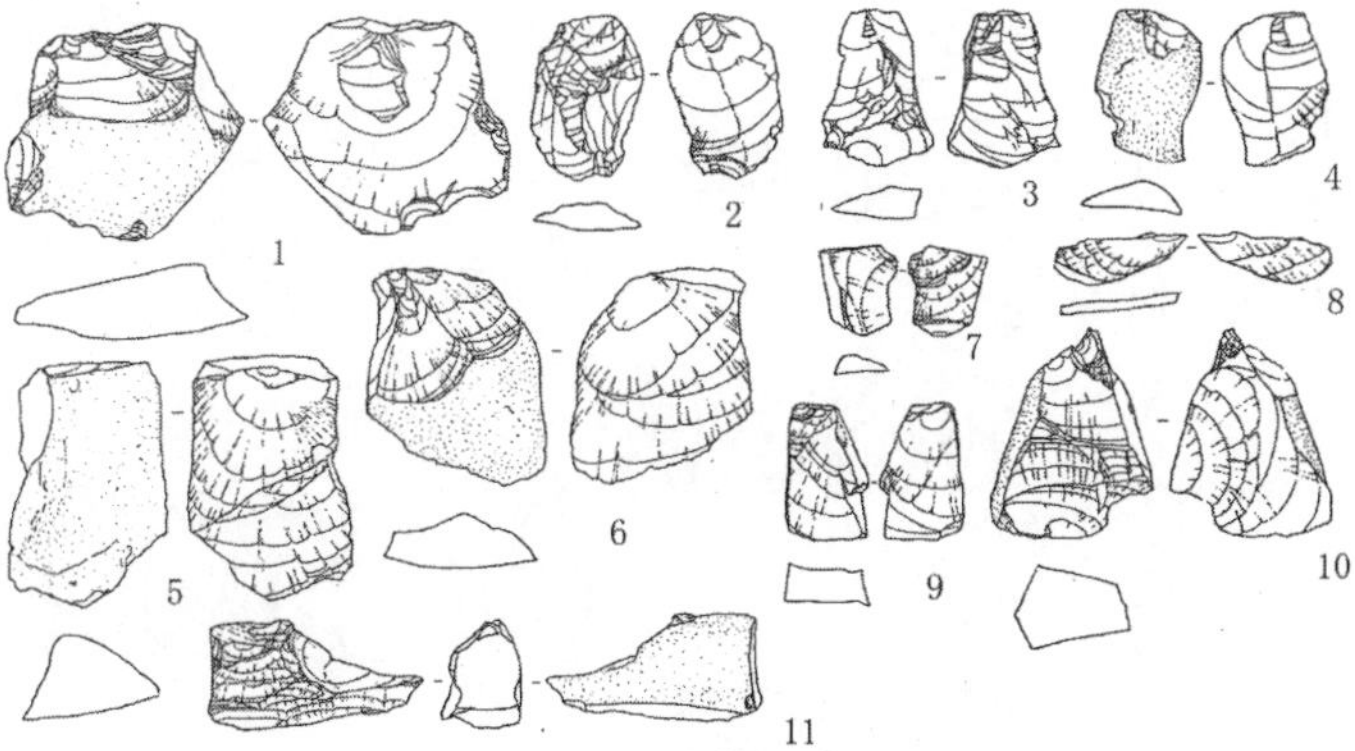

ユニットNo.1の資料

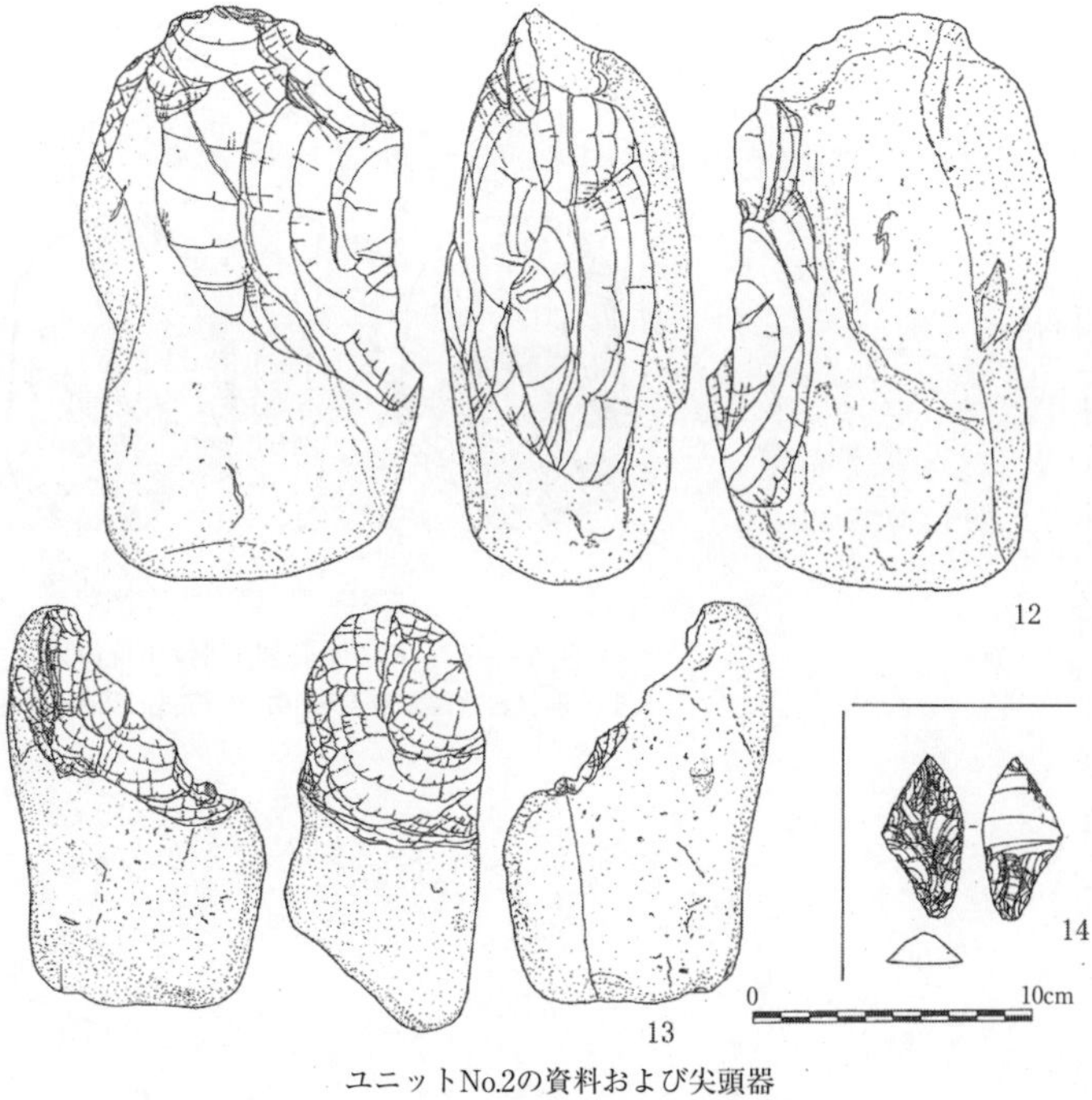

ユニットNo.2の資料および尖頭器

図１―６　西野遺跡出土の旧石器
（東京西線及び北八王子変電所遺跡調査会1974の第11・13図を改変）

蔵野第Ⅲ文化期に相当すると考えられる。

（四）下耕地遺跡

本遺跡は、支谷をはさんで東に西野遺跡が隣接し、谷地川に注ぐ二本の支谷によって東西を画された北へ延びる舌状台地上に位置する。詳細にみれば本遺跡は、この舌状台地の緩斜面の北西隅に位置している。遺構は二ヶ

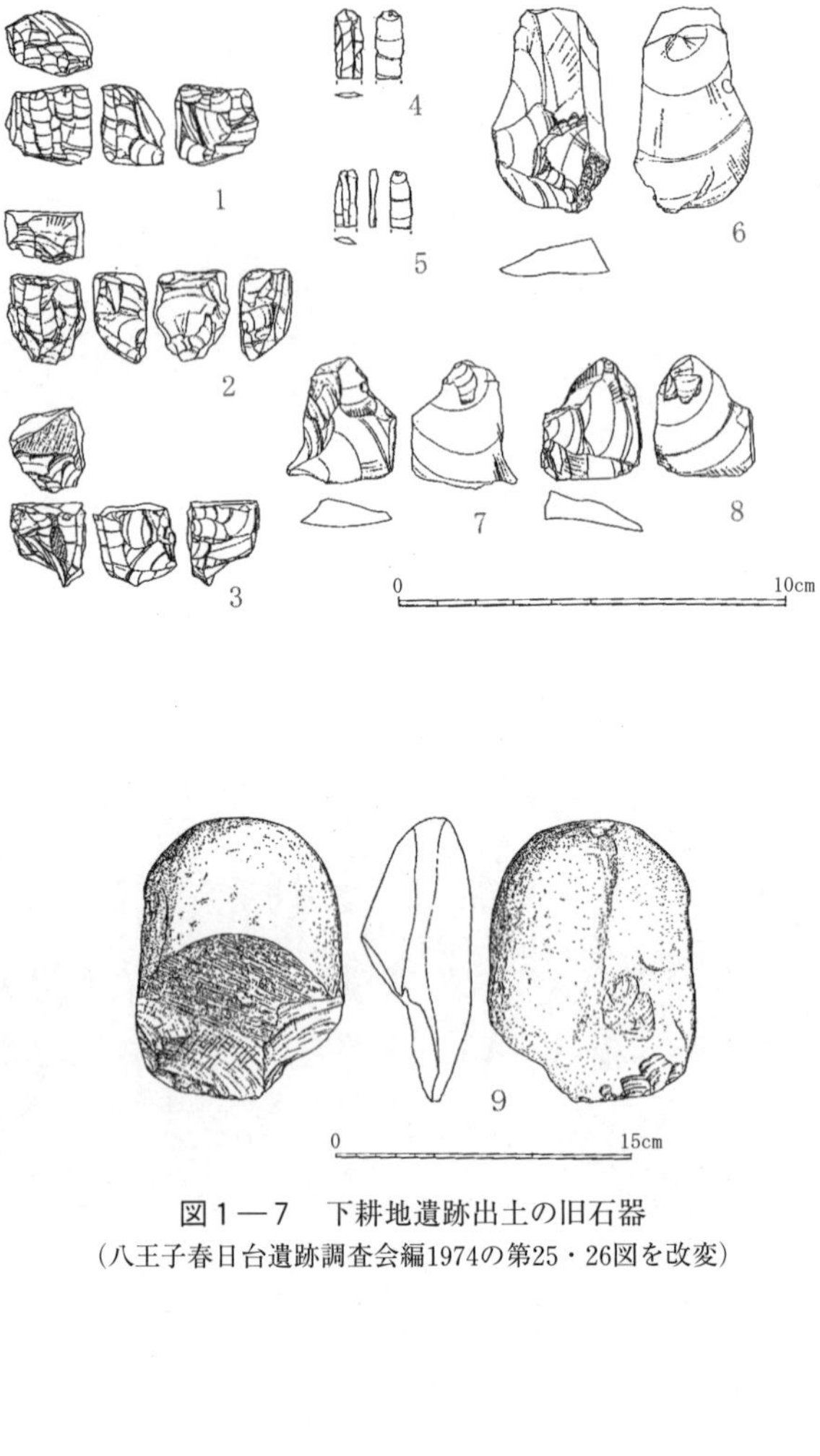

図１―７　下耕地遺跡出土の旧石器
（八王子春日台遺跡調査会編1974の第25・26図を改変）

所のブロックが報告されている〔八王子市春日台遺跡調査会一九七四〕。遺物は層位的には、ハードローム層から暗色帯（相模野・武蔵野におけるどの暗色帯に対比するかは不明）にかけて遺物の垂直分布の極大にあり、複数の文化層に分けることはできなかったとされる。主たる遺物は細石刃核三点（図1—7—1～3）、細石刃二点（図1—7—4・5）であり、他に使用痕のある剥片（図1—7—6～8）、礫器（図1—7—9）が出土し、定型的な石器以外にも細石刃核の素材や剥片、砕片等が出土している。細石刃核と細石刃の石材は珪岩である。

報告ではこれらの石器群の平面分布から、二箇所のブロックにそれぞれ消費的な内容をもったブロックⅠと、遺跡に搬入された部厚い横長剥片類の分布するⅡ—aブロック、細石刃その他の石器製作の行われたⅡ—bブロックに、その性格を分類した。細石刃核の形態は、いわゆる「野岳・休場型細石核」とされている。さらに石器群の一部は隣接する西野遺跡の石器群にきわめて近い性格を示し、層位的にもほぼ同じであるとし、同期の所産である公算がつよいとしている。そのため、支谷を隔てて同じような内容をもった文化が存在している事実はきわめて興味ぶかいと解釈している。よって、時期も同様に武蔵野第Ⅲ文化期に相当すると考えられる。

（五）宇津木台遺跡D地区

本遺跡は八王子市の北西部、加住北丘陵東端に位置し、その大部分は浸食のすすんだ丘陵地形で占められている。主たる尾根は丘陵の南寄りを東西に走り、南側は谷地川に向かって急崖をなす。北側は足の長い谷が数本入っていて、その間の尾根は北東方向にしだいに高度を減じ、多摩川沖積低地へ没する。尾根筋には何段かの平坦部がみとめられ、多摩川の中位の段丘面が保存されているようである。丘陵の東側および南側には多摩川、谷地川のつくった低位段丘がせまく発達している。

旧石器時代の遺物がまとまって出土したD地区〔八王子市宇津木台地区遺跡調査会一九八七〕は、加住北丘陵の主

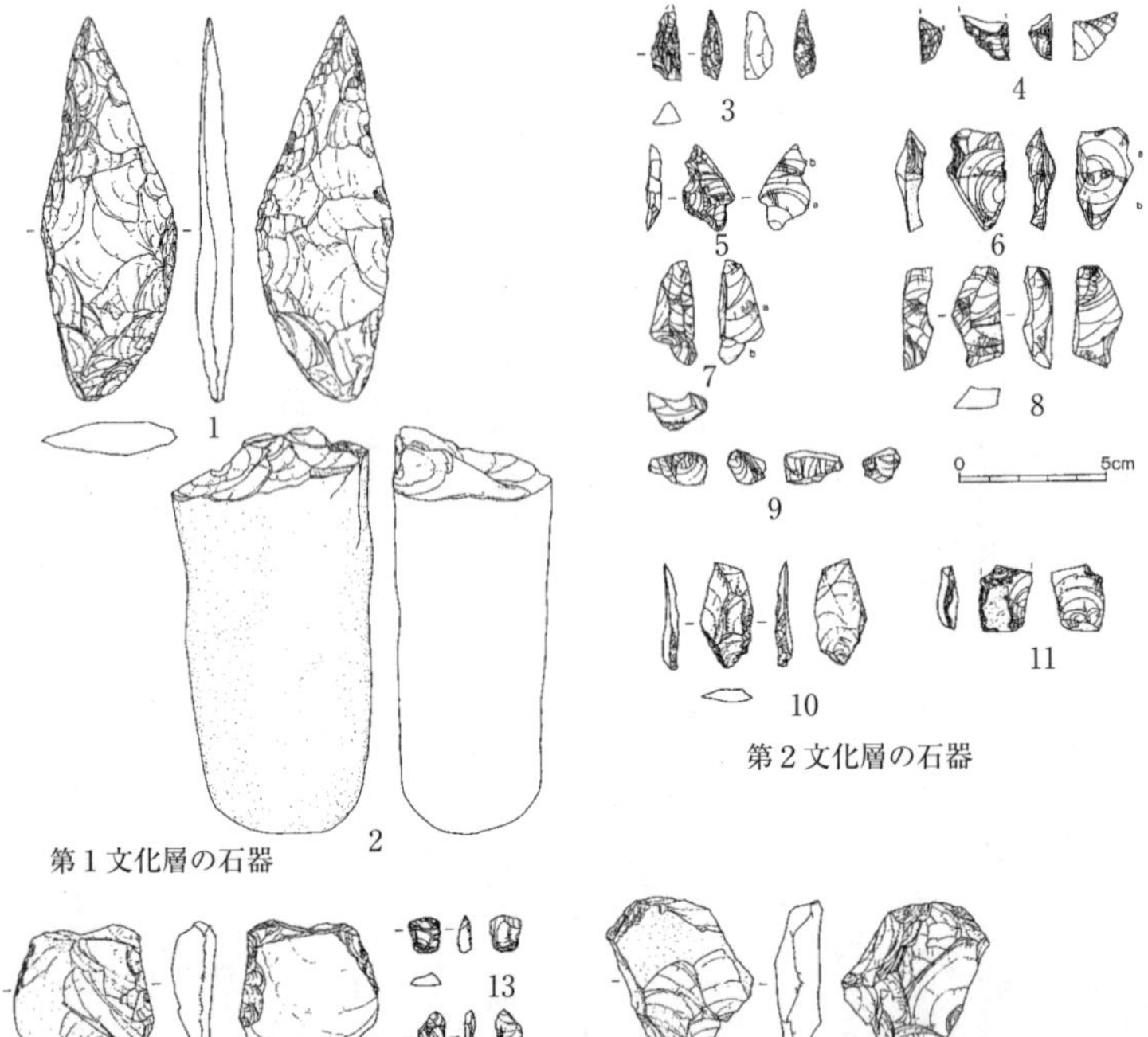

図1—8　宇津木台遺跡D地区出土の旧石器
（八王子市宇津木台地区遺跡調査会編1987a の図を改変）

尾根筋から北東に延びる支尾根のうち、東から三番目の支尾根上に位置している。当該地区においては、遺物の出土層位と分布状況から三枚の文化層が設定され、五ヶ所の遺物集中部と二ヶ所の炭化物片集中部が検出されており、重層的な様相がみてとれる（図1―8）。

第1文化層は、第Ⅲ層下部より第Ⅳ層上部にかけて両面調整尖頭器一点・礫器二点・剥片二点が散漫な状況で出土し、遺物集中部と認定できるものは確認されていない（図1―8―1・2）。尖頭器は下ぶくれ半月形のものに近い。石川天野遺跡出土の尖頭器にも類例がもとめられる。また、とくに、両面調整尖頭器についてみるとあきる野市前田耕地遺跡から同類の資料が出土しており、縄文時代草創期の可能性も指摘されよう。しかしながら、出土層位はソフトローム層であり土器も共伴していないことから、旧石器時代の所産と判断されている。報告では武蔵野第Ⅳ文化期相当の石器群としてとらえている。

第2文化層は、第Ⅳ層より第Ⅷ層上位において、三ヶ所の遺物集中部が検出された。遺物集中部1の主要な石器は、ナイフ形石器三点（図1―8―3・4・5）・台形石器一点（図1―8―6）・剥片二点（図1―8―7・8）・石核一点である（図1―8―9）。石材は玄武岩のチップをのぞいて全て黒曜石である。遺物集中部2の主な石器はナイフ形石器二点である（図1―8―10・11）。遺物集中部3の主な石器は使用痕のある剥片類である。石材は黒曜石が主体であり、他に玄武岩・砂岩がある。これらの石材は遺物集中部相互に母岩を共有する関係にある石材も存在することから、報告書では三ヶ所の石器集中部は相互に何らかの関係を持っていたと理解しており、武蔵野第Ⅱ文化期前半相当の石器群としてとらえている。

第3文化層は、第Ⅷ層下部より第Ⅸ層上部にかけて確認され、二ヶ所の遺物集中部とそれらに伴う炭化物集中部が検出されている。遺物集中部4の主要な石器は磨石一点（図1―8―25）、使用痕のある剥片一点（図1―8―21）、剥片三点である（図1―8―22～24）。遺物集中部5の主要な石器は二次加工のある剥片（図1―8―12）、使用痕のある剝片（図1―8―13・14）、石刃（図1―8―15・16・19）、剝片（図1―8―17・18・20）。その他図示していないが、石核七点、磨石一点、たたき石一点である。石材は大きく玄武岩とチャートが二分し、そのほかに頁岩と黒曜石が若干混在している。とくに石核の数が多く、さらに石核と剝片が接合しており、たたき石の存在も考えると、ここで剝片剝離作業が行われた可能性が高いと考えられている。ただし石器の出土層位に幅があり、決め手となる定型的な剝片石器は出土しておらず、文化期の設定は慎重だが、武蔵野第Ⅰ文化期後半としてとらえている。

また鉱物分析の結果をみると姶良Ｔｎ火山灰（ＡＴ）が第Ⅷ層中位より第Ⅸ層上位にかけて確認されており、第3文化層が姶良Ｔｎ火山灰層からその直下に位置づけられる可能性もある。宇津木台遺跡群においては、このＤ地区で集中的に旧石器時代の石器群が検出されたが、報告者が述懐しているように、他地区の洪積世起源の平坦部における遺跡存在の可能性も示唆されている。

以上、旧石器時代遺跡群を概観してきたが、現在までの調査でＡＴ下位から出土する石器群と判断される遺跡は、宇津木台遺跡遺跡Ｄ地区第3文化層が古層にみえるが、先述したように定型的な石器がないため明確ではない。定型的な石器群の変遷からみると、谷地川の下流域の日野台地上にある七ツ塚遺跡のナイフ形石器群にみられるような多摩川を臨むことができる斜面地で、かつ湧水点の周辺に活動の拠点がおかれた。そしてしだいに谷地川の奥部や支流に進出し、尖頭器の製作跡である石川天野遺跡や細石刃の製作跡である下耕地遺跡周辺に活動拠点が移動しているようにみられる。また、出土する主要な石器群は狩猟用具が主体である。遺跡はいずれも斜面地ではあるが、東海地方等でみられる陥穴状の遺構は検出されていない(2)。

石川天野遺跡と下耕地遺跡でもふれたように、母岩別分類と剝片剝離技術の検討から、遺跡外から搬入された製品ならびに素材剝片が遺跡内で消費され、さらに遺跡外に持ち出されるという構造が明らかにされている。このことから、未発見の遺跡が近隣に存在することは容易に推測されよう。しかしながら、その活動の規模となると、宇津木台遺跡群D地区を除けば、いずれも文化層は単層か二枚程度の存在が推定される程度の状況である。

そもそも谷地川流域の旧石器時代遺跡分布について概していえば、『宇津木台遺跡群　Ⅷ』で詳しく述べられているが、一九七〇年代前半に八王子市寺前遺跡の礫群を伴うスクレイパーや石核等が出土したのを嚆矢とし、西野遺跡、下耕地遺跡が調査・報告され、八〇年代の石川天野遺跡、宇津木台遺跡群の調査・報告を経て、九〇年代から二〇〇〇年代の七ツ塚遺跡の調査・報告に至るまで、当該期の遺跡件数はそれほど増えていない。

もちろん、現代の土地開発のありようや、調査面積にもよるが、遺跡そのものの規模と、石器群の規模を同時期の野川流域の遺跡群と谷地川流域の規模を比較すると、野川流域の遺跡群の多くが重層的な文化層を有する状況と対照的に、谷地川流域では単層ないし二枚程度の文化層であり小規模である。

しかしながら、野川源流域の遺跡変遷と比較すると類似点が認められる。それは野川源流域の遺跡群が、国分寺崖線とその際から湧き出す豊富な湧水点を背景とし、多摩川までひろがる立川段丘面を良好な狩猟場として生活の拠点的居住地を設営したことに起因する。そのため多摩蘭坂遺跡や武蔵台遺跡等始良Ｔｎ火山灰層より下層の立川ローム第Ｘ層中位にさかのぼる文化層が、すでに形成されていたのであり、遺跡ごとに断絶期はあるものの後期旧石器時代終末期まで、当地域においては連綿と石器集中地点や礫群が検出されることになる。とくに立川ローム層第Ⅳ層下部〜Ｖ層上部になると、さらに遺跡数は増加し、国分寺崖線を切り込む小支谷の縁辺にも遺跡が進出するようになる。宇津木台遺跡D地区の第３文化層がどこまでさかのぼるかにもよるが、谷地川流域においても、この時期が当該地域の開発が顕著になる時期と軌を一にしていると考えられるのである。

なお遺跡の性格については、ナイフ形石器・尖頭器・細石刃の製作跡と考えられる石器製作跡であること、七ツ塚遺跡の細石刃と尖頭器・石川天野遺跡の細石刃とナイフ形石器・西野遺跡の尖頭器のように、文化層を伴わずに単独で出土する遺物もあることから、当該地は石器製作と狩猟拠点的な遺跡が点在する景観が想定される。

三　縄文時代遺跡の概観

（一）七ツ塚遺跡

旧石器時代のところで記述したが、本遺跡は日野台地が多摩川沿いの沖積低地にむかって北側に突出した台地平坦面に位置する。一九七四年に八王子市教育委員会によって調査が実施されており、その報告書の刊行によって、縄文時代早期から後期初頭までの土器片が採録されるところとなった［服部ほか一九七四］。

遺跡の本格的調査は区画整理事業に伴い一九九四年より二〇〇三年まで実施され、約三三〇〇平方メートルが発掘調査された。遺構は、縄文時代草創期の住居跡一軒・前期の住居跡二軒が検出されているが、とくに中期後半から後期初頭（加曾利E期〜称名寺期）の住居跡が一五〇軒前後検出され、いわゆる環状集落の様相を呈している（図1―9）。そのほか、早期〜前期の所産と考えられる陥穴遺構、墓壙群と呼べるものが三ヶ所検出されている。

調査担当者の中島光世氏は、二〇〇一年の報告段階で、出土土器の検討から土器の編年と集落景観について論じた［中島二〇〇一］。そこでは集落変遷を七段階（Ⅴ期〜Ⅺ期）に区分し、とくにⅥ期（加曾利E式・曾利系を主体とし、連弧文土器が出現する時期）の住居跡数が最も多く三八軒とされている。また集落の分布については宇佐美哲也氏が、縄文時代の土地利用変遷に関しては黒尾和久氏が詳述している［宇佐美・黒尾二〇〇五］。これらを参考に概観すれば、注目されるのはまず草創期の住居跡が一軒検出されていることである。この住居跡は谷地川に延びる小支谷の南側台地上に位置する。

さらに和田哲氏の詳細な検討がある［和田二〇〇四］。時期は草創期後半であり、住居の一部は後世の溝で削平

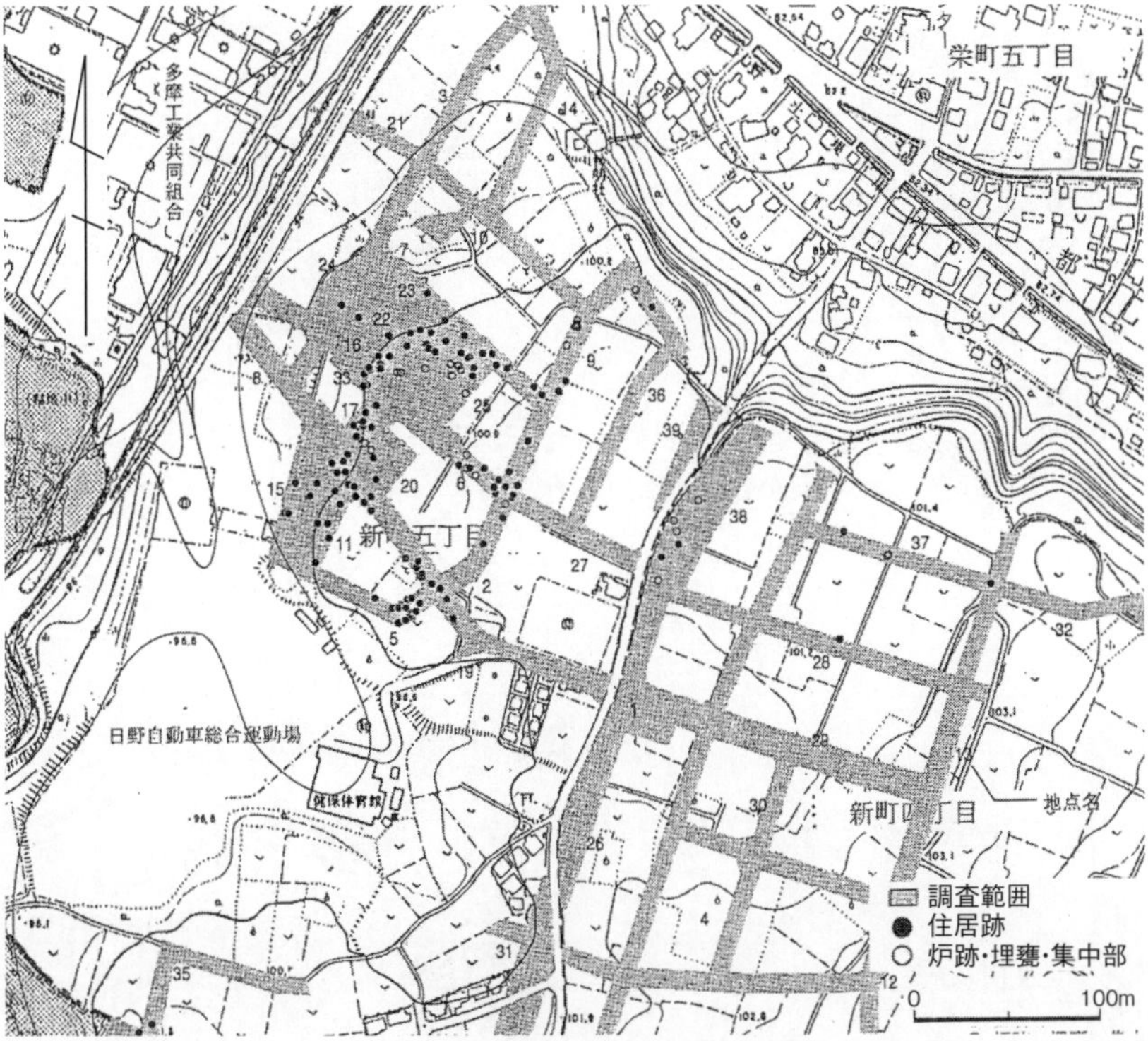

図1―9　七ツ塚遺跡の縄文時代住居分布図
（第三開発2005a の第58図を転載）

されているが、推定される直径約三メートルの円形で、確認面からの深さは四八センチメートルを測る。この床面は平坦であるが柱穴や炉は検出されていない。住居内より出土した土器は一二点の小片が出土した。土器は三類に分類されている。第1類はいわゆる、多縄文土器群の押圧縄文であり、しかも細い撚糸を押圧した土器群が主体となっている（図1―10―1～8）。第2類は沈線文の土器で（図1―10―9～11）、第3類は無文土器の小片である（図1―10―12）。石器は細石刃1点（図1―10―13）石鏃二点（図1―10―14・15）、スタンプ形石器一点（図1―10―17）・掻器一点（図1―10―16）・敲石一点（図1―10―18）・焼

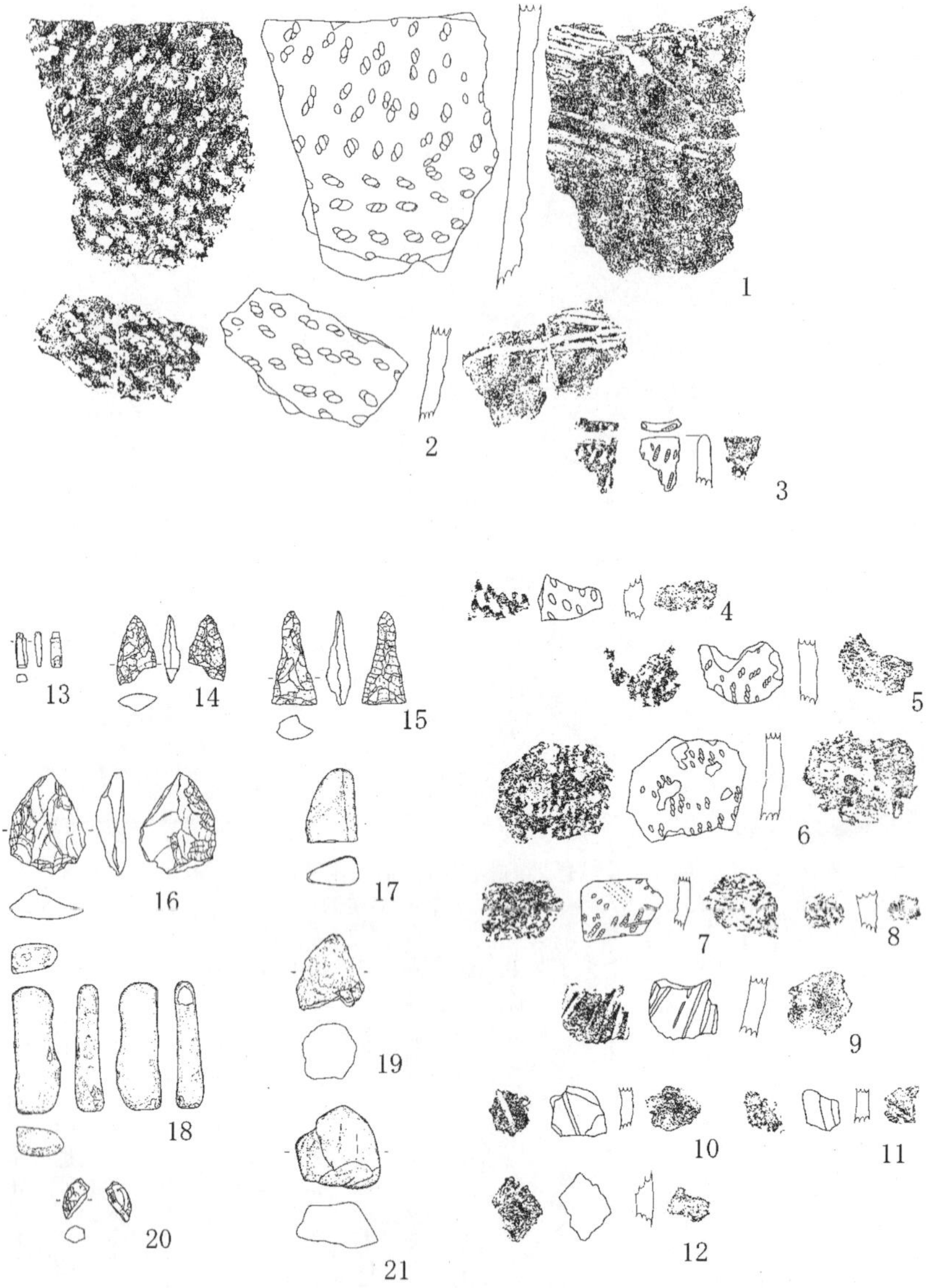

図１―10　七ツ塚遺跡出土の縄文時代草創期の土器・石器
（第三開発2004aの第41・42・43図を改変）

礫二点（図1―10―19・21）・器種不明石器一点（図1―10―20）のほか、石鏃製作の痕跡であろうか、砕片が多数出土している。また石鏃の出土から、弓矢を使用した狩猟が行われていたことが窺われる。

また近隣での草創期の遺跡としては、多摩川と秋川の合流点で低位の河岸段丘上のあきる野市前田耕地遺跡から、石槍の製作跡とされる二軒の住居跡が検出されている。多摩ニュータウン遺跡群では、丘陵下の低い部分から、狩猟用具の石槍や有舌尖頭器が出土している。これらの遺跡が比較的低位の段丘面等から検出されているのに対し、七ツ塚遺跡の草創期住居跡は、旧石器時代の礫群・石器集中地点や、縄文時代中期集落とほぼ同じ位置に立地している。なお和田は、初期の縄文遺跡が低い場所に立地することが多いとし、河川漁撈が初期定住をもたらしたという考え方に、必ずしも合致しない、と考察している。

さらに宇佐美・黒尾氏によれば、前期になると谷地川に延びる小支谷の北側台地上と、谷地川に注ぐ小支谷の南側台地上の二軒の住居が検出され、いずれも関山式期の所産で、多数検出された陥穴状土坑の多くは前期の所産と位置づけられている。その根拠は確認面および覆土の様相にあるようだが、覆土からの出土遺物がほとんどない陥穴状土坑の所産時期を決定することは非常に困難である。仮に検出された陥穴状遺構の多くが前期の所産であるとすれば、これらの陥穴群と、前にみた居住痕跡との関連も問題になるところである。すなわち時期による居住域の立地条件の違いと、主たる生業活動との関連性を検討するための事例のひとつになる可能性があると考えられるが、いずれにしても陥穴状土坑の詳細な時期比定が検討の前提となろう、とされている。

次に注目すべき当該期の中心的遺構・遺物は、中期前葉から後期初頭である。検出された住居跡はとらえ方にもよるが一五〇軒前後であり、いわゆる環状集落を形成していることである。この時期の土器群をどのように編年するかによって一時期の集落軒数は変わってこようが、宇佐美・黒尾が用いた新地平編年[3]では、中期後半を九期に区分している。とくに11b期、11c1期、11c2期、12a期、12b期に細分された時期の住居軒数をみると、それぞれ二〇軒前後の住居跡が想定されている。これらの住居が全て同時存在したかどうかは明らかではない。また住居の利用状況や耐用年数、移動などさまざまな要件を考慮する必要があるにしても、その密度は高いと考えられている。この時期を過ぎると住居の数は激減し、周辺部に墓坑が配置される状況がみてとれるという［和田二〇〇四］。

そして中期末には、柄鏡型敷石住居が台地上の広範囲に分布するようになり、事実上、環状集落は消滅している。さらに後期初頭の称名寺Ⅰ式期には、谷地川に注ぐ小支谷の北側のきわめて限られた範囲にのみ密度濃く住居が残されるようになる。ただし、重複はしていなくとも非常に接近していることから、全てが同時期に存在したとはいいがたいとしている。七ツ塚遺跡では後期初頭の称名寺Ⅰ式期以降は、明確な集落の痕跡は認められなくなる。しかしながら、多摩川中流域台地上に展開する縄文中期集落の大部分が中期末で終焉しているのに対し、本遺跡が後期初頭の称名寺期まで継続していることは特徴的であるとされている［和田二〇〇四］。

以上、集落変遷について報告書から引用したが、本遺跡から出土する石器組成を観察すると、石鏃約一八〇点、打製石斧約二四〇〇本と磨製石斧約七〇本・磨石約二三〇点・石皿類約一〇三点が出土している。中期集落の大規模化と石斧・磨石・石皿類の増加は相関関係にあり、また石錘が約六〇点出土していることから、漁撈活動に従事する割合も決して低くはなかったといえよう。

（二）神明上遺跡

本遺跡は、日野市日野台地の北東に位置し、南北は台地の幅に従い約一キロメートル、東西一・四キロメートル程の範囲である。東縁はかなりの急傾斜をもって落ち込み、台地と沖積地の比高差は三〇メートルを測る。ここでとりあげるのは、平成一六年のマンション建設に伴う埋蔵文化財の発掘調査成果である［アルケーリサーチ二〇〇五]。

当該調査地点は、遺跡の北側にやや飛び出した台地の縁辺に位置する。検出された主たる遺構は、住居跡六六軒・土坑一〇八基・陥穴四基・集石二基である。とくに住居跡は時期不明のものもあるが、早期末葉の条痕文系土器様式期であり、若干、前期のものがあるとされる。調査区が幅一五メートル程で限定的であり、中央に未調査範囲を大きく残すことから、集落の全体的な様相を把握することは困難であるが、調査区を東西にみれば、住居跡は東側に密集し、直線的に配置されると認識されている。しかしながら、住居の切り合いも著しく、一時期に構築された住居の数はそれほど多くはないものと思われる。先述した七ツ塚遺跡が同じ日野台地上にありながら、中期中葉から後期初頭の集落であるのに対し、本調査地は、これに先行する集落であろう。

図１—11　宇津木台遺跡Ｄ地区の縄文時代住居分布図
（土井・黒尾2004の図３—②を転載）

石器については総点数三三六点出土

し、大形の礫石器類が大半を占めている。その内石皿が九〇点あり、石剣が四点出土していることも特筆されよう。また、中期の集落から顕著に出土する明確な打製石斧が出土していない点は、早期集落の性格の生業的な違いを示しているようで注目される。

(三) 宇津木台遺跡D地区

本遺跡の立地については旧石器時代のところでも触れたが、D地区は多摩川右岸の加住北丘陵の主尾根より北東に派生する支尾根を中心とした地区である。宇津木台地区では中央部から東部にかけて位置する全長約七〇〇メートル、幅約一五〇メートルの細長いエリアである。報告された遺構の多くはこのエリアのほぼ中央、五〇～八〇メートルの幅を持つ尾根上の緩斜面に集中している。尾根の両縁辺は発掘区を境界にして急峻となり、比高差一〇～二〇メートルのテラスや谷へとつながる。

報告では［八王子市宇津木台遺跡地区遺跡調査会一九八七］、尾根上、およびテラスはほぼ全域を調査対象とされたことから、地形的には一応完結した集落群の全貌が明らかにされたとしている（図1―11）。しかし、尾根上の住居は縁辺の急斜面直上に位置するものもあり、いくつかは斜面の崩落によって壁や床の一部を喪失している。このことから、完全に姿を消した住居がなかったとはいいきれないともしている。

遺構の分布状況をみると、早期前葉の住居一軒は尾根上でも最も幅広な部分の南東緩傾斜面に位置する。早期後半の遺構は、住居は検出されていないが、いわゆる「落とし穴」と考えられる土壙一〇〇基、炉穴四基が報告されている。これらの土壙は斜面部に満遍なく分布しているのではなく、尾根の基部・平坦部・先端斜面部の三箇所に集中している。総じていえば、北に濃く南に薄い分布状況を呈する。報告では便宜的にⅠ群（基部）・Ⅱ群（中央平坦部）・Ⅲ群（先端斜面部）にわけて説明されている。

Ⅰ群では炉穴一基をふくむ土壙一二基が検出されている。土壙の主軸方向を観察すると等高線に平行するものが多い。またⅡ群では三一基の土壙が検出されているが炉穴は発見できなかったとされている。土壙は尾根筋に沿って広がりをもって展開する。主軸は等高線に対して直交するものと平行のものと半々であるが、一部の地域では直交するものが多くみられる。平坦面では傾向として主軸に乱れが生じ一定しないのが特徴である。

さらにⅢ群では炉穴三基をふくむ土壙五七基が検出された。土壙は斜面に広く展開するが、微細にみると分布に疎密がある。標高一一九〜一二六メートル付近の傾斜部分には多くの土壙が集中し主軸は等高線に対して平行するものが多い。傾斜が減少する先端部一帯では空白部分を残しながら構築されており、主軸は直交するものも現れ一定しなくなるという。これらの土壙の底部には小穴が穿たれているものが多くみられる。これらは「逆茂木」として落とし穴施設の一部と考えられている。土壙内および周辺からは、狩猟具と考えられる石器は出土しておらず、土壙の主軸方向の違いが狩猟方法とどのように関係するかは判然としない。また報告者は貯蔵穴として利用された可能性も指摘している。

さらに前期後葉の住居跡七軒は尾根上の南東緩傾斜面に沿って線的に分布する。これに対し中期の住居八八軒は尾根上の両側縁辺に沿うように二本の帯状に分布し、地形の制約を受けたやや変則的な環状形態に居住空間を形成する。中央部は住居の存在しない非居住空間として残される。屋外埋甕五基はすべて中期に属するが、住居が存在する居住空間とその外縁付近に分布している。一七八基検出された土壙の多くも中期に属すると思われる。少数のものは中央の非居住空間と住居からやや離れた北東部・南西部の非居住空間に、多数は住居とともに居住空間に分布する。集石一三基・集石土壙四三基は時期を特定できるものが少ないが、中期の居住空間と北東部の非居住空間に多く分布している。焼土址八基は中期の住居の覆土内やその周辺、南西部の非居住空間、そしてテラスに存在している。

これらの遺構分布のうち、いわゆる環状集落を形成する中期の土器変遷と分布をみると、中期後葉（加曾利E式・曾利式・連弧文系）の時期に明瞭な環状を呈するようになり、住居分布とも照応する。報告者はこの時期を三段階に細分している。中期後葉一段階（加曾利E1式）の土器分布はこの時期にきれいな環状を呈し、二段階（加曾利E2式）では環状の輪の径を小さくして分布しており、前段階の土器分布より輪の中心方向に内進化した分布状況となったとされる。

この土器分布の動きは、廃棄物の投棄の目標となる廃屋を外側に置くように住居が構築される傾向が、より明確になったことと密接に関連しているであろうと推測されている。さらに三段階（加曾利E3式）では前段階で認められた内進化現象がより顕著になり、環状の輪の径はいよいよ小さくなっている。そしてこの時期をさかいに中期の土器分布がまったく認められなくなってしまう。それと同時に住居も構築されなくなり、D地区尾根上の居住地としての役割は終焉を迎えるとされる。

出土した遺物のなかで石器類は一七二九点におよぶ。これらの石器のうち、狩猟用具である石鏃は一七八点と比較的多く出土しているが、早期後半のところでみたような、明らかな落とし穴の分布はみられず、狩猟の形態が異なっているのか、あるいは環状集落の外側に狩猟場が展開された可能性が指摘されよう。またスクレイパー類一二二七点・磨石類一二二七点・石皿一三〇点が出土しており、生業形態が狩猟中心から採集作業とその加工の占める割合が高くなっていることを示している。なお打製石斧は、四〇三九点出土しており石器としては最も出土量が多い。これは、掘削具としての用途が考慮されている。打製石斧は大きく胴部の括れるもの（分銅形）、両側縁が平行なもの（短冊形）、両側縁が刃部に向かって開くもの（撥形）の三形態に分類される。こうした形態の違いは柄に装着する仕様の違いや機能する対象物の違いを反映しているものと考えられるが、住居の多さを考慮すると、多くは住居の掘削等に使用された結果であろう。

以上のように宇津木台遺跡Ｄ地区の様相を概観してきたが、問題になるのは七ツ塚遺跡のところでもみた環状集落の評価であろう。環状集落の意義について、報告書では大規模化には長期的な連続性、または回帰性が必要であり、環状化には集落内の空間が場として分割され、同時存在住居の一ステージを遥かに超えて継承されることが絶対条件だからであるとしている。

さらに当中期集落が崩落の危険をおかしてまで地形の許す限り縁辺に構築されたのは、居住空間を継承し、中央の非居住空間を確保しようとしたからにほかならない。だからこそ、環状に集落を形成していった社会集団の通時的なアイデンティティが考慮されるのであるとする。そのうえで環状集落の定義を「居住空間が環状」であることとし、必ずしも一時的に住居群が環状に配列することではなく、社会的に居住可能なエリアが環状であることを意味するとした。当集落も確実には起源を特定できないが、ある時点からは「環状集落」として当時の社会集団にデザインされたものであろうとされている。

しかしながら、いわゆる「環状集落」ないし「大規模集落」の定義にはその形成について、回帰性の強い小集団の累積した居住の結果であり、一時期に存在した住居数は基本的には数軒程度との考え方もあることから課題は多い(4)。

（四）姥久保遺跡

本遺跡は、日野市多摩川の中流域日野台地下に拡がるＬ１面に立地した遺跡である。遺跡全体の面積は約一二万平方メートルにおよぶが、本章で対象としたのは平成五年から平成一三年まで行われた都営日野新町一丁目住宅建設に伴う埋蔵文化財の発掘調査の成果である［東京都南部住宅建設事務所二〇〇三］。

当該地区では、縄文時代前期の花積下層式期の住居を一軒検出されており、遺構中から打製石斧・礫器・磨石・石匙等が出土している。次の黒浜期の時期の住居跡は四軒検出され、出土した石器は打製石斧を中心に磨製石斧・礫器・石鏃等、一応の生産用具は備えられているとされる。黒浜期以降の住居跡としては繊維土器に混じって諸磯式の小片が出土するが、時期が確定できない住居跡一軒、中期初頭の五領ヶ台期の住居跡二軒、阿玉台式期の住居跡一軒、勝坂の前半期（新道～藤内期）の住居跡が二軒検出されている。以上のように前期から中期まで細々とした集落が形成されていたようにみえる。

しかしながら、調理用の施設と考えられる集石遺構が五六基程検出されている。時代を決定する明瞭な遺物を伴出していないため時期決定は困難であるが、断片的な資料から前期から中期まで、集落と並行して構築されていることがわかる。また、約五〇〇本にもおよぶ打製石斧が出土しており、住居跡の少なさにアンバランス感がある。このことは、当該地区の集落が、L1面単独で構成されているのではなく、報告者が述べているように台

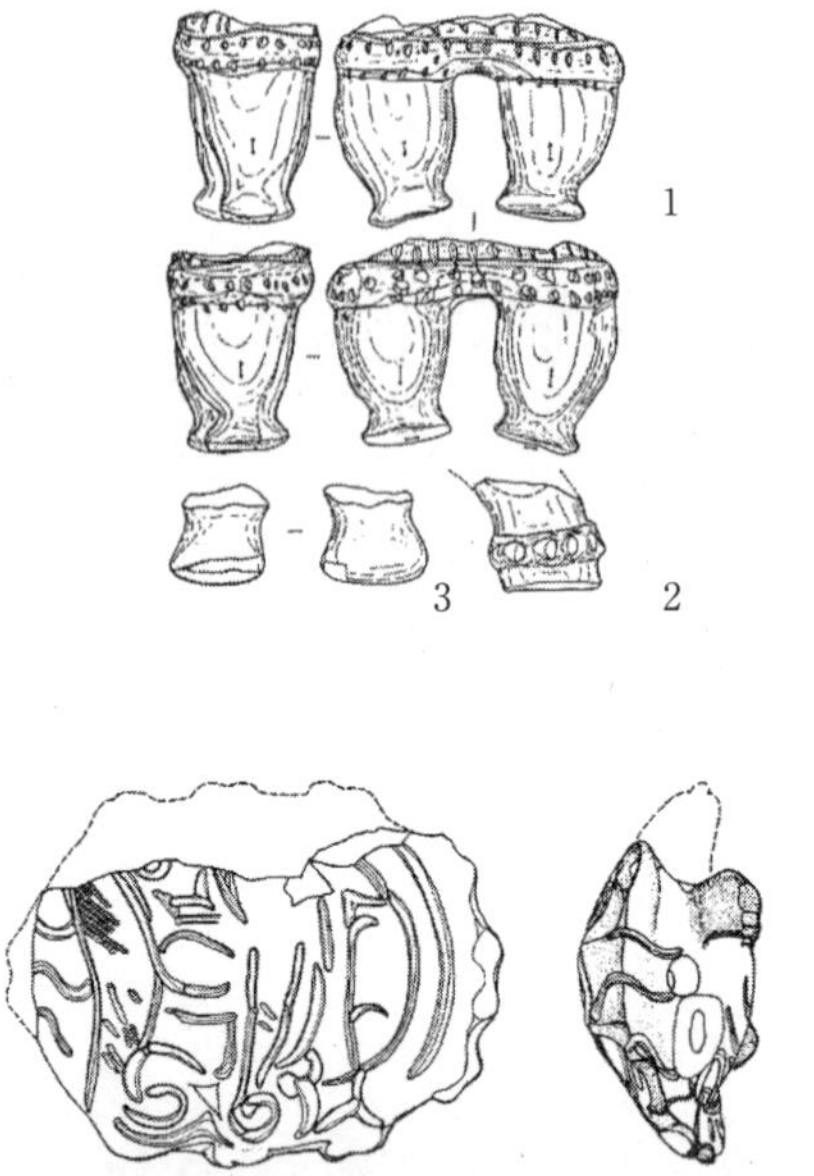

図1—12　南広間地遺跡出土の土偶・亀形土製品
（持田・木津1979の図を一部改変）

地上、丘陵上の集落と一体となってはじめて集落景観を構成する遺跡であると理解するべきであろう。さらに、沖積低地における遺構の検出が、洪水や冠水によりきわめて困難であることから、集落の存在の有無自体を考慮する必要があるとされる。

（五）南広間地遺跡

本遺跡は多摩川と浅川の合流地点に形成された谷底平野でL1面からL2面に立地した遺跡である。七ツ塚遺跡・神明上遺跡と宇津木台遺跡群が台地と丘陵部に位置するのに対し、沖積地に立地する点が異なる。一九六九年に日野史談会により、最初の発掘が行われた〔持田・木津一九七九〕。調査面積が一五平方メートルと狭いながらも、縄文時代後・晩期の遺物が大量に出土した。とくに土偶（図1―12―1〜3）・亀形土製品（図1―12―4）等の土製品がある（図1―12）。また石器は打製石斧・石鏃・敲石・磨石等が出土している。

その後、万願寺地区土地整理事業やマンション建設に伴い、より広い範囲で調査が行われた結果、現在遺跡範囲は約九〇万平方メートルに達している。これまでに検出された遺構は、縄文時代後・晩期、古墳時代前・中・後期、奈良・平安時代、中世、近世、近・現代と幅広く各時代にわたっている。また流路跡や溝からは、僅かではあるが縄文時代前・中期の土器片も出土している。

ここで取り扱う縄文時代後・晩期の遺構・遺物の分布は、中央高速道路の南側の東西に細長く伸びる微高地上に多くある。縄文時代の遺構・遺物は、ほとんど『南広間地遺跡――万願寺地区土地区画整理事業に伴う埋蔵文化財発掘調査資料集――』に掲載されている〔日野市南広間地遺跡整理調査団二〇〇七〕。また『田中タダによる共同住宅建築に伴う埋蔵文化財発掘調査報告書――南広間地遺跡第三六次調査――』（日野市埋蔵文化財発掘調査報告三九）では、当該地区の調査成果と既往の調査成果に基づいて遺構・遺物が集中する箇所を三ヶ所確認しており

〔日野市・日野市遺跡調査会一九九六〕、これらを便宜上、東からA地点、B地点、C地点と仮称する。本項では、この二冊の報告書を中心に論述する。

A地点からは、堀之内Ⅰ式土器を主として出土する。第九次調査第五地点からは、焼土址・配石遺構・埋甕炉・土坑が検出されており、住居跡は検出されていないものの活発な生活の痕跡が認められる。また南広間地遺跡の第九次調査第二八地点からは、配石遺構・炉址・埋設土器などが出土し、後期の注口土器が蓋とセットで出土した。さらに石器は、両端を打ち欠いた石錘がその大半を占めるのを特徴とし、同時に多量の石鏃と剝片類が出土している。第九次調査第三一地点からは後期の住居跡一軒が検出されている。

B地点では堀之内Ⅱ式と加曾利B式土器が主として出土している。晩期については安行3bまたは3cに比定される土器が出土する。同じく南広間地の第九次調査第五五地点からは石囲い炉を伴い、焼獣骨を出土する住居が一軒検出されている。石器は有茎石鏃の他に石錐、多量の石核、剝片が包含層中より出土しており、石器製作の痕跡が認められる。

C地点では堀之内Ⅰ式、晩期前半の土器が主体となる。また南広間地第九次調査第三六地点から後期の敷石住居あるいは敷石遺構と考えられる遺構が五基、晩期の住居址四軒が検出された。小規模ながら安定的な集落が形成されていたことがわかる。石器では、石鏃・打製石斧・礫器が多くなり、チャートの剝片も多く出土する。さらに、穂積具とみられるような剝片石器または剝片が多い。さらに土偶など非日常的な遺物も出土する。

さらに石器としての加工痕はないが、石英または玉ずい系の白い石、赤と黒が混じる拳大のチャート、翡翠の打製石斧等、色彩に対する何らかの意志を感じさせるとされる。先述した亀形土製品や土偶等非日常的土製品、とくに色彩感覚に訴えるような石材選択については、晩期の精神性を象徴するといえようか。

A地点での石錘、C地点での石鏃・打製石斧・礫器のありかたをみると後期においては多摩川を漁場とした漁撈活動が盛んであったことがわかる。報告では、これに対し晩期ではなんらかの農耕もなされていたのではないかと推測されている。剝片石器の一部を穂積具と解釈し、打製石斧の増加がどのような関係で農耕と結びつくかは議論の余地があるが、後期から晩期にかけて生業形態に大きな変化が生じ、それが石器の組成に変化をもたらしたことは想定される。

以上、台地上・丘陵上・沖積地の代表的な遺跡を概観してきた。総じていえば、縄文時代草創期に台地縁辺に住居が一軒営まれるのを最初とし、早・前期の住居が一～数軒散在するような住景観が想定される。また陥穴と考えられる土壙群が台地上や丘陵上に展開する。中期になるといわゆる環状集落が形成されるようになり、同一地点に空間を意識しながら積極的に居住地として繰り返し使用されるようになる。中期後葉ないし後期初頭になると台地上・丘陵上から集落が激減し、後期前葉あたりを境とし集落が沖積地に進出する状況をみることができる。

四　おわりに

日野・八王子における先史時代の景観と開発に関しては、台地・丘陵上の開発から河川流域開発への移行期と位置づけ、旧石器時代から縄文時代までの景観と開発について概観してきた。

旧石器時代において、台地縁辺部から小支谷沿いに生活の拠点が移動していくことの理由には、多摩川沿いの大河川流域で展開されていた狩猟形態から、小支谷における狩猟形態の変化に伴う可能性が指摘されよう。また石器製作跡の存在が顕著であることも、この地域の特徴といえよう。下耕地遺跡の細石刃製作跡は、野川流域においても同類の遺跡の検出例は少ないことから、きわめて重要な遺跡である。石川天野遺跡の尖頭器製作跡は黒曜石を主体としたブロックと頁岩等を石材としたブロックに分かれるなど、製作者集団の違いか、あるいは石器の機能差によるものかという問題は残るが、これらは、旧石器時代終末期の複雑な集団構成・技術構造を反映している。

縄文時代については、中期以前の立地構造の状況が、旧石器時代と類似した様相を呈しており、早期後半には陥穴猟が盛んになる。狩猟を生業形態とした遊動生活から、しだいに回帰性の高い定住化生活に移行していく。その結果環状集落と呼ばれる大規模集落が形成されるようになる。出土する石器も打製石斧やスクレイパー、石皿、磨石が多く出土するようになり、植物類に依存する採集生活を主要な生業形態とした生活に移行していく様相がみられる。

さらに七ツ塚遺跡でみたように、柄鏡型敷石住居が台地上の広範囲に拡散するに至って環状集落は事実上消滅していく。その後、後期の集落は多摩川の沖積地に移行し、多量に出土する石錘から、河川を漁場とする漁撈を主な生業形態としたと考えられる。晩期集落も同様に沖積地に立地するが、打製石斧の出土数が増加するなど、石器組成の変化が認められ、生業形態に何らかの変化があったことが指摘されている。

（1）約二二〇〇〇～二五〇〇〇年前の南九州の始良カルデラ（鹿児島湾奥）を給源とするテフラ。AT火山灰あるいはATと略称することが多い。広域テフラとして日本各地を広く覆い、旧石器編年で最も重要かつ確実な指標テフラである。武蔵野台地の野川流域においては立川ローム層第Ⅵ層で顕著に認められる。

（2）静岡県三島市初音ヶ原遺跡においては後期旧石器時代前半の陥穴が六〇基、台地先端に並んでみつかっている。

（3）提唱者の一人である中山によれば、多摩の縄文中期の土器型式は初頭（五領ヶ台式）、前半（勝坂式）、後半（加曽利E・曾利式）に分類される。「新地平編年」（通称）はこれら武蔵野・多摩地方の縄文時代中期の土器型式を通して1～13期（三一段階）に分けたものである［黒尾・小林・中山一九九五］。

（4）土井、黒尾は環状集落の形成について、次のような見解を提示している。まず比較的小さな規模の生活集団、おそらく「短期的な居住痕跡」を残すような家族を基本とする単位が、比較的自由な形でかつ必要に応じて、一定の地域を点々と居住地を変えつつも、全体として一定の範囲に「定着」しているような姿を想定する。しかも、そうした集団が、あるムラに逗留・居住する際には、前住者の居住痕跡である廃絶竪穴の凹地をゴミ捨て場とするような形で、内側に近接して家を構築し、しばらく経つと居住地を移す、という行為が断続的に行われた。その結果、居住域とゴミ捨て場が空間的に重複し、時間経過にしたがい住居群が「内進化」したと思われる「環状集落」が形成された、と見通している［土井・黒尾二〇〇四］。

【謝意】本章の作成にあたっては八王子市教育委員会の土井義夫氏・戸井晴夫氏、日野市教育委員会の清野利明氏・大貫芳弘氏、府中市教育委員会の中山真治氏にお世話になった。記して感謝したい。

第二章　古代における集落と谷戸の開発
——八王子市石川天野遺跡の事例から——

有村由美

一　はじめに

石川天野遺跡が所在する東京都八王子市は、丘陵が発達し、多くの開析谷に刻まれた起伏に富む地形を呈する。こうした地理的条件から、市域の農業経営は畑作を中心とするものであったが、谷戸部においては小規模水田が昭和五〇年代まで営まれていた。

当該遺跡は多摩丘陵北部を東西にのびる加住南丘陵東端から、日野台地にかかる丘陵部に位置し、遺跡範囲は谷地川から北東→南西に切り込む谷戸によって北限が、また同じく谷地川から南方および西方へ逆L字に切り込む谷戸「大谷沢」によって東限および南限が画されている（図2—1）。大谷沢の谷頭は谷地川の合流点から約二・九キロメートルにあり、谷頭の東方には古墳時代後期（推定築造年代七世紀前半）の円墳・北大谷古墳が所在する。

発掘調査当時の遺跡の現況は、丘陵部に畑作域が広がり、大谷沢は幅三〇～四〇メートルの広くて浅い谷底にわずかな水田と畑を残すのみの荒れ地となっていた。そして谷の底面は谷地川に向かって緩やかに傾斜しているが、ほぼ平坦な状況であった。

石川天野遺跡は、一九七八年から一九八四年にかけて計七次の発掘調査が実施され［駒沢大学考古学研究室一九八〇～一九八四・一九八六］、このうち第六次調査および第七次調査では、丘陵部だけでなく大谷沢の一部において生産域関連の遺構の存在を想定した発掘調査が実施された［駒沢大学考古学研究室一九八四・一九八六］。また、その後一九九七年にも丘陵部の一部が調査され［八王子市石川天野遺跡発掘調査団一九九七］、古代の集落と墓域の分布状況が明らかになった。

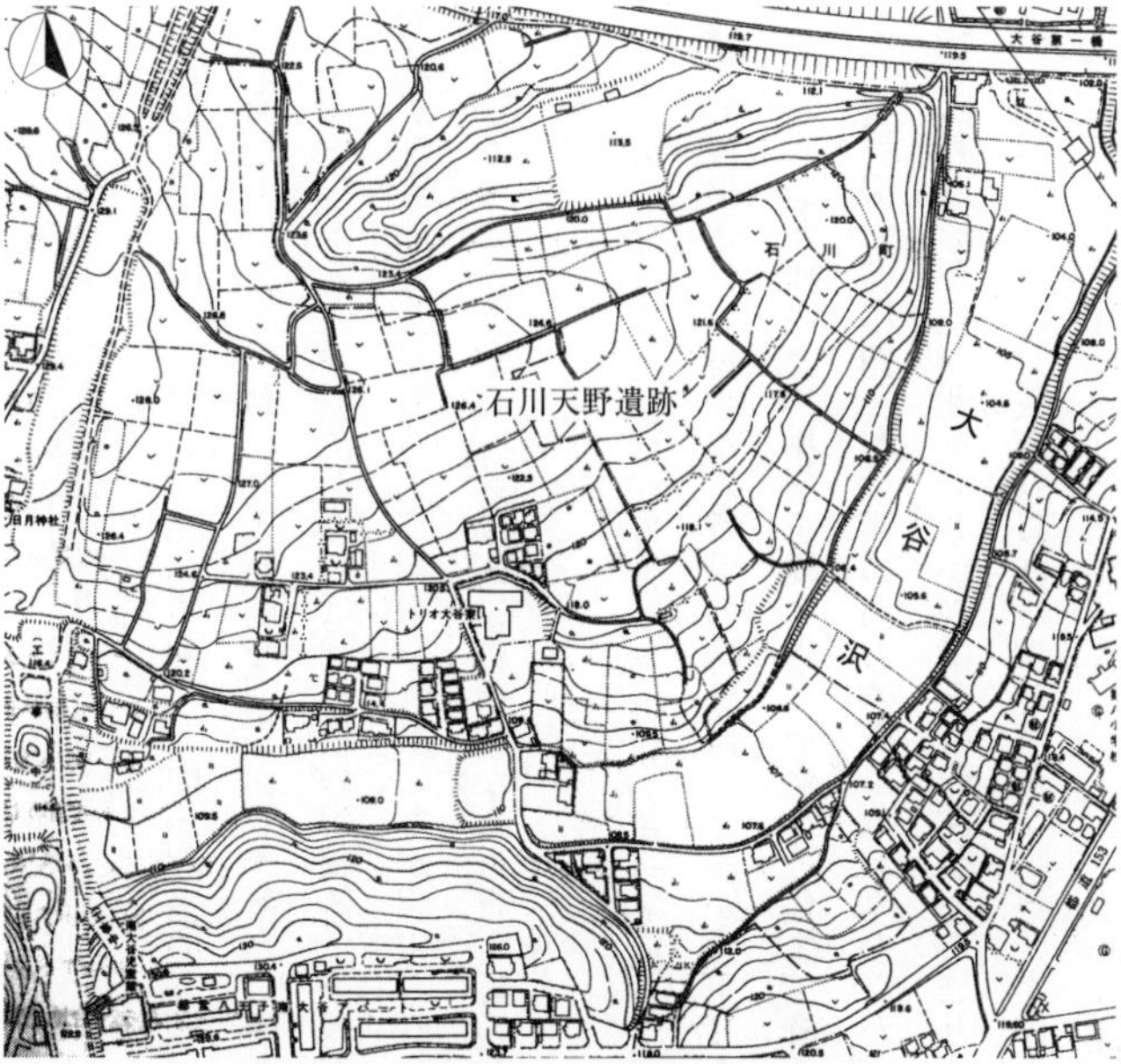

図２―１　石川天野遺跡全体図
（駒沢大学考古学研究室1986より転載）

これらの発掘調査の結果、丘陵部では縄文時代中期および古代から中・近世の遺構・遺物が、そして大谷沢地区では水田に伴う複数の用排水路と水田耕作土層が確認され、縄文時代以降の各期の土器・陶磁器が出土した。また大谷沢地区においては多種の農具を含む多量の木製品が出土したことにより、この谷が古くから谷田として土地利用されてきたことが明らかとなったのである。

本章では、石川天野遺跡の発掘調査成果を通して、初期の谷田開発の様相とその開発にかかわった古墳時代後期集落について明らかにする。

二　中・近世の石川天野遺跡

古墳時代の開発について述べる前に、中・近世の様相について確認しておくと、まず丘陵部の発掘調査では、南斜面地の中腹部において人為的な削平面数ヶ所と、農業用と思われる溝付井戸が検出されている。そしてこの削平面周辺から大谷沢にかけては、中世の陶磁器・土器が比較的集中して出土しており、中世期には丘陵部南斜面地が畑作域として広く土地利用されたことが想定される。また中・近世を通して屋敷等が存在した痕跡は認められなかったことから、基本的には中世から近世、近現代において畑作域としての土地利用が中心であったと考えられる。

大谷沢の発掘調査では、近世から近代の用排水路が大谷沢の両岸においてそれぞれ数条ずつ、重層的に切り合って検出され、覆土から多量の陶磁器・土器が出土した。そして土層堆積状況の観察と出土遺物の様相から、これらの溝が埋没と再掘削を繰り返しながら近代まで継承されてきた用排水路であることが明らかとなった。また、大谷沢の右岸側と左岸側の両方の溝よりわずかながら戦国期の陶磁器が出土したことから、近代まで続くこの谷田の原形が戦国期までさかのぼる可能性があることも明らかとなった。この点については、天正期の検地帳に「大屋沢」との記載がみられることから（詳細は第八章酒井論文を参照）、近世初頭の段階ですでに耕地開発が一定の水準まで到達していたことを示していることとも合致する。

以上のように、本遺跡は中世のある段階から丘陵部に畑、大谷沢に谷田という耕地利用があって、その形態は基本的に大きな変化なく近世・近代まで継承されたものと考えられる。ではこうした耕地利用、とくに谷田の経営がどこまでさかのぼるかについて、古代の集落形成と併せてみていくこととする。

三　弥生時代後期末から古墳時代初頭の集落と大谷沢

石川天野遺跡では縄文時代後期に集落の形成がみられるが、その後縄文時代晩期から弥生時代中期にかけては遺構・遺物ともほとんど検出されていない。その要因としては人口の減少等も指摘されるが、縄文時代後期から晩期においては多摩川流域の沖積低地に遺構・遺物の分布が広く認められることから[1]、人間の活動拠点が丘陵部から低地部へと移動していることも考えられる。縄文時代後期以降、本遺跡に集落の形成が認められるようになるのは弥生時代後期末から古墳時代初頭であり、まずこの時期の集落と大谷沢の状況からみていくこととする。

(一)　弥生時代後期末から古墳時代初頭の集落

当該期の集落は、丘陵頂部の平坦面のＡ・Ｂ二ヶ所に検出された（図２―２上）。集落Ａは丘陵東部の先端付近に位置し、集落域東の斜面際には方形周溝墓群が隣接している。検出された竪穴建物は七軒で、ほぼ集落域全域を検出したと考えられる。

いっぽう集落Ｂは遺跡範囲の西端に位置し、一六軒の竪穴建物が検出されたが、建物の分布は西に隣接する春日台遺跡との関連性が高く、この集落域の南東隅にあたる部分が本遺跡の集落Ｂにあった。

集落Ａは、出土土器から二時期の変遷が想定され、隣接する方形周溝群も集落と同様に二時期の変遷が想定されている。そして竪穴建物と方形周溝墓のいずれも数基ずつと小規模であることから、集落の経営はきわめて短期的であったと考えられる。

集落Ｂは、新旧が切り合う竪穴建物が多く、集落Ａとは対照的に広い領域に長期的な経営がなされたものと考えられる。集落域が続く春日台遺跡のさらに北西には、大規模な方形周溝墓群が検出されたことで著名な宇津木向原遺跡が位置し、この集落と関連する墓域の可能性が考えられる。

以上のように、本遺跡における弥生時代後期末から古墳時代初頭においては丘陵頂部に集落域が展開し、南斜面地にはほとんど土地利用痕跡が認められない。A・B両集落の分布状況と春日台遺跡への広がりを考えると、当該期の集落は遺跡範囲の北部を画する谷戸の周囲を意識して展開していることがわかる。

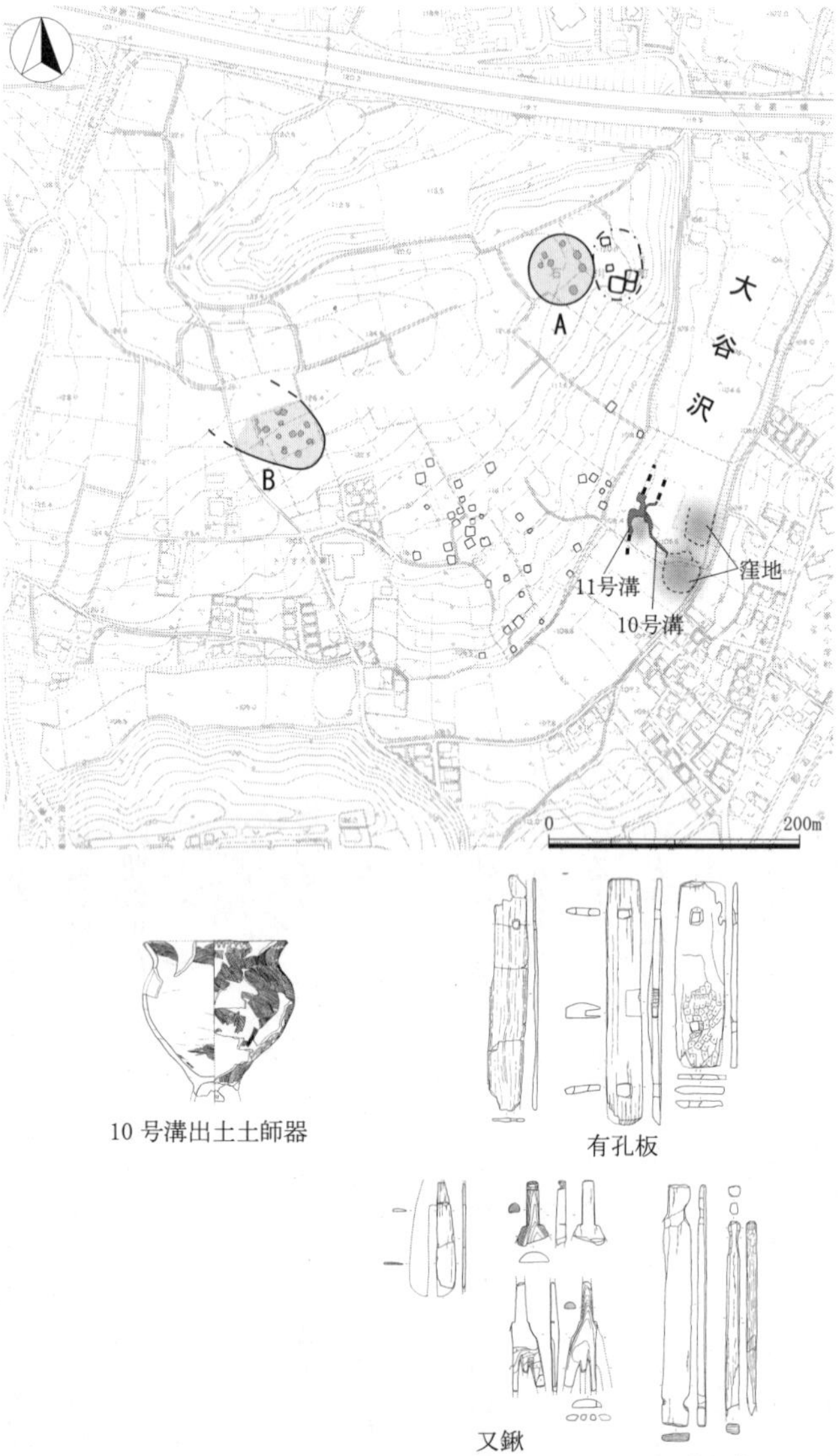

図2―2　弥生時代後期末～古墳時代初頭の集落と大谷沢

（二）弥生時代後期末から古墳時代初頭の大谷沢

集落A・Bが形成されていた時期の大谷沢は調査前の現況とはまったく異なり、狭くて深い谷であった。そして大谷沢の右岸側では、当時の地表面である第Ⅷ層が部分的に大きく張り出している箇所が検出されていることから、谷幅が一定ではなかったようである。この第Ⅷ層面と谷の比高差は二〇～三〇センチメートルほどあり、その段差の際を縫って走行する自然流路が発掘調査で検出された（一〇号溝）。

一〇号溝の規模は幅二・三メートル、深さ七〇センチメートルを測り、底面標高は検出した約四〇メートル間の上流部と下流部で、二〇センチメートル以上の高低差がみられた。溝の断面形状は逆台形を呈し、壁は急角度の立ち上がりをみせる。谷の右岸際に検出された湿地状の窪地二ヶ所と連結していることから、この流路は崖線のあちらこちらから湧き出る水を集めて谷地川へと流れていたのであろう。溝の壁面の形状等から、その水量は相当なものであったことが想像される。

大谷沢の左岸寄りには、この一〇号溝より規模の大きな自然流路が検出された（一一号溝）。一一号溝の規模は幅四～七メートル、深さ八〇センチメートル～一〇〇メートルを測り、大谷沢の左岸側を激しく蛇行しながら谷地川方向へ流れる。この流路は、検出した約八〇メートル間で上流部と下流部の底面標高の高低差が約七〇センチメートルと、非常に強い傾斜を持つ。覆土中からは大型の自然木を含む多量の木材が出土しており、埋没過程において上流から相当強い水流によって大量の土砂がもたらされたものと考えられる。

一〇号溝と一一号溝の新旧関係については、出土遺物の時期や埋土がほぼ共通していることから、同じ時期に流れていたと考えられる。覆土中からの出土遺物としては自然木・木製品・鹿骨などとともに縄文土器・弥生時代末期から古墳時代初頭の土師器が少量出土したのみであり、その多くは溝を覆う埋土からの出土であった。したがって、いずれも川底に土器等が堆積することのないほど常に一定の水流があって、古墳時代初頭に一気に埋没したものと思われる。

このような環境下の谷戸で、耕地利用が可能であったどうか判断に苦しむところであるが、一〇号溝と一一号溝の間に形成された浅い窪地内の土壌から、イネ科のプラント・オパールが検出されている。また一〇号溝上層からわずかながら木製品が出土しており、このうち「有孔板」と報告されている、長方形の板の両端に孔が穿たれた木製品（図2―2右下）は、湿田耕作農具の「均し具」〔秋山二〇〇八〕の可能性が指摘されているものに類似する(2)。以上のような状況証拠から、周辺で稲作が行われた可能性は否定できない。ただし、仮に行われていたとしてもそれはきわめて副次的な生産であって、積極的な生産活動とはいいがたい小規模なものだったと考えられる。

大谷沢の埋積土壌自然科学分析からみた環境については後述するが、周辺の植生についていえば、丘陵部南斜面地は多種の樹種からなる林地だったようである。眼下の大谷沢内一〇号溝の覆土中から出土した鹿の後頭部の骨は、分析の結果、角が切断された痕跡のある成獣の雄鹿で、秋に捕獲されたものと推定されている〔駒沢大学考古学研究室一九八四〕。当該期の集落が立地する丘陵頂部から大谷沢方向を臨む南斜面地は多種の樹木からなる林が広がり、狩猟の場だったのであろう。

四　古墳時代後期の集落と大谷沢

弥生時代後期末から古墳時代初頭の集落が断絶した後、石川天野遺跡の集落域としての土地利用は断絶する。しかし周辺に目を転じると、北部の谷戸を挟んで隣接する西野遺跡では古墳時代中期・後期の集落が検出され〔東京西線及び北八王子変電所遺跡調査会一九七四〕、大谷沢を挟んで南に位置する第八小学校裏遺跡および大谷沢を挟んで北東に位置する塚場遺跡では、古墳時代前期・中期の集落が検出されている〔塚場遺跡発掘調査団一九九八〕。また石川天野遺跡でも、大谷沢の用排水路やその周辺から古墳時代前期・中期の土器が出土しており、本遺跡内において集落形成はなかったものの、大谷沢周辺で何らかの土地利用があったことは確かである。

（二）古墳時代後期集落と出土土器

古墳時代後期に入ると、本遺跡に再び集落が形成される。古墳時代後期の竪穴建物の分布図（図2―3・5）で明らかなように、弥生時代後期末から古墳時代初頭の集落分布とは対照的に、大谷沢に面した丘陵部南斜面地を占地する。近接する塚場遺跡の古墳時代前期集落や西野遺跡の古墳時代中期から後期の集落が、基本的にそれぞれ前代と同様の立地を選択しているのと比較して、石川天野遺跡の集落は南斜面地の中腹から大谷沢際にかけて広く展開し、かわりに丘陵頂部には建物の分布がまったく認められなくなる。

集落内で検出された古墳時代後期のおもな遺構は、竪穴建物三八棟・掘立柱建物二棟・土坑一〇基・土器焼成遺構二基・集石一基である。このうち竪穴建物群は切り合うものこそ少ないが、相互の位置関係や主軸の方向等からみて、同時期には存在しえないと考えられる建物が多くある。この点について、集落内から出土した比企型坏および栗囲式土器から時期変遷を考えてみたい。

比田井克人氏の研究〔比田井一九八五〕から、多摩地域の遺跡における比企型坏の特徴と消長についての概要を述べると、出現期は六世紀第Ⅱ四半期で、六世紀第Ⅲ四半期に出土量のピークが認められ、その後、七世紀第Ⅳ四半期まで生産される。出現期の法量は口径一四センチメートル～一六センチメートルと大型で、口縁部のS字の外反や体部の張りが最も顕著に表れている点が特徴で、七世紀以降は口縁部の外反や体部の張りが弱くなり、徐々に法量を減じ小径化の傾向をたどるという。

石川天野遺跡では、三八棟中一七棟の竪穴建物から出土した計三五点の比企型坏が報告されている。このほかにも覆土中から小破片が多数出土しているが、本章では報告されている土器を中心にみていくことにする。なお本遺跡出土の比企型坏の分類は、一九八一年度の報告［駒沢大学考古学研究室一九八二］においてに小長谷正治により一度試みられているが(3)、その後の出土資料を合わせ改めて検討したい。

三五点の比企型坏は、法量の違いから大きく三つに大別される（Ⅰ類〜Ⅲ類）。Ⅰ類は口径一四センチメートル以上の法量をとる坏、Ⅱ類は口径一二・一三センチメートル台の法量をとる坏、Ⅲ類は口径一一センチメートル台の法量をとる坏である。

Ⅰ類の坏が出土した建物は二棟あり（4B—71号住居址、K—1号住居址）、このほかに大谷沢内の古墳時代水田耕作土層中より三個体が出土した。これらの資料はいずれも口径一五センチメートル以下であり、一五センチメートル以上の坏は遺跡内では出土していない。二棟の竪穴建物から出土した坏はいずれも覆土中の破片資料であり、住居の廃絶時期を決定づける資料ではないが、この二棟だけは主軸方位が磁北よりやや東に触れる一群として括られることから、ほかの建物とは形成時期を異にする建物群と捉えておきたい。

Ⅱ類の坏が出土した建物は一一棟あり、計二四個体が報告されている。このうち、一三センチメートル前後の坏を主体とする建物と、一二センチメートル台の坏を主体とする建物があり、両者の土器群に時期的な違いがあると考えられた。しかし口径一二・〇センチメートルの坏から一三・六センチメートルまでの坏がセットで出土している建物（3H—66号住居址）の存在から、法量にバラエティーのある坏がセットで使用された時期としてⅡ類を設定する。

Ⅱ類期に建物が廃絶していると断定できる出土状況を示しているのは一一棟中の五棟で、その他の建物は覆土中からの出土が多い。これらはⅠ類期にはさかのぼらないもののⅡ類期のなかでも古い建物群と考えられる。建物の分布図からも明白であるが、Ⅱ類期の建物はすべてが同時に存在したわけでなく、建て替えが頻繁に行われ、集落域としての土地利用がもっとも活発な時期であったものと考えられる。
Ⅲ類の坏が出土した建物は五棟あり、計八個体が報告されている。このうち確実にこの時期に廃絶したと考えられる建物は、張出しピット内から四個体がまとまって出土した建物（３Ｘ—62号住居址）、カマド内から出土した建物（３Ｔ—78号住居址）、床面から出土した建物（４Ｃ—64号住居址）の三棟である。Ⅲ類の坏は明らかに小径化が進んでおり、口縁部の外反が弱く体部がやや直線的で底部の張りが弱いという器形の特徴がみられる。三棟の建物は、遺物の出土状況から考えて人為的に遺棄して建物を廃絶している可能性が高いことに加えて、覆土中からの出土遺物が比較的少ないという特徴がある。このことはこれらの建物が廃絶した後、外部からの廃棄行為が少なかったことを意味し、Ⅲ類期の建物群の廃絶以降、本地区の集落域としての土地利用が希薄になっている可能性が高いと判断される。

以上のように、竪穴建物から出土した比企型坏の分類から、法量が大きいⅠ類期が集落形成期、Ⅰ類より法量が小径化してバラエティーのあるセット関係がみられるⅡ類期が集落拡大期、小径化が進みⅡ類に比べて出土量が減少するⅢ類期が集落衰退期、という集落変遷が導き出せる（図２—３）。前出の比田井氏の編年に従って年代比定すると、まずⅠ類期は口径一四センチメートル代を中心としており一五センチメートル以上の大型品が含まれないことから、Ⅰ類期は六世紀第Ⅳ四半期、Ⅲ類期は七世紀第Ⅱ四半期段階に相当する。したがって集落の経営期間はおおよそ六世紀第Ⅳ四半期から七世紀第Ⅱ四半期となる。

これを建物の主軸方位や位置関係からみると、Ⅰ類期は二棟が台地斜面のほぼ中央に位置し、衰退期のⅢ類では斜面やや上方二棟と、これらからやや離れて一棟が相当する。いずれもカマド対面に張り出しピットをもつ大型建物と中型建物が、主軸方位を同じくして一定の間隔をもって位置している。このように集落形成期（六世紀第Ⅳ四半期）および衰退期（七世紀第Ⅱ四半期）ともに、丘陵斜面中央部を中心に二・三棟一単位の集落（竪穴建物群）が存在したというのが基本的な景観である。

そして、Ⅱ類期＝七世紀第Ⅰ四半期を中心とする集落拡大期には、斜面中腹部に張り出しピットを有する大型建物を中心とした一群のほかに、大谷沢の左岸際において沢の方向に主軸をとる、張り出しピットを付帯しない中規模の建物が一定間隔で点在する。このどちらの建物群も、遺構の位置関係や方向等からみた非同時性が認められることと、廃絶後の土器の投棄が顕著にみられる建物を含んでいることから、短期的なサイクルで二・三回の建て替えがあったことが想定される。この時期には、集落内に入るものや他の集落へ出て行くものといった人の出入りが比較的頻繁にあったことを示唆している。

このⅡ類期とした時期の建物からは、非在地産土師器の栗囲式土器[(4)]と少量の須恵器が出土しており、いずれもこの時期の集落の動態を探る上で興味深い（図2—4）。まず栗囲式土器の範疇に入る土器としては、坏二個体、

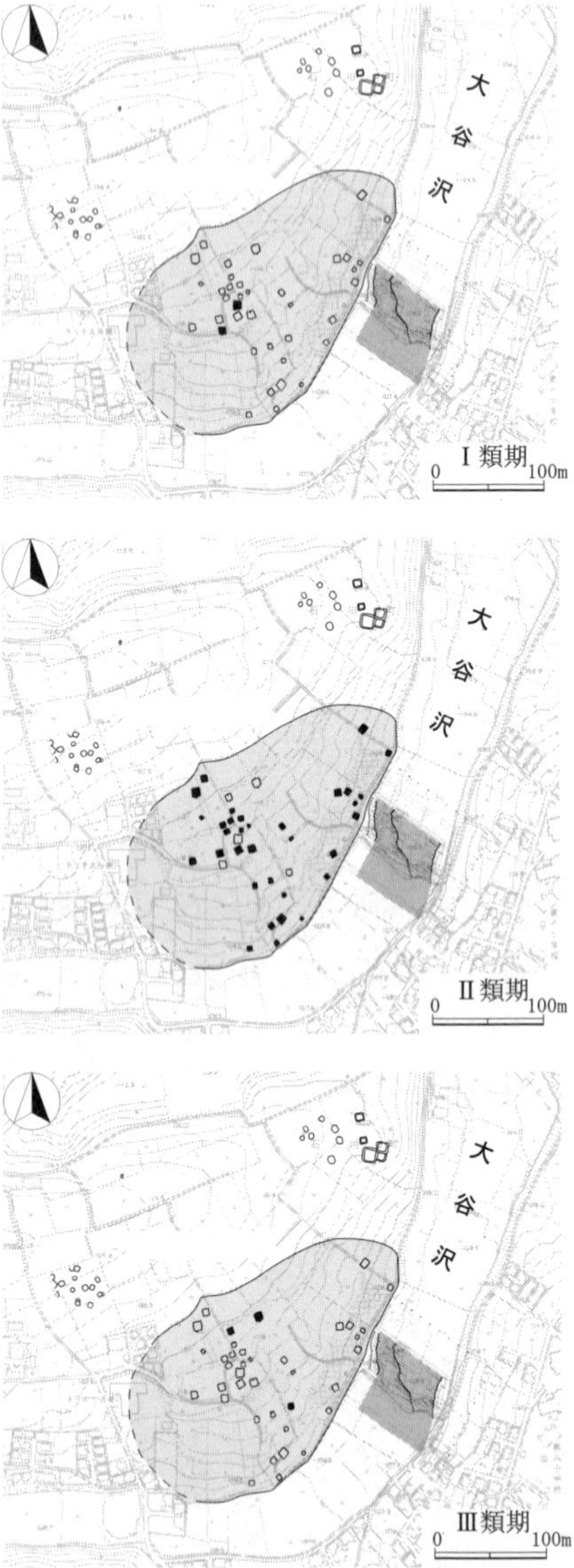

図2—3　比企型坏からみた後期集落の変遷

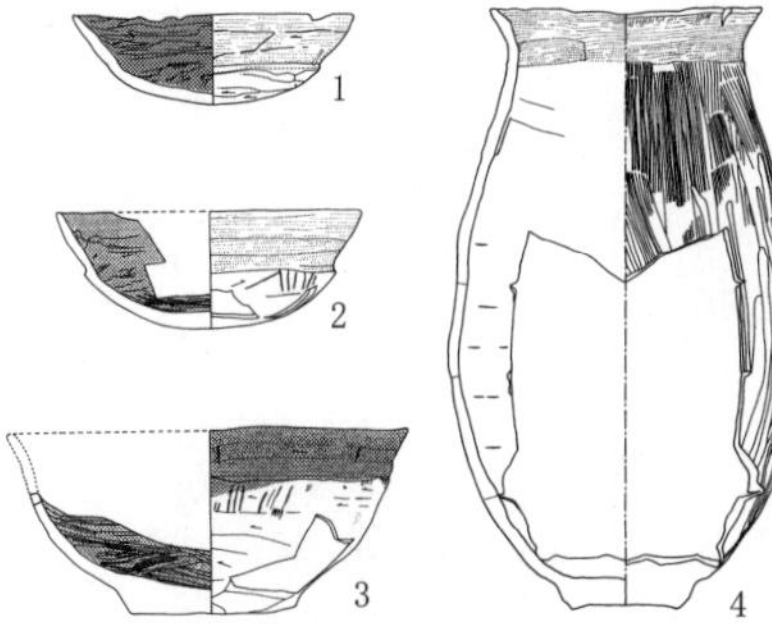

石川天野遺跡出土の栗囲式土師器

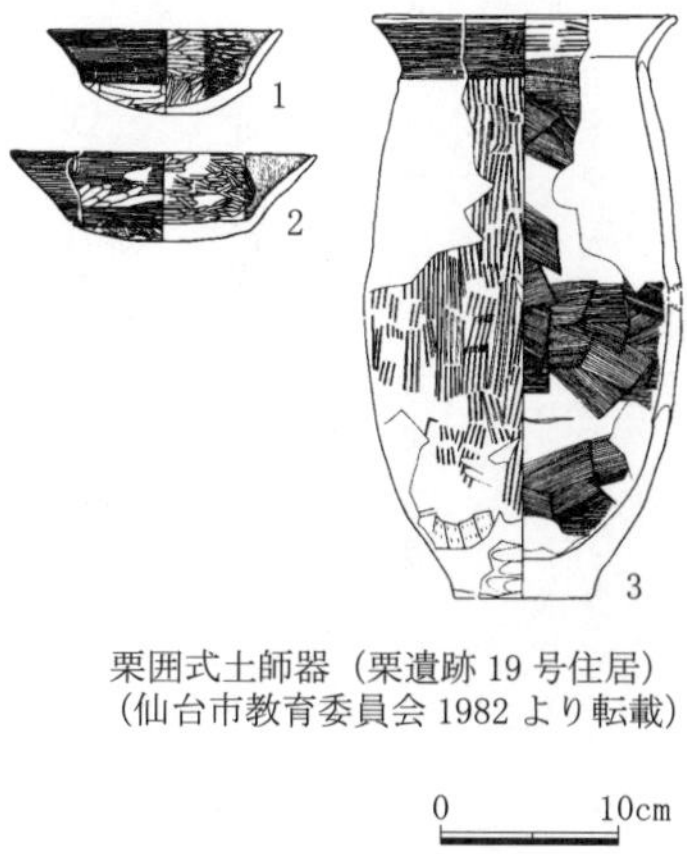

栗囲式土師器（栗遺跡19号住居）
（仙台市教育委員会1982より転載）

石川天野遺跡出土の須恵器
（1〜4・6：駒沢大学考古学研究室1981より転載、5：駒沢大学考古学研究室1984より転載）

図2—4　栗囲式土師器と須恵器

鉢一個体（4D—70号住居址）と甕一個体（4D—68号住居址）が出土した。

坏二個体は、いずれもカマド袖の補強材として袖内から出土している。丸底気味の浅い底部、口縁部との境に明瞭な段を有し、口縁部はほぼ直線的に開く形態を呈し、内面には丁寧な黒色処理が施されている。栗囲式土器の標準遺跡である仙台市栗遺跡の土器と比較すると、肉眼観察の限りでは成形技法や焼成の特徴が酷似しており[5]、当然のことながら、供伴した在地の土師器とは胎土・焼成が明らかに違い、他地域からの搬入土器であることは間違いない。器形的には村田晃一氏が「宮城県中・南部の土器変遷」で示した編年［村田二〇〇九］の三期に相当するもので、所産年代は六世紀末から七世紀前半とされている。

鉢は、カマド内から出土した。器形的には栗遺跡にみられないタイプで、口縁部外面に黒色処理が施されているという点もこの土器のみの特徴であるが、調整や胎土・焼成の特徴は二点の坏と酷似し、坏とともに搬入されたものと考えられる。この鉢とともにカマド内から出土した在地産の土師器杯は前出の比田井編年の「坏A4類」（口縁部に稜を有するタイプ）に比定される。推定口径一九・六センチメートルとやや大型であるが、稜がやや退化していることから年代的には七世紀第一四半期に比定されているタイプと考えられる。

以上のように、本建物から出土した栗囲式土器の推定所産年代と在地土師器坏の推定所産年代はほぼ一致し、これらの土器が出土した建物の構築時期および使用された時期はおおむね七世紀前葉におくことができる。

また須恵器は、東海系の製品と産地不明の製品が出土している。東海系の須恵器は七世紀第Ⅰ四半期に位置づけられる蓋で、産地不明の須恵器は半球状を呈する土師器椀に似た形状を呈する坏である。後者の須恵器・坏は、北武蔵地域で生産されている須恵器のなかにはみられない器形であるが、胎土・焼成については末野窯産須恵器の特徴に類似することから、(6) 北武蔵産の可能性がある。須恵器とともに一括廃棄された土師器の様相から、所産年代はおおよそ七世紀前半と推定される。この時期の北武蔵における須恵器の生産は、まだ畿内・東海からの技術導入以前の生産体制下によるものであり、広く流通していなかった。したがって本集落で出土した経緯については、人の移動に伴って集落内にもたらされたものと考えられ、栗囲式土器もまた同様と考えられる。

(二) 古墳時代後期の大谷沢

前節で述べた、弥生時代後期末から古墳時代初頭の一〇号溝および一一号溝という二条の自然流路は、古墳時代初頭にこれらを完全に覆う土砂（第Ⅶ層）の埋積によって一気に埋没し、複雑に入り組んで凹凸のあった低位面は平坦化した。第Ⅶ層は一〇号溝を境として大谷沢の南岸に張り出す地表面第Ⅷ層の上にも堆積し、旧地表面（＝第Ⅷ層面）と谷底の段差もほとんどなくなる。そしてこの第Ⅶ層面に、古墳時代後期の水田が形成されるのである（図2―5下）。

大谷沢の北岸付近に、浅い溝状遺構が検出された（第八号溝）。これが大谷沢で検出された用排水路としてもっとも古いものである。大谷沢の北岸はその後、奈良・平安・中世・近世においてもほぼ同じ位置と同じ方向に用水路が作られているため、この初源期の用排水路はほとんど原形をとどめていないが、出土遺物は古墳時代の遺物を中心としていることから当該期に廃絶されたものと想定される。

自然科学分析の結果、第Ⅶ層は水田耕作土壌の可能性の高いことが明らかにされている。この層は前節で挙げた一〇号溝、一一号溝および複数の窪地を覆う低位面部分では二層に細分され（第Ⅶ層・第Ⅻ層）、下層は湿地性が高いが基本的には同一母材の可能性であり、いずれの層位からも古墳時代後期の土器が出土していることから、二層とも当該期の水田耕作土層と考えられる。

この水田域には、沢と直行する方向で打たれた杭列が検出された（図２―５左下「杭列」）。沢の左岸側から右岸側の高位面手前まで、下流に向かって若干湾曲しつつ三五メートルにわたって延び、とくに一〇号溝上付近では多くの杭が二列に並んで打たれていた。調査所見によると、杭列を芯にして畦畔を形成したような土盛りの痕跡等はなく、杭の上部が地上に出た状態であった可能性が高いという。そして二列に並んでいる部分ではこの杭列に絡み合うように多量の自然木や木製品が出土している。

杭列の杭は全一三三本であった。原木に先端加工を施しただけのもの、割木にして先端加工したもの、何らかの製品を転用、再加工したものなどさまざまで、樹種もムクロジ・モミ・ニガキ・コナラ他、一〇数種類の木材から作られている。分布状況等の検討の結果、特定の樹種の杭に共通した加工が施されていること、そして分布状況に規則性がみられることから、一三三本すべての杭が同時に作られ同時に穿たれたのではないことが明らかとされた。したがってこの杭列は、ある程度の時間幅を持って存在し、必要に応じて補修・改修されたことが想定される。

この杭列は、基本的には水田内の区画として存在していたと思われるが、土壌がとくに弱い一〇号溝上周辺に念入りに穿たれていることから、耕作面の安定化と大雨等による土砂の流出を防ぐことを目的とした防御柵のような性格を併せ持っていた可能性がある。

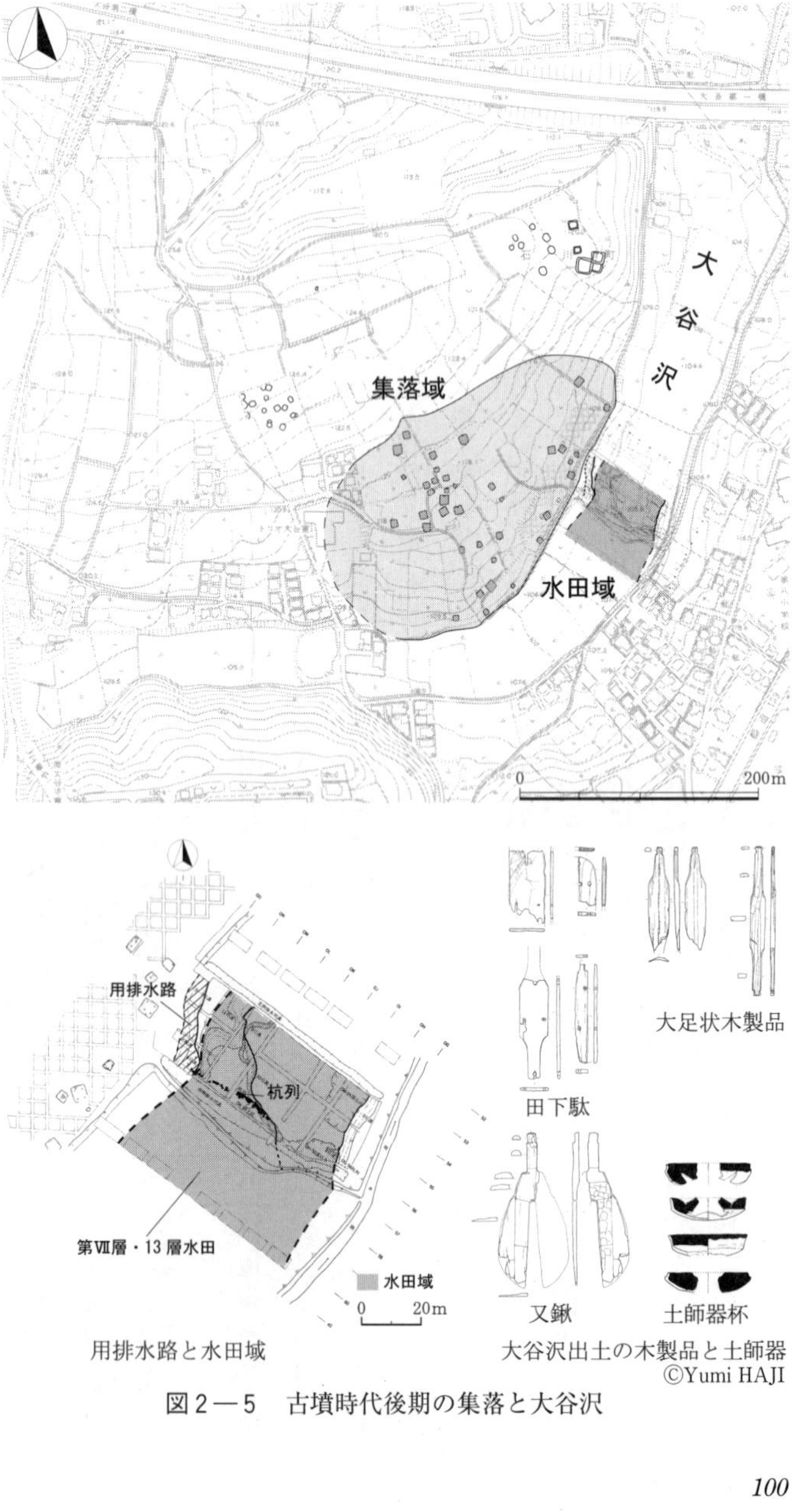

図2—5　古墳時代後期の集落と大谷沢

耕作土層中からはさまざまな木製品が出土し、農具・狩猟具・容器・建築部材・編み具・杭・性格不明の加工品等、その数は五〇〇点を超える。性格不明の製品が多数を占めるが、農具の占める割合が比較的多く、鋤、鍬、馬鍬、田下駄・大足状製品など湿田農耕に関連する多種の農具が含まれていた。なおこれらの木製品とともに、比企型坏Ⅰ類が三個体出土している。

五　石川天野遺跡出土の木製馬鍬

古墳時代の水田耕作土層中から出土したさまざまな木製農具のなかでも、特筆すべき資料は木製馬鍬である。馬鍬は、古墳時代に馬とともに朝鮮半島から伝来して普及したというのが一般的な見解であるが、国内における普及の状況については、馬と同様に国内全域においてある程度の普及があったとする考え方もあれば、西日本に出土例の偏在性がみられることから、基本的には畿内政権とのかかわりのなかで、畿内を中心に特定の地域でのみ使用されたものであるという考え方もある。

土器や陶磁器に比べて木製品自体が非常に遺存しにくいことから、実際にどの程度普及していたのかは不明である。しかしその点を考慮しても、木製品全般の出土量に占める馬鍬の割合は確かに低いので、現状の出土量からみればやはり当時としては特別な農具であったと考えてよいだろう。

古墳時代所産のものとしてこれまでに出土・報告されている木製馬鍬は、管見の限り二〇数例あり、都内の遺跡としては本遺跡出土品が唯一の事例である。国内最古の出土例は四世紀末～五世紀初頭の年代観が与えられている滋賀県能登町の石田遺跡、大阪府八尾市の木の本遺跡出土の木製馬鍬であるが、全出土例のなかで古墳時代後期、六世紀（とくに後半）から七世紀の所産とされる例が一四例と多く、後期に入って普及率があがっている可能性が指摘できる。

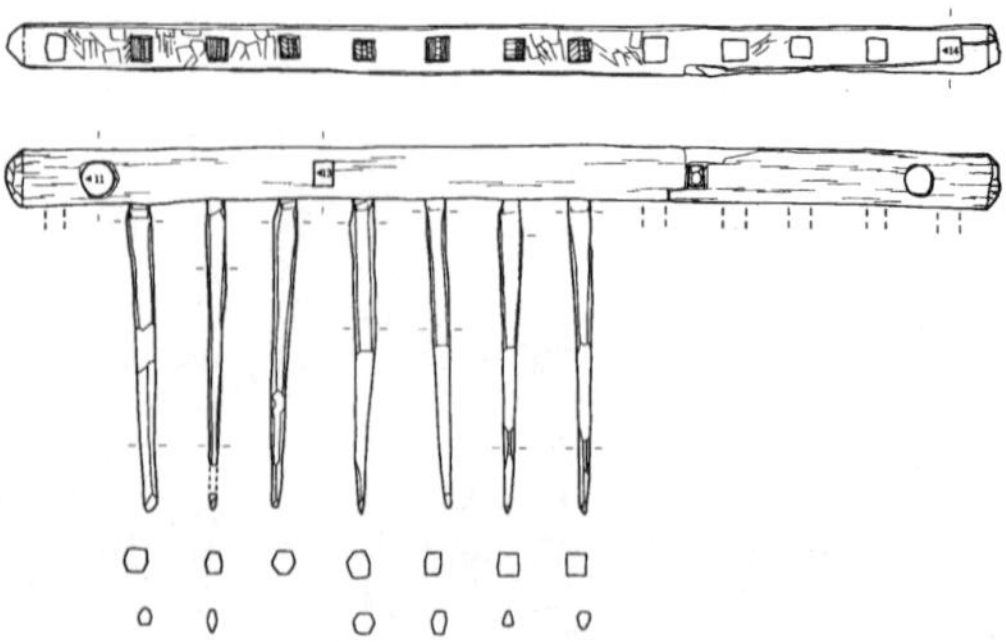

石川天野遺跡出土の木製馬鍬
（駒沢大学考古学研究室 1986 より転載）

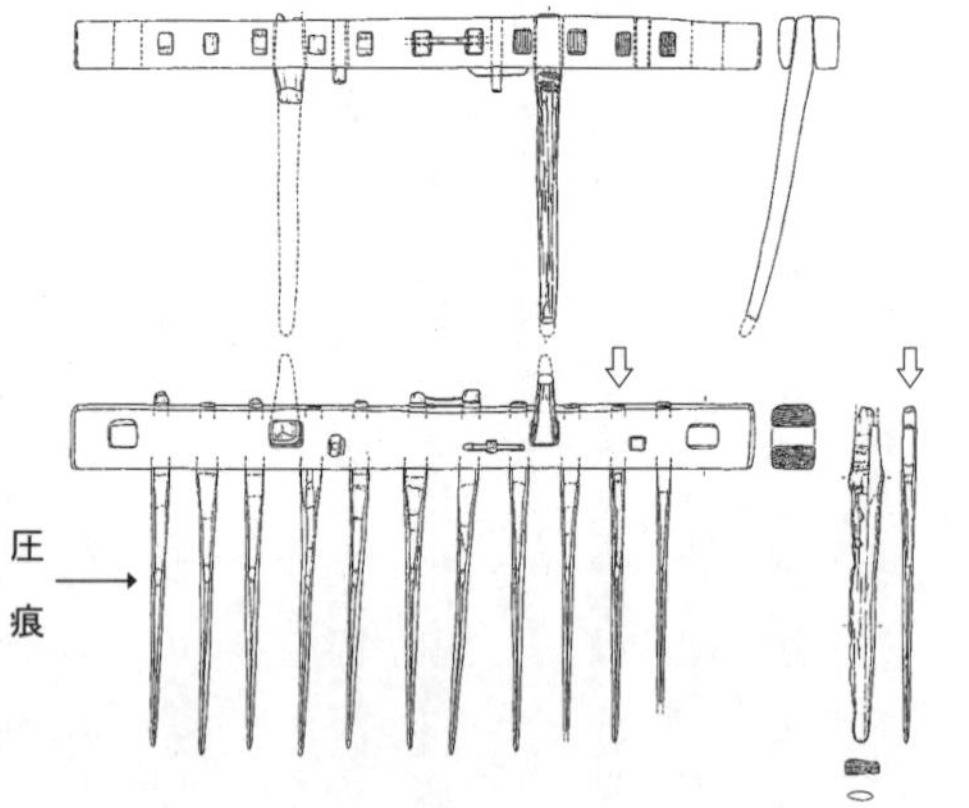

富山県氷見市・稲積川口遺跡出土の木製馬鍬
（氷見市教育委員会 2009 より転載）

0　50cm

図2—6　古墳時代後期の木製馬鍬

国内の出土例を比較すると、それぞれ規格や使用する材質等が異なる。この点については、当時まだこの農具が開発途上にあって定型化していなかったという見解もあるが［河野二〇〇四a］、農具を使用する耕地条件、水田の形態等によって異なる可能性も考えられる。

本遺跡より出土した木製馬鍬（図2—6上）は、台木長一・七メートル、歯長五八センチメートル、歯数一一本で、国内の遺跡における出土例のなかでもっとも大型の製品である。材質は、台木がニガキ、歯がコナラ属アカガシ亜属の一種、柄がアスナロと、部位によって異なる木材が使用されている。歯は、装着した状態で五二センチメートルという長さを測り、実用性が問題視されたこともあった。しかしすべての歯に明瞭な使用痕跡が認めることから、実際に使用され、しかも相当に使い込まれているものであると断定できる。ここまで長い歯先を付けた大型品が作られたのか明確な答えは得られていないが、長い歯を調節して使用していたと考えられる事例が、富山県氷見市の稲積川口遺跡より発見された(7)。

出土した馬鍬（図2―6下）は、石川天野遺跡出土のものに比べると小型であるが、台木長一・一七メートル、歯は装着された状態で四五・三センチメートル～四七・三センチメートルを測る大型製品である。一一本の歯はすべて装着された状態で遺存し、柄の片方も装着された状態であった。注目されるのは、歯の表裏に認められる圧痕である。台木との装着部から一七・五センチメートルほど下、歯先から三〇センチメートル弱の位置に、幅数センチメートルの圧痕が、すべての歯に等しく認められ、調査担当者の広瀬直樹氏は、歯の途中に台木と平行する方向で横木が渡され、縄で固定されて使用されたと想定する［広瀬二〇一〇］。

こうした状態で使用された理由としては、長い歯が耕作面に必要以上に潜り込まないよう耕作深度を調節する工夫であったと考えられる。なぜ歯を長くし、それを調整して使用されたかは想像の域を出ないが、水深の異なるさまざまな湿田環境に対応するために歯の長さが調節可能な大型製品を使用したことが考えられる。このことは、ひとつの道具が異なる耕地環境のもとで広く使用されたことを示唆しており、こうしてみると、石川天野遺跡の馬鍬はより広域な開発事業を行うにあたって牛馬とセットで持ち込まれ、石川天野遺跡の集落だけでなく周辺集落を含めて共同で管理し使用された可能性が考えられる。そしてこのことは当該期の開発主体と開発対象地域が想像以上に広域なものであったことを示唆している。

六　大谷沢周辺の植生と環境変化

大谷沢内の調査では、土壌の花粉化石分析、種子同定、珪藻化石分析、プラント・オパール分析等を行い、古環境の復元を行った［駒沢大学考古学研究室一九八六］。

それによると、まず弥生時代後期頃の丘陵部は、ナラ類・クマシデ属・アサダ属など温帯落葉樹が広く分布し、加えて相当量のカシ類（照葉樹）が落葉樹と混生、冷温帯落葉樹のキハダ属・トチノキ属・モミ属などの針葉樹も生息していたと推測されている。つまり、丘陵部南斜面地は多種の樹木から構成される森林が広がっていたことが想定されるのである。

また当該期の大谷沢内は、ガマ属・オモダカ属・ミズアオイ属などの珪藻が多量に検出されたことから、水生植物が生息する湿地環境であったと推測されている。ただし前述したとおり自然流路（一〇・一一号溝）に囲まれた窪地の堆積層から、わずかながらイネ科プラント・オパールが検出されている。水田耕作を積極的に裏づけるものではないが、湿田農具と考えられる木製品の出土からも、周辺で水田耕作が行われていた可能性は否定できない。

古墳時代以降に相当する層位においては、大きな変化がみられる。ナラ類・シデ類などの落葉樹やトチノキ属・キハダ属など湿地周辺に生育する樹木が減少し、カシ類等の照葉樹やスギの増加傾向が認められ、前代と全く異なる植生となっていると想定されているのである。

また当該期の大谷沢内は、古墳時代後期に相当する水田耕作土から平安時代に相当する耕作土層までイネ科花粉が増加傾向を示し、水生植物やイボグサ・コナギの種子などの水田雑草も検出された。したがって、この時期以降は水田耕作が行われていた可能性が高いとされる。さらに、台地斜面と大谷沢の境界付近（ON―六〇グリッド）の土壌分析では、モモやヒョウタンなどの栽培種、クワクサ・シロザ・ツメクサなどの畑作雑草の種子が検出され、植物の栽培が行われたことも明らかになった。

丘陵部における古墳時代以降の環境は、弥生時代後期頃の環境から劇的に変化していた。これは人間の生業活動による低湿地への進出・台地上での森林破壊などに起因するものであり、発掘調査結果から明らかとなった古墳時代後期の画期と、自然科学分析結果からみた環境の変化は見事に一致するのである。

八　おわりに

本章では、石川天野遺跡の事例を通して、谷戸を臨む丘陵地に立地する古墳時代後期集落と谷田開発の様相について明らかにした。

石川天野遺跡では、古墳時代後期、それまで林地だった丘陵部南斜面地の森林を伐採し、集落が形成された。その経営期間は六世紀第Ⅳ四半期から七世紀前半代までのおおよそ五〇～六〇年間と想定され、とくに七世紀第Ⅰ四半期に建物数が増加し、斜面中腹部から大谷沢際にかけて数軒単位のまとまりが複数認められることが明らかになった。また、集落内に非在地産の土器が少なからずもたらされていることから、東北南部や北関東地方から入植した人々が集落内に存在した可能性が指摘される。

この集落は、古墳時代初頭前後に埋没が進んで平坦面が広がっていた大谷沢において用排水路を開削し、谷田の経営を開始した。そして用排水路や耕作土層中から出土したさまざまな湿田農耕具のなかに、当時としては貴重な農具であったと思われる木製馬鍬が用いられていることは、この開発が強力な開発主体の主導のもとに実行されたことを強く示唆している。

その開発主体を考える上で重要となるのが、多摩地域において七世紀代に出現する胴張り複室構造の切石積み石室を有する古墳であり、本章の冒頭で触れた北大谷古墳(8)である。大谷沢の谷頭付近に立地していることから考えて、この古墳は谷の開発に深くかかわった開発主体者の墓と考えてまず相違ないだろう。開発の源ともいえる湧水点付近に構築することによって、開発主体者としての存在を誇示しているのである。

この開発事業に直接的にかかわった石川天野遺跡の後期集落は、北大谷古墳の被葬者（＝首長）によって統治された開発集団のひとつだったものと考えられる。そしてこの集団が、張り出しピットを持つ大型竪穴建物を中心としている点に注目したい。張り出しピットを有する古墳時代後期の竪穴建物は、石川天野遺跡のほか、本遺跡の西方約二・二キロメートルに位置する八王子市中田遺跡および西中野遺跡で六世紀中葉から七世紀前半代中心として局地的に展開している。このうち中田遺跡は、石川天野遺跡より四半世紀早い六世紀第Ⅲ四半期から多数の建物が検出され、集落規模も石川天野遺跡をはるかに凌駕している。第五節で石川天野遺跡出土の木製馬鍬から想定したように、当地域の古墳時代後期の発展が異なる耕地環境を含めた広域の開発事業と考えれば、両集落ともこの地域の開発事業のために入植した集団であった可能性も考えられる。

芹澤清八氏の分析によれば［芹澤一九九三］、福島県・栃木県・群馬県など南東北から北関東においては五世紀後半代から六世紀中葉、千葉県では六世紀代を中心にして一部が七世紀前半代まで認められ、張り出しピットを有する建物を中心とした古墳時代後期集落の立地は、支谷が切り込む台地や丘陵部など、前代まで集落域とされていない奥まった地に立地している場合が圧倒的に多いという。そしてこれを新たな地域に集団が入植した結果と捉え、その目的は灌漑施設の必要がない谷戸の開発であった可能性が最も高いと指摘している。これまで述べてきた、石川天野遺跡の集落形成と開発の様相に照らし合わせてみても矛盾のない指摘である。

石川天野遺跡集落の生業は谷田の経営だけでなく、モモやヒョウタン等の食用植物の栽培など、丘陵部や水際を利用したさまざまな生産活動が行われた。その結果、本地区一帯は落葉樹中心から照葉樹・針葉樹中心の環境へと大きく変化し、景観には著しい変化がもたらされた。この開発は、有力な開発主体のもとで広域事業として着手されたことを想定したが、この時期はヤマト政権の東国経営推進期であり、本地域の開発行為もおそらくこうした中央主導の政策に基づいたものであったと考えられる。ただし、古墳時代後期に唐突に入植集団によって開発が始められたのではなく、もともとそのような開発基盤があったところに、これを飛躍的に押し上げるような開発を行ったのが、古墳時代後期の石川天野遺跡を残した集団だったのである。

（1）東京都日野市・南広間地遺跡については第一章を参照されたい。また調布市・染地遺跡では、旧流路跡の覆土中に縄文時代後期に降灰したと推定されている湯船第一テフラ（B・P三〇〇〇年前）の堆積層が認められ、この時期に低地が陸化していた可能性の高いことが明らかにされている［調布市遺跡調査会二〇一〇］。

（2）秋山浩三氏が示した、朝鮮王朝後期の田植え風景絵画資料によると、「均し倶」は、長さ一メートル、幅二〇センチメートル、厚さ四・五センチメートルほどの板状を呈し、両端に孔をあけて、手持ち用の縄を取り付けたきわめて単純な農具で、使用方法は縄を両手で持ちながら片方の足を板の中央に載せて、水を張った耕作面を踏み均して平坦に整えるというものである。

（3）小長谷正治氏は、法量および器形の特徴から、一三センチメートル前後の口径を有するものをⅠ類、一一センチメートル前後の法量のものをⅡ類、Ⅰ・Ⅱ類の中間に位置づけられるタイプとして、口径一二センチメートル前後の一群という二段階を想定した。またこの分類でⅠ類としたものは八王子市中田遺跡出土遺物分類の第二段階、Ⅱ類としたものは第三段階に相当するとしている。

（4）栗囲式土器は、宮城県中・南部地方を中心とする黒色土器文化を代表する土器群であり、宮城県仙台市・栗遺跡を標準遺跡とする。栗囲式土器の特徴は坏・碗にみられる黒色処理、甕にみられる刷毛目調整にあり、長胴甕は最大径を胴部下位にもつ下膨れの器形が多い。宮城県中・南部地区の土器型式変遷において、坏類は古墳時代後期に入ると前代からの伝統的器種に加えて丸底で体部と口縁部の境に明瞭な段を有する内黒処理を施す「栗囲式土器」の原形ともいえる土器が登場し、これが徐々に主体となるという。その後、高杯や鉢等、他の器種にもこの坏の器面調整、内黒処理が徹底して施されるといった画一化が進行し、それと同時に甕類についても刷毛目調整の徹底化という現象で調整技法の画一化が認められるという。このように坏椀類、甕類の両者における製作・調整技法の画一化が徹底された時期をもって「栗囲式土器」の成立とされる〔辻一九九〇ほか〕。近年、青森県奥入瀬地区の阿光坊古墳群内で栗囲式土器を副葬した末期古墳が多数調査され、古墳造営集団と栗囲式土器文化の関係性の高さが指摘されている。

（5）宮城県宮城野区向田資料館にて筆者実見。

（6）駒沢大学の酒井清治教授よりご教示いただいた。

（7）能登半島基部東側の富山県氷見市に所在する稲積川口遺跡は、東に富山湾を臨み、北・西・南の三方を丘陵に取り囲まれている。丘陵地は多数の小支谷に切り込まれ、そのひとつを水源として富山湾に注ぐ余川川の下流域に本遺跡が位置している。遺跡の南方にはかつて潟湖が広がっており、河川と潟湖に挟まれた低地に立地していたとみられる。木製馬鍬はこの低地一帯の開発に使用されたものと考えられるが、井関状遺構の一部として再利用された状態で、七世紀前半代所産の須恵器とともに出土した。

（8）胴張り複室構造の切石積み石室を有する古墳は、多摩市・臼井塚古墳・稲荷塚古墳、三鷹市・天文台構内古墳、府中市・武蔵府中熊野神社古墳など多摩地域では数例しか確認されていない構造の古墳である。河原石積石室の古墳が主体の多磨郡にあって、こうした石室構造を有する古墳の存在は異質であり、他地域から入植した首長層の墓と考えられている。

第三章　古代における沖積地の開発と景観

――日野市南広間地遺跡を例として――

有村由美・梶原　勝

一　はじめに

東京都南西部の日野市に所在する南広間地遺跡は、西方の日野台地と多摩川・浅川両河川に挟まれた沖積低地に立地し、東西約一キロメートル、南北約七〇〇メートル、総面積約九二万平方メートルの広さを有する（図3―1）。

本遺跡は、区画整理事業に伴う発掘調査［日野市遺跡調査会一九八八～一九九〇・一九九四～一九九九］、国道二〇号バイパス改築工事に伴う調査［日野市遺跡調査会一九九五b、渋江・黒尾ほか二〇〇三］、集合住宅建設等に伴う調査等を通して、これまでに遺跡範囲全体の約二割が掘り出された。

これらの発掘調査の成果より、本遺跡は縄文時代後晩期から古代、中・近世、近現代における土地利用痕跡を重層的に残す遺跡であることが判明した。なかでも、かつて都内有数の穀倉地帯として栄えた沖積低地における本格的な耕地開発の画期が七世紀末の古代律令期にあり、奈良・平安時代を通して国衙を支える重要な経済基盤として発展していった様相が明らかにされつつある。

本章では、南広間地遺跡における古代律令期の発掘資料を通して、当該期の低地開発と集落形成の様相をみて

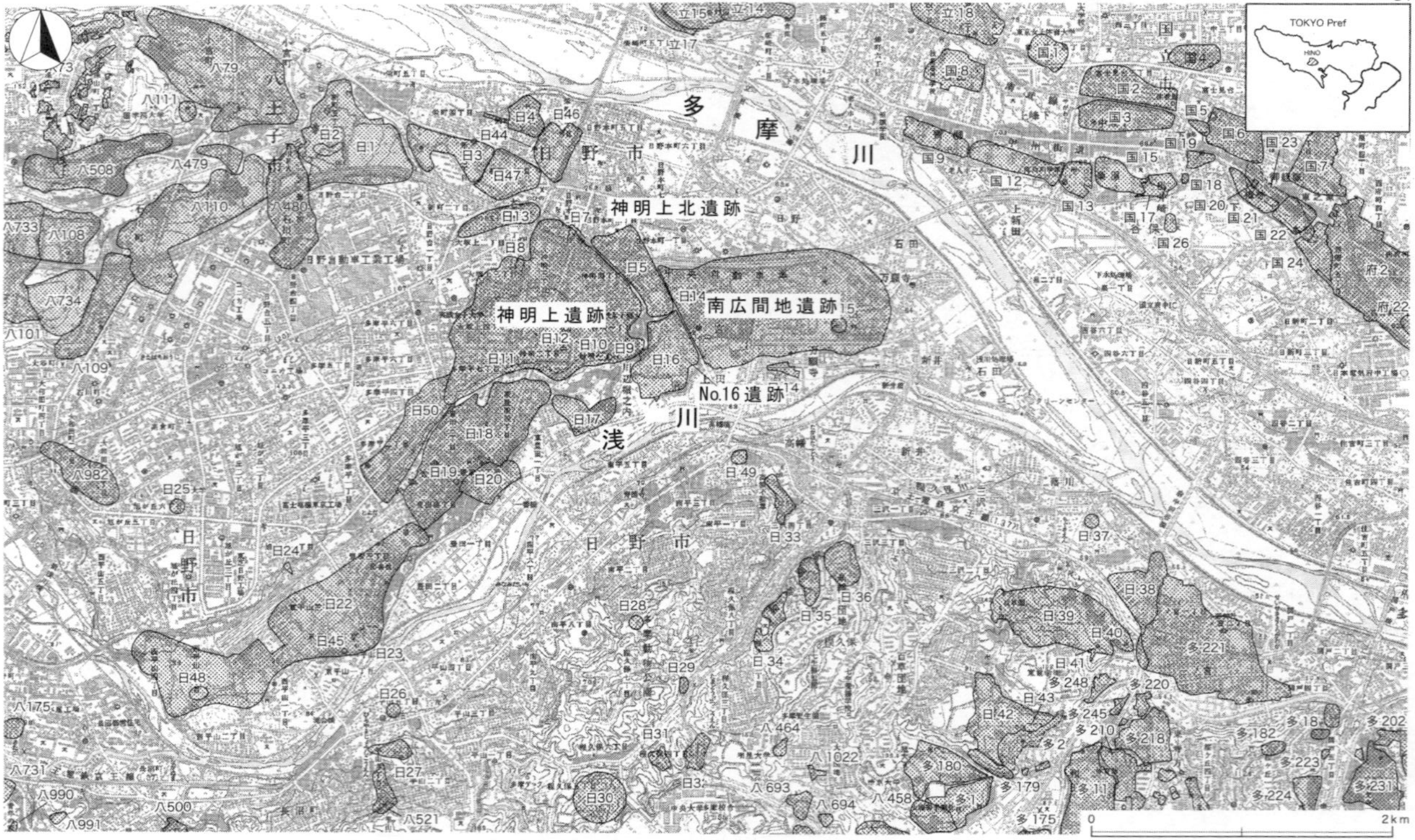

図3—1　南広間地遺跡と周辺遺跡分布図
（南広間地遺跡整理調査団2007に加筆）

いきたい。

二　南広間地遺跡の立地と地形の特徴

南広間地遺跡が立地する沖積低地は、多摩川・浅川両河川の変遷過程において形成された三つの段丘面（旧河床面）から成り、西側から高い順にL一面（一四〇〇〇～六〇〇〇年前）・L二面（四〇〇〇～一五〇〇年前）・L三面（一五〇〇～）と分類される。L一面は拝島面に相当し、それより低位のL二面およびL三面は、低位段丘と沖積低地を含んでいる［島津・久保ほか一九九四］。

南広間地遺跡の遺跡範囲は、西側約五分の二にL一面が張り出すように延び、それより以東はおおむねL二面上に位置する。遺跡範囲北東端および南東端の一部はL三面上に延び、このL三面と多摩川・浅川の現河床との比高差はほとんどないため、発掘調査からみた土地利用の痕跡は近世以降にほぼ限定される。

島津・久保らの研究によると、L一面が形成されたころの多摩川・浅川両河川の合流点は、現在のEPSON工場地内（旧オリエント時計工場地内）よりやや東部にあったとされ、この合流点より以西（＝L一面）は、南広間地遺跡の遺跡範囲を越えて日野台地の崖下まで続く。同じL一面上に立地する神明上北遺跡および日野市№16遺跡と南広間地遺跡は、川崎街道を境に互いに隣接している。

L二面を中心に広がる南広間地遺跡の古代の土地利用状況は、L二面上の旧地形によって特徴づけられる。すなわちそれは、L二面が氾濫源だった時代に形成された多数の流路跡とそれらに挟まれた微高地が複雑に絡み、起伏に富んだ地形を基盤としたもので、古代の集落は、旧流路跡等の窪地によって画された複数の小微高地を占有して形成されているのである。

またL二面上における古代の土地利用と深くかかわる土地条件として、とくに挙げておかなければならないの

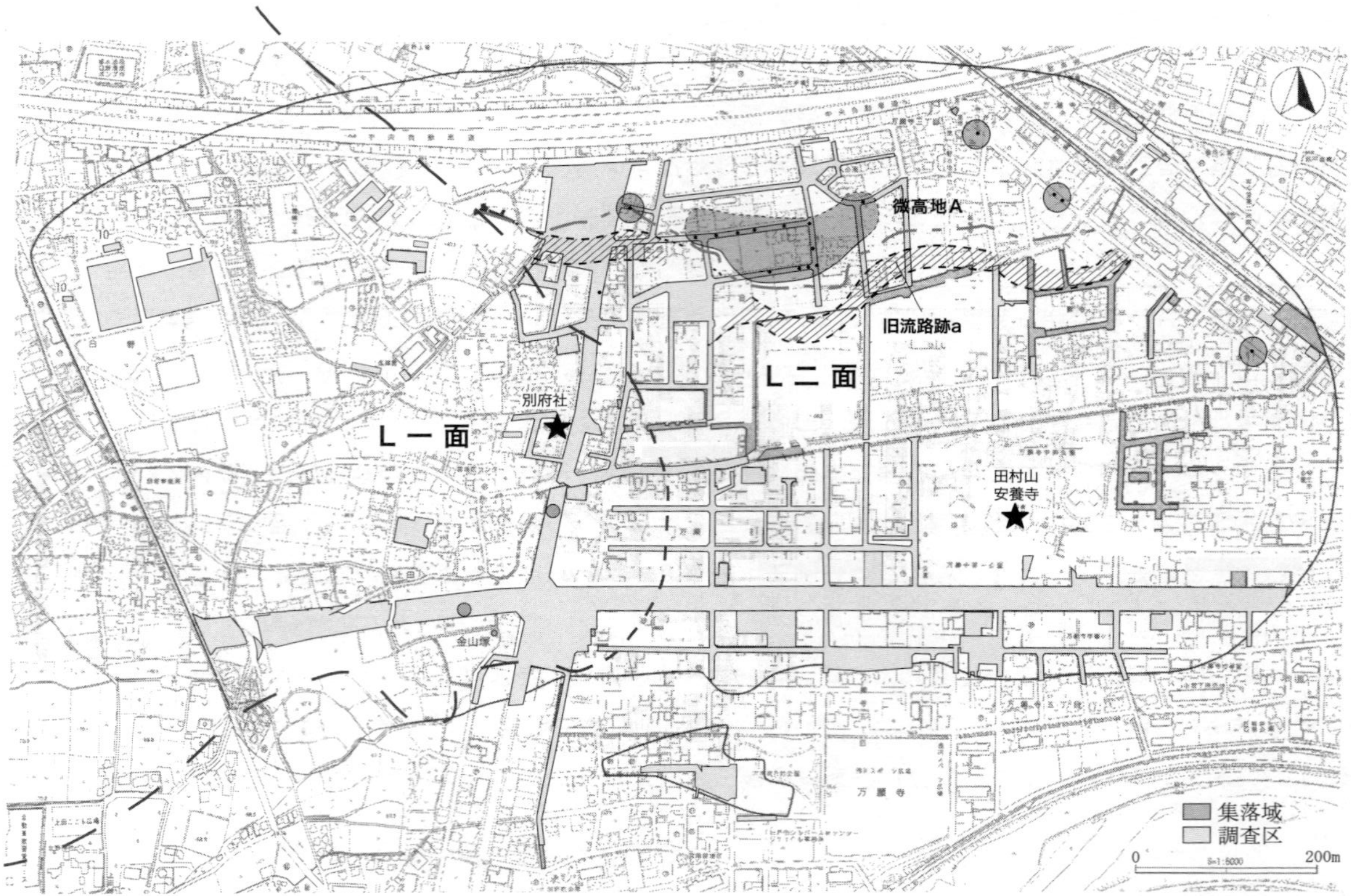

©Yumi HAJI

図3－2　南広間地遺跡における古墳時代の集落分布

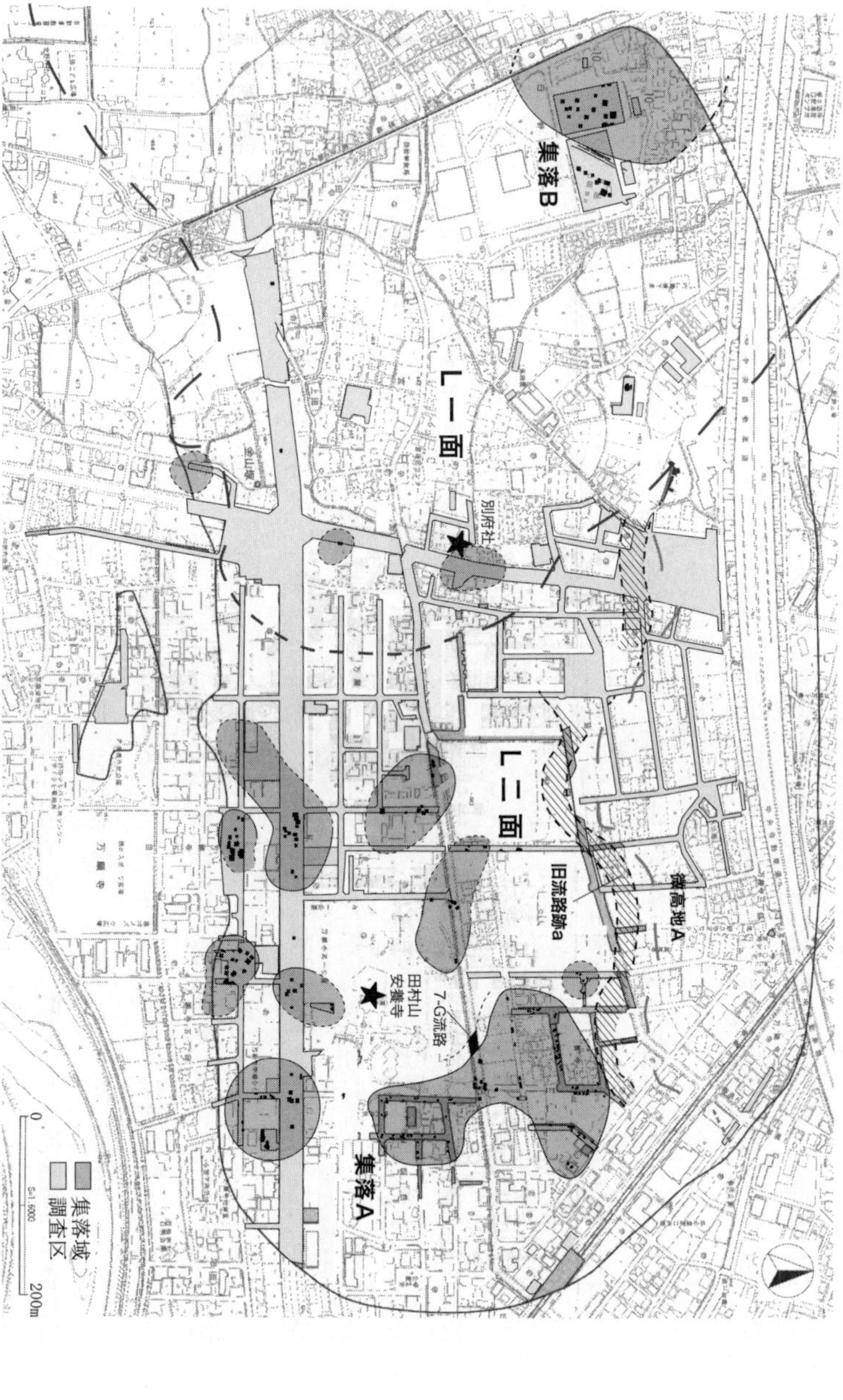

図３―３　南広間地遺跡における７世紀末以降の集落分布
（森1992に加筆・修正）

が、森達也氏が南広間地遺跡第四次調査一地点の報告［日野市遺跡調査会一九八八］で指摘しているとおり、L二面北部を東西に長く延びる微高地（以下、「微高地A」と呼称する）と、この微高地Aの南岸に沿って東西を蛇行しながら走行する旧流路跡（以下、「旧流路跡a」と呼称する）である（図3—2）。この微高地と旧流路跡の形成時期であるが、ともにL一面上にはおよんでいないことから、L一面形成以降（六〇〇〇年前以降）であり、L二面上での多摩川の河道変遷の過程で形成された自然堤防および流路と考えられる。微高地Aは南北幅五〇～一〇〇メートル、旧流路跡aはおおよそ幅一五～二〇メートルであるが、旧流路跡aは数条が切り合っているために調査した部分によって必ずしも幅が一定していない。

旧流路跡aにかかるおもな報告地点は全一一地点で(1)、調査した地点のうち最も西側（＝上流部）に位置する第九次調査三一地点で実施した土壌テフラ分析の結果、底面付近の土層中から古墳時代後期に降灰したとされる高島平第一テフラが検出された。またその上層からも複数のテフラが検出され、降灰年代についても順当な堆積状況を示している［日野市遺跡調査会一九九五a］。このことから、旧流路跡aは古墳時代後期の段階で基本的に流水のない窪地となっており、その後中世以前のある時期までほぼ変わらない景観であったものと思われる。

三　南広間地遺跡の古墳時代集落と流路跡

古代律令期における土地利用の画期について述べる前に、それ以前の古墳時代後期における土地利用状況について触れる。

図3—2は南広間地遺跡における古墳時代の集落分布状況、図3—3は七世紀末から平安時代までの集落分布状況を示したものである。古墳時代と奈良・平安時代の集落分布の大まかな様相についてはすでに指摘されているが［森一九九二］、その後発見された資料を含め、あらためて両時期の集落分布状況を概観する。

図３―２のとおり、古墳時代前期および中期においては「微高地Ａ」の西端に集中域が認められる以外、遺物の分布が若干認められる程度で判然としない。市域における弥生時代後期末から古墳時代前期集落は日野台地東縁辺部（神明上遺跡：図３―１）に中心があり、崖下のＬ一面から東にかけてはＬ二面の形成の状況に連動して徐々に集落が移動、あるいは拡散していったものと考えられる。

古墳時代後期に入り、低地部への集落の広がりは明確となる。当該期の建物は微高地Ａ上に広く分布し、第四次調査一地点で調査した旧流路跡（旧流路跡ａ）からは集落域から投棄されたと考えられる大量の土器、木製品（容器類等）の他、モモ・オニグルミ・トチ・ヒョウタンなどの食用植物遺体が出土した［日野市遺跡調査会一九八八］。

微高地Ａ以外でも、古墳時代後期の遺構・遺物は検出されている。しかしいずれも微高地Ａほど集中して検出される地点はなく、Ｌ一面、Ｌ二面を問わず洪水の被害を直接的に受けていたことが明らかになっている。例を挙げれば、小流路とそこに架かる橋状遺構が洪水堆積土によって埋没している事例［第九次調査四九地点：日野市遺跡調査会一九九六ａ］、古墳時代後期の竪穴住居跡の南半が洪水によって流失した遺存状況で検出された事例［渋江・黒尾ほか二〇〇三］、旧流路斜面において、七世紀前半代所産の土師器・甕形土器が、厚い洪水堆積土で被覆された状態で出土した事例［第九次四二地点：日野市遺跡調査会一九九八ｃ］（後述）等である。

このように、古墳時代後期においては微高地Ａ以外にも遺跡範囲南部の各所に土地利用の痕跡が認められるものの、Ｌ一面、Ｌ二面を問わず氾濫の影響を受けやすい不安定な土地条件下にあって、しばしばその被害にさらされていたようである。そして右記の調査地点はいずれも遺跡範囲の南部であるから、おそらく浅川の氾濫によるものと考えられる。こうした状況から、当該期の集落は安定した北部の微高地Ａを中心に形成され、浅川寄りは遺構、遺物とも希薄な分布状況なのである。

このように、古墳時代前期・中期に日野台地を中心としていた集落の一部は、徐々に低地部の比較的安定した微高地Aへと集落域を移し、後期に入って拡大していく。これは何らかの低地利用を目的とした動向と思われるが、流路内から出土した木製品や遺構のなかに具体的な生産活動を示す資料は乏しく、実態は明らかでない。しかし、わずかながら農耕関連木製品が出土していることや自然科学分析の結果から、水田の開始が古墳時代にさかのぼる可能性も指摘されており［日野市遺跡調査会一九九五ａ］、耕地開発が試みられた可能性は充分に考えられる。

こうした土地条件のなかで集落経営が続けられてきた本地域に、七世紀中葉前後、大きな変化が起こる。それは先述した第九次調査四二地点の旧流路の洪水による埋没に表れているように、遺跡範囲の中央部から南部にかけて地表面を厚く覆うほど大きな洪水の発生を契機とするものであった。

四　第九次調査四二地点にみられる自然災害の痕跡

第九次調査四二地点の調査区全体を表したものが、図3―4である。この地点では竪穴建物が八世紀第Ⅱ四半期一軒（五一七号竪穴建物）、九世紀後半一軒（五一六号竪穴建物）、一〇世紀中葉以降三軒の合計五軒が検出され、そのほか溝七条・柵列一条・土坑九三基が検出されている［日野市遺跡調査会一九九八ｃ］。

図3―4の左図による土層堆積をみると、上位から盛土層があり、これを0層とする。次にⅠ層が近年までの水田耕作土で、調査区全面にみられる。Ⅱ層がⅠ層に伴う酸化鉄集積層で、Ⅲ層が調査区全面でみられるものではないが、水田耕作土である。Ⅳ層がⅢ層に伴う酸化鉄集積層で、Ⅴ層がマンガンを多量に含む中世遺物包含層である。Ⅵ層が砂質シルト層で、奈良・平安時代の遺構確認面であり、Ⅶ層が砂質シルト層、Ⅷ層が砂質粘土層、Ⅸ層が砂層、Ⅹ層が粘土質砂層である。

図3―4ではこのX層までが確認でき、その下は砂礫層であるが、これは調査区西側の土層断面によるもので、東側の土層断面では、砂礫層がなく、さらに深い層が検出されている。これがXI層で、この層は砂と粘土の

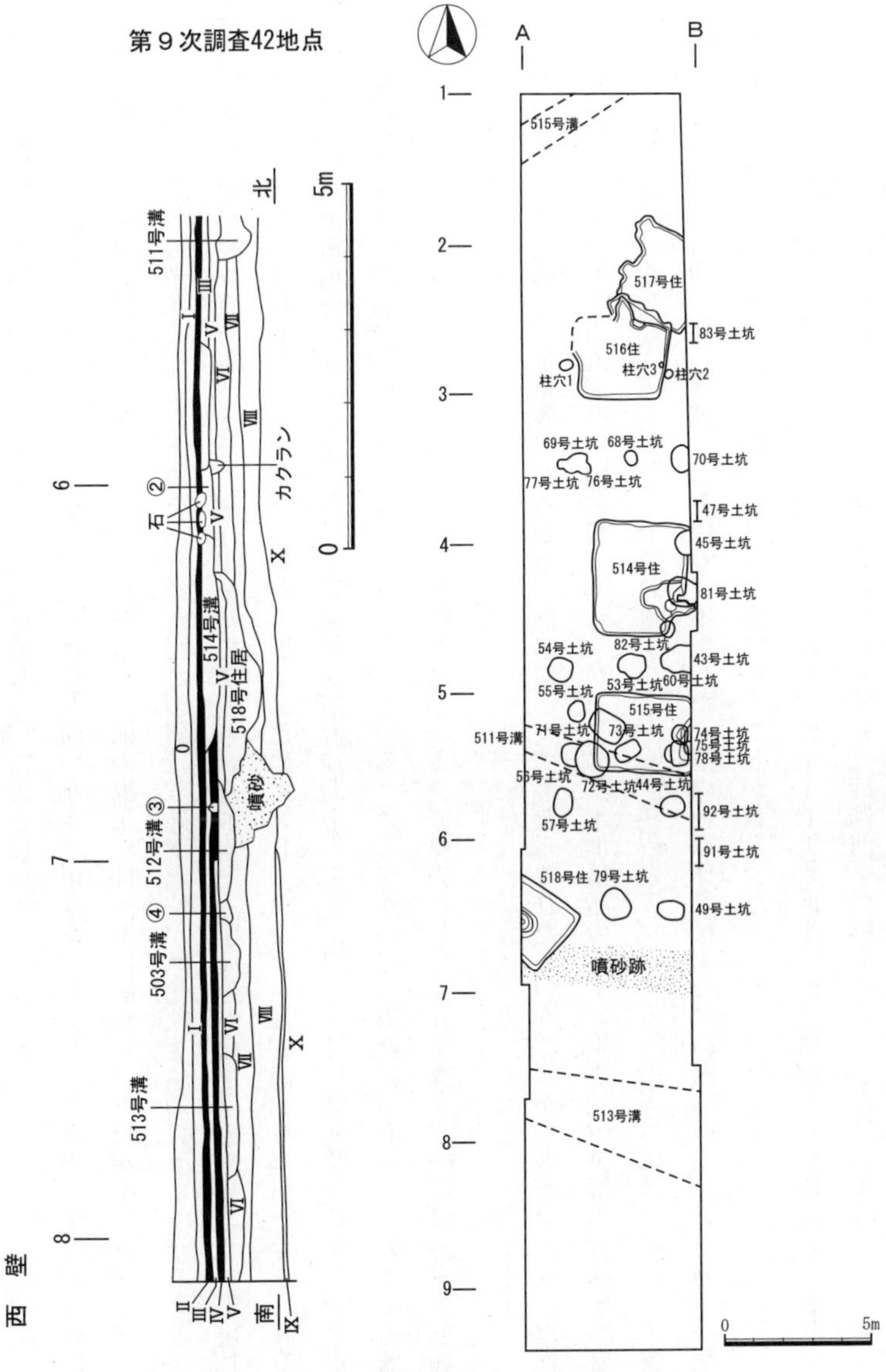

図3―4　南広間地遺跡における噴砂の痕跡
（日野市遺跡調査会1998c を一部改変）

互層である。従って砂礫層はX層とXI層の間に位置していることになる。

このII層とIV層にみられた酸化鉄集積層とは、耕作期間のなかで用水を出し入れする水田、すなわち乾田にみられる特徴的な橙色~褐色の土壌で、稲が得た酸素が、稲の根から耕作土に伝わり、それが土壌成分と化学反応を起こし、沈殿して帯状になった土層をいう。またV層のマンガンも、上位の耕作土を経て供給された酸素と土壌成分が化学反応を起こして集積したものであるが、酸化鉄集積層が、乾田に特徴的な土層であるのに対し、マンガンは乾田でも湿田でもみられる。

さて四二地点の地形は、0~X層を剝ぐと、調査区中央部が東に張り出すように砂礫層の盛り上がりがみられ、北側から東側・南側にかけて深い落ち込みとなっている。ここがかつての流路跡であり、その下にXI層が堆積している。この砂礫層および流路が右記のX層~VI層によって埋められ、竪穴建物などの遺構が構築されている。

右記のX層~VI層は自然堆積層であるから、洪水によってもたらされたということができる。こうした堆積物の供給源は、おそらく浅川流域の平山砂層であろうが、この洪水堆積層の直下、調査区中央部の砂礫層の盛り上がり部分で、古墳時代後期（六世紀後半~七世紀前半）の土師器甕が出土している。出土状況は、破片が砂礫層の上面で、東へ下る斜面の狭い範囲に散らばって出土した。後の復原作業によって口縁部の三分の一および胴部を部分的に欠くものの、比較的遺存状態の良好な甕であることがわかった。

以上のような状況から、この砂礫層の上面が、六世紀後半~七世紀前半には生活面として機能しており、同時にこのころ、大洪水を受け、流路や土師器甕の存在していた砂礫面を埋め立てたことが判明する。

南広間地遺跡における古墳時代の居住痕跡は、微高地Aに顕著であり、先述したように他の地域にはあまりみられなかった。しかし本地点の調査によって堆積した砂層の下にも、古墳時代の痕跡が発見されたのである。この土器一つで居住痕跡とするには疑問もあるが、広い意味での土地利用がなされていたことは確実であろう。

また四二地点では、このほかに古代の災害痕跡として、噴砂跡が検出されている。前述したように八世紀第Ⅱ四半期から一一世紀代までの竪穴建物が検出され、このうちもっとも新しい時期にあたる一一世紀代の五一八号竪穴建物の下に、巨大な墳砂の痕跡が検出されたのであった。

噴砂痕の規模は、上面幅約一五〇センチメートル、深さ約七〇センチメートル、断面形V字形の溝状を呈し、調査区を東西に走り、調査区外へと延びている。この墳砂は、六世紀後半~七世紀前半以降、八世紀第Ⅱ四半期以前に堆積した土層を切って噴出していること、この墳砂の上に五一八号竪穴建物が構築されていることから、砂質シルトが堆積した以降から一一世紀までの間の地震痕跡と考えられる。すなわちおおよそ古墳時代末期から

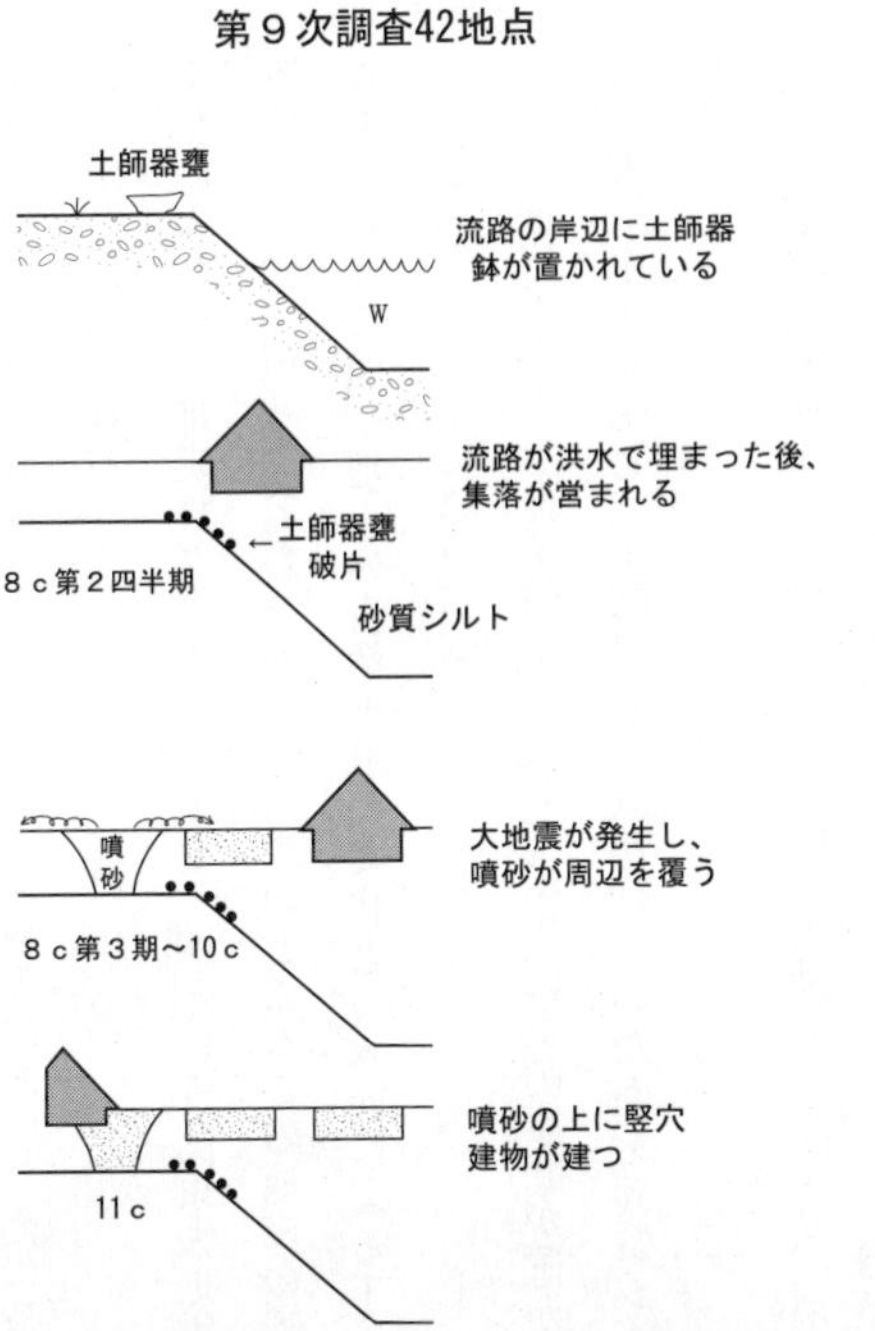

©文化財 COM
図３―５　南広間地遺跡における土地利用変遷模式図Ａ

平安時代前半までの間にこの地域は巨大な地震にあい、その被害は墳砂の規模からするとかなり大きかったのではないかと推測される。

文献によれば、推定マグニチュード七・四という関東大地震が、元慶二年(八七八)に発生していることが知られているが〔国立天文台編一九九二〕、今のところこの地震の噴砂であると断定する史・資料はない。

以上のような四二地点の自然環境の変化と、人間による土地利用の変遷を模式化したものが、図3―5である。すなわち、以下のようにまとめられる。

a. 六世紀後半~七世紀前半、流路の岸辺に土師器甕が置かれ、何らかの生活あるいは生業が営まれていた。

b. 大洪水が発生し、土師器甕が置かれていた面を砂質シルトが覆い、八世紀第Ⅱ四半期には竪穴建物が建つ。

c. 古墳時代末期~一一世紀までの間に大地震が起こり、墳砂が発生する。

d. 一一世紀になると、その墳砂の上に五一八号竪穴建物が建つ。

e. 中世になると、柵列が竪穴建物の上に設置される。

f. 中世後期~近世初頭の間に、一部水田化が始まる。

g. 近世のどこかで、全面水田となり、現代にいたる。

以上のような変遷をみると、本地域の人々は、大きな災害を克服して生活および生産活動を続けたということがわかる。

五　南広間地遺跡における古代律令期の集落分布

古墳時代後期の洪水の結果、土地条件は大きく変化した。旧流路跡と中州(微高地・自然堤防)が網状に入り組み起伏に富んでいた低地に、洪水堆積土による一定の嵩上げがなされ、安定した微高地と可耕地が拡大したのである。

図３―３に示したとおり、七世紀末に集落の分布状況は一変し、それまで明確な集落形成がみられなかったＬ二面上に複数の集落が出現するが、それを可能にした要因の一つは、洪水による土地条件の変化にあったと考えられる。

（一）Ｌ二面に広がる集落群と集落Ａ

遺跡範囲の中央から東部にかけてＬ二面上に広く分布する古代の集落は、周囲を網状に錯綜する旧流路跡によって画された微高地を一単位として複数点在する。その分布は図３―３に示したとおり、Ｌ二面に東西、南北とも約五〇〇メートルの範囲に広がり、これまでの調査成果から一〇単位以上の集落の存在が想定される。

各集落とも一時期に二・三軒の竪穴建物から構成され、建て替えを繰り返しながら数世代にわたって継続しているのが一般的なありかたである。これは基本的に家族で形成された単位集団と考えられ、どの集落も七世紀末もしくはやや遅れて八世紀初頭には成立する。

集落域（微高地）周囲の旧流路跡や窪地内の土層を観察すると、古代以降の土層では乾田の傍証となる酸化鉄集積層と水田耕作土層のセットが重層的に確認される。また複数地点の自然科学分析で水田耕作土層中からはイネ科のプラント・オパールが多量に検出されており、奈良・平安時代には確実に水田が営まれていた事実が立証されている［日野市遺跡調査会一九九〇・一九九五ａ・一九九六ａ・ｃ］。

これらの耕地を開発してきた集落群の形成の前提は、七世紀中葉前後の洪水による土地条件の変化であるが、すべての集落がほぼ同時期に発生していることから、耕地開発を目的として形成された計画村落と考えられる。

そしてこのL二面上の複数集落のなかでもとくに規模・性格ともに突出し、本地域の開発にかかわる拠点的集落と考えられる集落が図3―3中の集落Aである。

集落Aにかかる報告箇所は全一〇地点で、(2)七世紀末から古代末期までの竪穴建物約一〇〇軒、掘立柱建物約一〇棟のほか、多量の炭化米を含んだ貯蔵施設と考えられる大型土坑・墓坑・井戸などが検出された。これらの遺構分布状況と、旧流路跡や溝状遺構の分布状況から、本集落域(＝微高地)の規模はおおよそ南北約二七〇メートル、東西五〇～二〇〇メートルを測る、東側中央が大きく抉れたくの字を呈する微高地と想定される。

全一〇地点の調査で検出された建物の軒数がすでに他の集落を遥かに上回っているが、集落域と想定される領域(＝微高地)のうち調査された面積は二割弱であり、実際の建物数はこの数倍にのぼるものと想定される。(3)これは集落域の広さや建物の棟数からみて同じ日野市域の沖積低地に立地する落川・一の宮遺跡の「落川一面」[増渕二〇〇二]の集落とほぼ同規模である。本集落内の建物からは牛馬への烙印に使用されたと考えられる「四」の文字の焼印[第七次調査A地点：日野市遺跡調査会一九九九a]や、海老錠[第七次調査V地点：日野市遺跡調査会一九九四a]が出土していることから、牛馬の管理者の存在、財産管理のための建物の存在などが想定され、出土遺物からもこの集落の優位性は明らかである。

また、この集落の南西部に接する旧流路跡(第七次調査G地点)からは数百個体の須恵器が出土していることも注目される。出土状況の詳細は不明であるが、概報[南広間地遺跡整理調査団二〇〇七]によると比較的遺存度の高い欠損品が多くみられ、このなかに一〇〇個体以上の墨書土器が含まれている。こうした出土状況から、これらは日常的な廃棄行為によって蓄積されたゴミとみるよりも、地震や洪水などの自然災害を被った際に一括廃棄されたものと考えられ、加えて何らかの儀礼的行為が行われた可能性が考えられる。

なお集落Aで検出された竪穴建物の大まかな時期変遷を出土遺物からみてみると、まず集落形成初期の七世紀末から八世紀前半代には新旧多数の建物が検出されている。一時期には二軒〜三軒程度の軒数で構成され、頻繁な建替えあるいは人の出入りが想定される状況である。八世紀後半から九世紀前半になると一〜二軒で構成され、短期の建替え等が認められず、比較的安定した集落経営であったと考えられる。九世紀中葉以降から一〇世紀前半代の間は八世紀前半代と同様の傾向がみられ、開発が再び活発化している可能性が示唆される。ここまでの変遷はこのほかの複数集落とほぼ同様であるが、一〇世紀中葉以降から一一世紀の、ヘッツイを有する建物が集落Aにおいては確実に複数存在し、古代末から中世にかけての集落域としての土地利用も本集落域を中心に形成された可能性が高いと考えられる。

（二） 南広間地集落Bと倉庫群

南広間地遺跡における古代律令期の集落のなかでもう一つ特徴的な存在は、L二面の集落群とは離れた地点に検出された集落B（図3—3／3—6）である。

集落Bは南広間地遺跡北西部のL一面上に立地し［南広間地遺跡第一〇次調査：日野市遺跡調査会一九九三a］、前述のL二面上の集落群から約五〇〇メートル西方に位置する。

本集落で検出された遺構は、古墳時代後期後葉から奈良・平安時代の竪穴建物二七軒で、このうちの一五軒以上が本地域の開発初期に当たる八世紀前半代に使用—廃絶されたものと想定される建物である。その他の建物は七世紀前半代、八世紀後半代、平安時代後期がそれぞれ一〜二軒程度あり、規模としてはL二面上の集落と大きな差は認められない。

八世紀前半代の建物および遺構外からは、赤彩の施された平底盤状坏が大量に出土している。低地部の集落群の竪穴建物からも平底盤状坏は出土しているが、報告されている数量を比較すると集落Bの出土量が低地部の複

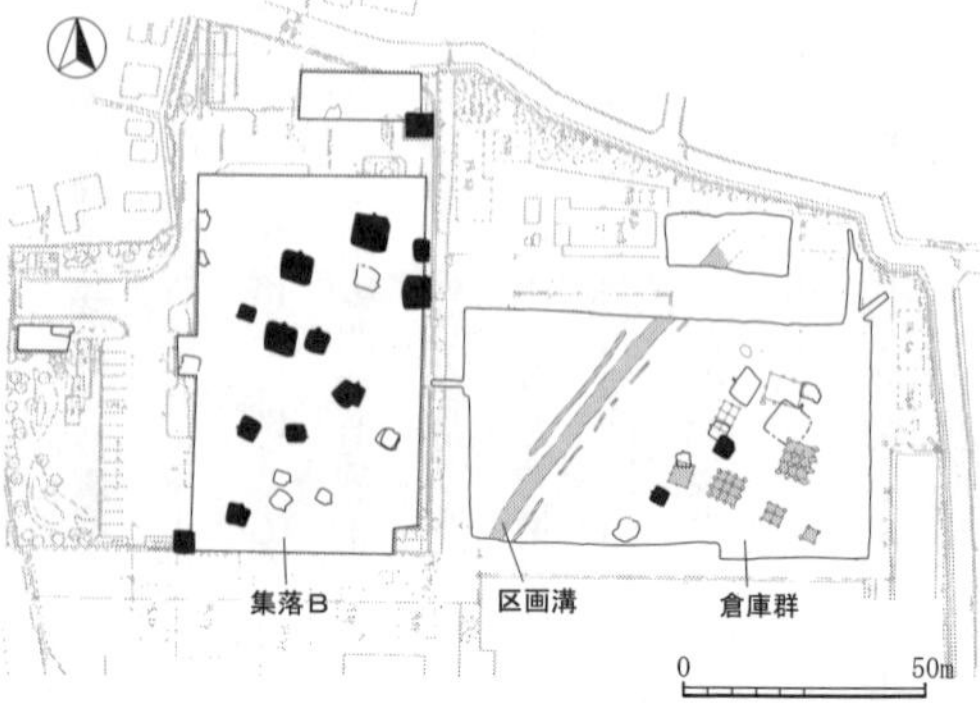

図３―６　オリエント時計工場地内遺跡の集落Ｂと倉庫群
（オリエント時計工場地内遺跡調査団1991・日野市遺跡調査会1993aを合成・加筆）

数集落から出土・報告されている全個体数のおよそ倍にのぼる。また低地部集落においては坏が主体であるのに対し、集落Ｂでは平底盤状坏八六個体のほかに同じ製作技法で生産された盤二個体、蓋形土器一〇個体（鈕のみの二点を除く）、高杯一個体、甕一個体、高台付坏二個体、器種不明一点と種類・量ともに群を抜き卓越している。

この集落の東には、両側に細く浅い側溝を伴う大溝（全長七五メートル、幅三・〇～三・五メートル、深さ五〇～六〇センチメートル）が、南西―北東方向（N―五〇度―E）に延びている［オリエント時計工場地内遺跡調査団一九九一］。溝の覆土中からは平底盤状坏と土師器長胴甕、鉄製鎌片が出土しており、このほかの時期の遺物は出土していない。従ってこの溝状遺構は八世紀前半代に構築→廃絶した区画溝の可能性が高いと考えられる。

この区画溝の南東には、八世紀前半代所産と想定される掘立柱建物群が溝と軸をほぼ併せて規則的に分布している。建物群は三間×三間の総柱建物二棟、二間×二間の総柱建物一棟、二間×三間の側柱建物一棟、一間×一間の側柱建物一棟から構成され、規模と構成からみて正倉群の可能性が考えられる。

以上が集落Ｂとそれに隣接する倉庫群の配置状況であるが、周辺が未調査のため集落域と倉庫群のそれぞれがＬ一面上においてどのように展開していたのかは不明である。またＬ二面の集落分布域との関係についてはこの間の地区の調査事例が少ないという理由もあり、どのような関係性があったのかは不明であるが、さしあたり現時点での分布状況から考えると、集落Ｂは遺跡範囲を越えて西の神明上北遺跡へと広がる可能性が高いと思われる。また、倉庫群は主軸方位からみて区画溝との関係性が高いが、集落Ｂは必ずしも主軸を揃えていないことから、むしろ集落Ｂと同じように当該期に集落の形成が活発化する台地上の神明上遺跡との関係性のなかで捉えるべきであろう。

台地縁辺部（先端部）に立地する神明上遺跡は、弥生時代後期から古墳時代前期まで活発だった集落形成が古墳時代中・後期には希薄になっていたが、八世紀前半代に入って再び活発化する。本遺跡では、台地を整然と刻む東西・南北の区画溝が広い範囲で検出されており、八世紀前半代に計画性のある集落形成がなされたことが想定されている［日野市遺跡調査会一九九五ｃ］。

このように、八世紀前半代に日野台地東縁を中心として集落形成がなされる契機も、やはり眼下の沖積低地開発にあったものと考えられる。低地部を経営拠点として開発するために、台地上に開発主体者層の集落が存在し、その支配の末端機構としてＬ一面先端部に形成されたのが集落Ｂと想定される。

南広間地遺跡の集落Ａと集落Ｂはいずれも、古代律令期における低地開発にかかわる重要な集落であったが、その後の展開は全く異なる。すなわち、集落Ｂはその初期段階の八世紀前半代のうちに役割を終え、集落Ａはその後も低地集落のなかの中心的存在として発展していくのである。

六　古代の耕地開発と木製農耕具

前節では、古代律令期初期の集落が低地開発を目的として発生したと想定し、台地およびＬ一面に形成された拠点的集落と、古代全般を通して連綿と継続したＬ二面上の集落群の様相についてみてきた。本節ではこのＬ二面集落により開発されたと考えられる微高地周辺の窪地内の耕地の事例について具体的にみていく。

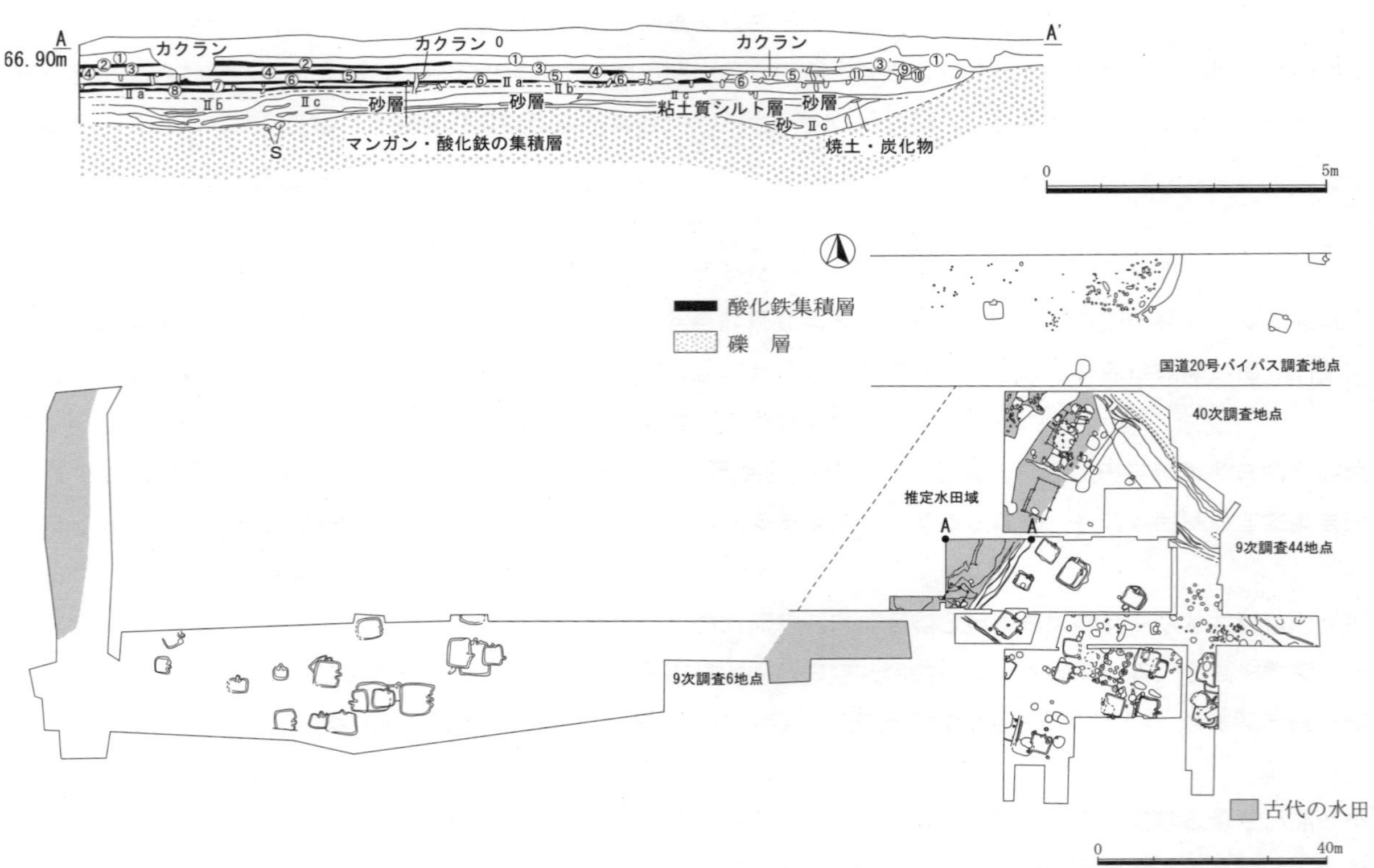

図３―７　南広間地遺跡における乾田の一例（日野市遺跡調査会1995b・1996c・1997b・1998c を一部改変して合成）

（二）旧流路跡の窪地における乾田の構造

旧流路跡の窪地における乾田の事例は、第九次調査四四地点を中心に検討する。これを図３―７に示したが、同図によればこの水田は、周辺の第九次調査六地点［日野市遺跡調査会一九九八ａ］、第四〇次調査地点［日野市遺跡調査会一九九七ｂ］へも広がっていることがわかる。

当地点の古代水田は旧流路内に造られている。すなわち旧流路が洪水で埋まった後の窪地に用水を引き、そこを水田とするのである。基盤土壌は本地区の場合、浅川流域に立地し平山砂層を源とする堆積物によって埋まっているため、砂質の土壌である。したがって水田にしては透水性が高く、鋤床下に酸化鉄が集積し、橙色～褐色の帯となる。

こうした窪地の水田は、洪水が起こるたびに浸水し、土砂が堆積する。土砂が堆積すると水田面の嵩が上がり、徐々に面積を広げることになる。そうするとある時点で、これまでの用水路や畦で対応できない高さまで洪水堆積土が積もれば、それに伴って用水路の位置を変更し、畦を作り直さなければならなくなる。あるいは全く別のルートで用水を引いてこなければならない場合も生じる。

四四地点の場合、図３―７の土層断面図によれば、０層が現代の盛土層で、①・③・⑤・⑦層が水田耕作土、②・④・⑥・⑧層が水田耕作土に伴う酸化鉄集積層である。また四四地点や四〇次調査地点の場合、⑤層水田およびそれに相当する水田が廃絶された後、そして③層水田およびそれに相当する水田が開田されるまで、旧水田域に掘立柱建物（五二四号掘立柱建物址）などの遺構が構築されており、水田として利用されなかった時期があった。このことはこの地域で、連綿と水田耕作が続くとは限らないことを示している。

さて四四地点の水田の時期であるが、前述した③層水田と⑤層水田の間に挟まる掘立柱建物の年代が鍵になる。すなわち、この遺構の覆土をみると黒褐色の土壌で、この土壌は他地点では中世の遺物を包含し、同期の遺構が検出される土層に近似している。とくに四〇次調査地点では、この土壌に掘り込まれていた四七五号溝から一五世紀後葉の瀬戸・美濃産縁釉小皿が出土しており、これがこの土壌からの最新遺物となっている［日野市遺跡調査会一九九七b］。

それゆえ四四地点の場合、水田ではなく居住地や畠地といった土地利用の時期は、一五世紀後葉以前の中世ということになる。従って⑤層水田以下は、おおまかにみて平安時代以前となり、四四地点を含む周辺地点で最も古い居住痕跡が、七世紀末～八世紀第Ｉ四半期であることから（五一九・五二〇号竪穴建物）、この間が⑤層・⑦層水田の時期である。

これらの変遷を模式化したものが図3―8で、ａは流路に水が流れている段階である。ｂは洪水によって流路が埋まり、集落ができ、水田が営まれ始める。このときの用水路は五一七号溝で、時期は七世紀末～八世紀第Ｉ四半期以降である。

またｃは洪水によって最下層の水田が埋まり、嵩上げされた水田が営まれる。用水路は五一八号溝で、平安時代までの時期である。ｄは洪水によって水田と用水路が埋没し、水田耕作が不可能となり掘立柱建物が建つ。時期は、中世初期から一五世紀後葉である。さらにｅ・ｆについては、古代水田の問題からは外れるが若干の考察を加えると、四四地点の場合③層水田は、旧流路跡の範囲を越えていない。いっぽう①層水田は大きく越えており、明治初頭の地籍図に表された水田範囲と同じである。となると少なくとも①層水田は明治初頭までに、一円的な水田になっていた。おそらく近世のある時期に、このような景観が確立していたのであろう。

これを示唆するものとして、先述した四二地点の北西側、安養寺の東側の九次調査六五地点では、畠地の下から墓地が検出されている。そしてこの墓地のなかで最も新しい墓坑の一つである三〇五号墓坑からは「宝永六年」と記された硯が出土している。すなわちこの付近では、少なくとも宝永六年（一七〇九）までは墓地で、耕地ではなかった。

このとき以後、この付近が耕地化されたのだが、こうした墓地を廃絶してまで耕地化するという動きは、直線距離で一二〇メートルと若干離れているが、四四地点でもあてはまる可能性がある。

もちろんまったく時期が重なるという確証はないが、要するに①層水田は一八世紀前葉から現代へと継続し、

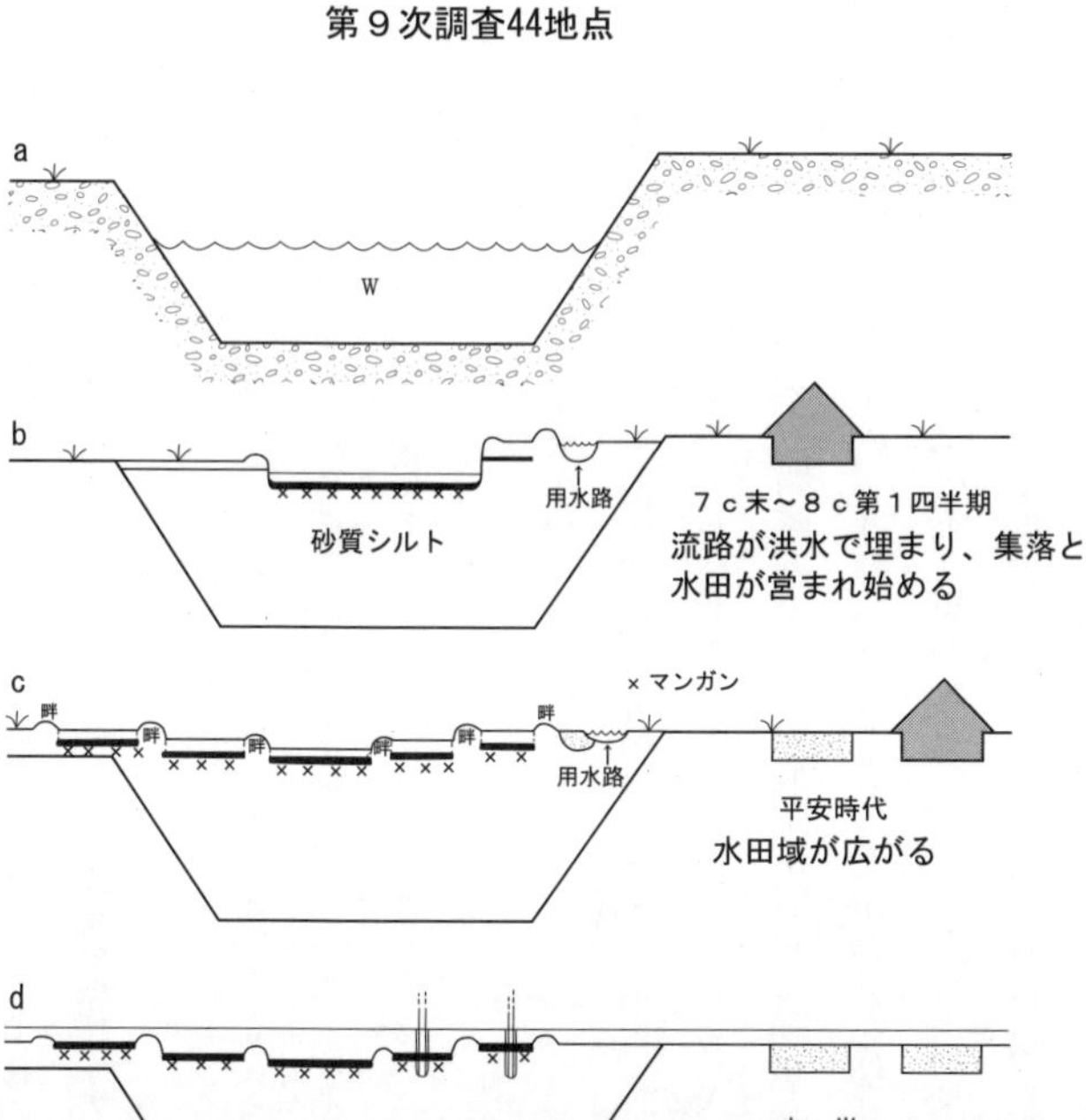

図３―８　南広間地遺跡における土地利用変遷模式図Ｂ

③層水田は、中世の掘立柱建物などの遺構や先述した遺物の状況をみると、一五世紀末から一八世紀前葉まで継続したと考えられる。なお、墓地を廃絶してまで耕地化するという動きに関しては、第一〇章飯泉論文を参照されたい。

以上のように、本地域の人々は、何回かの洪水のたびに水田を広げ耕作を続けてきた。途中何らかの理由で水田が経営できなくなった時期（おそらく中世前葉〜中葉）があったけれども、その後新たな用水の開削によって、より広い面積の水田を獲得し、本地域がほぼ全面水田という景観となったのである。

（二）旧流路跡内出土の木製農耕具

湿田の事例としては、南広間地遺跡第四次調査二地点［日野市遺跡調査会一九九六ａ］および国道二〇号バイパス地点［日野市遺跡調査会一九九五ｂ］で検出された幅一五〜二〇メートル、深さ約二メートルの旧流路跡が挙げられる。もっとも、本流路跡内で湿田の痕跡が明確に確認されたわけではない。しかし流路跡の覆土下層から、八世紀第Ⅱ四半期所産の平底盤状坏とともに湿田経営を傍証する複数の木製農具が出土し（図3—9）、周辺で湿田が営まれていたことは確実と思われる。

出土した木製農具は、手馬鍬の歯(4)・馬鍬の歯(5)・直伸鋤(6)・未成品の田下駄・棒状製品(7)・犂《からすき》（畜力を利用する耕起具）の一部（＝犂轅《りえん》：犂の索引部）であった。このうち田下駄、犂はいうまでもなく湿田農耕具であり、周辺で湿田農耕があったことを裏づける物的証拠といえる。とくに、犂については全国的にも出土例が限られた希少な資料であり、本地域における水田経営の実態を探る上でその資料的価値は高い。

図3—9に、本地点から出土した犂轅を図示し、その下にその使用復元図［河野二〇〇四ａより転載］を掲載した。本地点出土の犂轅は綱を通す穿穴部側が欠損しているが、全長一二一〜一二六センチメートルと推定され

る。供伴する土師器・平底盤状坏は底部に静止糸切り痕を残し、手持ちヘラケズリ調整が施されており、口径一五センチメートル以上を測る大型の坏である。

　河野通明氏の研究によると、本遺跡から出土した犂は「一木犂《いちもくすき》へら長床犂《ちょうしょうすき》」と分類される犂の一部であり、これまでの国内での出土例は本遺跡出土のものを含めて九遺跡一一例(8)あるという。このうち六遺跡八例が七世紀代の所産、八世紀代のものは本地点を含め三例であり、関西地方から関東・信州と広域に分布していることを理由として、これが一つの定型として存在していたと想定する。また、時期的には七世紀（後半）を中心に日本各地にみられ、その背景として「大化改新政府」によって全国の評督《こおりのかみ》に流したものであると推測している。

　木製の農具類が出土した旧流路は、覆土下層が洪水堆積土と考えられる黒褐色の有機質粘土層、上層が砂を含む灰色粘土層を主体としており、木製農具は覆土下層から比較的まとまって出土した。このような状況から、八世紀中葉に相当規模の洪水が発生して旧流路跡が埋没したことが想定され、開発初期に周辺で営まれていた湿田は、洪水によって廃絶した可能性が考えられる。

　このほかに本地点から南西へ約一五〇メートルに位置する第一五次調査［日野市遺跡調査会一九九三b］の結果からも、当該期の湿田経営と洪水に関するデータが得られている。当地点では旧流路跡の窪地内に数枚の水田耕作土層が確認され、それとともに数条の用排水路が検出されているが、旧流路跡覆土の土層堆積状況と用排水路の変遷、出土遺物の検討から、奈良時代前半の段階では湿田が営まれ、その後「平安時代を中心に」乾田へ変化したという変遷が明らかにされた。

　以上の事例から、奈良時代前半においては用排水路を整備した乾田と、湿田の両方が営まれたことが想定される。第四次調査二地点では第一五次調査地点の事例と同様に、盤状坏や木製農具とともに洪水堆積土で埋まった旧流路跡の上層で乾田が営まれた痕跡（酸化鉄集積層）が認められている。この乾田は水田耕作土層中の出土遺

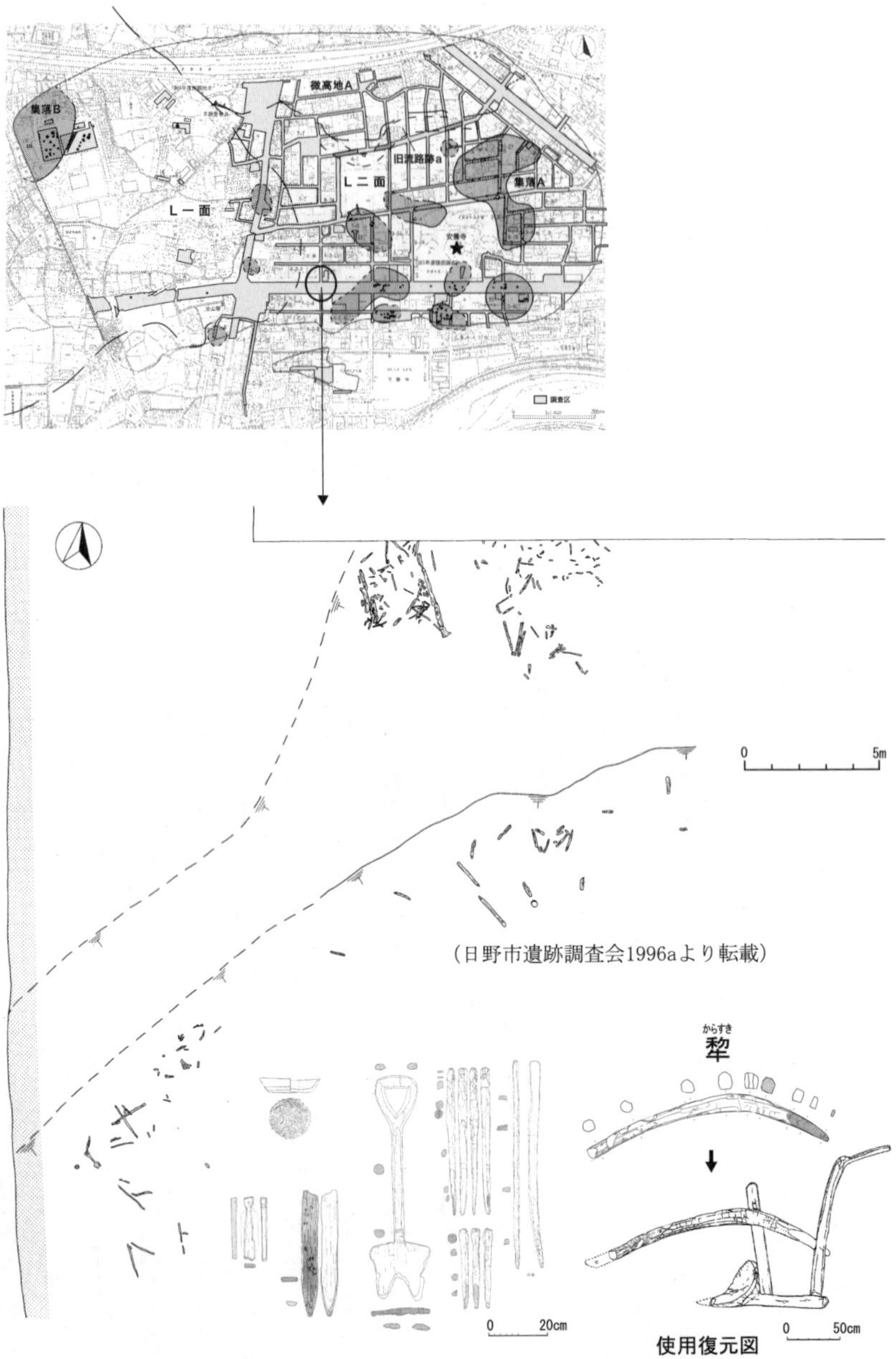

（日野市遺跡調査会1996aより転載）

（河野2004aより転載）

図３—９　旧流路跡と出土遺物

物が九世紀後半以降の土器を主体にしていることから、湿田が八世紀中葉以前に廃絶した後、ある程度の時間を経てからの開田ということになろう。開発初期と比較して、九世紀後半には窪地内の埋積と用排水路の整備が進み、水田経営は乾田主体となっていたものと思われる。

七　おわりに

南広間地遺跡の成果から、沖積低地における古代律令期の集落形成と耕地開発の様相を概観した。まず集落の様相については、七世紀中葉前後の洪水によって低地部に安定的な集落域を形成する条件が整った七世紀末より、複数の集落が低地部の微高地上に形成されている状況を明らかにした。これは低地の本格的な開発に伴う計画村落の一例と看做される。

集落の形成は、開発初期の段階で日野台地東縁および崖下のL一面を中心に拠点的な集落の形成がなされたが、なかでも南広間地遺跡北西部に位置する集落Bは、L一面先端部を占地し、八世紀前半代において拠点的集落として機能したものと想定した。いっぽう集落Bとほぼ同時に低地部L二面には複数の集落が形成されるが、そのなかでも集落Aが中心的な存在として発展し古代末まで継続していることを指摘した。

集落Bは、中央と直接的なかかわりを持った集団によって古代律令期の開発初期段階に形成された集落であり、初期の目的を達成した段階で廃絶しているが、集落Aは中心的集落として存在し続ける。集落Aは、占有する領域の規模や建物の分布状況からみて落川・一の宮遺跡「落川一面」集落とほぼ同等規模のものと考えられるが、両者には大きな相違点がある。すなわち落川の集落が古墳時代後期からの伝統的な集落として発展し、八世紀前半まで在地有力者を中心に経営された集落〔平島・黒尾・渋江一九九八〕であるのに対して、南広間地遺跡の集落Aは古墳時代までの集落とは直接の系譜上になく、開発初期の中心機構であった集落Bの下に形成されたいわば新興集落と考えられる点である。遺跡西方の日野台地南斜面（神明上遺跡）に分布する、古墳時代末期から八世紀前葉の横穴墓群は、南広間地の低地開発にもおおいにかかわった開発主体者らの墓ではないだろうか。

八世紀後半以降、低地部の集落と同等規模のものに変化する集落Bの動向と連動する変化が、同じL一面に位置する№16遺跡に現れる［東京都埋蔵文化財センター二〇〇七a・b］。日野台地南面崖下に位置する№16遺跡の調査で検出された集落は、硯・木簡・斎串等を含む多量の木製品の出土から、公的施設が所在していた可能性が指摘されている。南広間地遺跡の集落Bに変わる拠点的集落として、あるいはこうした集落がかかわっていた可能性が考えられ、八世紀中葉を境に開発主体や開発のありように何らかの変化があったことが想定される。

水田開発については、開発初期の段階＝八世紀前半代に乾田と湿田の両方が営まれている。そしてこの開発には、L二面上の集落形成に計画性がみられる点や特殊な木製農具が導入されていることなどから、中央主導の計画的な開発事業であった可能性が高い。八世紀中葉前後に相当規模の洪水が起こり、その影響で廃絶した耕地もあるが、用排水路の復旧や新たな開削を繰り返しながら水田経営が続けられている。

畑作については明確な遺構は検出されていないが、第四四地点五三一号住居（一〇世紀代）のカマド内の土壌分析からイネ・アワ・オオムギ・コムギの植物遺存体が検出されていることから、コメ以外に多種の畑作作物が生産され、平安時代後期には集落内でこうした多様の雑穀食生活の広がりがあったことが窺われる。また集落内からは鉄製農工具（鎌・手鎌・斧）、紡錘車・鉄錘といった生産にかかわる道具が出土しており、農作物の生産のほかに麻や絹の栽培と生産、投網を使った漁撈など、この地域の自然環境を生かしたさまざまな生産活動が行われている。

一〇世紀末から一一世紀代の集落の様相はどの集落域においても不明瞭となるが、集落Aではヘッツイを有する建物が複数認められ、中世初頭の集落が本微高地を中心に存在した可能性がある。奈良時代からの水田が一〇世紀第Ⅲ四半期の洪水によって廃絶した後に復旧される第七次調査R地点の成果［日野市遺跡調査会一九九〇］が示すように、平安時代後期以降も洪水の被害と復旧の歴史を繰り返しながら水田経営が継続して進められ、やがて中世武士団を支える重要な経済的基盤へと発展していくものと思われる。

（1）第四次調査一地点［日野市遺跡調査会一九八八］、第九次調査二七地点［日野市遺跡調査会一九九七a］、第七次調査F地点、第七次調査M地点、第七次調査U地点、第九次調査一二地点、第九次調査二〇地点、第九次調査二六地点、第九次調査二八地点、第九次調査三一地点、第九次調査四三地点［南広間地遺跡整理調査団二〇〇七］。

（2）第七次調査S地点・第九次調査三地点［以上、日野市遺跡調査会一九八九］、第七次調査A地点［日野市遺跡調査会一九九九a］、第七次調査V地点［日野市遺跡調査会一九九四a］、第九次調査二七地点［日野市遺跡調査会一九九七b］、第九次調査三〇地点［日野市遺跡調査会一九九六b］、第七次調査D地点、第七次調査G地点、第七次調査N地点、第七次調査三七地点［以上、南広間地遺跡整理調査団二〇〇七］、一三次調査地点である。第一三次調査に関しては正式な発掘調査報告がなされていないが、『南広間地遺跡九』で古代の竪穴建物の分布状況図中に示されている［日野市遺跡調査会一九九七b］。

（3）落川・一の宮遺跡では、都営住宅地区、都道地区、区画整理地区で古墳時代、奈良・平安時代、中世の竪穴建物が多数検出されている。集落の立地は、増渕和夫の研究によれば、浅川によって形成された自然堤防と落川一面にある。このうち、都営住宅地区および区画整理地区はほぼ落川一面に、都道地区は自然堤防上に立地し、いずれも多数の遺構・遺物が検出されている。

（4）推定全長一二六センチメートル。畜力具ではなく人が把手をもって使用した農具。

（5）全長四九センチメートル。根元の断面は四角形を呈し、先端部にむかって刃状に平たく細くなる。根元付近に径一センチメートルのほぞ孔が穿たれている。この孔はおそらく、台木にはめ込んで貫通した歯の根元同士を、この孔に横木を通すことによって外れないように固定するためのものと推定される。なお刃先から七センチメートルほどまで顕著な使用痕が認められる。『南広間地遺跡六』で復元想定図が提示されている〔日野市遺跡調査会一九九六ａ〕。

（６）全長七五センチメートル、全体の形状はスコップ状を呈し、刃先は二股に作出されている。鋤身は両側面とも内側に湾曲しており、鉄製の刃先が装着されていた可能性が考えられている。

（７）用途は断定できないが、部分的に丁寧な加工がみられ、馬鍬や犂などの牽引具の可能性が考えられている。

（８）兵庫県三遺跡四例、香川県一遺跡二例、広島県一遺跡一例、滋賀県二遺跡二例、長野県一遺跡一例、東京都一遺跡一例である。

（執筆分担：第一節～第三節・第五節・第六節（二）、第七節～第九節　有村由美／第四節・第六節（一）梶原　勝）

第二部

総　論　中世〜近世の通史的展望

原田信男

一　古代から中世へ

古代から中世への移行については、さまざまな議論があるが、基本的には古代律令国家の公的な収取システムが崩壊し、いわゆる荘園公領制が成立をみた時代以降を中世と考えることが、ほぼ定説となっている。これに政治的に対応する形で、天皇や貴族などの公家を中心とした中世王朝国家体制なる政治概念が提起されている。ただ、その基盤となる私的所有地である荘園においても、公的な国衙領である公領においても、その在地で実質的な支配を行っていたのが武士たちであった、という点が中世を考える際に最も重要であろう。

もともと不足しがちな口分田を補うために、百万町歩開墾計画や三世一身法・墾田永世私財法など、全国的な規模での水田開発が国家によって奨励された。その結果、新たな耕地のみならず、やがては公領さえも寄進などの形で、荘園という私的土地所有に吸収されるところとなった。この場合、実際の開発に携わったのは在地の武士団で、彼らこそが中世という時代の牽引力となった。

畿内近国では、公家や社寺家が多くの荘園を擁していたが、その規模はさほど広大なものではなかった。しかし遠国では郡規模で荘園化されるケースも少なくなかった。例えば東国でも、平安末期の常陸国には、真壁・筑波・新治・茨城各郡におよぶ広大な村田荘が成立し、また真壁郡北半分の地が真壁荘となり、筑波郡では古代末期に北条と南条とに分かれて、のちに後者が方穂荘となった。下総国でも葛飾郡の北部が下河辺荘、南部が葛西御厨となるほか、武蔵国でも埼玉郡の東半分が太田荘となっている。いずれにしても平安末期には、東国の各地に郡に近いレベルの荘園が成立をみた。

こうした荘園が成立する背景には、古代に膨大な未開地が存在しており、そこに武士たちが進出して耕地を切り開き、集落を営んだという事情がある。『倭名類聚抄』二〇巻本には、武蔵国多摩郡のうちに、小川・川口・小楊・小野・新田・小嶋・海田・石津・狛江・勢多の一〇郷がみえる。同書は八世紀末ごろの状況を示すものと考えられるが、同郡は八王子市から東京都世田谷区の一部を含むもので、実に広大な面積を有している。これは都筑郡七郷（横浜市・川崎市）・久良木郡八郷（横浜市）・橘樹郡五郷（川崎市・横浜市）・荏原郡九郷（東京都千代田・港・大田・品川・目黒・世田谷区）などと比較すれば明らかなように、広域なわりには郷数が少ないことになる。

これは人口密度がきわめて低かったことを意味するもので、村々の数が少なかったという事情が窺われる。その理由は、武蔵野台地や多摩丘陵の山間部という地形条件に起因するもので、代わりに多摩郡にはいくつかの牧が置かれていた。『延喜式』によれば、武蔵国には左馬寮に勅旨牧の石川・小川・由比・立野、部省に官牧の桧前などの馬牧が、『政事要略』年中行事に収められた太政官符にも勅旨牧として小野・秩父の二牧がみえる。

このうち多摩地域には、八王子市内に比定される由比牧、あきる野市南東部と思われる小川牧、多摩市および八王子市の一部にかかる小野牧の三牧があったと推定されている。さらに石川牧も八王子市石川とする説と、横浜市港北区石川とする説があるが、その比定については後に詳しく検討したい。ただ、これらはいずれも丘陵部の開析谷一帯に立地したものと考えられる。

また牧の立地には、下総国長洲牧のように、三方を河川や湖水などで囲まれた舌状の低台地に設定する場合もある。このほか牧の立地には、いくつかのパターンがあり、多摩地域のように谷底の扇状地や小盆地など周囲が立ち上がる地形も望ましく、いずれも要所要所に柵列を打ち込み、馬などの逃げ場を閉ざす点に特徴がある。しかも、そこには河川などによる水の供給が重要で、このことは名馬が水辺に誕生するという各地の伝説が裏づけている。もちろん牧内部は、人工の手がほとんど加わらない草原の未開地でなければならない。しかも、こうした牧を管理していたのは、在地で勢力を延ばしつつあった武士たちであった。

とくに当地域には、横山・西・猪俣・児玉など武蔵七党と呼ばれ、武蔵守・武蔵介などの系譜を引くと称して同族結合を遂げた武士団があった。これらの党は、さまざまな集団から構成されるが、その小集団の長は、それぞれの所領を基盤に独立的な性格を有していた。しかし、こうした党結合のありかたは、これらの地域に中武士団や大武士団のような強力な首長が出現をみず、個別分散的な権力状況にあったことを物語っている。これは当地域における開発の問題を考えるうえでも、非常に重要な意味をもつだろう。

これらの党のうちでも、小野牧には横山党小野氏の勢力が根を下ろし、由比牧には西党日奉氏が強い影響力を有していた。彼らは別当など牧の管理者として活躍し、馬を育てて巧みに使いこなすとともに、周囲の丘陵部・山地部の森林を燃料として製鉄の技術を手中に収めた。すなわち馬と鉄という武力に必要な技術を擁して、武士団としての成長を遂げ、やがては小野氏や日奉氏などのような在地領主となっていった。

しかも律令国家の衰退に応じて、かつて国家の軍事力の供給をになった官牧は、勅使牧のような公牧もしくは神社などの私牧へと変化し、国家的な負担が減ずるところとなった。これらの牧の管理者で在地領主となった武士たちは、そうした過程で私的な開発田を開墾し始めたため、牧の内部にいくつかの村落が出現するようになる。こうして牧の私有化が進んだ九～一〇世紀頃には、開発田は寄進されて荘田などとなり、荘園として生まれ変わることになった。

これは先に述べたように、平安末期の東国に広大な荘園が登場することと対応するもので、同様な牧の事例としては下総国が該当し、長洲牧に幸島荘が、葛原牧に香取神宮領の荘園が成立したことに近似する。とくに武蔵国西部寄りの山地・丘陵部では、牧などの荘園化が進行した。武蔵国多摩郡の小山田荘は、現在の町田市一帯に位置し、山間・丘陵地に立地するが、ここもかつては官牧であった可能性が高く、同荘の開発領主であった小山田氏は秩父党の流れを汲むものとされている。

二　中世船木田荘の村々

また当地域では、由比牧・小野牧などを中心とし、その周辺の山地部を含めた広大な地域が摂関家領の船木田荘となった。そして、この立荘には、武蔵国府の在庁官人であった小野氏の系譜を引く横山党の横山氏が関係していた。こうした西武蔵の武士団の長が、当地域の開発を主導し、軍事力を背景に政治的にも活躍して、牧の荘園化にも深く関与していたのである。

なお、船木田荘を成立させた牧のうち、先にも述べたように、武蔵国石川牧については問題が残る。この比定地が八王子市であれば、谷地川沿いの石川村を中心とした一帯となる。これは地形的条件や当時の土地利用状況からは、その可能性も考えられるが、石川の地名自体が新しく、この比定は困難とせざるをえない。しかし石川村一帯は、本書のうちで、最も主要な分析対象地となる宇津木台地区にあたるとともに、もう一つの調査地である南広間地地区が多西郡の公領・土淵郷にあたるため、ここでは船木田荘と公領との関係についてみておきたい。

まず船木田荘について、詳しくは第五章原田論文によられたいが、すでに一二世紀中葉には立荘された荘園で、古代における牧の衰退とともに、その一部に武士たちが耕地を開発し、集落を形成していった部分を集めて、京都の権門勢家に寄進したものであった。すでに一二世紀に本荘と新荘に別れていたが、いずれも鎌倉期には地頭請所となっている。もともと西武蔵の武士団が開発した村々を、摂関家に寄進することで荘園化に成功したのであるから、当地域の在地領主層に支配が委ねられていったのは、当然の成り行きでもあった。

この船木田荘の荘域について原田論文は、中世文書に登場する地名と近世の郷荘名などから、その推定を行っている。その結果、同荘の範域は、八王子市の川口川・谷地川・南浅川・浅川中流に沿った山間・丘陵の小平地部と、日野市（一部八王子市を含む）の浅川下流域および浅川南部の丘陵・台地部および低地部を中心とした地域であったと考えられる。基本的には、大河川沿いの沖積地ではなく、かつて牧であった山間部、あるいは台地部の中小河川周辺の小平地に、小規模な水田を築いた村々を主体とするものであった。

ちなみに船木田荘の呼称は、荘園領主側の文書や記録類に登場するもので、在地では横山荘と呼ばれていた。序章の久保論文が指摘するように、定高性のある多摩丘陵部が浸食されて同様の山々が並ぶことから、多摩の横山という地形的特色が強調されたものであった。すなわち船木田荘は京都の荘園領主側から、横山荘は現地の在地領主側からの命名で、両者は同一の実態を有するものであったと考えられている［峰岸一九九四］。このことを裏づけるように、『新編武蔵国風土記稿』には横山荘という郷荘名は登場するが、船木田荘については、郷荘としての記述は一切みあたらない。

いずれにしても、船木田荘の村々は、平安時代末期ごろに、当地域に根ざした武士団が中心となって、小規模な水田開発を積み重ねてきたものといえよう。もともと船木田荘は、船木を供給する荘園の意で、荘園領主側からすれば、山間部の林業の供給を大きな目的の一つとしていたと思われる。船木田荘の範域には、小比企郷（＝木挽）や木切沢村といった地名がみられるが、生業のうちでも用材の切り出しが重要な意味を持っていた。

この地における林業については、その後も重要な生業として持続されたが、研究史的に注目されることはなかった。しかし本書では、中世~近世においても大きな意義をもったと考えており、第一一章の山本論文において、材木の供給および焼畑という視点から、改めてこれを検討する。なお文和三年(一三五四)一〇月二一日の船木田荘年貢代物送進状(東福寺文書/『日野市史史料集 古代・中世編』一〇五)では、一〇貫文を絹と小袖で東福寺に支払っているところから、山々には桑も植えられ、養蚕が盛んで絹織物が生産されていたことにも注目しておきたい。ちなみに四国の土佐椿山など焼畑地における聞き取り調査では、桑を植えた地は、ほとんどがかつて焼畑が営まれた地とされている。

なお船木田荘新荘のうち青木村については、「宇津木郷内青木村分」とも記されるほか、『新編武蔵国風土記稿』の多摩郡宇津木村の項に、「高札場小名中村・青木村ノ二ヶ所ニアリ」とみえ、小名青木の説明に「東ノ方石川村ノ界ナリ」とある。ここにはかつて青木氏が住し、地内の休全寺を青木山と号したほか、姫宮八幡宮には青木氏にかかわる伝承があったという。さらに同書によれば、村社である埼玉権現神社には、応永二年(一三九五)の銘を有する鰐口や、文和二年(一三五三)一一月二一日の年紀を刻んだ古碑があった旨が記されている。

三　船木田荘と区画溝

この船木田荘の谷地川東端の丘陵部を中心とした部分については、宇津木台地区で長年にわたる発掘調査の成果が蓄積されている。この地域の中世に関して、詳しくは第四章の梶原論文を参照されたいが、次のような点が指摘されている。この丘陵地の縁辺部では、平安中期に大溝と竪穴建物が検出されており、おそらく丘陵部谷戸の湧水を利用した土地開発が試みられたが、その遺跡状況から計画途中で放棄されたことが知られる。

すなわち古代末期に、大規模な開発計画は中絶したが、やがて中世に入ると、そこに一定のまとまりをもった村落が成立をみた。この遺跡からは、一二世紀中葉から一五世紀前半の遺跡・遺物が出土し、掘立柱建物のほか土坑墓・火葬墓の存在が確認されている。つまり基本的に丘陵縁辺部においては、古代の開発は不十分なままであったが、中世に入って本格的に開発が進んだことが窺われる。

そして村落の周囲には、八〜一〇町規模の地域を内包する形で境堀がめぐらされている。その廃絶時期が一五世紀前半であることが分かるが、開削年代については、堀内における一二世紀中期の遺物も一部出土することから、詳細は不明とせざるをえない。しかし第四章の梶原論文では、遺物の全体概要や、同様に集落の外延に境堀を描いた「建武元年正統庵領鶴見寺尾郷図」や「薩摩国伊作荘日置北郷下地中分絵図」が一四世紀の所産であるところから、宇津木台遺跡の境堀の成立を、ほぼ一四世紀のことと推定している。

なお、こうした境堀に性格については、近年になって各地で確認されており、これを区画溝だとし、中世村落の領域を明示するためのもので、かなり広く存在したとする見解がある〔渋江一九九二〕。こうした溝は文献史料にも登場するところで、かつて原田は、元亨元年（一三二一）八月の山川暁尊寄進状案（『金沢文庫古文書』五三一〇）から、下総国金沢称名寺領であった毛呂郷では、寄進地の四至堺に、郷内の領域を明示するための区画溝を、寄進の時点で掘っていることを指摘した〔原田一九九九〕。

こうした区画溝を掘るという作業は当地域でも行われており、元徳二年（一三三〇）一二月二一日の周防守貞世相博状写（立川文書一〇／『立川文書』）で、立河郷内の弥五郎入道作分と次郎太郎入道作分の田地の相博が行われた際に、双方の四至を確定明示するために、「限東彦太郎分於溝江切付」などとみえ、相博状作成の段階で新たに、それぞれの耕地に溝を切り付けるという手続きが踏まれているという点に注目しなければならない。毛呂郷や立河郷でも、土地所有権の変更を伴う寄進や相博に際して、四至明示のために区画溝を掘るという行為が一般的であったことが重要だろう。

ところが近年、こうした村落レベルの区画溝を、屋敷・居館という観点から重視する見解が、橋口定志氏によって提示された［橋口二〇〇五］。すでに橋口は、土塁＋堀を有する方形館の出現を、中世後期以降とする卓見を示して、中世史研究者から大きな注目を集めたが［橋口一九九〇］、先の橋口論文では、第四章で梶原論文が分析する宇津木台遺跡や、ここでのちに触れる館町遺跡についても論及し、これを方形館以前の屋敷・居館をめぐる溝と位置づけて、従来の自説を補強している。

しかし、神奈川県綾瀬市の宮久保遺跡と埼玉県神川町の阿保遺跡の溝と、宇津木台・館町両遺跡の区画溝とを同列に論じているところに、大きな問題がある。すなわち宇津木台および館町遺跡が、在地領主館だと断定する根拠はどこにもなく、これを「中世の屋敷・居館の姿」とすることには問題が多く、むしろ両遺跡は郷村の境界を示すものと考えるべきだろう。さらに両遺跡の形成年代を、そのまま溝の成立年代と合わせるような議論にも首を傾げざるをえない。梶原論文が推定したように、宇津木台遺跡の形成と溝の成立には時代的なズレがあり、区画溝の成立を一二世紀に引き上げることには無理があろう。

こうした区画溝が掘られる時期は、文献史料からも考古資料からも一三世紀後期から一四世紀にかけてのこととしなければならない。すなわち区画溝の成立は、在地領主などによる山野などの開発の進行、および領家・地頭間の所有をめぐる争いの頻発と関係する。いわゆる下地中分などの荘園侵略や武士間の争いから、領有する村々の境界を明確にする必要があったためで、在地領主居館の溝とは別個のものとしなければならない。

それゆえ先の下総毛呂郷や武蔵立河郷などの売券や相博状など、土地の権利を明確化する必要のある文書類に溝を切るという表現が登場し、郷図や下地中分図などの相論絵図にも境堀が描かれることになったのである。先の橋口論文には、確かに考古遺跡の分析はあるが、文献史料上に登場する溝を新たに掘る事例については検討が加えられていない。こうした境界を明示するための区画溝を、屋敷・居館の区画という観点からだけ捉えるとすれば、下総国毛呂郷や武蔵国立河郷の事例を説明することはできないだろう。

さらに、これに関する地域内の事例としては、先に触れた八王子市の小比企丘陵北部に位置する館町遺跡でも確認されている。原田は、同遺跡西部の殿入川沿い右岸の傾斜面から、ほぼ同様な中世のものと思われる堀の一部が検出されたため、同河川対岸の延長線上の地点を試掘した経験がある（文部省科学研究費一九九二年度助成一般研究C萌芽的研究：課題番号〇四八〇一〇四〇原田受託）。

この発掘によって、積石遺構の内部から一二世紀後半から一三世紀初頭のものと推定される銅製経筒が発見されたが［館町龍見寺地区試掘調査団一九九七］、殿入川対岸における区画溝を検出することはできなかった。この経験から、こうした区画溝は、河川や道が存在する場合には、これが溝と同様の役割を果たすため大地部には、コあるいは逆コの字型に掘られて、河川もしくは道と組み合わせる形で、長方形型の結界をなすことを想定したが、その段階ではあえて、それを強調するには至らなかった。

その後、奥州平泉中尊寺の経堂別当領骨寺村の場合や、その他の事例を改めて検討してみると、この想定はほぼ間違いないものと思われる。ちなみに宇津木台遺跡の溝については、その南限を谷地川が果たしたことになる。いずれにしても、こうした区画溝の存在は、寄進あるは相続などによる私的所有の変更に伴うもので、在地領主などによる一円所領の境界を明示するためであり、このことは船木田荘における荘園支配の後退を象徴的に物語るものでもあったと考えられる。

四　荘園支配の後退と多西郡の公領

ところで宇津木郷内に住した青木氏の性格については、おそらく青木村に居を構えた土豪と思われ、中世武士団の底辺部を支えた存在、あるいはそこから分出した一族と考えて良いだろう。そして神社の鰐口や古碑などを寄進もしくは建立した人々であった。さらには、そうした土豪たちを統括した武士勢力によって、船木田荘は侵略され荘園としての実質を失っていった。

至徳二年（一三八五）一二月二五日の船木田荘算用状（東福寺文書／『日野市史史料集　古代・中世編』一〇七）によれば、船木田荘の年貢は、新荘分三四貫三五〇文、本荘分二〇貫文で、計五四貫三五〇文となっているが、このうち東福寺への寺納分は一五貫六〇〇文のみで、ここから人夫賃が二貫六〇〇文差し引かれている。また貞治二年（一三六三）一二月一九日の船木田荘算用状（東福寺文書／同前一〇六）によれば、延文六年（一三六一）には、一三貫文の年貢のうち東福寺へは三貫三〇〇文が送られただけで、その他の大部分は船木田荘現地での諸費用にあてられている。

同文書によれば、さらに貞治元年（一三六二）では、京進分がゼロという事態に陥っている。その後、貞治二年には「始知行分」として青木村などを新たに加えて三八貫七〇〇文の年貢が課せられている。ただ、このうち二〇貫文は年貢収納に実力を発揮した守護への納入が決められており、東福寺に送られたのは四貫文に過ぎなかった。いずれにしても一四世紀中期には荘園支配の呈をなさず、守護勢力や中小の在地土豪によって、本来の年貢分の大部分が収奪されていたことになる。

その後、応永二六年（一四一九）三月六日の関東管領上杉憲実奉行人連署奉書（東福寺文書／同前一一二）では、平山三河入道による船木田荘の年貢未進に対し、東福寺雑掌が関東管領に訴え、年貢を納入するよう決定が下されている。しかし全く同様の奉書（前田家所蔵文書／同前一一三）が応永三四年（一四二七）五月一三日にも発給されており、こうした命令に実質的な効力はなく、年貢未進が続いていたことが窺われる。

先にも述べたように年貢の大部分は、武蔵守護で関東管領であった山内上杉氏や守護代大石氏に提供されることになっていた。これに加えて、先の奉書から、残りの部分についても、梶原氏とともに南一揆の有力者であった在地土豪の平山氏によって略奪されていたことが明らかで、東福寺による船木田荘支配は、この時期に終焉を迎えたと判断される。なお延徳二年（一四九〇）九月三日の東福寺領諸荘園目録（東福寺文書／同前一一六）には、「武蔵国船木田庄」とみえるが、これはかつての権利関係を書き留めたに過ぎないと考えてよいだろう。

いうまでもなく荘園は、公領の一部が私有地化したものであるが、先にも述べたように国衙領も時代的に並行して存在していた。とくに当地域には、府中市に武蔵国府が置かれていたことから、その周辺には国衙領の郷村が数多く設定された。もともと郡内の私有地つまり荘園は行政的に国衙支配から離れるが、国衙領の郷については所属郡が重要な意味をもつことになる。

平安末期には関東各地で、それぞれの郡内に広大な領域をもつ荘園が誕生したことから、取り残された国衙領を再編する必要に迫られた。武蔵国多摩郡でも、船木田荘などの成立に伴って郡の分割が進み、多摩川などを境に、東北部の多東郡と西南部の多西郡とに分けられた。中世における多摩川の流路は、現在とはやや異なるが、いずれにしても、これによって多摩川の南に位置する当地域は多西郡に属することとなり、国府は多摩川北岸の多東郡に位置して、その周辺に谷保郷・立河郷などが置かれていた。

さらに多摩川南岸の多西郡多摩川・浅川流域には、公領としての得恒郷・土淵郷・吉富郷などがあった。このうち得恒郷は浅川南岸に位置し、日野市高幡を中心として南平・三沢を加えた地域で、その地頭を務めた高幡高麗氏が勢力を有していた。なお郷内には、平安初期に円仁が開いたとされ、通称高幡不動の名で知られる金剛寺がある。

また吉富郷は、多摩川に大栗川が合流する一帯の低地部を中心とする地域で、多摩市と日野市にまたがり、連光寺・関戸・一の宮・寺方・百草などを含む。この低地部には、これまでにも何度か触れてきた落川・一の宮遺跡があり、古代から中世にかけての考古学的知見が得られる。さらに郷内には、平安以来祈祷の霊場として知られた真慈悲寺があったことが判明している［日野ふるさと博物館一九九三・峰岸二〇〇六］。

なお土淵郷は、多摩川南岸と浅川北岸沿いの低地部で、日野市の日野本郷をはじめ上田・下田・万願寺・新井・石田・宮などを中心とした地域にあたる。これらの大部分が、本書で主要な分析対象地の一つである南広間地遺跡に重なる。この地は、武蔵七党の一つである西党つまり古代以来の豪族であった日奉氏が本拠とした地域で、日野本郷はかつての土淵本郷であったとされる。その後、日奉氏が没落すると、『高幡不動胎内文書』の中心人物である山内経之が入部し、当郷を支配した。

これら土淵郷をはじめとする三郷は、広大な領域を擁する船木田荘の東端に接するが、武蔵国府周辺の公領として、きわめて重要な位置を占めていた。詳しくは第五章の原田論文によられたいが、船木田荘とこれらの多西郡三郷を比較してみると、荘園と公領の違いには歴然としたものがある。第一部総論でみたように、中世の土淵郷と重なる南広間地遺跡での多摩川沖積低地への進出は、古代律令国家の成立に対応する七~八世紀のことであり、必ずしも安定的ではなかったが、かなり早い時期から耕地と集落の形成がみられた点には注目しておく必要があろう。

これは恒久郷・吉富郷が立地する浅川下流低地に広がる落川・一の宮遺跡でも、全く同様な開発状況にあり、古代律令国家の下で、大河川流域の低地部において水田開発が著しく進展し、それぞれの在地勢力によって、全国的に膨大な公領が形成されたことを物語っている。これに対して平安末期に成立をみた船木田荘では、もともと牧であった地のうち、山間部や中小河川沿岸などの一部の小平地を切り開いて、本荘および新荘の荘園化を進めてきた。時代的にみても荘園よりも公領の方が早く、かつ規模的にみても荘園とは較べものにならないスケールで、公領における水田開発が行われてきたことになる。

これらの問題を踏まえた上で原田論文は、そうした開発状況を船木田荘と多西郡三郷との立地状況を比較するとともに、近世に伝えられた郷荘名や領名を素材に、両者の荘域と郷域を推定する。これらの村々の一覧をもとに、近世初頭の田畠別の耕地状況を較べてみると、船木田荘では圧倒的に畠地が多く、水田が想像以上に少なかった反面、多西郡三郷では水田がはるかに畠地を上回っていたことを同論文は指摘している。

これまでの中世史研究は、社会経済史としては比較的豊富に史料が残る荘園史が主流を占めてきたため、公領の社会経済的な実態に関する研究はかなり立ち後れてきた。それゆえ、われわれは荘園の実態から中世社会を理解するという傾向に、無意識のうちに陥ってきた点に注意すべきだろう。それは文献史学にとってほとんど宿命的な構図であったが、近年の考古学による発掘調査は、荘園・公領を問わずに進められるため、文献的な欠落を補うものとして、きわめて貴重な情報を提供してくれる。

こうした視点に立って、荘園と公領との関係を見直してみると、少なくとも畿内を除いて、郡規模で荘園化が進んだような地方にあっては、荘園よりも公領の方の開発が、時代的にもいち早く進行していたことは注目に値しよう。また内実的にも、古代律令国家の水田を中心とした価値観からすれば、大河川流域低地部の水田化が重要な課題で、その解決が公領部分における水田開発として結実したのだといえよう。もちろん、こうした開発には在地の武士団が大きく関与し、そのうち有力なものが在庁官人として地方行政を担当すると同時に、一部は荘官としての任に就いてもいたのである。

五　中世の開発

中世の開発にかかわる土木工事の規模については、古代律令国家や近世幕藩国家の場合とかなり様相を異にしている点に注目すべきである。なお、以下のいくつかの河川改修などに関しては、すでに拙著『中世村落の景観と生活』において論及したことがあるので〔原田一九九九〕、詳しくは同書を参照されたい。ただ、ここでは関東平野西部の問題を考える上で、最小限必要と思われる問題と事例についてのみ再論しておきたい。

まず古代では『続日本紀』神護景雲二年（七六八）八月一九日条に、常陸と下総の国境となる鬼怒川の付け替え工事を、天平宝字二年（七五八）に行った記事がある。古代においても、かなりの大河川である鬼怒川の流路を変更する土木工事を実施しえたことは、八世紀中期には、低地部における水路の統御技術が、著しく進展していたことを物語るものといえよう。ただし、こうした河川改修工事の背景については、古代律令国家という国家規模の主体があったことが重要である。

また近世においては、幕府が行った著名な利根川東遷事業が知られる。すなわち、かつては江戸湾に注いでいた利根川を千葉県関宿付近で東遷させ、銚子へと流入していた常陸川と繋げて一つの河川とした大土木工事であった。しかし、これは一気に行われたものではなく、長年にわたる改修工事の積み上げによるものであった。その目的については、利根川の氾濫への防水、銚子からの内陸航路という水運、江戸を守るための軍事、などが挙げられている。しかし実際には多目的なものであったと考えられるが、最も重要な目的は利根川流域開発のための利水であっただろう。いずれにしても、日本最大級の河川の流路を変更するという大規模な土木工事が、全国統一を果たした江戸幕府の主導で行われたという事実が重要である。

中央集権国家の時代であった古代・近世と比較すれば、地方分権的要素の強い中世では、こうした国家規模の開発事業は行われた形跡がない。次に触れるように、鎌倉幕府が関東の開発に意欲を示した事例があるが、この時期の幕府は全国政権たりえず、むしろ膝下の荘園ともいうべき関東における生産力向上を意図したものに過ぎなかった。寄り合い所帯ともいうべき中世権門国家は、それぞれの分権的性格の強い荘園や領国の内部で、地域的な豪族連合に支えられた開発にすぎず、それは決して大規模なものではありえなかった。

こうした事例のうち最も著名なものとしては、上野国赤城山南麓の台地部に、一二世紀中葉の開削にかかる約一三キロメートルにおよぶ〝女堀〟がある。この地に勢力をもつ秀郷流藤原氏の豪族領主たちが行ったもので、天仁元年（一一〇八）七月の浅間山噴火による火山灰降下地に、畠地を犠牲にしても水田を開くことを目的としたが［峰岸一九八九］、通水には至らず未完成に終わった。やはり地域的な権力の限界と評すべきだろう。

基本的に中世においては、それぞれの地域を治める権力機構が、その領域内から労働力を徴発して、地域ごとの開発を行っていた。一三世紀初頭頃の鴨長明『発心集』第四の「武州入間河沈水の事」には「武蔵国入間河のほとりに、大きなる堤を築き、水を防ぎて、そのうちに田畠を作りつゝ、在家多く群り居たる所ありけり。官首といふ男なんそこに宗とあるものにて、年ごろ住みける」とあり、「官首」という表現から在庁官人レベルの人物が、人工堤防を築き田畑を開発していたことが知られる。

これは、まさしく国衙領つまり公領において、官職にあった有力在地領主が開発を主導した事例と考えられる。また荘園においては、河川工事を荘園領主が在地に命じていた。元徳二年（一三三〇）以前の万福寺百姓等申状（『金沢文庫古文書』五三八五）に、「にいかたのつゝみ用途捌貫文入候なけきの事」とみえるように、金沢称名寺領の下河辺荘新方の高野郷付近で、古利根川の氾濫から耕地を守るための人工堤防が築かれていた。その規模は、高さ七メートル余・幅二五メートル余で、長さは数キロメートル以上にもおよぶ。この場合にも、堤防沿いに設けられた水路から、後背湿地近辺の開発を意図していた可能性が高い。

こうした背景には、鎌倉幕府による耕地開発政策があった。この下河辺荘に関しては、『吾妻鏡』建長五年（一二五三）八月二九日条に、「下総国下河辺庄堤可二築固一之由、有二沙汰一、被レ定二奉行人一、所謂、清久弥次郎保行・鎌田三郎入道西仏・対馬左衛門尉仲康・宗兵衛尉為康等也」とあり、在地の御家人たちを動員して同様の堤防工事にあたらせていたことがわかる。

なお対岸の武蔵国太田荘に対しても、同じく建久五年（一一九四）一一月二日条で「堤修固」を命じているほか、寛喜二年（一二三〇）一月二六日条には、「武蔵国太田荘内荒野可二新開一事」として、執権・北条泰時の公文所での議論の結果、得宗被官の尾藤景綱を奉行人として、荘内の荒野開発が定められている。とくに幕府は、その膝下で御家人の多い武蔵国の開発に熱心で、すでに『吾妻鏡』建永二年（一二〇七）三月二〇日条では、「武蔵国荒野等」を開発すべき旨を地頭に通達している。

その具体的な事例として、同仁治二年（一二四一）一〇月二二日条では、「以二武蔵野一、可レ被レ開二水田一之由、議定訖。就レ之、可レ被レ懸二上多磨河水一之間」として、武蔵野の荒野に多摩川から堀を通し、多摩川の水を堰上げることによって荒野の水田化を試みる、という大規模な計画を立てている。

また、これに関しては、永仁年（一二九三～九九）間頃と推定される七月一六日に武蔵国留守所代連署書状（『鎌倉遺文』二〇〇九七・二〇〇九八）が発給されているが、これには宛所の異なる二通が現存し、ともに「府内分陪河防事、四月以前可令修固之由」とある。ここでは武蔵国の留守所が、多摩郡分倍河原付近に設けられていた多摩川の人工堤防を修復すべき旨を、それぞれ在地領主であった市尾入道と恩田殿に命じている。

これは、おそらく先の幕府の武蔵野開発に深く関係するもので、仁治の決定の後、多摩川からの用水を掘削して水田開発が着手されたと考えられる。しかも、この水田開発は人工堤防の造築を伴っていたことから、堤防修復が命じられたものと思われる。こうした事情は、太田荘や下総下河辺荘なども同じで、中世における幕府や在庁官人あるいは荘園領主が主導した水田開発には、大河川周辺であれば、堤防工事とセットになっていたことを窺わせるものといえよう。

六　中世末～近世における開発

関東における南北朝・室町期の開発状況に関しては、荘園支配が衰退したこともあって、ほとんど史料的には解明することは難しい。ただ戦国期になると、比較的まとまって戦国大名などの発給文書などが残ることから、一定の様相を垣間みることができる。中世といっても戦国期に至れば、かなりの河川修復工事を戦国大名が実施していたほか、在地レベルでも用水路や人工堤防が盛んに行われていたことが窺われる。

例えば東国の事例では、関東を遍歴していた連歌師・宗長の「東路の津登」(『群書類従』巻一八)は、永正六年(一五〇九)の記事として「堤行野は冬かれの山路かな」の句を留め、「市川・隅田川ふたつの中の庄也。大堤四方にめぐり」と記している。おそらく葛西御厨での句で、古利根川下流の古隅田川・太日川の一帯には、巨大な人工堤防が周囲を取り巻いていた光景が読みとれる。

さらに東北の事例ではあるが、天文二年(一五三三)の成立とされる伊達氏の「塵芥集」第八五条(『中世法制史料集』第三巻)には、「用水に付てせき(関)をあけ、つゝミ(堤)をつくのとき」とみえるほか、さらには第八八条にも「用水のためにつゝミ(堤)をつ(築)くのところに、れん〳〵水まし、人の領分このつゝミゆへにあれ地となる」とある。

これらの史料からも、こうした開発には用水と堤防とがセットとなることが多かったことが明らかであるが、そうした開発行為によって、在地における新たな利害関係が生じていた点も興味深い。いずれにしても戦国期には、中世以来の地域的開発の蓄積のうえに、在地レベルで用水や堤防の工事が行われ、それぞれの地域で開発が進行していたことが窺われる。こうした地域的な労働力や技術力を結集する形で、戦国大名が領国の開発を統括し、積極的に推進していったものと思われる。

当地域を含む関東戦国期の小田原北条氏の領国下においては、一定期間の年貢免除や開発地の知行を前提に、在地における開発を促進したことが知られている。こうした手続きは、在地からの申請を承けて、開発従事者の権利を保護するために、戦国大名がこれを認可し文書を発給した。それらの開発にかかわる発給文書を分析した結果、地方寺院や土豪および商人・給人などに宛てられる場合と、郷村の百姓中に与えられるケースがあり、前者には再開発の場合もあるが基本的には新開地が多く、後者は耕作放棄地や河川の氾濫などによる荒廃地の再開発を行ったものであることが指摘されている［池上一九九九］。

こうした中世社会は、豊臣秀吉の太閤検地政策によって、全国規模で検地が実施されたことから、ほとんどの田畠が、その等級と面積および耕作人が一筆単位で把握され、在地の中間搾取や村落間の複雑な所有関係を排除する方向に進んだ。

いわゆる兵農分離と村切りによって、土豪たちは武士か農民かの選択を迫られ、基本的には近世の村々には、農民だけが残ったことになる。そうした土地政策を受け継いで、天正一八年（一五九〇）に関東に入部した徳川家康は、秀吉の死後、江戸に幕府を開いて、幕藩体制と支配システムを築き上げたが、とくに膝下の関東においては、大規模な新田開発を推進させていったのである。

その役割を担ったのは、主に江戸幕府の代官頭であった伊奈忠次・忠治父子で、武蔵国などの検地を担当したほか、先にも触れた利根川東遷事業や備前堀の開削など、大河川改修工事や用水路を設置した水田開発に専念した。近世初期の関東における新田開発の重要な指導者であったが、その対象は水田のみならず、とくに初期段階においては畠地の開発にも力を注いだ。

また伊奈氏は主に武蔵北部において、これらを主導したが、武蔵南部では同じく代官・小泉次太夫が、多摩川下流の六郷用水や稲毛領・川崎領の二ヶ領用水を開削するなど、近世初期の新田開発に尽力した。これらの用水開削は、単に新田そのものの開発のみならず、従来の古村における水田の生産力向上にも大きな役割を果たした点にも注目する必要があろう［和泉一九九五］。小田原北条氏などの新田開発政策段階から一歩進んで、近世に入ると、中央集権的な江戸幕府の主導によって、はるか広域にわたる新田開発が実施されるようになる。

そもそも太閤検地をはじめとする初期検地においては、必ずしも精密な検地が実施されたわけではなく、指出などの形で済ませる事例もあり、耕地の実態が正確に把握されてはいなかった。それゆえ近世に入っても、慶長～寛永年間や寛文～延宝年間などに集中する形で、繰り返し検地が行われてきた。その理由としては、より厳密に耕地状況を把握するとともに、新田開発による新田・新畠の掌握があったとしなければならない。

さらに検地自体は、貞享～元禄年間および享保～元文年間およびその前後にも実施されるが、その背景には、投機を目的とした町人請負新田なども含めて、さまざまな新田開発が続けられたことに注目すべきだろう。とくに平野部の多い関東では、近世中期の「町歩下組帳」（『大日本租税志』）においても、水田と畠地の比率は圧倒的に畠地が多く、武蔵でも畠地に対する水田比率は四七パーセントにしか満たない。

これは低地部では排水が難しいためで、滞水が悪水となって稲の立ち腐れを起こすことから、平野部の開発が進めば進むほど、結果的には水田よりも畠地の方が多くなるという事情がある。逆に山間や台地・丘陵地では、部分的に開発された小規模な谷田が多く、これらを集積すれば、トータルでは水田が畠地を上回ることとなるケースも少なくない［原田一九九九］。

それゆえ、こうした近世の耕地事情を考慮すれば、古代および中世における低地部への進出の実態は、かなりの畠地開発を伴うもので、水田にしても継続的に安定した状況にあったわけではなかったことが窺われる。それゆえ先に触れた小田原北条氏が奨励した開発に、荒廃地の再開発が数多く含まれていたのだと理解することができよう。

ただ第四章の梶原論文が指摘するように、宇津木台地区では、もともと台地部や丘陵部が中世における拠点であった。ところが戦国期になると、第三部第八章の酒井論文が分析対象とした石川村のような船木田荘内地域では、中小河川沿いの小平地を基盤とする水田開発に力が注がれた。それゆえ近世から明治期にかけての石川村の主要水田は、すでに近世初頭に出揃っており、台地部や丘陵部における水田開発は、ほぼ戦国末期に完了していた点が重要だろう。

ところが多摩川の沖積低地においては、第五章の原田論文が指摘するように、古代から中世にかけて、公領であった土淵郷などの開発が広汎に展開していたことになる。しかし、その開発は、沖積低地の全面的な水田化に至るものではなく、洪水などにより幾度も繰り返し形成された自然堤防付近には、畠地と未開拓な低湿地が、開発済の水田と無数に交錯していたと考えなければならない。このことは第一〇章における飯泉論文でも明らかにされるが、大河川周辺における沖積低地の開発は単純なものではなかった。

むしろ、こうした地域の大規模な開発は、戦国期から本格化し、近世を通じた持続的な水田開発によって発展をみた。そうした近世における開発の様相を検討したのが第六章の清水論文で、日野用水の問題を扱いながら、その取り入れ口付近に位置した粟之須村の事例を検討する。日野用水は、この地域における水田開発の中心となったもので、永禄一〇年(一五六七)の開削と伝える。この年代は初め単なる伝承と思われたが、当地域の近世文書などを検討していくうちに、これは確かに近世以前の歴史的事実を反映するもので、戦国期における開発の実態を物語っていると判断するようになった。

この日野用水は、近世中期には八王子市平・粟之須、日野市日野本郷・万願寺・下田・新井・石田・宮・上田などの村々を潤し、総組合高は三二九三石余におよんだ。このうち日野本郷が二二〇〇石を占め、ここを中心に多摩川流域の広大な沖積地の水田化を可能とした大規模用水であった。第六章の清水論文は、その実態について詳しく、戦国期から近世にかけての沖積低地部の開発には著しいものがあったとすべきだろう。なお、この問題は第三部の総論および第八章の酒井論文・第一〇章の飯泉論文を参照されたい。

さらに清水論文が論及するように、日野用水は、一七世紀前半から一九世紀にかけて、中世の土淵郷を中心とした沖積低地部での石高を著しく増加せしめており、近世を通じて、水田生産力を質量ともに向上させる役割を果たしたことになる。ただ、多摩川流域の沖積地といっても、一気に水田化が進んだわけではなく、これらの地域はもともと秣《まぐさ》場などとして利用されてきたところであったが、近世における大規模な用水路開削による開発は、総体として水田生産力を、質量ともに大きく向上させたのである。

ただ宇津木台遺跡群に近い平村・粟之須村に関しては、日野用水の取り入れ口付近に位置するが、丘陵部と多摩川沖積地との間が狭いという地理的要因から、大規模な水田開発を行うことは不可能であった。とくに粟之須村は、小規模ながら当地域における開発の問題を考える上では重要な村落で、ほとんど大部分の耕地が畠地であった。それゆえ耕地とくに水田の獲得に、多大な努力が払われた。

このうち集落南部の古くからの畠地は、ほとんどが個人持ちであるのに対し、日野用水付近の水田を含む畠地は全て村持ちとなっていた点が重要だろう。すなわち粟之須村は、近世後期の段階で少量のまとまった水田を持ちえたが、こうした零細な開発に村民が共同であたったことは、当地域における水田志向を象徴的に物語っている。しかし同村の名主である関根家は、かなりの資産家で、古くから日野用水沿いの東光寺村付近に水田を有しており、しばしば同村と相論を繰り返しているが、こうした小規模開発には関与していない。

むしろ名主・関根家は、第三部第一一章の山本論文で明らかにされるように、八王子周辺の山間部を利用した焼畑による林業なども営んでおり、豊富な資金力を誇っていた。それゆえ関根家は村内でも別格で、粟之須村以外にも水田を有しており、その集積に大きな関心が払われていたことがうかがわれる。しかし、ほとんど畠地のみしか所有しない一般の村民たちは、必死で沖積低地の旧秣場を開発し、やっとのことでわずかな水田を、それも共同で手にしたことに注目したい。

こうした事情を抱えた粟之須村の人々にとって、享保の改革を承けて打ち出された新田開発令は、一つの大きな契機となった。幕府の年貢増徴政策は、貢租の基礎となる耕地面積の増加を目指して、大都市の町人などから出資を募り、町人請負新田の形で採ろうとするものであった。これによって全国でも、大規模な新田開発が行われるようになった。

これを承けて関東周辺でも、下総などでは水田化が可能であったが、武蔵野の台地部では、水利の便が悪く畠地中心の開発となった。これによって武蔵野新田八三ヶ村が成立をみたが、そのうち当地域では、日野本郷新田と粟之須新田の二ヶ村が、高倉野といわれた原野に出現をみた。この問題を扱ったのが、第七章の井上論文で、とくに台地部における新田開発に注目した点に特色がある。

この高倉野に関しては、この二つの村立新田とは別に、代官の主導で原野全体を高倉新田として開発すべき命令が下った。ところが高倉野自体は、もともと日野市の豊田・平山・平・川辺堀之内・宮・日野・上田・高幡・東光寺と、八王子市の大和田・石川・粟之須・宇津木・大谷・長沼・八王子といった一六ヶ村の入会地で、そこの草木は薪や牛馬の飼料あるいは田畑の肥料として利用されてきた。このため開発を命じられた村々は、入会地がなくなることを恐れて、何度も開発停止を願い出たが、聞き入れられることはなく、高倉新田の開発が実施された。

この高倉野は、多摩川・浅川の沖積低地とも、谷地川沿いの丘陵台地部とも異なって、中世どころか近世中期まで開発の手がおよばず、むしろ村落生活に必要な原野として機能していたが、その開発に幕府が眼をつけたことになる。もともと畠地が主体となることは分かっていたが、それでも代官は、もし水田になる部分があれば、精査して面積を見積もるよう細かな指示を与えている。

いっぽうで農民側も、高倉野に畑地を持添として開発することには反対であったが、とくに沖積低地では芝地ではあっても水田化が可能とみれば、その開発権を確保すべく願い出たり、水田開発には積極的な動きをみせている。こうして近世中期には、幕府側にも農民側にも、高い水田志向が根づいていたことが窺われる。そして、それは古代律令国家以来、米を中心とした社会を希求してきた日本社会が、中世という時代を経た上で近世も中期に至って、やっと到達した一つの長い歴史の帰結でもあったといえよう。

第四章　中世〜近世における丘陵部の開発と景観
――八王子市宇津木台遺跡群を中心に――

梶原　勝

一　はじめに

宇津木台遺跡群は、多摩川と谷地川に挟まれた加住北丘陵の旧石川村・宇津木村・粟之須村・平村の四ヶ村にまたがった位置にあり、約一六万平米が発掘調査された［八王子市宇津木地区遺跡調査会一九八二〜一九八九］。ここでは旧石器時代から現代に至るさまざまな遺構・遺物が検出されているが、中世から近世に的を絞ると、「境堀」(1)と考えられる遺構が検出されたE・H地区の調査と、中世末から近世の遺構・遺物が大量に検出されたD地区が注目される［図4―1、八王子市宇津木台地区遺跡調査会一九八七b・一九八八b］。

このE・H地区の「境堀」は、D・M地区でも続きが検出されており、中世の土地利用をめぐる研究では、すでにいくつかの論考が発表されている［橋口一九九〇、渋江一九九二など］。また近世に関しては、耕地の拡大という点から考古資料と若干の文献資料を扱った論考がある［梶原一九九一a］。

E・H地区北側の丘陵尾根を越えて接するD地区については、掘立柱建物と石場建て建物の論考［渋江一九八七、梶原二〇〇〇・二〇〇四］や、多摩地区における近世から近代にかけての遺構・遺物の変遷からD地区をとりあげた論考もある［梶原一九九三］。

本章ではこれらの研究を踏まえつつ、これまでの研究が中世と近世で個別的に行われていたことから、これらを連続的に捉え、旧石川村と旧宇津木村の小名久保山を中心に、旧粟之須村も視野に入れて、景観の変遷と人々の移動の問題を吟味してみたい。ただしここでは考古資料を主体的に扱うための対象とするのは、旧石川村西部に位置する宇津木台遺跡群Ｈ・Ｄ・Ｅ・Ｍ地区における中世の「境堀」と、旧宇津木村小名久保山に位置するＤ地区Ⅳテラスの遺構・遺物とする。

こうした別々の調査地区を合わせて中世から近世初頭まで連続的に吟味し、さらに文献史学の成果を援用することによって、遺構・遺物の消長が当該地域の景観変遷と人々の移動に強く関係していることがわかってくるのである。

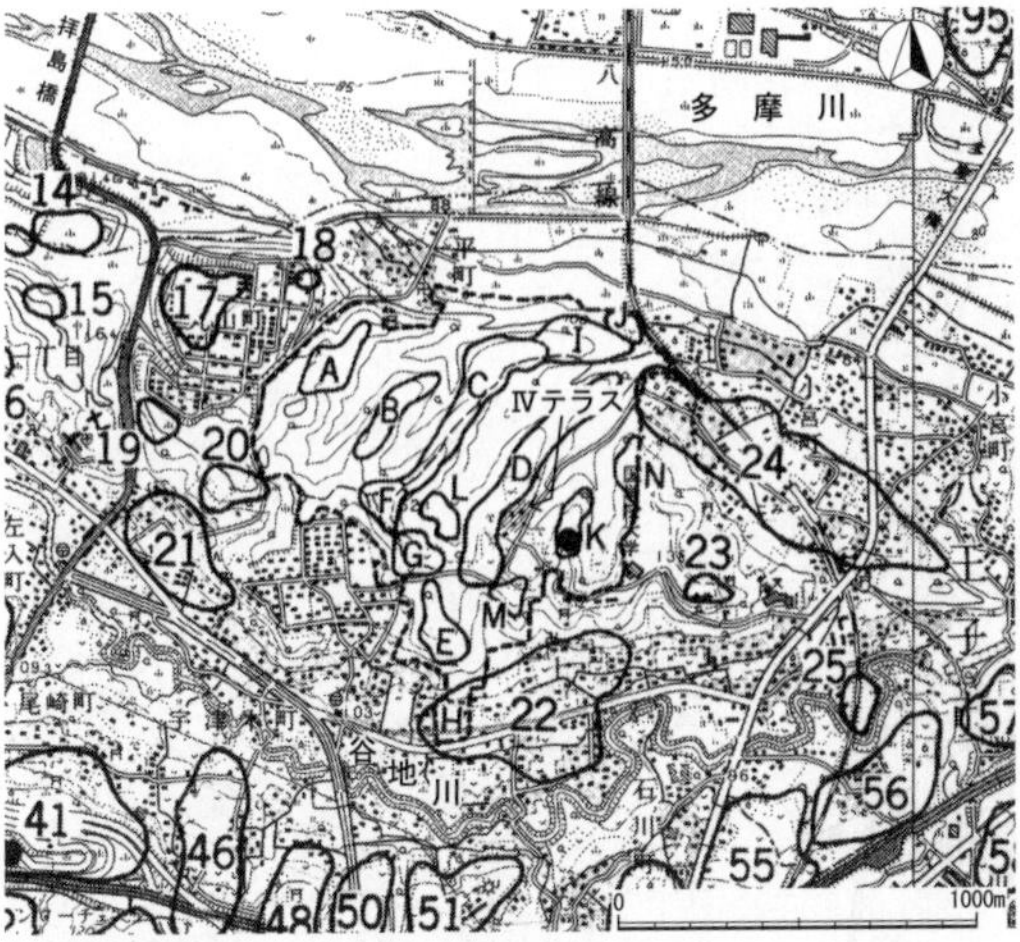

図４—１　宇津木台遺跡群の位置（Ａ〜Ｎ）
＊Ｋ地区の●印は小宮古墳（八王子市宇津木台地区遺跡調査会1983a の第２図に加筆）

二　中世以前——平安時代の大溝——

中世の問題に入る前に、この「境堀」が構築される以前の状況についてみておく。

中世の「境堀」が構築された土地は、それ以前に何の利用も行われていない、広漠とした景観であったわけではなく、大規模な土地利用がなされようとした土地であった。すなわち、平安時代中期に構築されたと考えられる大溝（ＳＤ01）と竪穴建物（ＳＩ01）の存在が、それを示唆している（図４—２・４）。

この大溝は、Ｈ地区の丘陵裾に位置し、東西に延びて

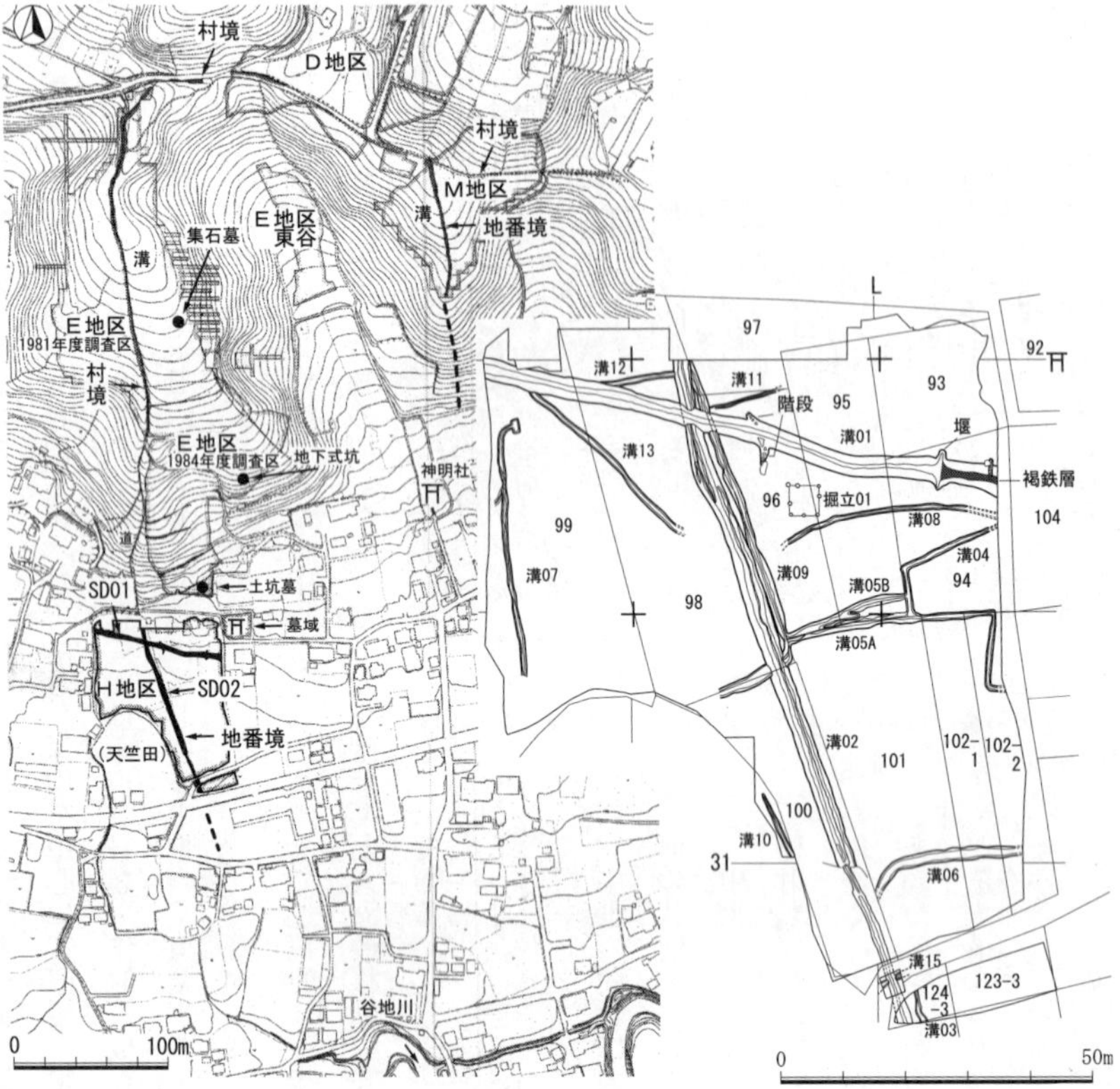

図４―２　宇津木台Ｅ・Ｈ・Ｄ・Ｍ地区の「境堀」とＨ地区の遺構と地番
（八王子市宇津木台地区遺跡調査会1988b の第45図・別図１に加筆）

構築されている。検出された範囲での長さが八〇メートル、幅三・二～四メートル、深さ一・二～一・四メートルを測る。細部をみると、底面標高は西高東低で、途中に大溝内に下る階段状施設二ヶ所と堰と思われる掘り込みが一ヶ所検出されている。なぜ堰と判断しうるかというと、この掘り込みを境にして下流部分は底面に夥しい褐鉄層が検出されており、上流部分にはこれがみられないためである。つまりこの掘り込み部分で水を堰き止めたがゆえに、上流部分ではシルト質土と粘質土が堆積し、下流部分ではこれらに加え少量の漏れ水によって、褐鉄層が生じたものと考えられる。こうした大溝が一〇世紀中葉には、大量の土師器・須恵器や灰釉陶器などによって埋め戻されていたのである。

このような大溝が構築された背景には、どのようなことが考えられるだろうか。まず規模であるが、これは後に触れる中世の「境堀」よりも数倍も大型である。また、大量の遺物が廃棄されているが、これはH地区から検出された竪穴建物が一棟しかなかったにもかかわらず、とても一棟では賄いきれない量の遺物が出土しており、溝の規模と大量の遺物からも、相当量の労働力が投入されたものと考えられる。

こうした大溝を誰が何のために計画し、構築したかは未だ不明だが、大量の遺物が廃棄されていることと、この大溝の東側を見回しても、現況ではその痕跡がまったく地表面に現れていないことからこの大溝は、計画半ばで廃絶され、大量の遺物が廃棄されたと考えられる。

当時の状況として最も考えやすいのは、H地区の西に位置する旧宇津木村青木に位置する「休全谷ッ」(2)の湧水点を出発点とし、途中、丘陵裾から湧き出る湧水を集めつつ下流へ流す用水路として計画され、大量の労働力を集めて掘削された。そしてこの計画を推進するためには、高度の技術力と労働力を集約できる経済力や権力が必要である。したがってこの計画は、国府権力か富豪層によってなされたものと思われる。それが勾配計算等の設計ミスなのか、政変なのかはわからないが、ともかく計画途中で廃絶したのである。

用水路と思われる大溝を掘削し、計画半ばで廃絶した事例としては、掘削時期が一二世紀初頭から中葉と異なっているものの、群馬県で検出された「女堀」が著名であるが〔能登・峰岸一九八九〕、埼玉県ふじみ野市の「亀久保堀」は、掘削時期が九世紀にさかのぼるという科学分析結果が示されており、平安時代の大溝の可能性が高い〔大井町遺跡調査会二〇〇五b〕。平安時代に水田の拡大を思考した証として、宇津木台遺跡群H地区の事例とともに重要である。

三　中世の「境堀」とその他の遺構

前節で述べた平安時代中期の開発行為（途中廃絶）がなされた土地に、中世において「境堀」が構築された。すなわち再開発といってよいであろう。発掘調査で検出された範囲は、H地区の平坦面から丘陵を登り、E地区を通過する。頂上のD地区で向きを東に曲げ、尾根筋を進む。さらにM地区の中央部、すなわち尾根筋を通り丘陵を下る。このE地区とM地区の間には谷が存在し、この谷を廻るように「境堀」は構築されている。なお、「境堀」は西側の丘陵斜面部と丘陵頂上部で旧石川村と旧宇津木村の村境となっており、発掘調査以前は周囲より窪んだ小路として機能していた（図4―2左）。

丘陵下の段丘面へは、おそらく南の谷地川まで延びていると考えられる。だとすれば、「境堀」内側の面積は八町から一〇町になる。また、H地区において丘陵裾から南では一条の「境堀」であるが、丘陵裾から北では二条の「境堀」となっていて、内側の「境堀」が新しい。つまりこの「境堀」は二時期の段階がある（図4―2右）。

規模は上面幅が単独のところで二・二〜二・八メートル、二条重複しているところで最大三・五メートル、底面幅が約〇・六メートル、深さ〇・八〜一・一メートルを測るが、一部特異な箇所がある。それはH地区の南部で、約五メートルの区間だけ底面の幅が約〇・三メートルと狭くなっている箇所である。「境堀」を検出する際に、北側の調査区よりも確認面を掘り下げ過ぎてしまったため、正確にはわからないが、立ち上がりの角度が北側の「境堀」より急激であることも含めて考えると、上面幅も狭かったと考えられる。さらにこの区間は以北、以南の「境堀」よりも底面標高が〇・二～〇・三メートル高い。こうした事実に加えて、当該区間には、出土遺物がほとんどみられないのである。以北、以南の「境堀」では、相当量の遺物が出土しているのに、この区間だけ遺物の出土状況を記録したドットマップでは、「空閑地」のような状況である（図4―3）。

「境堀」から出土した遺物は、当然廃絶した時点で投棄されたものであろうから、時間的にはきわめて短期間の出来事であろう。にもかかわらずこの五メートルの区間だけ遺物が出土しないのはなぜか。

それは先述したこの区間の「境堀」のみが、周囲より堀幅が狭く、底面標高も高いという形態差と関係するのだろう。すなわちこうした形態の区間は、何らかの施設が施された区間と考えられ、遺物がほとんど出土していないということは、投棄される時点で遺物が投棄できない状況にあったと考えられる。「堀幅が狭く、底面標高も高い」がゆえに「何らかの施設が施された区間」があったと思われることと、「遺物が投棄できない状況」を考え合わせれば、ここに水流を遮蔽する施設、すなわち差蓋のような施設が存在し、また暗渠になっていた可能性が考えられる。

このような土地条件のなかでの「境堀」は、単なる地境の堀ではなく、丘陵裾からこの区間まで水を溜めるという機能も併せもっていたのではないだろうか。その証拠に「境堀」の土層を観察すると、覆土最下層にピート質の黒色土が堆積している。こうした層は滞水状態のところでみられる土層で、層中には有機質の遺物が残りやすい。現にこの「境堀」でも、後述するように多くの植物遺体や若干の木製品が出土している。

また本書第八章の酒井論文でとりあげる、旧石川村の名主であった守屋家所蔵の武州太西《(ママ)》之郡石川之郷御縄打

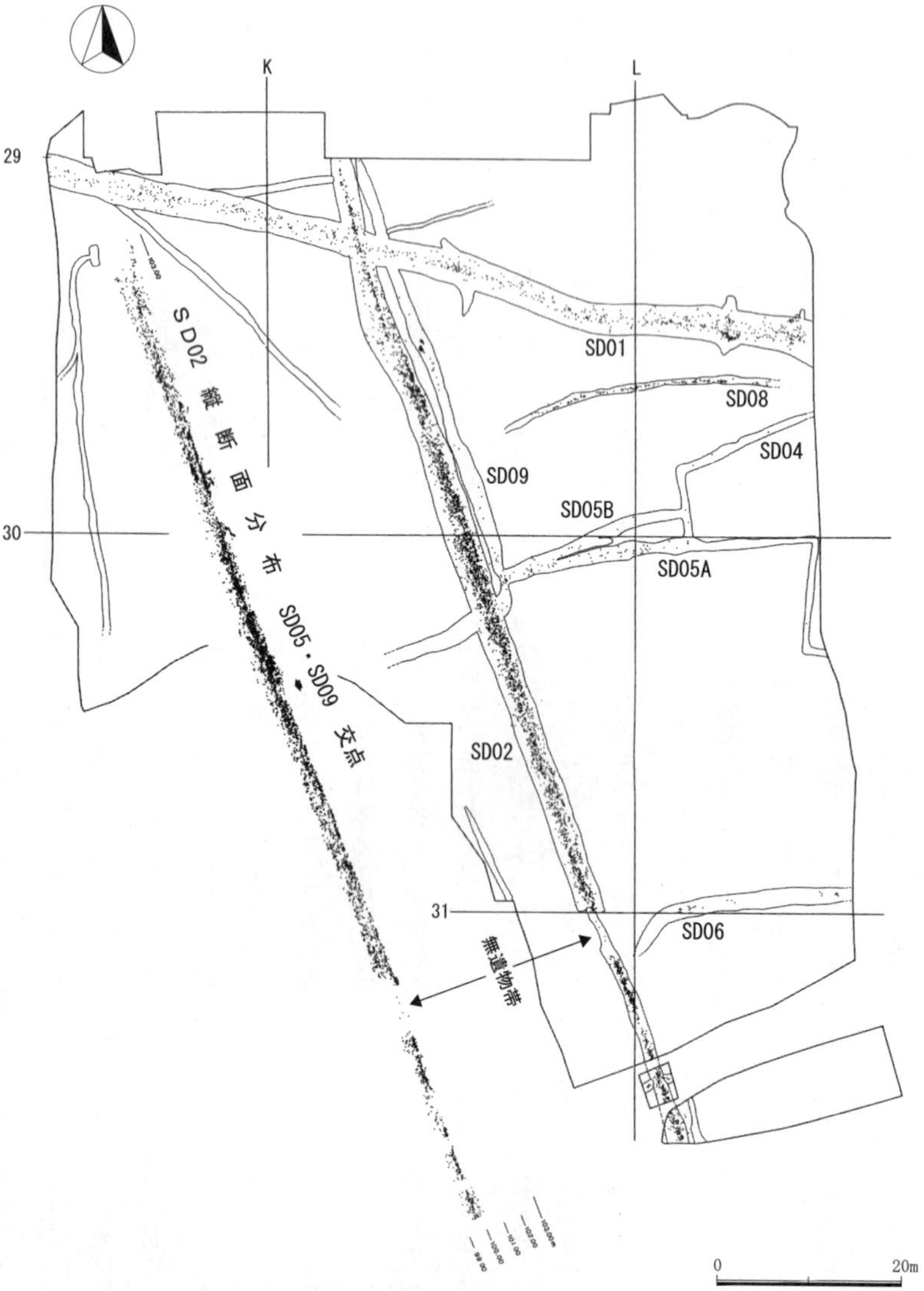

図4—3　宇津木台H地区の遺構内遺物出土状況図
(八王子市宇津木台地区遺跡調査会1988b の第135図に加筆)

水帳では、H地区の南に展開する「天竺田」の記載がある。しかも等級は上田である。一六世紀末の段階で上田[3]ということは、新たにできた水田ではなく、相当長い年月を経た水田ということになる。こうした水田の維持・管理に、「境堀」が使用されていたかについては必ずしも確証はないが、そうした可能性を指摘しておきたい。このようにこの「境堀」は土地を区画する機能と、一部農業用水という機能を併せもっていたと考えたい。

では、この「境堀」の内側にはどのような施設があったのか、次にこれを図４—２でみてみたい。

この「境堀」の内側には、E地区の丘陵頂上部に近い地点で集石のなかに和釘と骨片を伴う土坑、すなわち木棺を埋納したと思われる集石墓[4]や土坑墓[5]、地下式坑の可能性のある遺構[6]、H地区からは墓域の一部[7]、小規模な掘立柱建物[8]などが検出されている。

「境堀」が丘陵を下る西側（E地区）と、東側（M地区）の尾根の間に谷が入る地形については先に述べた。こうした地形を念頭に入れて遺構の配置をみると、西側尾根に土坑墓、その裾に墓域が位置する。この西側尾根の土坑墓と墓域は、至近距離の遺構間で二三メートルであり、非常に近接した区域のなかにある。となると、西側尾根の土坑墓とH地区の墓域を含む区域が、墓域であるという可能性もあろう。そして調査区外だが谷の中央、丘陵裾に澤田家という旧家が存在し、その北側には神明社が鎮座する[9]（図４—２）。

この澤田家や神明社の存在が、「境堀」の機能していた時期までさかのぼるかは確証がない。しかし、こうした地形における土地利用のありかたについては、中世以来引き続いていたのではないかと考える。これは澤田家あたりを中心にみると西側に墓域、北側に社という配置になり、旧石川村では西蓮寺の西側に墓域、北側に御岳社が存在する土地利用に類似する。屋敷の西側に墓域が配される土地利用は、埼玉県ふじみ野市本村遺跡第八地点などでもみられ［大井町遺跡調査会一九九三・二〇〇五ａ］、文献史側からも齋藤慎一氏の指摘がある［齋藤二〇〇六］。

以上がこれまでに判明している「境堀」とその内側の遺構であるが、次にこうした遺構が機能していた段階での植生はどのようなものだったのかをみておく。

先述したように、この「境堀」の覆土最下層にピート質の黒色土が堆積していた。その層中からは夥しい植物遺体が出土したのだが、材に関しては大半が枝先や低木類の材片であった。これらは材同定に不適ということであったが、なかには同定ができたものもある。それをみるとエノキ属・スギ・ヌルデ類似種・ヤマグワ・クリ・ヒノキ属・サクラ属・つる植物であった。

また種実も多く、とくにモモとウメは多い。同定できたものとしては、そのほかにスモモとクリがある。穀類ではイネとムギ類がみられた。双方とも炭化しており、ムギ類には粒に大小の差があった。そのほかの種実としては、ブドウ属・キウリ属・サンショウ属・イボクサ（ツユクサ科）・カナムグラ・タデ属・アオツヅラフジ・アカメガシワ・ノブドウ・クマノミヅキなどが検出されている。このような大量の果実からは、果樹栽培を想定せざるをえず、モモ林・ウメ林といった「境堀」の周囲の植生が垣間みえる。

こうした景観、すなわち約八〜一〇町の土地を囲う「境堀」が掘られ、その内側には屋敷・墓地・社があり、谷地川近くには水田が存在する。当然畠も存在していたであろうし、丘陵にはエノキ属をはじめとする樹木が、また「境堀」周辺には果樹が植えられていた景観が、中世の宇津木台地区にあったと想定することができる。ではこうした景観がいつごろから開始され、いつごろ消滅したのか、これを次節で考えてみたい。

四　「境堀」の掘削と廃絶時期の史的背景

こうした問題を考えるには、まず出土遺物をみてみよう。

「境堀」内から出土した遺物は、渥美半島や知多半島産の擂鉢や大甕が多く、わずかではあるが知多半島産の山茶碗を含めた国内産の陶器と貿易陶磁が出土している。貿易陶磁に関しては、龍泉窯系青磁櫛描劃花文碗、龍泉窯系青磁鎬蓮弁文碗、同安窯系青磁櫛描文皿、龍泉窯系青磁双魚文鉢、白磁口兀碗、白磁口兀皿、高麗青磁陰刻蓮唐草文梅瓶が出土しており、国内産の陶器を含めた遺物の生産年代は、一二世紀中葉から一五世紀前半に収まるものである。ただし最も多く出土している遺物の時期は、一三・一四世紀である（表4―1）。ほか、漆が施された椀または鉢と板片、流紋岩製の砥石（上州砥）、刀子や雁股鏃といった製品が出土している。

これらの遺物の年代観からすれば、一二世紀中葉から一五世紀前半の間が「境堀」の機能した期間と考えられるが、はたしてそうであろうか。では次に考古資料だけでなく、文献史学等の成果も加味しながら考えてみたい。

高島緑雄氏による「建武元年正統庵領鶴見寺尾郷図の研究」からは、建武元年（一三三四）に「本堺堀」で囲まれた「正統庵領」が「新堺押領」というラインで「下地三分」された経過ないし結果が示されている［高島一九九七］。すなわち建武元年に「下地三分」されたわけだが、この時の「新堺押領」というラインには「ミチ」という表記がなされている。

また、黒田日出男氏による「薩摩国伊作荘日置北郷下地中分絵図」の研究では、元亨四年（一三二四）に地頭と領家の間で日置北郷が下地中分されている［黒田一九八七］。

要するに建武元年正統庵領鶴見寺尾郷図も薩摩国伊作荘日置北郷下地中分絵図も一四世紀の所産で、下地中分あるいは半済などは一三・一四世紀に多い。すなわち遺物の存続年代からみると、一二世紀中葉から土地利用が始まり、「境堀」もこの頃構築されたとする考え方もあろうが、下地中分・半済が多くなる時期を考えると、一四世紀に掘削された可能性も否定できないであろう。ただ、一二世紀後半から土地利用があったということは、事実であろう。

この「境堀」が廃絶した時期に関して、出土遺物からの一五世紀前半という年代は妥当なところだろう。その背景については、第二部総論の原田論文で述べられているように、船木田荘の史料である応永二六年（一四一九）三月六日の関東管領上杉憲実奉行人連署奉書（東福寺文書）や応永三四年（一四二七）五月一三日における同様の文書（前田家所蔵文書）などからみられる荘園公領制の解体によって、在地社会に大きな変動がこの時期に起こったことが大きく影響しているものと思われる。

五　「境堀」廃絶以後のE・H地区

「境堀」が廃絶した後のE・H地区では、どのような遺構・遺物が検出されたのだろうか。結論をいえば、一六世紀末までは何もない、ということである。すなわちこの地区においては、肥前産胎土目皿（いわゆる唐津焼）

△1〜3点・○4〜9点・◎10点以上

19c後葉	18c後葉〜19c中葉	18c第3四半期	17c後葉〜18c前半	17c中葉	16c末〜17c前葉
				○	○
					△
					○
					△
				△	△
				△	△
○	○	△	△	△	△
○	○		△		
○	○				
○	○				
					△
					△
△	△	△		○	○
					△
	◎				
				◎	◎
				◎	◎
				◎	◎
				◎	◎
				◎	
				◎	◎
◎	◎	◎	△	○	
○	○	◎	?		
◎	◎				
◎	◎				
				◎	◎
		△		◎	◎

表４―１　宇津木台Ｅ・Ｈ地区とＤ地区の主要遺物対照表

地区	器種＼年代	12 c 後半	13 c 前半	13 c 後半	14 c 前半	14 c 後半	15 c 前半	15 c 後半	16 c 前半	16 c 後葉
Ｅ・Ｈ地区	貿易陶磁	△	△	◎	◎		△		△	
	甕(渥美・知多古窯系)	△	○	○	△		△			
	擂鉢(渥美・知多古窯系)	△	○	○	△	△	△			
	擂鉢(瀬戸・美濃)									
	擂鉢(丹波)									
	天目茶碗									
	唐津胎土目皿									
	志野皿									
	志野織部皿									
	肥前磁器碗									
	肥前磁器皿									
	瀬戸・美濃磁器碗									
	瀬戸・美濃磁器皿									
	瓦質土器・焙烙									
	香炉									
Ｄ地区	貿易陶磁				△					
	甕(知多古窯系)								△	
	擂鉢(知多古窯系)		?							
	擂鉢(瀬戸・美濃)									△
	擂鉢(丹波)									
	擂鉢(堺)									
	縁釉小皿							△		
	灰釉丸皿								△	○
	鉄釉皿									△
	折縁皿									△
	志野皿									
	志野織部皿									
	折縁蘭竹文皿									
	灰釉稜皿									
	天目茶碗									
	肥前磁器碗									
	肥前磁器皿									
	瀬戸・美濃磁器碗									
	瀬戸・美濃磁器皿									
	瓦質土器・焙烙									?
	香炉									
	板碑							△		

（八王子市宇津木台地区遺跡調査会1987a・1988b より梶原作成）

や瀬戸・美濃産志野皿まで待たなくては、土地利用の痕跡がみえてこないのである。しかも土地利用といっても一六世紀末段階では集落を示すような遺構、例えば掘立柱建物群や井戸などは調査区のなかにはみえず、「境堀」とは異なる新期の溝と近世墓がみえるのみである。要するに生活の中心地は、調査区外にあったということであろう。

図4―2によれば前者の溝09は、丘陵裾から「境堀」に沿ってH地区のほぼ中央まで続いており、そこからは西に向きを変え、「境堀」に接続している。(10)溝09の形態は、断面逆台形を呈し精緻な構造をなしている。「境堀」に沿って造られていることから、やはり何らかの境界を示す溝であると考えられるが、現在の地番と重ね合わせてみると、九六・九七番地の西境に一致する。また九六番地の南境は、九五番地とともに溝05A・Bが検出されている。この溝05A・Bは、断面形は皿状を呈し、上面形もいびつであり、溝09とは異なった形態から、掘削時期が異なる可能性もある。

溝09と溝05に囲まれた区域の九五・九六番地は、明治期の地籍図(11)によれば畠地となっている。天正期の検地帳によっても、このあたりには畠地のみが存在していたことがわかる。

以後、集落の拡大や増加はみられないが、畠地についてはE・H地区においても増加している〔梶原一九九一a〕。

次に後者の近世墓についてみてみよう。中世（「境堀」が機能していた時期）の段階で墓域が検出された地点、すなわち九二番地ではその後、近世墓が構築されている（図4―4）。この土地の所有者は、近世の石川村名主で、天正期の検地帳を所蔵する守屋家の分家である。

名主守屋家とこの分家は、現在墓地を「藤の木」と呼ばれる共同墓地に移しているが、もともとは九二番地が墓地であったのだろう。その「藤の木」にある墓地の墓誌銘には、名主家の初代当主が亡くなった年月が記録さ

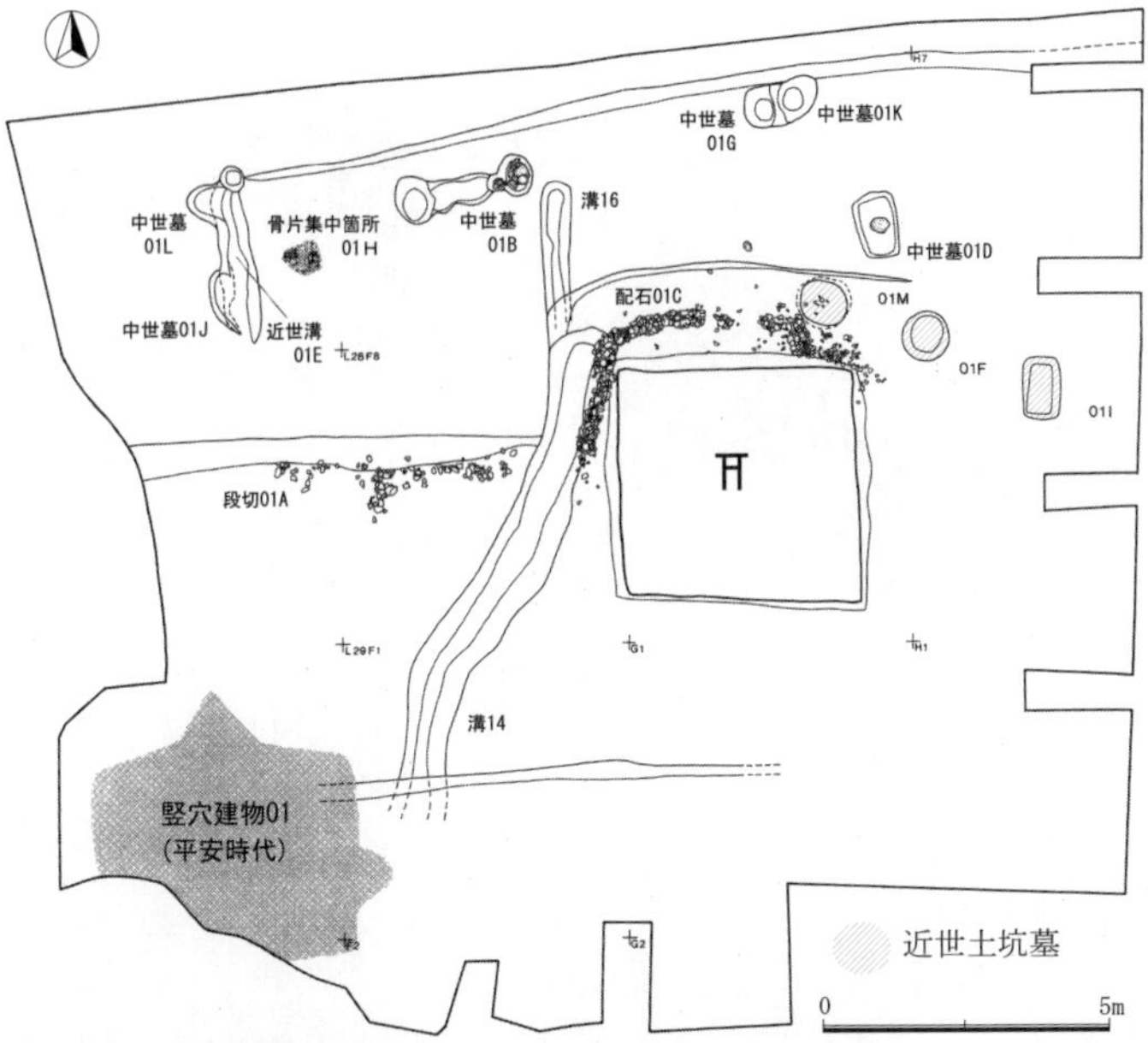

図４―４　宇津木台Ｈ地区92番地内の墓域
（八王子市宇津木台地区遺跡調査会1988b の第54図に加筆）

れており、天正一五年（一五八七）二月三日とある。八王子城落城の三年前である。すなわち石川村名主守屋家は、天正一五年以前にこの地に移り住んでいた、ということになる。これが事実だとすれば、「境堀」が廃絶され、土地利用者が変わっても墓地は墓地として残り、新たな住人となった守屋家が再びその地点を墓地として利用したということである。

中世墓と近世墓の状況差は明らかで、中世墓は遺構のなかから大量の炭化材や焼土あるいは骨片が出土しており、火葬墓ないし荼毘跡であることがわかる。ちなみに報告書では明言していないが、中世墓01Ｂとした遺構は、東側の礫を伴う土坑とは別遺構で新しく、西側の溝状部分と土坑は、Ｔ字形荼毘跡の一種と筆者は考えている。

いっぽう近世墓は、三基が検出されているが、いずれも中世墓と比較して深い土坑墓で、炭化材や焼土といったものはなく、人骨が検出されていることから、土葬であることがわかる。またすべての墓に、六文銭としての寛永通宝が埋納されていた。寛永通宝文銭（一六六八年初鋳）六枚が埋納さ

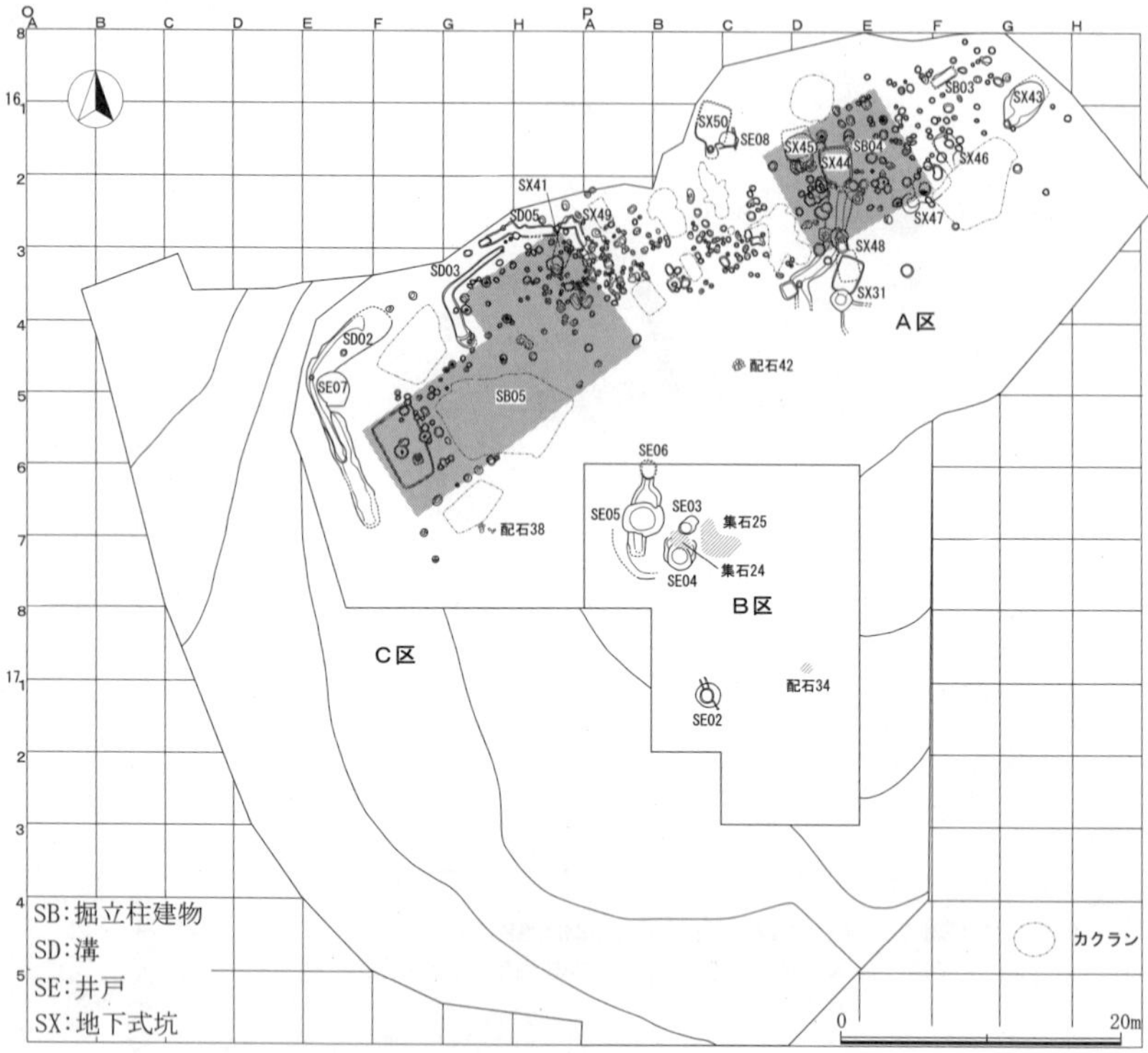

図4―5　宇津木台D地区Ⅳテラスの遺構
（八王子市宇津木台地区遺跡調査会1987bの別図2に加筆）

れていた墓坑もあるが、最新銭からみると一八世紀初頭の初鋳年代を有するものがみられ、一八世紀前葉までは、この墓地が機能していたことは確実である。さらに調査区の中心に未発掘区を残しているため確実ではないが、コの字形に囲われた配石のありかたから、内部にさらに古い墓坑が存在する可能性もある。

以上、溝からみた畑地の問題と、中世から近世における墓域の変遷をみた。ここまででみえてくるのは、一五世紀前半に「境堀」が廃絶して、その後時をおいて一六世紀後半に守屋家が当地に移入してくるという事実である。そして近世においては、石川村の名主に守屋家が就任する。小田原北条氏の支配下にあった時期に移入し、いわば新参者ともいえる守屋家が、近世において村の名主に就任するということは、村のなかでこの守屋家がどのような存在であったのか。この問題を考えるうえで示唆的な事例が、D地区および粟之須村にあるので、次節で検討してみよう。

六　D地区の遺構・遺物

E・H地区では、「境堀」が廃絶された後の一五世紀後半から一六世紀末までの様相が捉えにくい。しかし宇津木台地区には、一六世紀後半から一七世紀にかけての変遷が明瞭にわかる調査区がある。それがD地区なのである。

D地区とは、E地区の北端尾根頂部からみると、E地区から北東へ延びる尾根全体をさす。尾根上には縄文時代、とくに中期、古墳時代後期、奈良・平安時代といった生活痕跡が検出されているが、ここで問題とする遺構は、D地区でも尾根上ではなく、東側に展開する谷底から上がった位置にあるⅠからⅧまでの「テラス」と呼ばれる地形のうち、Ⅳテラスとされた地点に位置する（図4―1）。このテラス付近は地元で「久保山」と呼ばれていた地点である。

Ⅳテラスには、平安時代の竪穴建物51・63や同時期の円形土坑を最後として、土地利用の痕跡が途絶えてしまう。再び土地利用が始まるのは、文正二年（一四六七）と延徳二年（一四九〇）の年号を有する板碑が出土していることから、一五世紀後半頃と考えられる[(12)]。図4―5をみると遺構からは、地下式坑が一〇基検出されており、しかも大半が近世の遺構によって切られている。とくに地下式坑45・47・48は、廃棄遺物から一六世紀後葉から一六六〇年代まで存続したと考えられる掘立柱建物04の柱穴に切られている。

建物跡は、掘立柱建物04のほかに掘立柱建物05がある。また井戸が七基検出されている（井戸02～08）。井戸の変遷をみると、現代まで使用されていた井戸が井戸02・06・08で、本テラスに残っていた三軒の屋敷に対応する。井戸07は、覆土から一七七〇年代を下限とする遺物群が出土しており、本テラスに住んでいた谷合家の方からの聞き取り調査によると、谷合家の本家はいつのころかはわからないが潰れたという。この潰れた本家の井戸が井戸07であろう。遺物の遺存度は良好で、しかも生活のセットが比較的良好に揃っている。

となると残った井戸03・04・05が問題となるが、これらの井戸は埋められた後、一六世紀末から一六六〇年代までを主体とする遺物群によって覆われているのである。しかもその遺物群も、本テラスの西側の段切りと井戸SE07を掘削した際に発生したと思われる灰褐色ロームによって埋められている。こうした事実から井戸SE03・04・05は、一六世紀末以前の所産であろう。

となると一五世紀の後半から一六世紀のある時点までは、板碑と地下式坑と井戸が本テラスに存在していたということになる。ただこのころの遺物はほとんどなく、生活の痕跡はないに等しい。それが一六世紀のある時期からの遺物が大量に出土し、遺構は掘立柱建物・井戸などが検出されている。すなわち生活の痕跡がみられる段階に入ったのである。そしてその痕跡が一六六〇年代まで続く。しかしその痕跡も一六六〇年代を境として一旦希薄になり、次に顕著になるのが一八世紀の半ばからである。さらに一七七〇年代には本家が潰れるような事態になり、その後は分家が存続し、昭和三〇年代にはD地区全体で七軒の屋敷が展開する状況になっている。

以上がⅣテラスにおける一五世紀後半からの変遷であるが、一六世紀のある時期から生活の痕跡がみられるようになったということには、どのような歴史的意味があるのだろうか。この意味を探る前に、出土遺物からもう少し詳細に時期を検討してみよう。

七　一六世紀末における土地利用変化の意味

表4―1は、E・H地区とD地区における主な遺物の消長を表したもので、△と○と◎によって出土遺物量を示している。この表によれば、E・H地区では一四世紀後半がやや数を減ずるものの、一二世紀後半から一五世紀前半までの遺物が圧倒的に多く、しかも遺存度が高い。とくに一三世紀後半から一四世紀前半にかけての貿易陶磁が多いことが特筆され、南宋の建窯で生産された天目茶碗（建盞）や高麗青磁の梅瓶を含む高級磁器がみられる。

一方、一五世紀後半から一六世紀後葉までは、皆無といっていいほど出土遺物はない。唯一一六世紀前半の所産とされる明の青花皿が一点小破片で出土しているが、この種の製品は一七世紀前葉の肥前磁器が普及するまでは、近世都市江戸の武家屋敷などで頻繁にみられるものであり、一六世紀前半よりも後世のものの可能性が高い。

一六世紀末以降は、小破片だが遺物が少数みられるようになる。ということは付近で生活が営まれているということを示唆するものであるが、これらの遺物は耕作のため夥しい傷がついており、当地が畠地であったことの傍証となっている。

さて、こうしたE・H地区における一五世紀後半から一六世紀後葉までの遺物の少なさに対し、D地区Ⅳテラスでは、一六世紀後半から大幅な出土遺物の増加が認められる。具体的には、志野皿の出現からである。志野皿の出現は、これまでの研究成果によって一五九九～一六〇〇年ごろとされている。[13]ではこのころにⅣテラスに遺構を残した集団が移入してきたのだろうか。これを詳しくみてみよう。

志野皿以前に生産された製品は、瀬戸・美濃産縁釉小皿・灰釉丸皿・鉄釉皿・折縁皿などがある。このうち縁釉小皿は、一五世紀から一六世紀初頭の所産で、しかも出土地点が灰釉丸皿や志野皿・志野織部皿などが大量に出土したⅣテラス中央部の井戸ＳＥ03・04・05が検出された地点（図４―５のＢ区）から外れた地点で出土している。このことから縁釉小皿は、板碑や地下式坑に伴う時期のものと考えられる。

灰釉丸皿(14)は、内底面に菊花文が刻印されているものが一点あり、Ⅳテラスで出土している。この灰釉菊印花丸皿は、大窯Ⅱ期の生産年代が与えられている［藤澤二〇〇二］。その他の灰釉丸皿・鉄釉皿・折縁皿は、大窯Ⅲ期からⅣ期にかけての製品で、量的にはこの時期にかけての製品が多い。

もう一つ見逃せない点に、当時の生活に欠くことのできない製品である焙烙の問題がある。Ⅳテラスから出土した焙烙は、瓦質・平底で内耳が付く。内耳は、紐状の粘土で作られており、そのありかたによって焙烙の編年が明らかになっている。すなわち、紐状の内耳下方が体部に接合しているものが一六世紀代の所産、底部に接合しているものが一七世紀以降の所産である。双方が出土しているⅣテラスの状況や、先述した陶磁器の状況を考え合わせれば、やはり一六世紀後葉から生活の痕跡があると認めないわけにはいかないだろう。具体的には、大窯Ⅲ期からとみなすことができる。つまり一五六〇年代から一五九〇年代初頭までの間に、Ⅳテラスへ人々が移入して来たのであろう。

こうして新たに移入してきた人々が、掘立柱建物や井戸を構築したのである。ちなみに報告書では掘立柱建物04がほぼ正方形に近い方形であることと、柱穴が五〇～七〇センチメートルと大型であることから、寺院を想定している。しかし『新編武蔵国風土記稿』によれば、大部分の村の記載に「舊家」という項目があり、これらは、ほとんどが旧武田の家臣や旧小田原北条の家臣で、「當村に来住せり」などという記載が多くみられる。ということはこの時期、地侍層の移動が多発しており、そうした地侍層が移動先の新たな開発を担っていたと考えることができる。このことを加味すれば、持仏堂を有する地侍層がⅣテラスに移住して来たと考えた方が、はるかに説得的ではないだろうか。

なお、第六章の清水論文で明らかなように、粟之須村の関根家が上州関根郷から粟之須村へ移住して来た際、二一名の人々もともに移住している。この移住の時期は、天正二年（一五七四）正月だということだが、これらの人々は、貞享三年（一六八六）一一月の名寄帳で、うち一三名が宇津木村内に出作しているという。そしてこの宇津木村内の出作地が、粟之須村と平村の境を流れる「古堀」の先で、「谷津」であるという。この「谷津」の南東側の谷が「久保山」で、「古堀」のもう一つの湧水点がある。その湧水点の下流は粟之須村で細長い水田が続いており、上方はⅣテラスが位置している。

こうした天正二年（一五七四）の関根家のような地侍層の移入と谷戸の開発が、Ⅳテラスの遺構・遺物と直接的に結びつける資料は、今のところ発見されていないが、宇津木台遺跡群Ｅ・Ｈ地区、Ｄ地区Ⅳテラスでみられた一六世紀後半から一七世紀前半における遺構・遺物の消長が、石川村の守屋家や粟之須村の関根家のような地侍層の移住と村の開発に深く関係しているという推測は、成り立つだろう。

八　おわりに

以上のように宇津木台地区のＥ・Ｈ地区とＤ地区の遺構・遺物から一〇世紀からの土地利用変遷をみてきた。ここでこれらをまとめると、

①中世の「境堀」が構築される以前には、大規模な大溝を中心として、平安時代中期の開発があった。そしてこの大溝は、加住北丘陵に対してほぼ平行に掘削された。

②中世の「境堀」は再開発であり、小谷周囲の尾根を中心に廻る。

③Ｈ地区付近の土地利用は、一二世紀中葉から開始されるが、「境堀」の掘削は、一三・一四世紀の可能性があ

る。廃絶は一五世紀前半である。

④「境堀」には、丘陵から湧き出す湧水を農業用水に利用する施設が施されている。

⑤「境堀」の内側には、墓域や果樹・畠地のほか、屋敷・社・水田などが想定される。

⑥こうした「境堀」を中心とする景観は、一部分近世以降の石川村へも引き継がれる。それは石川村と宇津木村の境界にこの境堀の一部が利用されているからである。

⑦九二番地の中世から近世にかけての墓地の変遷と、所有者守屋家が保有する現在の墓地の墓碑銘からは、守屋家が中世の古い段階からこの土地に居住していたものではなく、天正一五年以前からあまり時を経ない時期に移住して来たことが想定でき、一六世紀後半における地侍層の移動が窺える。

⑧D地区Ⅳテラスでみられた土地利用は、一五世紀後半から一六世紀後葉以前に板碑の設置と地下式坑・井戸といった土地利用がみられ、一六世紀後葉から一六六〇年代まで大型の掘立柱建物・井戸と大量の遺物がみられる。

⑨こうした遺物量の変化は、粟之須村関根家の移入と村の開発を合わせて考えれば、地侍層の移入を想定させ、⑦とともに一六世紀後半にかけての移入がこの時期、頻繁に行われていたことを推測させる。

以上が前節までに述べてきたことのまとめであるが、とくに今回ここで注目しておきたいことは、大きな土地利用の変化の背景には集団の移動が考えられるということである。しかも、D地区Ⅳテラスにみられるように一六世紀後葉の大量遺物の出現においては、地侍層の移動や開発を想定せざるをえない。その背景として、天正一〇年（一五八二）の武田氏の滅亡や、天正一八年（一五九〇）の八王子城落城、小田原城開城に伴う小田原北条氏の降伏も関係していようが、それよりも小田原北条氏の政策的な面を、今後の課題として考慮する必要があるだろう。近世社会は、こうした地侍層の活動のうえに創出されたのではないだろうか。

（1）報告書では「溝ＳＤ02」と報告されており、橋口定志氏は、一九九〇年の論考で「溝」あるいは「区画溝」という用語を用い、また渋江芳浩氏は、一九九二年の論考で「中世区画溝」という用語を用いている。筆者は今回、この「溝ＳＤ02」について橋口氏が前出の論考中「二　堀を巡らせる中世遺跡」での注(10)において、「宇津木台・椿峰（埼玉県所沢市：引用者注）における『区画溝』は、本来的には『境堀』と呼ぶべきである」と積極的に史料用語を使ったことを評価し、「境堀」という用語を用いる。もちろん橋口氏がいうように『正統庵領鶴見寺尾郷図』の見解（九〇頁）以下の説に賛同してのことである。

（2）現在は住宅地で、谷は埋められており、その痕跡はまったくない。迅速図などで確認するしかない。

（3）個人所蔵のため公開はなされていないが、八王子市郷土資料館紀要の『八王子の歴史と文化』第二号において、小野みよ子・小坂二十重・光石千恵子の各氏が「武州多摩郡石川村の天正検地と千人頭荻原氏の知行地成立について」のなかで解説および論考を［小野・小坂・光石一九九〇］、同書第三号で全文が紹介されている［小野・小坂・光石一九九一］。

（4）報告書［八王子市宇津木台地区遺跡調査会一九八三ｂ］では、「集石ＳＸ02」と報告されており、集石墓とは報告されていない［沼崎一九八三］。しかし、筆者は中央の土坑内から木質部の残存している和釘や、骨片が検出されていることから集石墓と判断した。

（5）報告書［八王子市宇津木台地区遺跡調査会一九八八ｂ］では、「Ｅ地区ＳＫ128」と報告されており、土坑墓と断定しているわけではない。しかし、坑底までの深さが約二メートルと深く、さらに南壁と東壁中位に不自然なテラス状の段があることから、二基の遺構の重複が指摘されている。しかも覆土上部から中世渡来銭六枚が出土していることから、墓壙の可能性も指摘している［渋江一九八八］。筆者はこれを踏まえて、この遺構の上半部を土坑墓と判断した。

（6）報告書［八王子市宇津木台地区遺跡調査会一九八八ｂ］では、「Ｅ地区ＳＫ131」と報告されている。用途に関しては、近・現代の農業関連遺構である「トックリ穴」と地下式横穴の二者が考えられているが、決め手を欠いているため不明としている［渋江一九八八］。しかし今回筆者は、渋江氏も述べている「至近に畑地があるわけでもなく」ということを重視し、地下式坑（地下式横穴）として取り扱う。ただし用途に関しては、墓と断定しているわけではない。
（7）H地区で検出された墓域は、図4―2の九二番地にあたり、報告書で墓域SZ01とされた区域である。図4―4では、中世と思われる遺構のSZ01B・D・G・J・K・Lのうち、DとJが骨片・焼土・炭化物、Bが骨片・炭化物・板碑片、G・Kが骨片、Lが炭化物を出土している。これらを火葬骨が埋納された火葬墓とみるか、焼土や炭化物の大量にみられる遺構を荼毘跡とみるか、判断はしづらいが、いずれにせよ中世の墓域を構成しているものと判断できよう。なお、SZ01F・L・Mは近世の土坑墓、SZ01Cは近世の墓域を区画する配石、SZ01EとSD14・16は近世の溝、SZ01Aは近世の段切り状遺構である。
（8）図4―2の掘立01がこれにあたる。
（9）この神明社の祠のなかには、文和三年（一三五四）二月の年号を有す板碑が残存している。聞き取り調査によれば、神明社周辺から掘り出されたものとのことである。
（10）図4―2では、「境堀」を横断して「天竺田」に続いているようにみえるが、底面標高をみると「境堀」東側の溝SD09は、西側の溝の底面標高よりも低い。また溝の断面形も、逆台形である溝SD09に対し、西側の溝は浅い皿形を呈している。この形は、調査区の東端から続く溝SD05A・Bなどに近似しており、底面標高も「境堀」西側の溝と溝SD05A・Bは、ほとんど同じである。したがって「境堀」西側の溝は、溝SD05A・Bと同一の溝であろう。
（11）この地籍図は、石川家文書「切地図」（石川家〇―一〇）による。
（12）D地区からは、八一点の板碑が出土しているが、三点を除きほとんどが小破片である。三点のうち一点は、頭部から脚部まで残存しており、二点は頭部から胴部中央まで残存している。
（13）瀬戸を中心とする大窯期、連房式登窯初期の編年については、さまざまな研究がなされているが、ここでは藤澤良祐氏の最近の研究成果［藤澤二〇〇一・二〇〇六］によった。これによれば大窯期は一四八〇年代から始まり、大窯Ⅰ期が一四八〇年代から一五三〇年代後半、大窯Ⅱ期が一五三〇年代後半から一五六〇年代、大窯Ⅲ期が一五六〇年代から一五九〇年代初頭、大窯Ⅳ期が一五九〇年代初頭から一六一〇年代となっており、これに続く連房式登窯は、一六一〇年代から一七世紀中葉まで第一段階が続き、登窯第二段階が一七世紀後葉から一八世紀中葉まで、登窯三段階が一八世紀後葉から一九世紀中葉まで続くという。

(14) 中世の灰釉丸皿は釉が厚く緑色を呈した灰釉が全面施釉されており、近世の灰釉丸皿はくすんだ灰緑色を呈する灰釉が、高台部を除き掛けられているため識別は容易である。

第五章　中世～近世における沖積地の開発と景観

――船木田荘と多西郡三郷――

原田信男

一　はじめに

当地域には、多摩の山間部および丘陵部に広がる船木田荘があり、武蔵七党などの武士団との関係で、古くから中世史研究の主な対象とされてきた。これに対して多摩川・浅川といった大河川が形成する沖積低地における開発と景観の問題については、史料的残存度の低さから、その検討がほとんどなされてこなかった。ところが浅川右岸の落川・一の宮遺跡や、多摩川右岸の南広間地遺跡の発掘が行われ、考古学的研究が急速に進んだ。

しかも、ここには中世の公領であった多西郡三郷すなわち土淵郷・得恒郷・吉富郷が存在し、このうち得恒郷・吉富郷は落川・一の宮遺跡にかかり、土淵郷は南広間地遺跡に相当することが知られている。これらは、府中市にあった武蔵国府近辺の郷として、武蔵の公領支配に重要な位置を占めたと考えられる。そこで本章では、船木田荘と多西郡三郷の比較検討を通じて、当地域における中世村落の開発と景観のありかたについて考えてみたいと思う。

多摩川中流域の沖積低地は、縄文・古墳時代には漁撈を中心としたものと思われるが、律令国家成立後の八世紀ごろから本格的な耕地の開発が始まり、やがては都内でも有数の穀倉地帯となった。これについては、すでに

第三章で述べた通りであるが、ここでは中世から近世における村落の景観と開発を検討してみたい。とくに中世に至ると、この低地部に関する文書類が残されるようになり、南広間地遺跡を中心とした考古資料と高幡高麗文書や高幡不動胎内文書あるいは立川文書などの文献史料の双方が揃うようになる。

こうした多摩川・浅川流域の沖積低地の考古学による遺跡調査に関しては、すでに概観がなされているほか［大貫ほか一九九〇］、南広間地遺跡における土地利用の展開についても森達也氏の論考がある［森一九九一・九二a］。また近年では中世史の側からも、『日野市史史料集　高幡不動胎内文書編』や『日野市史　通史編　二(上)』が刊行されたほか［日野市一九九三・九四］、考古学の成果の上に中世史料を駆使した峰岸純夫氏などによって精力的な研究成果が公表されている［峰岸一九九四・二〇〇六、金本一九九二］。

もちろん考古資料と文献史料とが整合的に残されているわけではなく、あくまでも部分的な関係を暗示する程度に過ぎないが、それでも双方からの検討が可能になったことは、当地域における村落景観と開発の様相を知るうえで、きわめて貴重なものといわなければならない。そこで本章では、考古資料の蓄積の上に立って、文献史料の側から、この問題に迫りたいと思う。

二　船木田荘の荘域と地形的特色

ここでは南広間地遺跡における開発の問題を、文献史学の立場から考えるために、まず船木田荘と多西郡三郷すなわち土淵郷・得恒郷・吉富郷の領域を推定する。その上で、それぞれの地形と耕地状況について荘園と公領の場合における開発の様相を比較検討する。中世には、荘園も公領もほぼ同様に、武士を中心とした支配構造が成立していたが、それぞれの歴史的条件は、決して同一ではなかった。

そもそも平安末期に郡の分割が進行したのは、郡の規模に近いような広大な荘園が、広く関東一帯にも成立したためである。古代国家が荘園制の展開によって、半ば荘園を基盤の一部とする王朝体制へと変質したことから、郡や郷が国衙と直結して、その所領化が進んだ。いわゆる中世的な郡郷が成立をみるが、この過程で郡の分割再編が行われるところとなった。

こうして多摩郡も多摩川を境として、その北岸を多東郡、南岸を多西郡の二つに分割した。もちろん現在の多摩川の流路は、中世とは異なっていた。中世には、多摩川は現在よりも北方を流れて、立川段丘にほぼ沿った形で旧河道を形成し、より下流で浅川と合流していたものと考えられている。そして次節で検討する荘園化されなかった土淵郷・得恒郷・吉富郷の三郷は、多摩川南岸つまり多西郡に属していた。

ここでは船木田荘と多西郡三郷の領域を推定するために、近世の郷荘名を手がかりとして用いたい。近世に編纂された『新編武蔵国風土記稿』などの地誌類には、それぞれの村がかつて属したとする郷荘名が記されていることが多い。これは近世初頭の検地帳の表題や金石文などにも同様の表記があることから、中世末〜近世初頭の状況を反映した近世的郷荘名と考えられる。もちろん、これがそのまま中世の郷荘の実態と一致するものではありえない。

しかし、どの地域でも一様ではないが、河道の変遷や地域的まとまりなどを丹念に精査していくと、これを手がかりに中世の荘域や郷域を復原することが可能となる場合も少なくない〔原田ほか一九八七〕。かつて筆者は、これを用いて武蔵国太田荘と下総国下河辺荘の荘域および中世の利根川流路を確定したことがある〔原田一九九九〕。そこで本章でも、この方法を用いて船木田荘および多西郡土淵郷・得恒郷・吉富郷の荘域と郷域を検討する。ただ近世の郷荘名については、戦国期に特有な郷荘の観念、つまり戦国期的な支配領域と複雑に絡み合っているため、これに注意しながら、この課題に迫りたいと思う。

まず船木田荘の場合から検討するが、近世の郷荘名を有効に使いこなすために、中世文書などから明らかにしうる船木田荘の概要についてみておきたい。この荘園の成立については、第二部総論でも触れたように、かつて古代の官牧であった地に、少しずつ耕地として切り開いて形成した集落を、開発領主たちが摂関家に寄進して荘園としたものである。

船木田荘に関しては、八王子市白山神社経塚出土の仁平四年（一一五四）九月の年紀を有する観普賢経奥書に「於武蔵国多西郡船木田御庄内長隆寺西谷書写了」とあるのが初見で（八王子市白山神社蔵／『日野市史史料集　古代・中世編』六四）、すでに一二世紀中葉には立荘されていた。治承四年（一一八〇）五月一一日の皇嘉門院惣処分状に「むさし　ふなきた本　新」とあり、皇嘉門院藤原聖子から藤原忠通に譲られた摂関家領荘園で、本荘と新荘とからなっていたことがわかる（九条家文書／同前六九）。

さらに鎌倉期に入ると、建長二年（一二五〇）一一月付の二通の九条道家惣処分状には、前摂政一条実経家領として「船木田新庄　地頭請所」、同じく右大臣九条忠家に「武蔵国船木田本庄　地頭請所」などとみえ（九条家文書／同前九五）、一条家と九条家に譲られており、ともに地頭請所となっている。

その後、船木田荘は、南北朝期には京都東福寺に寄進されたが、この時期の荘域については、貞治二年（一三六三）一二月一九日および至徳二年（一三八五）一二月二五日の船木田荘年貢算用状（東福寺文書／同前一〇六・一〇七）に、本荘分と思われる南河口郷・北河口郷・長房郷・谷慈郷・大谷村・下堀村・横河郷のほか、新荘分として平山（平山郷）・青木村（宇津木郷内青木村）・豊田郷（豊田村）・由比野村（由比郷）・木切沢村・由木郷・大塚（大塚郷）・梅坪（梅坪村）・中野郷といった郷村が登場する。

しかし本荘・新荘の比定は容易ではなく、北河口郷や横河郷、さらには大谷村も新荘とすべきだとする見解もある［峰岸一九九四］。ここで北河口郷を新荘とするのは、元応二年（一三二〇）一二月二〇日の鳥栖寺鐘銘（『新編武蔵国風土記稿』巻一〇七：川口村項）に「武州船木岡（田）新庄北河口郷鳥栖寺鳴鐘」とあるのが根拠とされるが、近世地誌による誤記の可能性も否定できない。あるいは、ここは古代の川口郷の比定地で、山間部の小平地で主要な公領の一つでもあったことから、その荘園化が遅れたため新荘に属したとも考えられる。いずれにしても、北河口郷を新荘とする確証はない。

もともと船木田荘という呼称は、荘園領主側による命名で、いわゆる多摩の横山、すなわち同レベルの段丘を浸食した山地部を中心に広がるところから、現地では横山荘と呼ばれていたと考えられている。ちなみに横山荘は、『吾妻鏡』建保元年（一二一三）五月七日条にみえ、もとは横山時兼の所領であったが、和田義盛の乱に際して、幕府の実力者・大江広元に与えられた。それゆえ横山荘として文書類に登場する堀内郷・散田・小比企郷・子安・片倉村・椚田郷および中山についても、船木田荘の一部と判断される［峰岸一九九四］。

これらの中世における事実を確認し、かつ地域的な一体性を考慮したうえで、かつて船木田荘に属したと考えられる『新編武蔵国風土記稿』の郷荘名を、村ごとに一覧したのが表5―1である。ただ同書には、船木田荘という近世の郷荘名は全く存在せず、平山村の項には、ここを高倉荘としたうえで「或は舟木田荘」という注記があるに過ぎない。そこで、まず横山荘とした村々と同時に、高倉荘を船木田荘として採録した。また谷地荘についても、東福寺文書中の「谷慈（地）郷」との関係から、これに加えた。

さらに近世の郷荘名は不明な場合も、戦国末～近世初頭以来の領名も参考になるため、由井領と柚木領についても採ることとした。由井領・柚木領については、先の東福寺文書中に、由井郷・由木郷がみえることから追加した。ただし柚木領のうち、『新編武蔵国風土記稿』「多摩郡之八」記載分については、横山荘と記された松木村を除けば、小山田荘に含まれた可能性が高いため、これを排して同書「多摩郡之九」に掲載された村々を柚木領Aと表記した。いずれにしても近世の領名の扱いは難しいが、これらを本表では中世文書との関連で判断した。

もちろん、こうした荘域の推定作業が万全のものであるとは考えがたい。それゆえ漠然としたものであり、多

表5—1　船木田荘と近世郷荘名　（田園簿の単位は石）

近世村名	郷荘称	中世史料	田園簿（田）	田園簿（畑）	備考	市町村
下柚木村	（柚木領A）	（●）	一三六	五七	もと柚木村	八王子市
遣水村	（柚木領A）		六〇	五八		八王子市
打越村	（由井領）		一二六	九五	郷荘の唱を失う	八王子市
大谷村	（由井領）	●	八八	八一	もと中野村のうち	八王子市
小津村	（由井領）		〇	六七	郷荘の唱を失う	八王子市
上一分方村	（由井領）		四九	七九	郷荘の唱を伝えず	八王子市
上大和田村	（由井領）		一二三	七〇	郷荘の唱を伝えず	八王子市
上恩方村	（由井領）		八	四二三		八王子市
川村	（由井領）		二四	六一	郷荘の唱を失う	八王子市
北野村	（由井領）		二四九	九三	郷荘の唱を伝えず	八王子市
御所水村	（由井領）				昔新横山村内	八王子市
下一分方村	（由井領）		八八	一九〇	郷荘の唱なし	八王子市
下大和田村	（由井領）				郷荘の唱を伝えず	八王子市
下恩方村	（由井領）		一九	四二四		八王子市
新横山村	（由井領）		〇	一三三		八王子市
大楽寺村	（由井領）		六	一四九		八王子市
寺方村	（由井領）		八	一四三	柚井領か	八王子市
長沼村	（由井領）		九四	二三		八王子市
二分方村	（由井領）		三	一六二	郷荘の唱を伝えず	八王子市

八王子千人町	（由井領）					八王子市
元八王子村	（由井領）					八王子市
山入村	（由井領）		二五	一九四	郷荘の唱を失う	八王子市
横川村	（由井領）	●新	九二	一二九	郷荘の唱を失う	八王子市
中相原村	相原郷横山荘					町田市
上相原村	相原郷横山荘		一六六	二九七	（田園簿は相原村）	町田市
平山村	高倉荘	●新	一六三	二四三	「或は舟木田荘」とあり	日野市
瀧山村	瀧山郷谷地荘		六七	九二		八王子市
宮下村	瀧山荘谷地郷		四三	一九〇		八王子市
豊田村	徳恒郷高倉荘（由井領）	●新	二〇八	一三二		日野市
佐入村	谷地荘		八〇	一三〇		八王子市
中丹木村	谷地荘					八王子市
本丹木村	谷地荘		一〇四	二一〇		八王子市
石川村	谷地荘（由井領）		一六三	三六六		八王子市
宇津木村	谷地の荘	●新	八九	二〇一	中世宇津木郷青木村分	八王子市
大船村	横山荘		三二	二一	郷名は伝えず	八王子市
上長房村	横山荘	●	二五	九一		八王子市
下長房村	横山荘	●	五七	一六六	郷名は伝えず	八王子市
寺田村	横山荘		六五	四七		八王子市
下相原村	横山荘		一六六	二九七	田園簿は相原村	町田市
本郷新田	横山荘（由井領）				もと梅木	八王子市

片倉村	横山荘	○■	九三	一八八	郷名を失う	八王子市
小比企村	横山荘	■	五七	二三八		八王子市
子安村	横山荘	■	二三六	二〇九	郷名の唱なし、八王子市明神町	八王子市
松木村	横山荘		九四	五七		八王子市
小山村	横山荘		五五	三四六		町田市
大沢村	横山荘（柚木領Ａ）		五七	三七		八王子市
上柚木村	横山荘（柚木領Ａ）	●	一二七	六五	もと柚木村	八王子市
落合村	横山荘（柚木領Ａ）		九四	四七		多摩市
大塚村	横山荘（柚木領Ａ）	●新	八九	六五		八王子市
越野村	横山荘（柚木領Ａ）		九六	四六		八王子市
中野村	横山荘（柚木領Ａ）	（●新？）	八〇	一二二	＊中野村に二村あり	八王子市
中山村	横山荘（柚木領Ａ）		四三	二六		八王子市
堀ノ内村	横山荘（柚木領Ａ）	◎新■	八〇	一二三		八王子市
山田村	横山荘（由井領）		一	一三一		五日市町
上椚田村	横山荘（由井領）	■	四〇	四六〇	中世椚田郷	八王子市
散田村	横山荘（由井領）	■	二三	三五二		八王子市
下椚田村	横山荘（由井領）	○■	六一	二一二	もと椚田村、中世椚田郷	八王子市
本郷	横山荘（由井領）				郷名は伝えず	八王子市
元横山村	横山荘（由井領）		一九五	一八〇	中古山井郷ヵ（横山村）	八王子市
犬目村	船木田荘の可能性あり	△	四二	八八	郷荘の唱を失う	八王子市
宇津貫村	船木田荘の可能性あり	△	六〇	四〇	郷荘の唱を失う	八王子市

川口村	柚井郷に属す（上・下）	●新	一三九	七一三	古代川口郷（上川口村・下川口村）	八王子市
舘村	船木田荘の可能性あり	△	四一	一五一	郷荘の唱を失う	八王子市
戸吹村	船木田荘の可能性あり	△	三三	六九		八王子市
中野村	（※中野村に二村あり）	（●新？）	一七三	二一一	郷荘の唱を失う	八王子市
梅坪村（中世）	船木田荘：中世史料のみ	●新			八王子市梅坪地区	八王子市
谷慈郷（中世）	船木田荘：中世史料のみ	●			谷地荘の村々	八王子市
由比郷（中世）	船木田荘：中世史料のみ	●新			由井領の村々	八王子市
由比野村（中世）	船木田荘：中世史料のみ	●			由比郷に同じヵ	八王子市
木切沢村（中世）	船木田荘：中世史料のみ	●新			程久保付近の山村	日野市
参考：程久保村	中世は多西郡得恒郷	木切沢関係	一一	八	地内に木切沢の地名あり	日野市
（船木田荘計）			四六三五	九二八九		

＊●は東福寺文書、◎中世文書、○は戦国期文書で船木田荘内、△は推定。■は中世文書で横山荘内、新は船木田新荘の意。

少の齟齬はあるとしても、おおよその船木田荘の概要として、ほぼ間違いのないものと思われる。そこで次節で検討する多西郡三郷の郷域とともに、船木田荘の荘域に属する村々の分布をみたのが、図5—1である。

これらの地名分布からみれば、八王子市の川口川・谷地川・南浅川・浅川中流に沿った山間・丘陵の小平地部と、日野市（一部八王子市を含む）の浅川下流域および浅川南部の丘陵・台地部および低地部を中心とする地域であったことが一目瞭然となる。すなわち船木田荘の荘域とは、多摩川およびその流域の低地部を含まず、これと相模国最北端部に囲まれた地域と考えてほぼ間違いあるまい。そして荘園の特色としては、大河川沿いよりも、かつて牧であった山間部、あるいは台地部を流れる中小河川周辺の小平地に、小規模に開発された多数の村々から構成されていたことになる。

もともと船木田荘は、第二部総論でも述べたように、船木を供給する林業を中心とした荘園の意で、山間部に設けられたものである。荘内の小比企郷（＝木挽）や木切沢村といった地名からも窺われるように、生業のうちでも用材の切り出しが重要な意味を持っていた。この地は、第三部総論や第一一章の山本論文が指摘するように、近世においても大都市・江戸への有力な材木供給地であった点に留意すべきだろう。こうした地形的特色からも、水田稲作に重きが置かれたとは考えにくい荘園であった。

三　多西郡三郷の郷域と船木田荘との比較

前節では当地域を代表する荘園であった船木田荘の荘域と地形的特色についてみてきたが、ここでは公領であり、かつ南広間地遺跡の地にあたる多西郡土淵郷の事例を検討する。ただし、この地域には土淵郷のほかに、ほぼ同様の立地条件を有して隣接した多西郡得恒郷と吉富郷についても、郷域の確定を行うとともに、その特色を船木田荘との対比で考えてみたい。これらの三郷は、山間部や台地・丘陵部の多い船木田荘とは地形的に好対照をなし、多摩川・浅川流域の沖積地に立地するところに大きな特色がある。

すでに、この三郷の郷域については、峰岸純夫氏の考察があり〔峰岸二〇〇六〕、屋上屋を重ねるきらいもあるが、ここでは船木田荘の場合と全く同じように、近世の郷荘名から、この問題を考えてみたい。ただ船木田荘とは異なり、この多西郡三郷については、いくつかの中世文書が現存することから、これらを先に検討した上で、近世の郷荘名との比較を試みたいと思う。

まず高幡高麗氏が本拠をおいた得恒郷は、徳常郷とも書いた。その初見は正和元年（一三一二）八月一八日の平忠綱譲状で、「同（武蔵）国たさいのこほりとくつねの郷」とあり（高幡高麗文書／『多摩市史　資料編一』六四

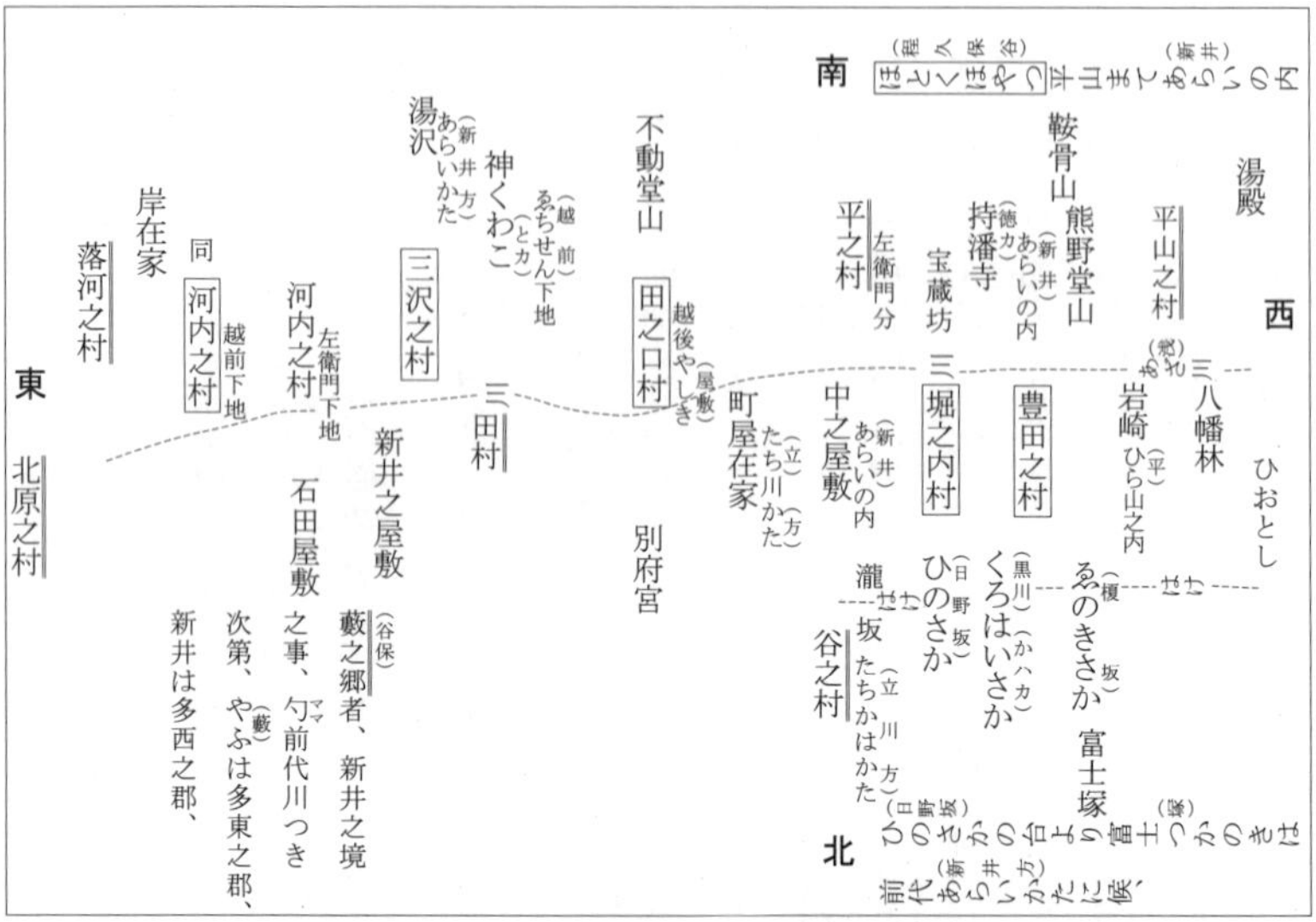

© Nobuo HARADA

図５―２　高幡不動座敷次第関連図

五）、続けて船木田荘木切沢村の記載があるところから、この時期に高麗氏は、得恒郷やこれに隣接する船木田荘の山村（木切沢村は日野市程久保付近）を領有していたことが知られる。高麗氏は、もともと武蔵国高麗郡出身の武士であったが、鎌倉期には御家人となり、遅くとも一三世紀後半には当郷一帯に勢力を有していた。

　また貞治四年（一三六五）四月二五日の平重光打渡状（前田家所蔵文書／『神奈川県史　資料編三』四五四四）には、「武蔵国高幡郷」を高麗三郎助綱の遺族に打渡すべき旨がみえるが、応永二二年（一四一五）二月日の金剛不動堂勧進帳（金剛寺文書／『日野市史史料集　古代・中世編』一〇九）に、「多西郡得恒郷常住金剛寺不動堂」とみえ、得恒郷は金剛寺不動堂、すなわち平安初期に円仁が開いたとする高幡不動の地を含むことから、高幡郷は得恒郷と同一あるいはその一部であっただろう。

　当地域における戦国期の状況については不明な点が多いが、この時期における村落結合のありかたを窺わせる史料に、永禄一〇年（一五六七）一〇月一八日の年紀を有する高幡不動座敷次第覚写と、その付図である高幡高麗一族屋敷・下地等絵図がある（「家伝史料」巻六／『南広間地遺跡二〇〇三』）。この絵図に旧船木田荘・得恒郷・土淵郷などの地名を、それぞれにマークしたのが図５―２である。

このうち三沢と平については、この図５―２に、それぞれ「三沢之村・平之村」とみえ、高麗氏の支配下にあったことなどからも、得恒郷内に含まれていたと考えられる。ちなみに『新編武蔵国風土記稿』平村（現・日野市南平）の項には、村内に平助綱のものと伝える墳墓がある旨が記されており、高麗三郎助綱との深い関連を窺わせる。

次に吉富郷に関しては、『吾妻鏡』治承五年（一一八一）四月二〇日条に、「武蔵国多西郡内吉富、并一宮・蓮光寺等」とみえ、小山田三郎重成が押領していたこれらの地を、平太弘貞に返付するよう命じられている。この御家人・平太弘貞については不明であるが、当郷内に武蔵一宮である小野神社が存在していたことが重要だろう。また真慈悲寺銅像阿弥陀如来座像背銘（日野市百草八幡神社所蔵／『日野市史史料集　古代・中世編』九四）には、「日本武洲　多西吉富　真慈悲寺」とあり、同じく平安末期からの祈禱霊場として名高い真慈悲寺があったことがわかる。

しかも近年の発掘成果や文献研究によって、この真慈悲寺が日野市百草の百草園一帯に位置したことが判明している［日野ふるさと博物館一九九三・峰岸二〇〇六］。さらに、ここには古代から中世にかけての著名な低地遺跡で、本書第一部および第二部の総論でも、これまでにも何度か触れてきた落川・一の宮遺跡がある。こうしたことからも、当郷は浅川・多摩川を挟んで対岸に位置した武蔵国府に次ぐ重要な拠点で、平安末期以降に宗教的な中心地であったことが窺われる。

その後、南北朝期には、康暦元年（一三七九）一一月三〇日の鎌倉公方足利氏満御教書写（荘厳院文書／『多摩

市史　資料編一』七〇〇）によれば、鎌倉府の御料所として「多東（西）郡吉富郷号関戸」とみえ、かつて宇都宮氏の所領であった当郷を、鶴岡八幡宮に寄進したことが知られる。これ以降、鶴岡八幡宮関係の記録や文書に、しばしば吉富郷が登場し、この頃から当郷の別称として関戸が用いられるようになる。

例えば「鶴岡八幡宮寺社務職次第」（『神道大系　神社編二〇　鶴岡』）二一代尊賢条に、応永一八・二一年（一四一一・一四）のこととして、「吉富郷五ヶ村」「吉富内中河原村」などとあり、宇都宮氏の押妨をうけている。さらに「香蔵院珎祐記録」（同前）には、寛正二年（一四六一）六月の記事として「関戸六ヶ村」とみえるが、これを承けた同七月・九月分の「吉富郷六ヶ村」「惣郷六ヶ村」「吉富村」などという記載からも、吉富郷六ヶ村と関戸六ヶ村とは同一で、吉富村を中心とし鹿子嶋村と中河原村を含んだものと考えられる。

この関戸もまた、多摩川と浅川との合流点付近に位置し、武蔵国府の対岸にあたるため、古くからの交通の要衛とされてきた。また武蔵の歌枕である霞関の地とされたほか、さまざまな合戦では重要拠点として多くの軍勢を集めたところでもあった。

最後の土淵郷は、本書の主要な研究対象遺跡である南広間地遺跡とほぼ重なる地で、本章においては本格的な検討を要することになるが、詳細は次節に譲り、ここでは郷域にかかわる要点のみ触れておきたい。郷名については、文保二年（一三一八）一二月一〇日の関東下知状（立川文書／『立川文書』四）に、「武蔵土淵郷」とみえ、立河彦四郎重清の妻である藤原氏娘が土淵五郎から買得した当郷内の田九反と在家二宇を、鎌倉幕府が安堵するべき旨を命じている。

また嘉暦四年（一三二九）正月二三日の関東下知状（同前七）にも、立河氏の所領として「多西郡土淵上村」がみえるほか、応永二四年（一四一七）正月二〇日の関東管領上杉憲基施行状案（同前一四）には、「土淵郷田畠・屋敷・河原等事」とある。河原が知行の対象となっていたことは、おそらく漁業権にかかわるものと思われ、縄文以来の伝統である河川漁撈が重要な位置を占めていたことになるが、多摩川流域の河原を控えたところに当郷の特色があったといえよう。

以上、多西郡三郷に関する中世文書は決して多くはないが、知りうるところの概況をみてきた。つぎに船木田荘の場合と同様に、『新編武蔵国風土記稿』に記された近世の郷荘名を手がかりに、これらの郷域を考えてみたい。以上の情報をまとめたのが表５―２であるが、すでに土淵郷・吉富郷はみあたらず、代わりに土淵荘・吉富荘が登場する。さらに徳常郷土淵荘や徳常郷高倉荘なる表記もあり、郷と荘の混同がみられ、一見、論拠とするには不充分であるかにみえる。しかし、これまでの中世文書や多摩川・浅川などの流路を手がかりとして整理してみると、この表の旧郷名に示したような村々が、それぞれの郷域であったことには疑いがない。

すなわち得恒郷は、浅川南岸の日野市高幡を中心として南平・三沢を加えた地域、また吉富郷は、多摩市と日野市にまたがる地域で、連光寺・関戸・一宮・寺方・百草を中心と大栗川が多摩川に合流する一帯、さらに土淵郷は、多摩川と浅川に挟まれた低地部で、日野市の日野本郷をはじめ上田・下田・万願寺・新井・石田・宮などを中心とした地域であった。いずれも多摩川・浅川という大河川の沖積低地に位置していたことが重要である。

ここで先の表５―１と表５―２を較べてみると、船木田荘と多西郡三郷を構成した村々の注目すべき特色が浮かびあがってくる。これら二つの表には、近世初期に作成され、一七世紀前期における村々の石高を記した『武蔵田園簿』から、それぞれの田高・畑高を一覧したもので、とくに表５―２については、いくつかの村について近世の初期検地における水田と畑地の面積も示した。もちろん、これによって中世における船木田荘と多西郡三郷の実態が、そのまま明らかになるわけではないが、耕地開発の傾向については知ることができる。

まず船木田荘については、田四六三四石・畑九二八九石（比率四九・八九）であるのに対し、多西郡三郷では田三五六九石・畑一九〇五石（比率一八七・三五）で、圧倒的に後者の方に水田が多かったことが一目瞭然となる。

ただ、これは面積比ではなく石高比であるから、船木田荘において、水田が畑地の二分の一であったことにはならない。ちなみに近世初期検地の面積レベルでみれば、多西郡三郷では、二四例のうち四例が知られるのみで、その合計は田一八三町九反余・畑一六〇町余（比率一・一五）となる。やや水田が上回るにすぎないが、それでも船木田荘の場合と較べれば、圧倒的に水田が多かったのは動かせない事実となる。

ここで再び両者の地形条件に注目すれば、荘園である船木田荘が山間部および台地・丘陵部の小河川沿いの小平地に立地する村々を中心としていたのに対し、当地域の中心的な公領であった多西郡三郷は、多摩川・浅川流域の沖積低地を基盤としていた点が重要だろう。そして土淵郷にあたる南広間地遺跡にせよ、あるいは吉富郷に比定される落川・一の宮遺跡にせよ、低地部に展開された耕地と集落は、ほぼ七〜八世紀以来のものを、その原型としていることに注目すべきである。

ところが船木田荘のような荘園は、官牧が私有地化した段階以降に、台地や丘陵部の中小河川沿いの小低地に開発した村々を集めて立荘された点に留意しなければならない。こうした荘園の場合には、武蔵七党などの中小武士団が未開地の開墾を行い、それらを中央貴族などに寄進して荘園としての特権を手に入れたという事情がある。

例えば船木田荘の一部を構成したと考えられる宇津木台遺跡は、台地・丘陵部を流れる谷地川の東端に位置し、丘陵部を背景とした小規模低地を中心とするもので、その開発は平安期以降のものであった。まさしく前章でみた「船木田荘青木村」は、船木田荘の成立とほぼ同じ時期に開発されたもので、むしろ丘陵部の新たな新開地を荘園化していった過程の一部を示すものといえよう。

すなわち当地域の古代における開発は、まず律令国家の公田体制のもとで、多くの水田設置が可能な多摩川中流域の沖積低地から始まり、これに遅れて一二世紀頃に荘園である船木田荘が、山間部の中小河川沿いに開発し

表5—2　多西郡三郷と近世郷荘名　（田園簿の単位は石、水田・畠地の単位は町）

近世村名	郷荘称	旧郷名	備考	田園簿(田)	田園簿(畑)	水田	畠地	史料	市町村
日野本郷	土淵庄	土淵郷		一〇九五	六六〇	一三九・三	一三九・四	寛永検地帳	日野市
上田	(郷庄を伝えず)	土淵郷		六四	二五				日野市
宮	土淵庄	土淵郷	中世の「別府宮」	六五	二六				日野市
石田	徳常郷土淵庄	土淵郷		一〇九	二七				日野市
新井	徳常郷土淵庄	土淵郷		一〇〇	一五	一二・二	二・二	寛永検地帳	日野市
下田	徳常郷土淵庄	土淵郷	もと田村	一二五	一九				日野市
万願寺	徳常郷土淵庄	土淵郷		七八	一六				日野市
乞田	徳常郷土淵庄	吉富郷	中世に「関戸之内」とあり	一一〇	七二				多摩市
三沢	阿部郷土淵庄	得恒郷		一一三	四一				日野市
平(南平)	(郷荘の唱えを失う)	得恒郷	村内西方に小字・木伐沢あり	一三五	五六	二一・四	一五・三	寛文検地帳	日野市
川辺堀之内	徳常郷	得恒郷		七九	三三				日野市
落川	徳常郷土淵庄	得恒郷		三〇五	一一四				日野市
高幡	得恒郷	得恒郷	南北朝以降は高幡郷	九〇	三三	一一・〇	三・四	寛文検地帳	日野市
程久保	得恒郷	得恒郷		一一	八				日野市
一ノ宮	徳常郷土淵庄	吉富郷	＊吉富郷五ヶ村	二五〇	七五				多摩市
寺方	土淵庄、徳常郷吉富庄ともあり	吉富郷	＊吉富郷五ヶ村	八	一四三				多摩市

関戸	吉富庄	吉富郷	＊吉富郷五ヶ村	二一一	九六				多摩市
連光寺	（郷名の唱えを伝えず）	吉富郷	＊吉富郷五ヶ村	一〇三	一一八				多摩市
上和田	（中古川部領）	吉富郷	関戸郷（もと和田村）	二四三	一八六				多摩市
中和田	柚井郷橘の庄	吉富郷	関戸郷（もと和田村）	上記のうち	上記のうち				多摩市
百草	徳常郷土淵庄	吉富郷	＊吉富郷五ヶ村	一九五	一〇五				日野市
中河原	もと関戸の郷	吉富郷	関戸郷	八〇	三七				府中市
原	（関戸の小字に原地あり）	吉富郷	関戸郷						—
鹿子島	（国立市青柳のうちか）	吉富郷	関戸郷						—
勝河	（不明、落川の誤記か）	吉富郷	関戸郷						—
（三郷計）				三五六九	一九〇五	一八三・九	一六〇・三		

た村々を集めて成立をみたにすぎない。広大な領域を誇る船木田荘ではあったが、古くからの水田適地である沖積低地は、国家によって押さえられ、多西郡三郷のように、多くの水田を抱えた公領として中世にも継続していたのである。

四　中世土淵郷における開発主体

ここでは中世の土淵郷について、やや立体的に開発主体の問題をみていくため、当時の在地状況について、峰岸氏の成果をもとに確認しておきたい［峰岸一九九四］。もともと当地域には、古代以来の豪族集団であった武蔵七党の一つである西党が勢力をふるっていた。西党は、日奉宗頼を祖とするもので、中央から武蔵に下った藤原宗頼が、武蔵豪族の日奉氏の女性と結婚し、これを軸に在地の勢力を結集させて、一一世紀初頭に築きあげた中世武士団であった。

もともと日奉氏は、大化前代の伴造の下におかれた品部の一つである日奉部に属した古代豪族であったが、武蔵にも六世紀頃に配置され、国府西方の日野の地に入って太陽祭祀を司っていた。その祭神は、土淵郷の日ノ宮権現（現・日野宮神社）で、日奉氏の本拠が土淵郷一帯となることから、日野本郷はかつての土淵本郷にあたると考えられている。

古代の南広間地遺跡一帯における開発を主導したのは、おそらく日奉氏一族であったろうが、中世に入ると、武士団としての西党＝日奉氏が、藤原宗頼の子孫たちが武蔵国の在庁官人の地位にあったことを背景に、地域開発を強力に推し進めていった。第三章および前章でみたような多摩川右岸の沖積低地における急激な地域開発は、こうした在地情勢をそのまま反映するものといえよう。

また日奉氏は、在庁官人として由井牧の別当ともなり、山間地の中小河川沿いの小平地で小規模な水田開発を行いつつ、中央との関係を巧みに利用して、これらを他の武士団ともども摂関家に寄進し、船木田荘を成立させた。すなわち沖積低地の公領においても、山間部の荘園においても、こうした武士団が積極的に開発を行っていったのである。

それと同時に日奉一族は、土淵郷を中心に多摩川流域の各地に、その分流を定着させていった。峰岸氏によれば、惣領家にあたる西氏は、おそらく日野本郷を本拠とし、その周辺に高幡氏・上田氏・田口氏・平山氏・土淵氏・田村氏、多摩川北岸に立河氏、その上流部に小河（小川）氏・二宮氏・雨馬（雨間）・平井氏、浅川上流に由井氏、川口川に河口（川口）氏、さらに府中南部には、長沼氏・細山氏、その下流には狛江氏・伊乃（方乃ヵ）氏、そして稲毛氏といった西党の一族が、鎌倉期に配置されていたという［峰岸一九九四］。

彼らはいずれも鎌倉幕府の御家人となって活躍し、当地域の郷村レベルでの開発を主導したものと思われる。

しかも在庁官人として当地域一帯を支配した西党、すなわち日奉系の一族は、とくに北条氏の得宗被官であった可能性が高いが、それゆえ鎌倉幕府の滅亡を契機に、立河氏・平山氏を除いて、それぞれ没落の憂き目にあった。そして代わりに新たな地頭たちが、当地域に入部してくるところとなった。

おそらく鎌倉幕府滅亡後に、相模国御家人の山内首藤氏の庶族と思われる山内経之が、土淵郷に入部した［峰岸二〇〇六］。この山内経之は、高幡不動胎内文書の奉納者で、彼の書状七（以下、経之書状は『高幡不動胎内文書』の文書番号で区別）に「ほんかう（本郷）のひやくしやう（百姓）ともに仰つけ候」とあり、経之が負担すべき鶴岡八幡宮放生会の費用を、在地の百姓から徴収するよう命じている。この本郷は日野本郷のことと考えられるところから、山内氏は日野宮付近を本拠としたものと思われる。

また前節で、土淵郷の初見としてとりあげた文保二年（一三一八）の関東下知状（前出）では、郷内の水田と在家をめぐって、立河氏の妻と土淵氏とが対立していた点に注目しておきたい。多摩川北岸の多東郡立河郷に本拠としていた立河氏は、買得という手段で土淵郷に所領を有していたが、その子孫が土淵氏と争うという状況が続いていた。そこへ新たに土淵郷に入部した山内氏が、土淵氏や立河氏とどのような関係にあったかは不明であるが、いずれにしても南北朝期以降には、旧来の郷を単位とする地域構造に大きな変化が訪れたと考えられる。

新参の山内氏は、書状三号・五号・七号などからも明らかなように、百姓年貢の収納に手こずり、書状四号などから雑役の招集にも手を焼いていたことが分かる。また南北朝の内乱における常陸小田や下総下河辺荘などへの出陣で、出費もかさみ書状三〇号Aからは「そうせち（相折）」つまり生活費にも事を欠いたようで、高利貸とおぼしき人物に用途の借用を申し出ている様子が窺われる（小川信『高幡不動胎内文書』解説「山内経之の動向」）。

そうしたなかで、旧来の在地領主であった高幡氏や新井氏などと親交を結び、地縁的結合によって勢力の基盤をかため、高幡氏の本拠にあった高幡不動への信仰を深めていたことを、『高幡不動胎内文書』から読みとることができる。とくに新井氏をはじめとする高幡高麗一族には、かなり接近していたものと思われるが、多摩川を挟んで向かい合う立河氏が書状類に登場することはなく、敵対関係にあったものと考えられる。

こうした山内氏の事例は、必ずしも一般的な在地領主と上層農民との関係を示すものとは断定できないが、おそらく現実の郷村レベルの農業経営とは離れたもので、彼らのような在地領主を、この時期の開発主体とみなすことは難しいだろう。むしろ中世後期以降においては、村々の農業経営の実質を担う上層農民たちとの関係性を保ちながら、所領の経営を維持する必要があった。しかも南北朝の内乱期には、政治的にも軍事が優先されたため、在地領主のなかには合戦の討ち死にで所領を失う者も少なくなく、山内経之もそうした一人であったといえよう。

その後、観応元年（一三五〇）の観応の擾乱を契機に、関東各地で族縁的な一揆が出現をみたが、当地域では、高麗氏・立河氏などが武州南白旗一揆を形成した。これは鎌倉府や関東管領上杉氏などが働きかけたもので、この南一揆は、一四世紀末から一五世紀にかけて、守護代大石氏と連携し上杉氏の軍事力の一翼を担った［峰岸二〇〇六］。前章で触れた応永二四年（一四一七）の関東管領上杉憲基施行状案（前出）が、立河氏の所領を沙汰付けしているのも、そうした状況を反映するものであった。

当地域における戦国期の状況については不明な点が多いが、この時期における村落結合のありかたをうかがわせる史料に、先の図5―2によって座敷次第の人名および村名を合わせてみると、新井氏をはじめとする高麗一族が、得恒郷の高幡不動を中心に密接な連携を保っていたことが分かる。その範域には旧船木田荘の一部であった豊田や、別府宮および田村や石田といった土淵郷南部の主要地が含まれていることが判明する。

この図5―2から読みとれる情報としては、基本的に戦国期の土淵郷南部は、高幡不動を背後に控えた高麗氏との連携が強く、南北朝期の山内氏以来の伝統が維持されていたことであろう。ちなみに高幡不動の頂上にあた

表5—3　多摩川南岸・浅川北岸板碑分布表

地名	1200年代	1300年代	1400年代	1500年代	不明	計
東光寺		+1	+1			2
栄町	1	3	6		5	15
日野		6	1		3	10
石田		12+6	4+2		14+1	39
新井			1			1
下田		3+4	6		1	14
宮		4	3		3	10
上田		+1			1	2
川辺堀之内			1			1
豊田	1	14+2	2+2		6	27
計	2	56	28	0	34	120

＊+以下の数値は、板碑は現存しないが、地誌類によって加えたもの

（『日野市史史料集　板碑編』より作成）

る高幡城からは、これらの地域を一望することが可能で、在地の状況や動向の把握は容易であった。

なお絵図には立河氏方の町屋在家が記されることから、土淵郷南部にも立河氏が在家を有していたことが知られる。すでに鎌倉期の土淵郷という地域結合は、大きな変貌を遂げていたことに留意する必要があろう。こうした問題を考慮した上で、中世後期の土淵郷における集落立地の問題を、板碑の存在を通してみてみよう。土淵郷一帯の板碑分布を一覧したのが表5—3で、これを地図に落としてみると図5—3のごとくなる。

当地域では一六世紀代の板碑が出ないという特色はあるが、最も古い板碑は、一三世紀までさかのぼり、日野市栄町と豊田の二ヶ所に存在する。豊田は船木田荘の領内で、東福寺文書にも登場することから、最も古い板碑の一つが残ったことは頷けよう。また栄町はもと日野の一部で、日野とともに日野宮神社との関係から日野本郷と称された中世土淵郷の本拠であり、栄町・日野に古くからの板碑が多いことも、その反映であろう。

これに対して、船木田荘であった豊田・堀之内を除け

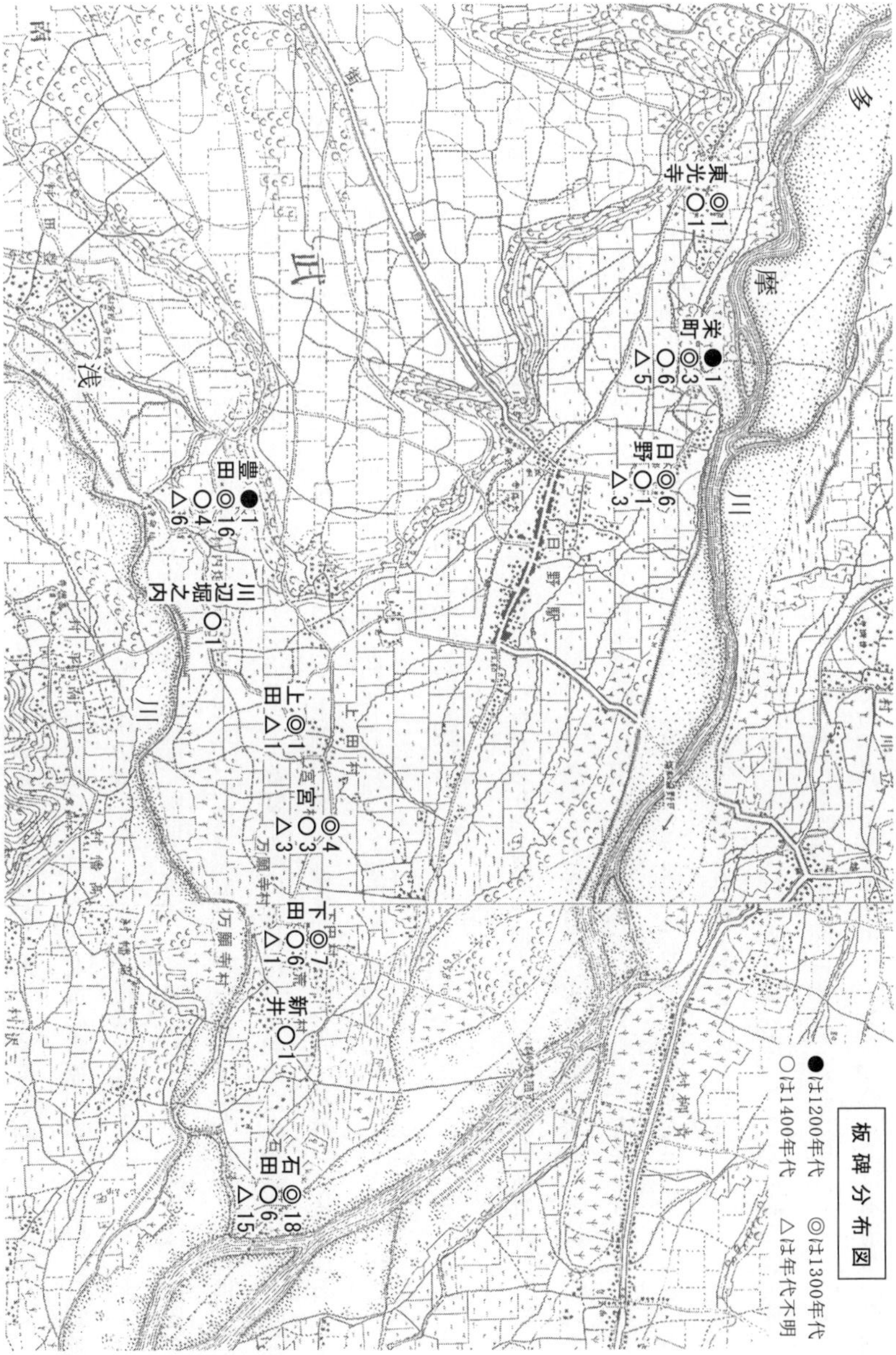

図5－3　南広間地周辺板碑分布図

© Nobuo HARADA

ば、上田・宮・下田・新井・石田地区に板碑が集中しており、とくに田村氏の屋敷跡と伝えられる安養寺付近の石田地区において顕著となる。板碑そのものの移動も考慮する必要はあるが、大字を超えて動く事例は珍しく、その集中は中世住居域の存在を物語ると考えてよい。それゆえ図5―3から、北部の多摩川南岸の栄町・日野地区と、南部の浅川北岸を中心とした地域に、中世土淵郷の住居域があったことを指摘できよう。

この問題を、本節でみてきた地域的結合との関係で考えれば、中世土淵郷のうち、おそらく北部では土淵氏が中心となり、多摩川を隔てた立河郷に館を構えていた立河氏との関連が強かったものと思われる。これに対して、南部では同じ日奉氏の系譜を引く田村氏が勢力を有して、高幡不動の地に拠点をおいた高幡高麗一族との強い連携を保っていたものと考えてよいだろう。こうして土淵郷は、中世後期には南北に分裂した状態にあったが、それぞれ多摩川・浅川という大河川の沖積低地を開発し続けてきたものと思われる。

五　南広間地遺跡における開発と村落景観

この土淵郷北部一帯は、栄町遺跡として発掘調査が行われており、南部一帯については南広間地遺跡として、それぞれ膨大な発掘成果が蓄積されている。そこで本節では、そうした考古学による発掘成果をもとに、これまでの分析を踏まえたうえで、中世における開発と村落景観の様相を考えてみたい。すでに考古学からは、そうした試みがなされており、中世から近世にかけての開発と村落に関する研究はあるが［森一九九一・九二a］、その後も発掘報告成果が積み重ねられていることから、改めてここで検討し直しておきたいと思う。

この南広間地遺跡の概要に関しては、すでに第三章で触れているので繰り返さないが、ここでは調査区全体のうち、中世から近世にかけての遺構の分布からみていく。これらを遺構全体図に落としたのが図5―4であり、この図を読み込むために、各遺構の特色と遺物を一覧したのが表5―4―1・2である。ここでは遺構を屋敷地

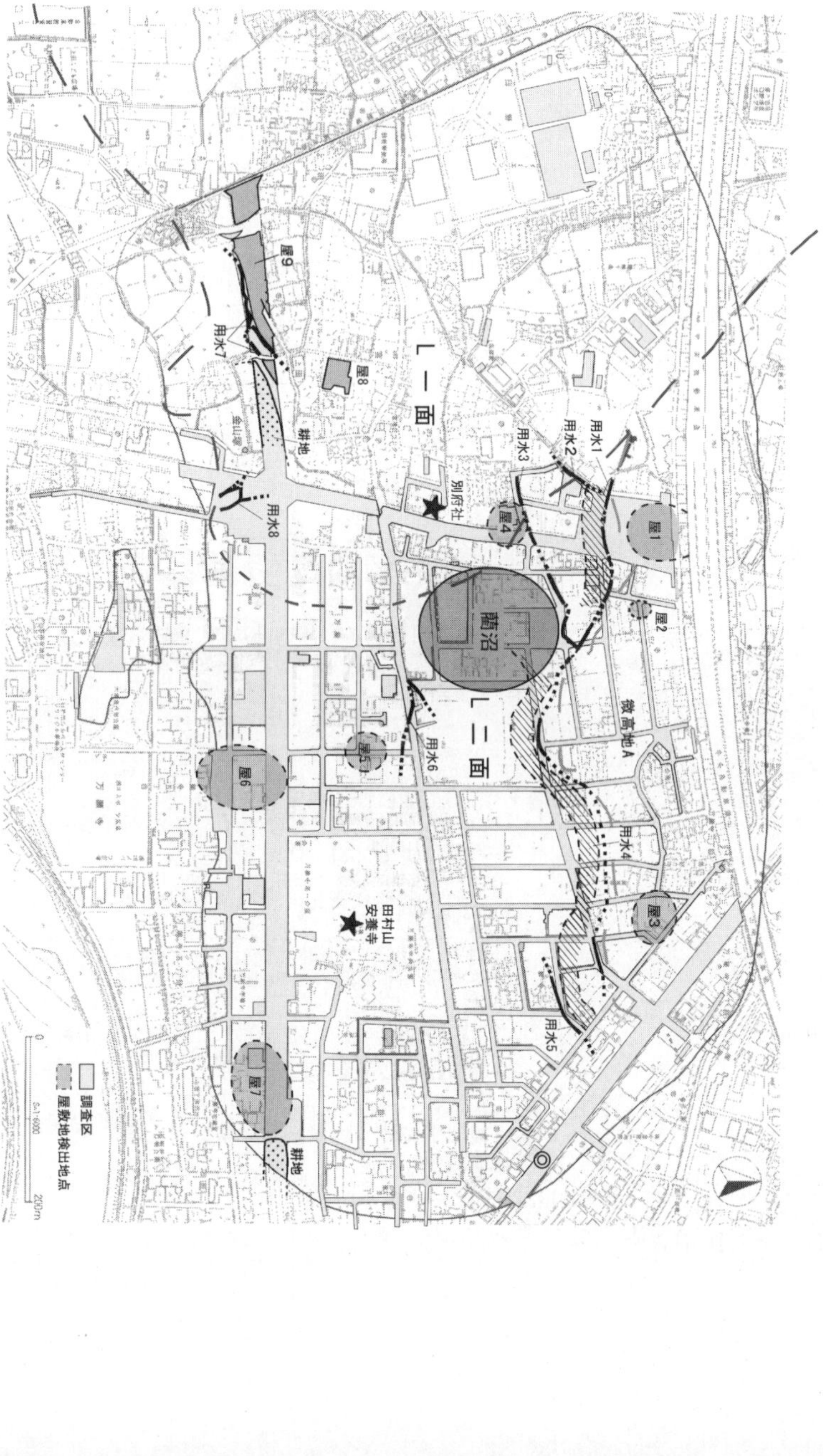

図5—4　中世の集落と耕地遺跡

出土遺物の所産時期	出典・備考
12世紀後半～14世紀	『南広間地遺跡――万願寺地区土地区画整理事業に伴う埋蔵文化財発掘調査資料――』(2007) 検出遺構および出土遺物については[森1992]による
12世紀代～13世紀代か	同上
	同上 11地点西に臨済宗万福禅寺が隣接
12世紀代～14世紀代	同上 出土遺物については[森1992]による
中世前期	『田中藤重による共同住宅建築に伴う埋蔵文化財発掘調査報告書――南広間地遺跡第18次調査――』(1994)
13世紀～	『南広間地遺跡11』(1998)
詳細不明	『南広間地遺跡――万願寺地区土地区画整理事業に伴う埋蔵文化財発掘調査資料――』(2007)
13世紀～15世紀代主体／16世紀末までを含む	『南広間地遺跡10』(1998)古代水田域を屋敷地としている。母屋＋倉庫＋墓域？
※古代の竪穴住居を切っているものが多く、中世前半代と考えられる	『一般国道20号(日野バイパス万願寺地区)改築工事に伴う埋蔵文化財発掘調査報告書――南広間地遺跡日野バイパス万願寺地区――』(1995)
12世紀～14世紀代	『南広間地遺跡――井上吉之助共同住宅建設に伴う埋蔵文化財発掘調査報告書――』(2004)
	同上。『井上吉之助共同住宅建設地』との関連から、中世期の屋敷地と考えられる
中世後半か	『日本ハウズィング(株)によるマンション建築に伴う埋蔵文化財発掘調査――南広間地遺跡第28次調査――』(1996)
【竪穴状遺構】12世紀以降／【SB14A・C】13世紀代／【SB03A～D】14世紀代／【SB02】14世紀末以降／【SB08～SB10・SB12】中世後期～近世初／【SE01】近世前期廃絶／【SE02】中世前期／【地下式坑】中世後期	『一般国道20号(日野バイパス日野地区)改築工事に伴う埋蔵文化財発掘調査報告書』(2003) ※屋敷地内に小区画の畠、これについては図5―5を参照

（有村作成）

表５―４―１　南広間地屋敷

番号	調査区	検出遺構	出土遺物
屋敷―１	9次調査 31・43地点	掘立柱建物30棟以上(4～5回の建替え)、井戸、竪穴状遺構、区画溝、柵列・生垣、土坑墓	国産陶器(常滑、渥美)―山茶碗系片口鉢、甕、壺、三筋壺、片口鉢／貿易陶磁器―青磁碗、青磁盤、白磁碗、青白磁碗、緑釉／在地土器―小皿その他／詳細不明
屋敷―２	9次調査28地点	井戸(乱石積み、素堀)	国産陶器(常滑)―山茶碗系片口鉢、甕／貿易陶磁器―青磁碗／在地土器―カワラケその他／詳細不明
屋敷―３	9次調査 11･12･15地点	井戸(素堀り)、集石土坑、大型土坑、地下式土坑	国産陶器(常滑、渥美)―甕／貿易陶磁器―青磁椀その他／詳細不明
屋敷―４	9次調査26地点 EHライン	掘立柱建物	国産陶器(常滑、渥美)―片口鉢、甕、壺／貿易陶磁器―青磁碗、白磁碗、青白磁合子その他／詳細不明
	第18次地点	掘立柱建物5棟以上、竪穴状遺構	在地土器―カワラケ
屋敷―５	9次調査34地点	掘立柱建物(庇付総柱建物)、柵列、大型土坑	なし、※遺構外、周辺土坑内より国産陶器(常滑)―甕／在地土器―カワラケ／貿易陶磁器―白磁碗が出土
	9次調査80地点	竪穴状遺構、柱穴群、炉状遺構	貿易陶磁器―青磁碗その他／詳細不明
屋敷―６	9次調査6地点	掘立柱建物4棟以上(新旧あり)、土坑群、地下式坑、区画溝	在地土器―カワラケ／国産陶器(常滑)―山茶碗系片口鉢、甕、片口鉢／国産陶器(古瀬戸)―縁釉皿、大皿、天目碗／国産陶器(瀬戸大窯)―擂鉢／貿易陶磁器―青磁碗、白磁碗、染付碗／在地土器―壺、カワラケ／非在地土器―南伊勢系羽釜／古銭
	20号バイパス 万願寺地区 DI-77～82区	掘立柱建物4棟以上	国産陶器(常滑、渥美)―山茶碗系片口鉢、甕、壺／国産陶器(古瀬戸)／貿易陶磁器―青磁碗／在地土器―カワラケ(以上、周辺遺構外出土)
屋敷―７	井上吉之助共同住宅建設地	柱穴群	国産陶器(常滑)―甕／貿易陶磁器―白磁碗、青磁碗／在地土器―カワラケ
	20号バイパス 万願寺地区 DI-155～162区	掘立柱建物10棟以上、竪穴状遺構	
屋敷―８	第28次調査地点	竪穴状遺構、掘立柱建物、柵列、地下式坑	国産陶器(常滑)―甕
屋敷―９	20号バイパス 日野地区Ⅰ区～Ⅲ区	掘立柱建物13棟以上(新旧あり、中世前半代3棟、14世紀代4棟、中世後期5棟)、竪穴状遺構、井戸(素堀り、石積)、柵列、土坑墓、地下式坑	国産陶器(常滑、渥美)／国産陶器(古瀬戸)／国産陶器(瀬戸大窯)／貿易陶磁器／在地土器

出土遺物等からみた遺構の所産時期	出典・備考
12世紀代〜14世紀代	『南広間地遺跡５』(1995) 用水３との合流点付近。合流部西に中世集石土坑多数あり
	『南広間地遺跡――万願寺地区土地区画整理事業に伴う埋蔵文化財発掘調査資料――』(2007)
	同上
	同上
12世紀代〜14世紀代	同上 出土遺物については［森1992］による
12世紀代〜14世紀代	『南広間地遺跡５』(1995)
	『南広間地遺跡――万願寺地区土地区画整理事業に伴う埋蔵文化財発掘調査資料――』(2007)
	同上
【１号溝】12世紀中葉〜14世紀代 【２号溝】12世紀中葉〜14世紀代	『南広間地遺跡１』(1988)
12世紀代〜14世紀代	『南広間地遺跡――万願寺地区土地区画整理事業に伴う埋蔵文化財発掘調査資料――』(2007)／出土遺物については森［1992］による
	『南広間地遺跡――万願寺地区土地区画整理事業に伴う埋蔵文化財発掘調査資料――』(2007)
	同上
	同上
	同上
	同上
	同上
12世紀代〜15世紀中葉	『南広間地遺跡９』(1997)
【401号溝】11世紀後半〜12世紀初頭 【404号溝】15世紀代	『南広間地遺跡３』(1990)
【SD05・SD06】中世前期 【３耕水田】15〜16世紀代以降 【４耕水田・５耕水田】中世前期 【４耕畑】14世紀後半以降 【５耕畑】中世前期 【SS01】14世紀以降 【SS02・03】14世紀末以降 【SX30】15世紀以降	『一般国道20号(日野バイパス日野地区)改築工事に伴う埋蔵文化財発掘調査報告書』(2003)
中世後期〜近世前期	『(仮称)浅川公会堂建設予定地埋蔵文化財発掘調査報告書――南広間地遺跡第15次調査――』(1993)

(有村作成)

表5—4—2　南広間地生産域

種類	検出地点	遺構名	出土遺物
用水1系	9次調査23地点	303号溝	【303号溝】国産陶器(常滑・渥美)—山茶碗系片口鉢、甕、壺／在地土器—カワラケ／貿易陶磁器—青磁碗、白磁碗／古銭／板碑片／古銭
	9次調査28地点 ABライン	6号～8号溝	国産陶器(常滑)その他／詳細不明
	9次調査31地点	31号～33号、36号、37号溝	詳細不明
	9次調査43地点	複数あり。詳細不明	詳細不明
用水2系	9次調査66地点	1号～3号溝	【1号～3号溝】国産陶器(常滑・渥美)、在地土器—カワラケ／貿易陶磁器—青磁碗、白磁碗、青白磁合子その他／詳細不明
用水3系	7次調査T地点 ABライン、DEライン	301号溝　旧・新	【303号溝旧・新】国産陶器(常滑・渥美)—山茶碗系片口鉢、甕、壺／在地土器—カワラケ／貿易陶磁器—青磁、白磁／古銭／板碑
	9次調査26地点 ADライン	1～3、9号溝	国産陶器(常滑、渥美)—甕、壺／貿易陶磁器—青磁碗その他／詳細不明
	9次調査26地点 KLライン	2号溝、13号溝	詳細不明
用水4系	4次調査第1地点	1号溝、2号溝	【1号溝】国産陶器(常滑・渥美)—甕、山茶碗、壺、三筋文壺、片口鉢／在地土器—小皿／貿易陶磁器—青磁皿、青磁碗、白磁碗、青白磁碗／青銅製品—小刀の刀装具 【2号溝】国産陶器(常滑・渥美)—甕、壺、山茶碗、山茶碗系片口鉢／在地土器—小皿／貿易陶磁器—青磁碗、白磁皿、白磁碗、青白磁碗／青銅製品—小刀の刀装具の一部
	7次調査M地点	212号溝、他(3条以上)	【212号溝】貿易陶磁器—青磁碗、高麗青磁梅瓶、青白磁輪花皿、青白磁合子その他／詳細不明
	7次調査U地点	16号～18号溝	詳細不明
	9次調査12地点	20号、21号、23号溝	詳細不明
	9次調査15地点	212a～c号溝	詳細不明
	9次調査20地点	410号～417号溝	詳細不明
	9次調査28地点 STライン	19号～21号、23号溝	詳細不明
	9次調査28地点 JKライン	10号～13号溝	詳細不明
用水5系	9次調査27地点	250号溝	【250号溝・北部水田域】国産陶器(常滑・渥美)—甕、壺／国産陶器(古瀬戸)—平碗、天目碗、縁釉皿／貿易陶磁器—青磁碗
用水6系	7次調査R地点	401号、404号溝	【401号溝】在地土器＝小皿 【404号溝】国産陶器(古瀬戸・縁釉皿)
用水7系	国道20号バイパス日野地区Ⅱ区～Ⅲ区	SD05、SD06および水田域(3耕～5耕水田) 畑作域(4耕畑・5耕畑) 道路跡(SS01～03) 整地痕跡(SX30)	国産陶器(常滑・渥美・古瀬戸)／貿易陶磁器—青磁、白磁、青白磁、染付／在地土器
用水8系	第15次地点	1号～4号溝および水田域(第5層水田)	

（表5―4―1）と生産関連（表5―4―2：主に用水路）とに分けたので、これに沿って順次検討を加えていきたい。

当遺跡における中世の傾向としては、古代から平安後期までは集落立地や土地利用について大きな変化はないが、一二世紀に入ると、その様相は大きな変貌をみせ始める。それまでの竪穴式住居から掘立柱建物へと変化し、なかには大型住居と思われるものもわずかながら検出されるようになる。古代律令期には林か荒れ地であった部分に、集落が形成され始めるなど、中世村落は新たな段階に入るとされている［森一九九二a］。

こうした前提を踏まえて、まず中世の集落域と生産域とをみていくが、集落立地の観点からは、多摩川・浅川という大河川が形成した二つの自然堤防、すなわち微高地の存在に注目すべきだろう。一つは屋敷地1～3（表5―4―1の屋敷1～3、以下同様に表記）が載る地内最大の北部微高地であり、もう一つは同じく5～9が載る浅川よりの微高地である。このうち浅川寄りの微高地は、古くから集落適地として利用されてきたが、部分的には古代の水田域に屋敷を設定したりしている。

これに対して北部微高地は、古墳時代後期後葉以降、集落域としての土地利用の痕跡が希薄になっていたが、一二世紀頃から再び集落が形成されるようになる。これは前節でみたような武士団による活発な開発行為によるものとみなすことができる。とくに図5―4にみられるように、屋敷地1では、三〇棟以上の掘立柱建物が確認されるほか、井戸や竪穴状遺構、柵列・生垣などの跡も検出されている。

もちろん掘立柱建物は、少なくとも四～五回の建て替えが行われており、同時期の存在ではないが、最大で二間×五間の主屋に三面もしくは四面の廂あるいは縁を伴っている。これに二間×三間・二間×二間などの中小建物がセットとなっているほか、柵列や生け垣などの存在から、開発領主的な武士の館であったことが窺われる。おそらく西党・日奉氏一族の有力武士が本拠とした地域の一つであったと考えてよいだろう。

しかも同時期の屋敷地2からは、素掘と乱石積みの井戸が検出されたり、同じく屋敷地4からも、掘立柱建物の存在が指摘されるところから、在地領主館を中心に集落が形成されていたことが分かる。なお、これらの屋敷地からは、同じく一二世紀以降の常滑や渥美などの国産陶器や、青磁碗・白磁碗などの貿易陶磁も出土するほか、在地土器であるカワラケもみつかっていることから、何らかの集団的な共食儀礼が行われたことが推測され、武士団的な結合の存在が想定される［原田一九八四］。

さらに、これらの屋敷地が立地する自然堤防微高地南部からは、在地領主の館に接するような形で、用水路の存在が確認されており、自然堤防沿いに用水がめぐらされていたことが知られる。こうした用水は、表5―4―2の用水1〜4系に対応するもので、出土遺物からも一二世紀以降のものであったことが窺われる。すなわち旧多摩川流路のある地点から取水し、自然堤防沿いに用水路を回して、旧流路に設置した水田に取り込むものであったと考えられる。

この地を開発した在地領主に率いられた一団は、これらの水田を中心に、おそらく微高地上に畠地を作り、河原で漁撈を営んでいたものと思われる。まさに応永二四年（一四一七）の関東管領上杉憲基施行状案（前出）にみえる「土淵郷田畠・屋敷・河原等事」とは、そうした屋敷地と生産域を象徴する表現であっただろう。

また浅川寄りの微高地では、屋敷地6から掘立柱建物が検出されており、主屋や倉庫のほか土坑群および区画溝などが確認されている。ここからは中前半代の常滑などの国産陶器や在地土器が出土し、一三世紀以降の青磁・白磁などの貿易陶磁も確認されている。この屋敷地は、古代の水田域の上に載るもので、出土遺物から一三世紀頃から一六世紀にかけて存続していた可能性が高い。

なお掘立柱建物は、在地領主クラスのものと考えられる大型の住居を中心に、その周辺に小規模な農民クラスのもの複数存在するという形を取っている。先の北部微高地に較べれば、小規模なものといわざるをえず、時代的にもやや下るものと考えられる。しかも、この北東部には、田村氏の館跡と伝える安養寺があり、この地域における遺構の存在は、前章の図5—3でみた石田地区における板碑分布の集中に対応するものといえよう。すなわち土淵郷南部における中世村落の中心的拠点としての屋敷地6の性格を読みとることができる。

さらに南広間地遺跡における近年の発掘で注目すべきは、同じ浅川寄り微高地の西部に位置する二〇号バイパス日野地区の事例で、調査区は図5—5のごとくである。この発掘区の西部が微高地で、図5—4の屋敷地9にあたるほか、その東部の低地部では畑地と水田の存在が確認されており、表5—4—1・2の同じく屋敷地9と用水7系がこれにあたる。なお、その東南部に接する用水8系が検出された浅川公会堂地区（第一五次調査地点）でも水田址が認められる。

まず屋敷地9からみれば、ここは微高地で、新旧複数の掘立柱建物や竪穴状遺構・井戸・地下式坑・柵列・区画などが検出されており、一三世紀以降から屋敷地としての土地利用が開始されると考えている。とくに中世前半の出土遺物は、常滑や渥美および古瀬戸などの国内陶器や、青磁・白磁や明代染付碗などの貿易陶磁および在地系の瓦器などで、北部微高地の屋敷地1と同様な遺物構成をなすが、種類や内容においてより優位な傾向にある。

また前出の浅川公会堂地区においても、北部微高地の場合と同様に、用水路の存在が確認されている。ただし、この用水路は、用水7系を伴う水田にも連続するもので、多摩川からの引水ではなく、おそらく浅川からのものと思われる。さらに重要なのは、微高地南辺に開発された畑地で、かなり広い地域にわたって、畑作の痕跡が確認されている。図5—5の東側に広がるのが畝の痕跡で、この地帯一帯では、水田よりも畑地の方が卓越していたことが知られる。

本章第二節では、近世初頭において、これら旧公領では旧荘園であった村々よりも、水田が畑地を上回ることを指摘したが、それはあくまでも古代・中世以降の開発の成果であったにすぎない。かつては沖積低地といえども、容易にどこででも水田が開けたわけではない。もちろん畑地が卓越した生産7においても、その下位の地層からは水田址も確認されており、水田から畑地へ、畑地から水田へと、しばしば耕地の性格を変えざるをえなかったものと思われる。各地の中世文書に、「田成畠・畠成田」などといった注記がしばしば登場するのは、こうした沖積低地における水田と畑地の可変的な耕地状況を、如実に物語るものと考えてよいだろう。

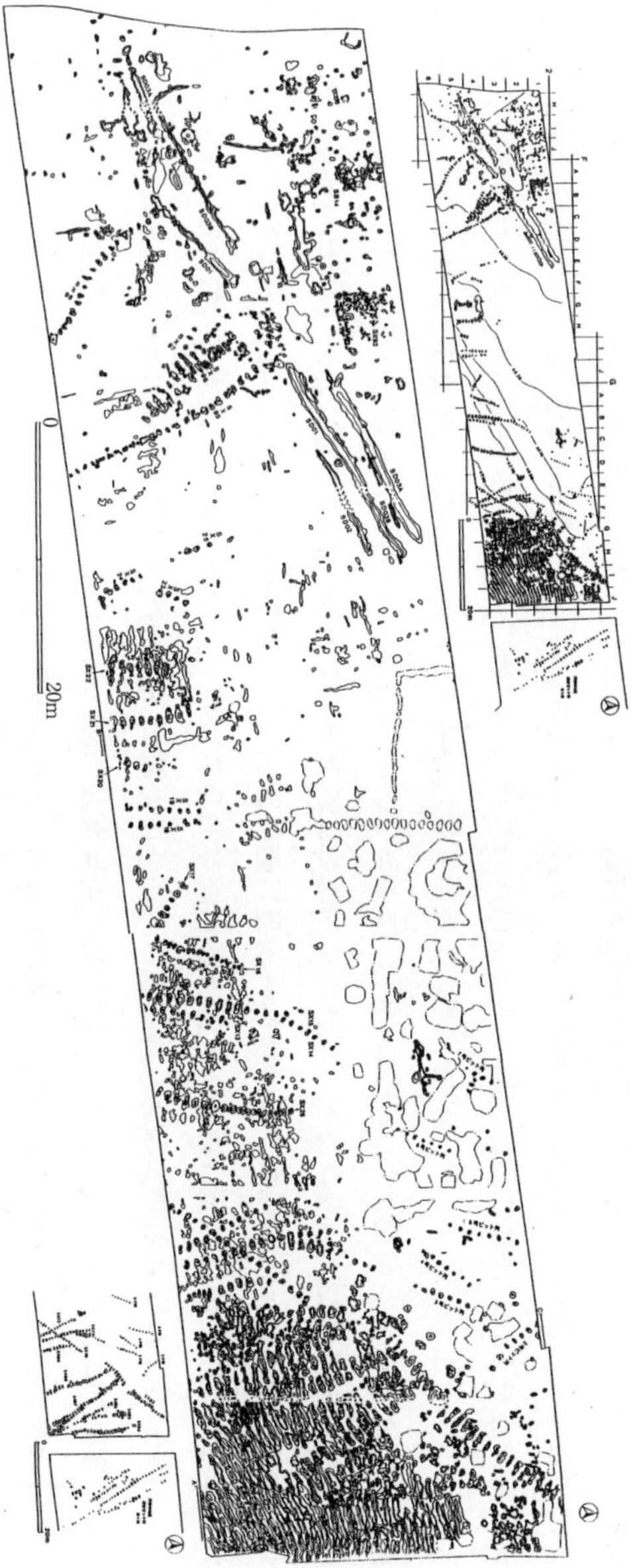

図５—５　南広間地遺跡国道20号バイパス遺跡図

（日野市遺跡調査会2003より一部転載）

六　おわりに——中世から近世へ——

このような中世の開発と村落景観も、一五世紀中葉から、大きな変貌を遂げるようになる。南広間地遺跡からは、この時期の様相が必ずしも明らかではないが、近年発掘調査が進んだ立河氏の本拠である立川氏館跡やその菩提寺である普済寺、さらに支配領域にあたる栄町遺跡などから、この時期の耕地状況を窺うことができる。

これらの沖積低地は、土淵郷の北部にあたり、郷全体の半分近くの面積を占めることになるが、ここでは一五世紀に、用水路が廃絶するところ（用水5系など）と、同時期に開田する部分が併存すること（用水7系を伴う水田など）が知られる。これは同時期に、著しい用水路の付け替えが行われ、新たな開発が急速に進んだことを物語っていよう。さらに一六世紀に入ると、天文一三年（一五四四）に大規模な洪水が起こり、このため流路変更によって、新井村と石田村は、青柳村とともに多東郡に属するようになった。

しかし、こうした度重なる洪水は、当地域において珍しいことではなく、洪水の度に新たに水田を切り開いてきたという歴史がある。南広間地遺跡の第9次調査62地点（図5—4の◎宝永テフラ印地点）では、富士山の宝永テフラを検出する水田が確認されているが、この地点には、何枚もの水田耕作層が重なり合っている。この地域の開田は、中世後期のことと推定されているが、水稲栽培後の水田を掘り込んだと思われる畝が確認されており、水田二毛作が行われていたことが知られる。しかも、それは中世後期までさかのぼることも指摘されている［大貫一九九二］。

こうして一五〜一六世紀になると、前代にも増して水田開発が進行するという状況を迎えた。図5—6は、元禄二年（一六八九）の上田村絵図（個人蔵）であるが、ここからは自然堤防上の微高地に載った屋敷群と畑地が存在するなかに、沖積低地に水田が広がっている様子が窺える。これは旧流路における水田開発と洪水による埋

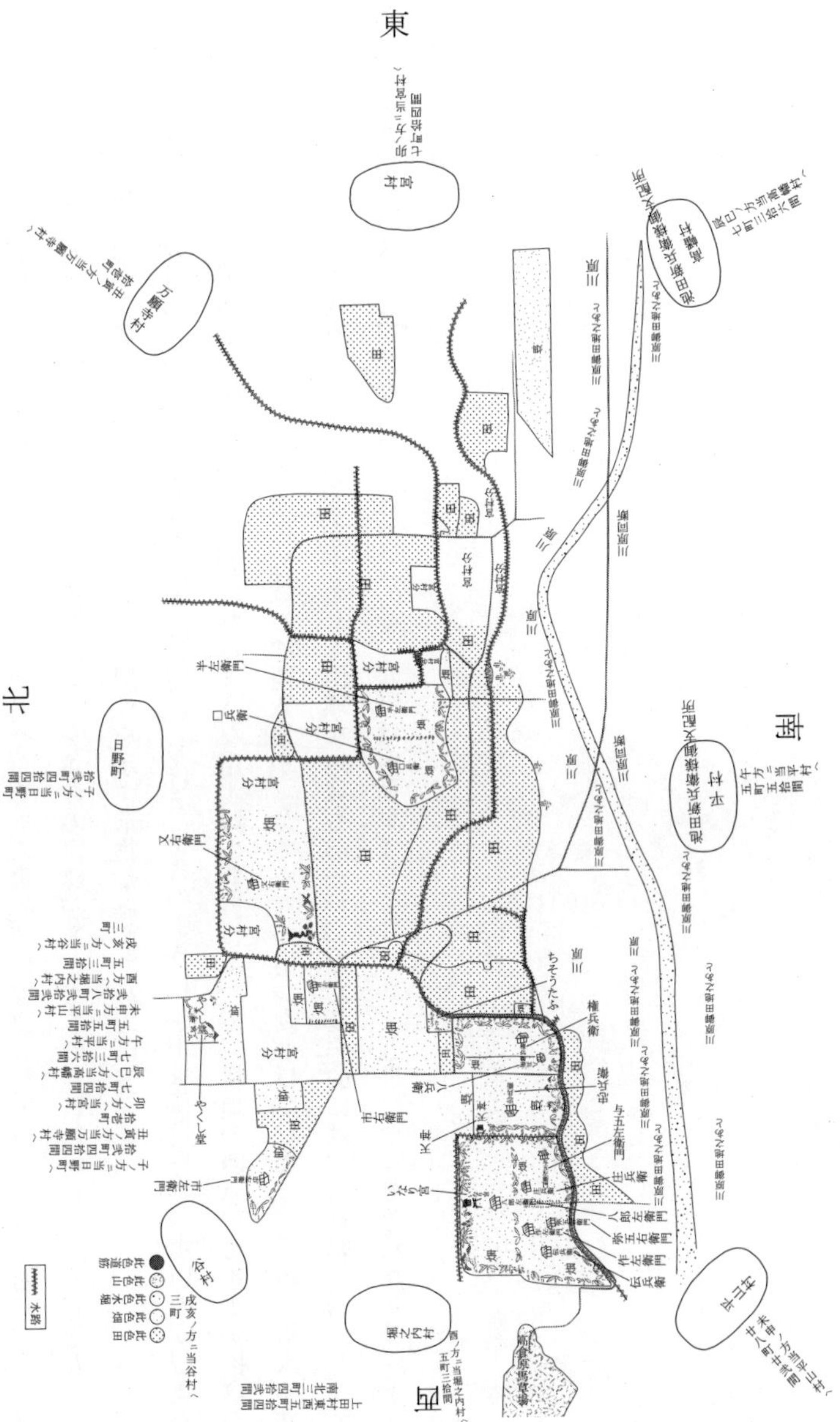

図5－6　元禄2年（1689）の上田村絵図（個人蔵）

没、そして用水路を伴う再開発という長い年月をかけた繰り返しの一つの達成点であったといえよう。

このような水田生産力の量的拡大によって、郷内の人々も経済力を増し、宗教施設も一段と整備されるようになった。田村氏の館跡という伝承をもつ安養寺でも、おそらく一六世紀頃に参道の整備がなされており、一六世紀末から、一七世紀前半にかけて、郷内の富裕層による安養寺の復興が進んだものと思われる。出土遺物も多様さを増し、火鉢のほか白磁の小杯や漆椀など高い階層性を示す遺物が確認されている。

このような生活安定の背後には、第9次調査62地点における場合のように、中世後期以来の水田の安定化があった。これは、日野本郷用水の開削に代表されるような用水路の設置によって、耕地の開発にますます拍車がかかった結果といえよう。もちろん多摩川流域の沖積低地が、全てそうであったわけではなく、次章で清水論文が分析する粟之須村のように、水田の開発が著しく困難な地域もあった。ただ基本的には、八世紀に始まる沖積低地への進出は、決して容易なものではなく、その充実は中世を通じて行われ、近世に至ってそれなりの成果をあげえたと評価してよいだろう。

（第五・六節執筆協力：有村由美・梶原　勝）

第六章　近世中・後期における低地部の開発と景観

――粟之須村を中心として――

清水裕介

一　はじめに

本章の範囲とする多摩川右岸の沖積地は、四〇〇〇〜六〇〇〇年前に徐々に段丘化され、河原から姿を変えた面、四〇〇〇〜一五〇〇年前に崖が形成された面、さらに低く、現在の多摩川が流れる面の三つの面が存在するという［島津一九九四、石渡・根岸二〇〇七］。この低地部では、近世において、多摩川から取水される日野用水や、日野用水の下流部でさらに浅川から取水する用水網が張り巡らされて、この沖積地全体の水田化が可能となり、一面の水田地帯を出現させるところとなった。

この地域の近世における水田開発を問題とする時、日野用水の存在を欠くことはできない。日野用水が研究の対象として扱われる場合、着目されてきたのはその恩恵を十分に享受した「日野領七ヶ村用水組合」の村々と地域であった。これには、日野用水の流路が、現在の行政区域で日野市と八王子市とに分かれており、日野の地域史の視点から研究が進められてきたという事情がある。しかし、図6―1に明らかなように、その堰は現在の八王子市域にあたる平村・粟之須村に位置していた。この平村や粟之須村と日野用水との関係については、ほとんど調査・研究の対象とはされてこなかった。

図6—1　多摩川の用水堰位置

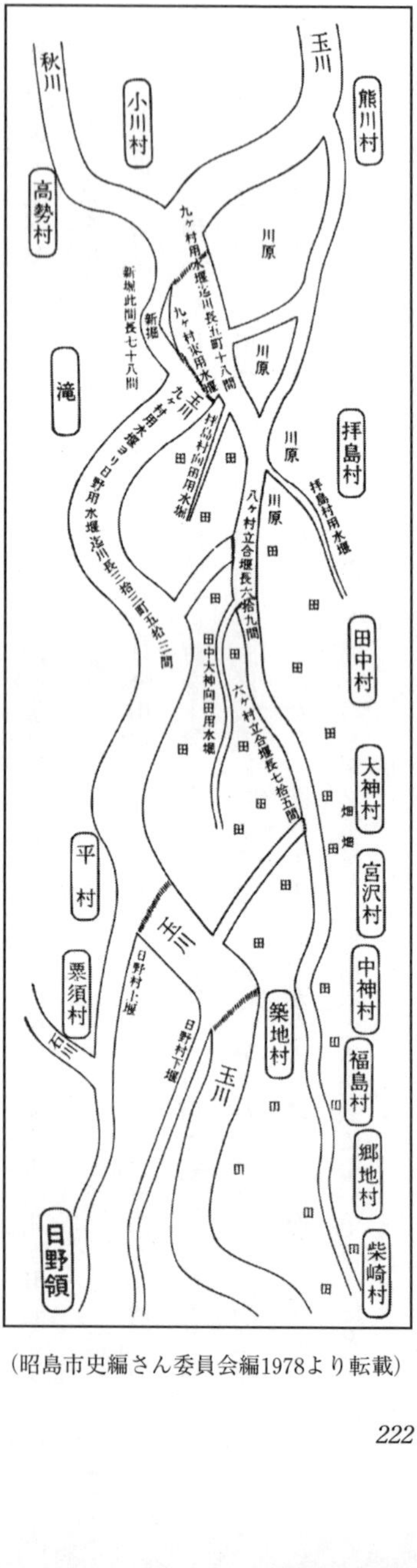

（昭島市史編さん委員会編1978より転載）

本報告が主なフィールドとする粟之須村は、加住丘陵の東端に位置し、丘陵と多摩川との間の低地部が狭いという地理的条件から、大規模な水田開発を行えず、日野用水の恩恵を享受した場所とはいえなかった。しかし、多摩川中流域の開発について広域・長期的視点から考えようとするとき、これら丘陵部に位置する村落と低地部における動向を把握することは必要な作業と考えられる。

本章では日野用水の上流に位置する平村・粟之須村が行った開発の様相について、日野用水との関係性に着目し、絵図を用いながら把握したい。

二　日野用水と平・粟之須村

(一) 日野用水の概要

日野用水は、日野の佐藤家に残る元禄一六年（一七〇三）挨拶目録（佐藤家文書／『日野市史史料集近世一　交通

編』）によると、戦国末期に美濃国武儀郡八幡村から移住した佐藤隼人が、永禄一〇年（一五六七）に、滝山城主であった北条氏照から罪人をもらい受け、その開削に着手したものとされている。現在の市域では、八王子市域で平村・粟之須村の二ヶ村の河原を通過し、日野市域で日野本郷・万願寺村・下田村・新井村・石田村・宮村・上田村の七ヶ村を灌漑した用水である。

用水組合は日野市域の七ヶ村で組織され、上堰と下堰と呼ばれる二つの用水によって、多摩川右岸の沖積地全体を灌漑し、下流域の村では、これに浅川や程久保川から取水する複数の用水も加わり、沖積地全体の水田化がなされているが、下流部の用水体系については、第一〇章の飯泉論文を参照されたい。

また、これら村々の石高の変遷は表６―１の通りである。日野市域の七ヶ村で組織されていた日野用水組合の組合高は、明治元年時点で三二九三石余に及んでいた。このうち、日野宿を含む日野本郷が二三七〇石余を占め、日野用水はここを中心に、多摩川南岸の広大な沖積地の水田を支えた大規模用水であった。

表６―２は『武蔵田園簿』から、九ヶ村の田方・畑方の割合を示したものである。日野用水に灌漑される村々では、いずれも石高基準で田方が七割以上を占める村が多く、近世初頭には、すでにこの沖積地全体の水田化が進められていたことが分かる。一方、用水の取り入れ口である平村・粟之須両村では、きわめて畑地が多いという特色がある。

安澤秀一によれば、南多摩郡の村々は、畑高比の高い村がきわめて多い由井領・小宮領、田高比の方が高い村がきわめて多い日野領と府中領、この中間に位置し、おおむね田高比が高い由木・木曾領、の三つに分けることができ、南多摩郡は多摩郡のうちで最も農業生産力が高かったと指摘されている［安澤一九七二］。

また『武蔵田園簿』によると、日野領二一ヶ村の総高は五二二九石余である。表６―１で示した通り、このうち日野用水組合七ヶ村は約二三七〇石であるから、その六割余を占めている。この数字は南多摩郡全体の総高一二〇八〇五石余のうちでも、およそ四分の一を占めている。すなわち日野用水組合の村々が、この統計、ひいては、この地域の水田が卓越する村落景観全体へ与えた影響は大きい。

一七世紀前半から一九世紀にかけて、日野用水の流れる全ての村で、石高が増加するという傾向がみられるが、元禄一三年（一七〇〇）の日野本郷指出帳（明治大学刑事博物館蔵／『日野市史史料集　地誌編』五）によれば、とくに日野本郷の場合、寛永一四年（一六三七）に一七五六石二升七合と検地された後、寛文四年（一六六四）に

表6―1　関係村々の石高変遷　（石）

	田園簿	元禄郷帳	天保郷帳	明治元年
平	43.000	43.000	123.409	43.4
粟須	176.391	178.674	337.176	337.176
粟須新田	—	—	※106.320	—
日野本郷	1787.901	2265.753	2345.221	2370.198
日野新田	—	23.723	23.737	＊79.468
上田	90.107	116.846	146.812	146.812
宮	91.205	100.372	118.227	117.768
万願寺	94.717	107.673	107.673	107.673
新井	116.019	139.068	148.017	148.017
石田	144.539	162.967	163.392	238.901
石田新田	—	74.697	74.699	—
下田	157.873	164.441	164.441	164.441
日野用水組合合計	2482.361	3155.540	3292.219	3293.810

＊※は上段の本村石高にも含まれる
（『武蔵田園簿』『天保郷帳』『旧領内高取調帳』より作成）

表6―2　田高・畑高割合一覧

	田高	畑高	合計	田方割合	畑方割合
平	0	43	43	0.000	100.000
粟須	3.911	172.48	176.391	2.217	97.783
日野本郷	1095.124	660.899	1756.23	62.357	37.632
上田	64.13	25.977	90.107	71.171	28.829
宮	65.039	26.166	91.205	71.311	28.689
万願寺	78.039	16.678	94.717	82.392	17.608
新井	100.9	15.929	116.019	86.969	13.730
石田	109.646	27.893	137.539	79.720	20.280
下田	125.576	19.297	144.873	86.680	13.320

（『武蔵田園簿』より作成）

四二四石一斗五升一合、延宝六年(一六七八)に三五石五升六合、元禄元年(一六八八)に三斗五升、同二年に一四石六斗六升九合が検地高に加わっている。これは、日野用水による沖積地の開発によるものが大きいと考えられる。

このほかの各村も、それぞれが持添新田を持ち、石田村の持添新田は七四石余で、多摩川の対岸にあり、これは石田・新井・下田・万願寺の四ヶ村による入会の新田であった。上田村の持添新田は台地部が開かれた高倉原のうちに二六石余があり、これは享保一九年(一七三四)に検地されている。宮村も台地上の高倉原に四石五斗余の新田を持ち、享保一九年に検地をうけている。

また粟之須村は、低地部と高倉原の両方に新田を持っているが、高倉原の新田は村立てであった。大局でみれば、近世初頭の日野用水など多摩川・浅川から導水した複数の用水による水田化と、享保期の新田開発によって、この地域の主要な耕地の拡大はほぼ終了していたといってよい。

(二) 日野用水と平村・粟之須村

図6―2は、平村と粟之須村との境相論のため、天明~文化年間に作成された玉川通り村並麁絵図並びに平村粟ノ須村境附絵図(関根家文書三七一/八王子郷土資料館蔵)である。多摩川と秋川の合流点に位置する高月・熊川村から万願寺・立川村までが描かれ、平村よりも下流の村については「田場」の位置が示されている。これらは各村の持添新田で、日野本郷では日野用水の灌漑区域を中心に、かなり広い範囲にわたって耕地開発が行われていた。また多摩川北岸の村々では、用水よりも多摩川の河原に近い部分に水田の新田が開かれていた様子も分かる。

日野用水は、上堰は平村内、下堰は粟之須村内の多摩川から、それぞれ取水されていたが、両村では日野用水

図6—2　玉川通り村麁絵図並びに平村栗ノ須村境附絵図（関根家文書№371）

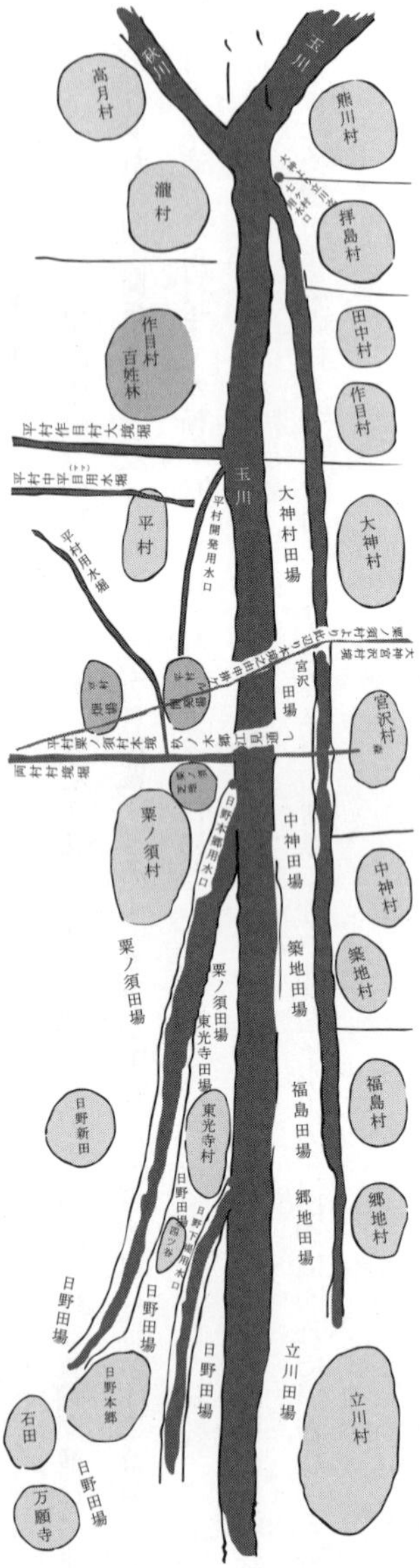

© Nobuo HARADA Kaken

は主に多摩川の河原を通過するため、日野用水組合には加盟しておらず、村内の灌漑として利用されることはなかった。この取水口の位置が定まったのは、拝島領九ヶ村と日野領七ヶ村の間で、宝永七年（一七一〇）に起こった相論の結果である。拝島領九ヶ村の用水口は、図6—2における「大神より立川迄七ヶ村用水口」にあたり、図6—1では「九ヶ村東用水堰」にあたる。

拝島領九ヶ村は柴崎村・熊川村・拝島村・田中村・大神村・中神村・宮沢村・築地村・福島村で、これらの村々は現在の立川・昭島・福生市域にあたる。多摩川北岸の集落は、多摩川の流路に沿って形成された河岸段丘の上下に形成されている。昭島市内の田中・築地などの村は、多摩川の洪水による村の流失を経験し、洪水の被害を避けるために段丘上に村を移したとされている。これらの村々の田を灌漑した九ヶ村用水の成立年代も、延宝（一六七三～八〇）年間頃には、すでに完成していたとされている（『昭島の歴史』『昭島市史』）。

寛政四年（一七九二）四月の大神村絵図（平家文書三六三／八王子郷土資料館蔵）によると、平・栗之須村の対岸にあたる大神村では、多摩川の河床よりも一段高い段丘上に集落が形成され、北側の武蔵野台地に畑、段丘下の低地部に、九ヶ村用水を利用した田や新田が作られていた。「御料私領入会田場」の一部は「寛政三年川欠御普請所」とあり、この低地が多摩川の氾濫源にもなる不安定な場所であったことが窺える。

正徳二年（一七一二）閏四月の用水堰論裁許絵図裏書（普明寺蔵旧青木伝七家文書／『昭島市史　附編』）や正徳二年拝島領九ヶ村と日野領七ヶ村用水堰論裁許（写）（日野家文書／『日野市史史料集　近世二』二―一）によると、日野用水組合と拝島領用水組合の相論は、日野領七ヶ村が日野用水の堰として、拝島領九ヶ村用水の堰よりも上流の秋川から取水する新堰を築いたことが発端となったものである。本文書によれば、日野側は、その理由を、拝島側が新堰を日野用水の堰よりも上流に築いたことから、水量が減少したためとし、日野用水は秋川の流路変更が起こる前は、秋川から取水しており、秋川の用水権は自分たちにあると主張した。一旦は検使役人に日野側の主張が認められるが、拝島側によって再訴願され、評定所へ訴えられた。

評定所へ訴えた結果、この相論よりも二六年前に拝島領三ヶ村で起こった水論の裁許絵図が確認され、拝島領九ヶ村用水の堰は、日野側が主張するような新たに築かれたものではないこと、また別の寛永年間（一六二四～四三年）の絵図面から、日野側が主張した秋川の流路変更もなかったとして、拝島側の主張が認められた。これにより、日野用水は古来より多摩川から取水していたことは明らかであるとし、日野側は拝島領九ヶ村用水堰より下流にあたる平村下の二ヶ所に、堰を築く旨の裁許が下されたのである。

秋川に対する日野側の用水権については、拝島側の「秋川之儀日野村用水川と申上候儀大之偽」として、全面的に拝島側の主張が認められた。なお裁許には堰の位置は「平村下」とあるが、これは堰の位置を厳密に定められたものではなかった。先にあげた図６―２では、日野用水下堰の堰が粟之須村よりも下流の東光寺村付近に描かれている。堰の位置は、拝島側の堰や平村よりも下流で変更される分には問題とならなかったようである。相論の決着は、日野用水の二つの堰が、拝島側の堰よりも下流の多摩川に設けなければならない、という形で公的に定められた。

この相論中、評定所へ訴え出た中神村名主次郎左衛門は、日野領の用水について「浅川両堰都合四堰ニ用水取候得者、日野領渇水可仕様無御座候」と述べている。日野側の水環境を恵まれていると強調する場面での主張ではあるが、多摩川に二ヶ所の堰を持ち、加えて用水の下流域では浅川からも受水している日野領は、きわめて恵まれた環境にあったことになり、まさに前述した田方が圧倒する日野領各村の景観がこれを証明していよう。

また寛政一一年（一七九九）一二月の粟須村粟須新田地割図面（関根家文書九九六／八王子市郷土資料館蔵）では、日野用水上堰が粟之須村の中程で多摩川の枝川と合流し、受水口が実質的に三つとなっている。こうした環境下にある日野側が、より上流である秋川からの受水を目指した背景には、耕地の拡大やそれに備えて、さらに多くの水量の確保を目指したものと考えられる。

さて宝永年中に日野用水の用水口が確定したことで、村域の大半が用水口よりも上流に位置する平村は、日野用水を村内で利用出来る可能性はなくなり、また粟之須村でも用水の大半が河原を通過することとなった。拝島領九ヶ村用水の堰は図6―1にある通り、秋川と多摩川の合流点に近い位置である。これより上流の秋川から取水した場合、平村・粟之須村の全てを日野用水が通過することになる。

もともと両村は多摩川沖積地との間が狭く、耕地とされていたのは多摩川の氾濫源から数メートル高い段丘面であったから、ここを水田化するためにはより上流から取水して長い距離を導水しなければならない。日野用水の堰の位置が平村より下流と定められたことは、平村・粟之須両村の水田化可能な範囲を多摩川の氾濫源のみに規定することになった。また、日野用水の水路としては用いられなかったものの、秋川から続く水路の存在は、以下にみていく平村・粟之須両村の耕地開発へ大きな影響を与えることとなった。

三　丘陵部村落の開発の様相

（一）粟之須村の概要

粟之須村の概要について確認したい。粟之須村は加住丘陵の東端に位置し、多摩郡小宮領に属した。支配は代官と旗本安藤治左衛門による相給村である。村高は『武蔵田園簿』では一七六石余、『天保郷帳』では三三七石余、『旧領旧高取調帳』では三三〇石余とある。石高の増加は、享保期に武蔵野新田開発の一環として行われた「粟須新田」の開発によるものが大きく、寛政九年（一七九七）の検地では、村高は三〇九石九斗八升五合となっていた。このうち、代官支配は本村二八石六斗七升に粟之須新田分を合わせた一五九石余、旗本知行地は一五〇石であった。

寛政一一年（一七九九）一一月の品々御尋書上帳（源原家文書／『八王子市史　附編』一五）に従い、粟之須村の耕地についてみてみたい。その環境については「峯山続ニ而畑土征ハ赤土交リ又ハ低場ハ小石交リ或ハ真土懸リ候場所も御座候」とあり、持添新田については「高場ニ而軽土場所ニ御座候田方ハ砂交之土ニ而地浅ニ御座候且打開候広場無御座候猪鹿多出田畑荒申」とある。ここでいう新田とは、日野台地上の高倉原に築かれた村立ての粟之須新田である。

表6―3は、この品々御尋書上帳から、支配と石高・名主（組）を一覧としたものである。名主は代官支配の「利兵衛組」と旗本領の「忠左衛門組」の二つに分かれており、それぞれの新田は代官支配であった。利兵衛組は関根家、忠左衛門組は井上家が名主を務めていた。

代官支配二八石余の耕地は、寛永九年（一六三二）三月の検地帳を、正徳三年（一七一三）に写した武州多摩郡粟須村御検地帳（関根家文書三〇一／八王子郷土資料館蔵）によると、田方は下田七畝二六歩、畑方は上畑一町一反

表6―3　粟之須村の支配と石高

支配	石高	組
御代官所	28.674	利兵衛組
新田（高倉原）	14.311	利兵衛組
新田（高倉原・東光寺）	117	忠左衛門組
旗本知行所	150	忠左衛門組
合計	309.985	

（寛政11年「品々御尋書上帳」『八王子市史　附編』より作成）

一畝二三歩、中畑五反二九歩、下畑一町八反三歩で、約九八%が畑地であった。一四石余の新田もこの頃は全て畑である。旗本領一五〇石の耕地面積は三町八反一畝二歩で、そのうちの約九四%にあたる三町五反七畝六歩が畑、田は二反三畝二六歩である。また粟之須新田の耕地は、田は二町八反三畝二拾一歩、畑は三七町四反八畝二七歩であった。

図6―3は、品々御尋書上帳と同じ寛政一一年に描かれた粟須新田地割図面（同前九九六）である。ここで多摩川と平村との境に接する「御料粟須村分」が「利兵衛組」の二八石余にあたり、その他が「忠左衛門組」の範囲である。忠左衛門組が所有する水田は谷地川よりも東方、現在の日野市域に存在していた。

なお『新編武蔵国風土記稿』は、粟之須村について「水田ハワツカニ四分ノ一ニシテ、陸田其三ニアタレリ。原野山林モアリ。土性ハ真土ナリ」（巻之一八、小宮領粟之須村）と記しており、概ねこの絵図の状況を表していよう。しかし二八石分に限れば、ほとんどが畑と山林で占められていた。村内で水田を持つ粟之須新田は持添新田ではあるが、これは私領分のものであり、二八石分の代官領内では、ごく限られた場所に田が作られているのみであった。

(二)　近世初頭の開発動向

代官領で名主を勤めた関根家は、武州粟須弐拾八石分之土着歴代略記（関根家文書一九〇六／八王子郷土資料館所蔵）によると、天正二年（一五七四）年正月に上野国関根郷から関根若狭行久が佐々井助四郎・宇沢租右衛門・

図6—3　栗須新田地割図（関根家文書No.996）

表6—4　粟之須村土地所有状況

（貞享3年）

№.	所有者	石	斗	升	合	勺
1	三郎兵衛	4	9 6	7 6	9 1	3 3
2	伝兵衛	3 1	4 4	2 2	1 6	6 0
3	甚右衛門	3 1	4 1	8 7	1 9	7 0
4	伊兵衛	5 1	0 6	4 5	4 9	3 2
5	仁兵衛		8 9	1 0	9 6	5 3
6	庄左衛門	1 2	2 1	0 0	4 5	6 0
7	九右衛門	 2	5 1	0 9	0 0	0 0
8	八兵衛	 1	7 0	6 4	7 0	2 0
9	助左衛門	3 1	1 7	6 5	7 3	9 8
10	権右衛門	2 1	2 8	8 6	3 4	6 4
11	仁左衛門		3 4	6 3	6 6	5 0
12	孫右衛門		4	2	6	6 0
13	六左衛門		2	0	5	0 0
14	長左衛門		7 3	1 2	6 0	5 0
15	平左衛門	1 2	3 9	3 8	5 5	0 0
本田小計		28	6	7	4	0
宇津木分小計		17	9	5	2	0
合計		46	6	2	6	0

＊1　各人のうち、上段は粟之須村内、下段は宇津木村への出作地を示す。
＊2　史料中に後筆が多数あるが、その時期が不明なため数値は全て訂正・加筆前のものを記した。
（関根家文書No.303「粟須村名寄帳」八王子郷土資料館所蔵より作成）

赤津右門・谷内五郎・今市宗二ら二一名とともに多摩に移住したとされており、代官支配にかかる二八石分の一四家は、この時に関根と共に移り住んだ者の子孫とも伝えられている。なお同史料の作成年代は不明である。

この家々については、貞享三年（一六八六）一一月の粟須村名寄帳（関根家文書三〇三／八王子郷土資料館蔵）が残されている。これを所有者別に改めたものが表6—4である。これには一五名が書きあげられ、屋敷持ちは七名、石高では伊兵衛の五石四斗余が最大であった。また田を村内で所有しているのは甚右衛門の下田七畝二六歩のみで、このうち、一畝四歩は川欠とある。

また、この名寄帳には宇津木村分のうちとして、それぞれが耕作する出作地も書きあげられている。この出作地は図6—2の平村と粟之須村の「両村村境堀」に繋がる北側の谷戸に位置していた。表6—4では各人所有地の下段に示した数字が宇津木村分への出作地である。これによると、村内の百姓一五名のうち、一三名が宇津木村内に出作しており、この内の六名は粟之須村内に所有する土地よりも、宇津木村内への出作地の方が多い。

なお石高は一三名分を合計すると一八石近くになり、本村分と合計すると村民の持高は四六石余となる。表6—5は、先の貞享三年（一六八六）の名寄帳から、粟之須村内の耕地面積を一覧にしたものだが、田方の面積は出作地の方が圧倒的に多く、田の少ない粟之須村にとって、この出作地が貴重な水田であったことが窺えよう。

近世初頭の耕地拡張の動向を、この宇津木村への出作地という問題からみてみたい。安政年間に起きた村方騒動の記録である文久元年（一八六一）の諸願書留（関根家文書八四七／八王子郷土資料館蔵）に、出作地について以下のような記述がある。

私（源右衛門、引用者注）十代前祖父次右衛門義、寛永之頃相手村方（宇津木村、引用者注）ニおいて高拾五石三斗余之場所開発いたし、その後右之内当村小前之もの共に夫々配分いたし

宇津木村への出作地は、関根家の当主次右衛門が、寛永年間（一六二四〜四三）に開発したもので、その後、粟之須村の小前一同にそれぞれ配分したものであるという。先の貞享の名寄帳によれば、出作地は全部で一〇三筆に分けられ、田方は下田四反六畝七歩、畑方は中畑二反二畝一五歩、下畑二町四反七歩、下々畑が四反二畝一三歩を一五名で所有していた。このうち、中畑の七筆分、計九畝一七歩に「下田畑ニ成」とある。下々畑のうち二一筆分の計二反四畝二四歩は、「開下々畑」として通常の下々畑とは別記載となっているが、これは新開の意味であろう。

表6—5　粟之須村耕地面積
（貞享3年）

		町	反	畝	歩
田方	下			7	26
			4	6	7
畑方	上	1	1	1	23
					0
	中		5	1	29
			2	2	15
	下	1	5	9	28
		2	0	4	7
	下々			4	17
			4	2	13

＊1　上段は粟之須村内、下段は宇津木村への出作地を示す。
＊2　数値は全て原文ママ。
（関根家文書№303「粟須村名寄帳」八王子郷土資料館所蔵より作成）

元禄六年（一六九三）四月の宇津木村分組名寄帳（同前三〇五蔵）によると、出作地の石高は一八石余に増加している(1)。耕地面積の内訳は下田が三反八畝一一歩、中畑二反二畝一五歩、下畑は一町八反五畝

二二歩、下々畑が四反二畝一三歩とある。貞享三年（一六八六）と比べると、下田・中畑の面積は変わらず、下々畑が減少し下畑が若干増加している。所有者は一四名とあり、一名減少している。

いずれにしても大幅な耕地・生産高の拡大はなく、これは自然地形に規定される谷戸の開発が耕地拡大の方向には向きえず、丘陵部の村落が耕地を拡大するには、別の方向性を目指す必要があったことを示唆していよう。

さらに粟之須村では、安政四年（一八五七）に、この宇津木村への出作地にかかる年貢徴収や秣場開発などに関し、年寄兼帯名主であった嘉門が不正を行っているとして、小前が代官所へ訴え出るという村方騒動が生じていることが、年未詳の乍恐以書付奉申上候（同前八九五）から分かる。(2) これは訴訟主である組頭万次郎が江川太郎左衛門御役所へ宛てて提出したものの写しである。これによると、宇津木村への出作地にかかる年貢は、嘉門が村民から金銭を徴収して、一括して宇津木村の名主へ届けていた。しかし、それぞれの納人に対して金銭の請取書が出されていないため、一人当たりの金額が不明であった。嘉門へ請取書を出すように訴えたが、聞き入れられないため、嘉門の分を除く小前の分だけを直接宇津木村名主へ納めたところ、この当時の出作地全体にあたる一五石三斗余について年貢皆済目録が渡されたという。そのため、これまでは嘉門が自分で負担すべき年貢を小前に負担させていたのではないか、として万次郎が訴えたのである。

同史料中には、このほかに名主である嘉門が、組頭である万次郎がいるにもかかわらず、一人で村内を取り仕切っており、嘉門一人で調印した上納鮎や夫役の内容に同意しかねるとし、万次郎が村政への参加を求める動きもみえる。また、秣場開発での不正や、天保七年（一八三六）の凶作の際に借りた米の分配や備荒貯蓄の米を嘉門が納めていないこと、さらには宗門人別改めの際の村民の取り扱いなど、多岐にわたって名主嘉門が私欲に走り、不正や横暴を行っていると訴えている。

これに対し、当時病身であった嘉門の代理で息子の小膳が代官所に宛てた反論が、年未詳の乍恐以返答奉申上候（同前九七二）である。小膳は同史料中で、当時の村内の耕地について以下のように述べている。

当村之義ハ高弐拾八石六斗七升四合、高倉原ニ而同村新田拾四石三斗壱升壱合、都合高四拾弐石九斗八升五合之内中奥村持ト唱候高五石三斗五升、私所持高十六石六斗三升六合并小前拾弐軒之外穢多五軒粟須新田へ住ミもの四軒合家数捨弐拾壱軒ニ而高弐拾捨石九斗九升弐合有之、右之外捨宇津木村分高拾五石三斗八升三合之内村持高三斗三升三分嘉門所持高二石壱升九合、小前拾壱軒持高拾弐石八斗六升御座候

これによると、貞享三年に一三軒、元禄六年（一六九三）に一四軒が所持していた宇津木村内の出作地は、家数が安政のころまでに一一軒と減り、徐々にではあるが耕地の集積が進んでいた。石高は貞享の一七石余と比して約二石減少しているが、関根家の持高は一石四斗二升六合から二石一升九合に増え、一部は村持ちとなっていた。なお訴え出た方では、訴状という性質のためか関根家の所持分について「高拾五石三斗六升四合五勺往古より出作地所持、右之内過半伝次郎取持罷在」と関根家が大半を所持していると表現されている。

図６―４の粟須村詳細絵図（同前一〇〇三）によると、出作地の位置する宇津木村と粟之須村の間には、宇津木村から雨水が流れる「古堀」が南北に通っており、これが平村との境となっていた。この堀は粟之須村内で東西に方向を変え、谷地川へと続いている。粟之須村二八石分は、周囲を同村の私領分で囲まれており、西側は平村である。

なお文政四年（一八二一）の粟之須村並びに粟須新田村区分絵図（同前九九一）によれば、宇津木村は同村内を流れる古堀の先に位置しており、この水路の水源は宇津木村内の「天水場」であった。そして粟之須村民が宇津木村分で所有する耕地として、下田が三反八畝一一歩あり、水田化が可能であるという条件を加味すれば、宇津木村での所有分は、この古堀の先にあったものである。

図６―５は、年不明の久保山付近絵図（同前一〇〇七）で、ここで問題となっている宇津木村分の出作地が描

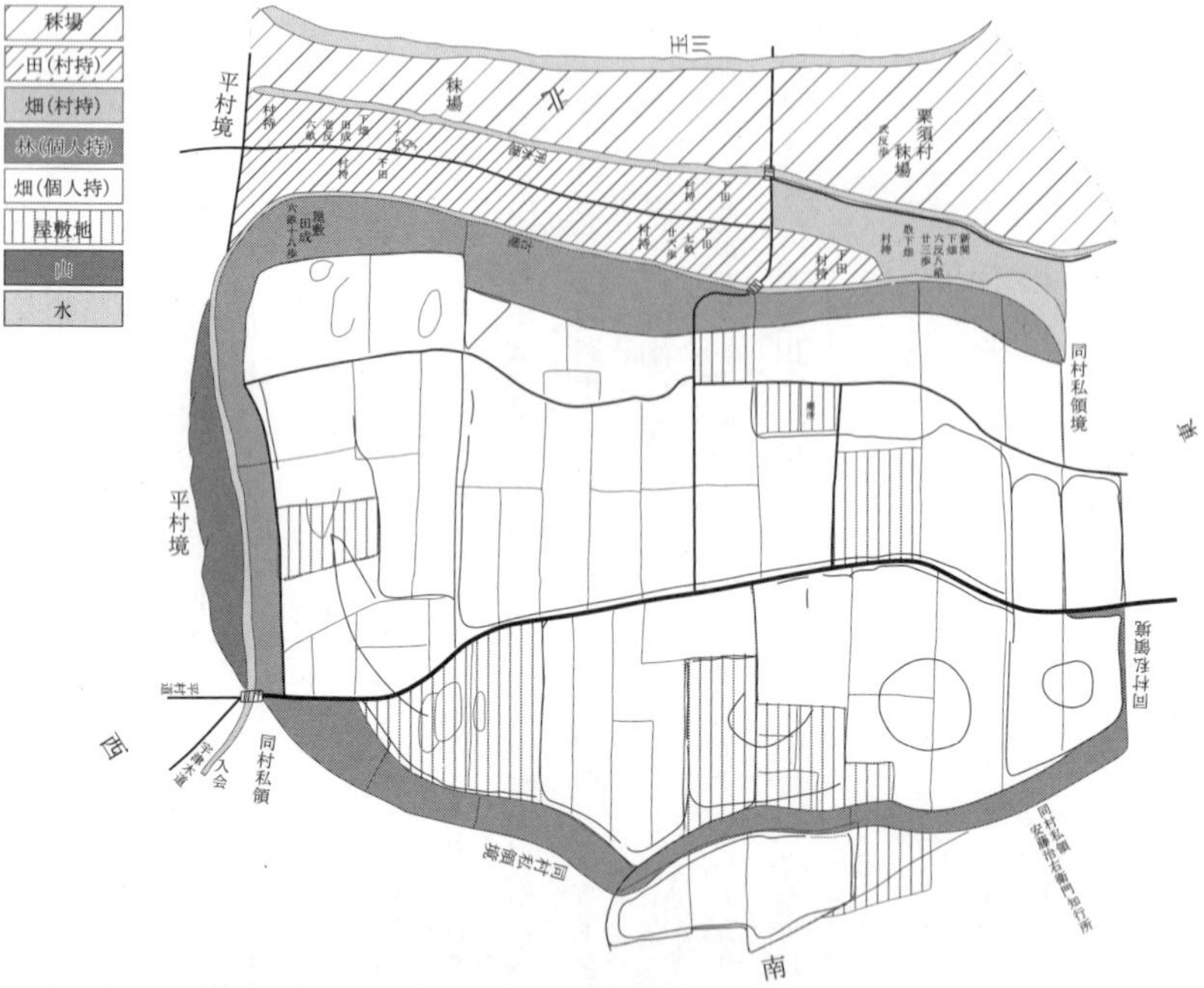

© Yuske SHIMIZU

図6―4　栗須村詳細絵図（関根家文書№1003）

＊作図にあたっては一部を除き、文字を省略した。また塗り分けは引用者による

かれたものである。記された村民の名前から、訴訟と同じ時期に作成されたものと考えられ、嘉門所有分と小前所有分に色分けされていることから、この訴訟とかかわるものと位置づけられよう。

この出作地は、北側は平村、南側は宇津木村、南東は栗之須村の私領分で谷田と呼ばれる地域に隣接する谷戸である。谷田は栗之須村の西南端であるから、絵図の場所は宇津木村の谷津と呼ばれた場所となり、これは「古堀」の先にあたる。それぞれの区画の面積は、所有する家の変更や増減や、合筆が行われたため、貞享・元禄の名寄帳とは必ずしも一致しない。貞享では一〇三筆あった区画は、元禄には七三筆となり、この絵図では四六筆まで整理されている。

ここを流れる水路は、東側で南東から入る水路と合流し、栗之須村内に流れて平村を分ける境堀となってい

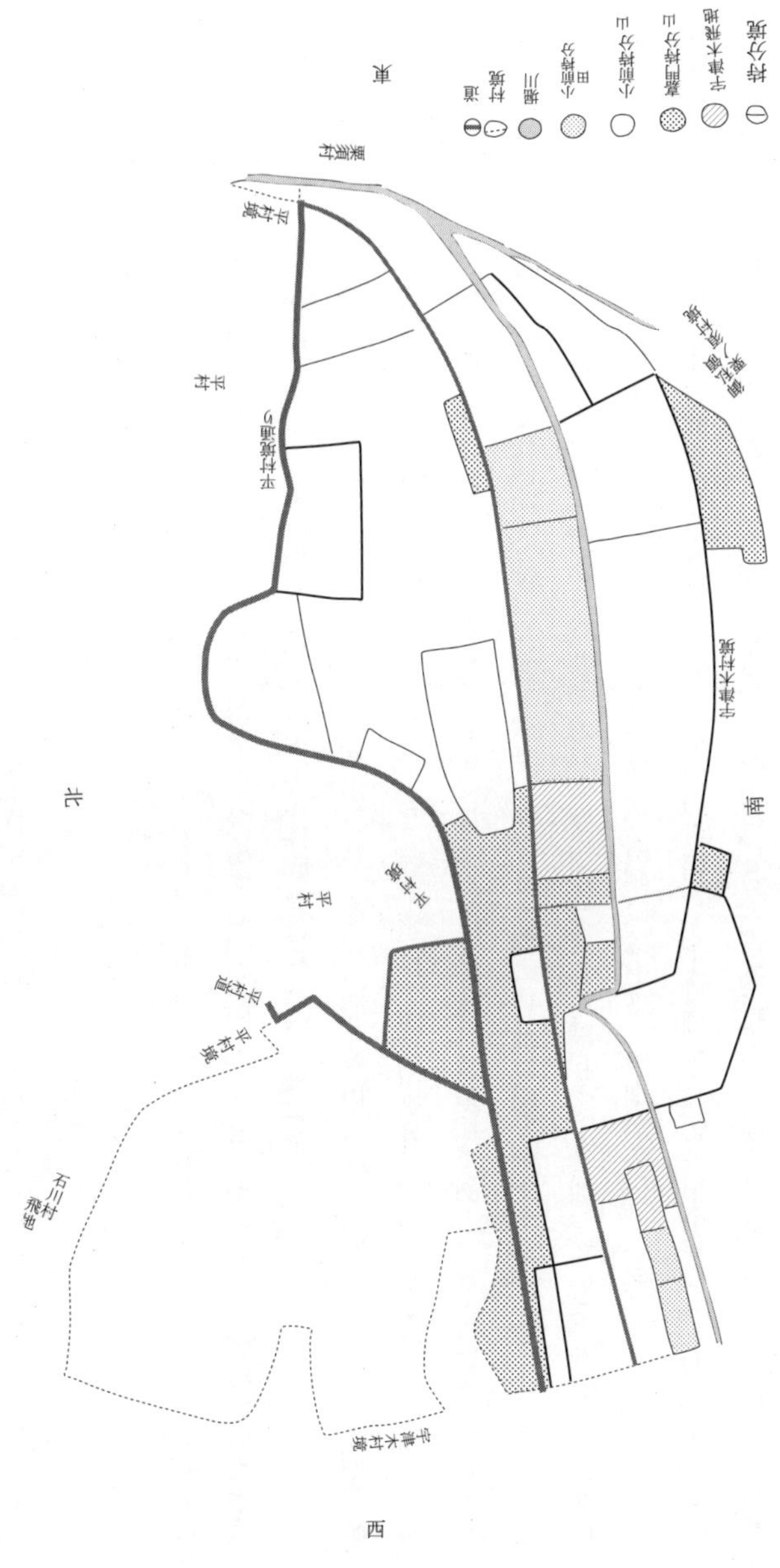

図6―5　久保山付近絵図（関根家文書No.1007）

© Yuske SHIMIZU

＊作図にあたり、凡例、方角、村境を除く文字を省略した

る。この雨水の流れる堀が、古堀と呼ばれていることや、寛永のころには多くの村民にとっての出作地となっていたことから、この谷戸が村落成立時の中心的な耕作地の一つであったことが垣間みえよう。近世初頭の粟之須村は段丘上の畑地と、天水に頼るこの谷戸を基盤とする畑作中心の村落として成立したのである。

（三）粟之須村二八石分の概況

つぎに図6—4の粟須村詳細絵図を中心に、粟之須村二八石分の概況について確認したい。粟須村詳細絵図は、作成年代・作成意図がともに未詳であるが、史料中に登場する「左伝次」は幕末から明治の関根家の当主嘉門（伝次郎）よりも二代前の当主であるから、一八世紀末に作成されたものと推定される。

村の北側、多摩川の河川敷に近い土地は秣場として利用され、その南側から用水路と古堀に挟まれた田畑が始まり、多くが下畑である。この場所は、明治二年（一八六九）の粟須村本田新田名寄帳（関根家文書三二一八号／八王子郷土資料館蔵）には字名は北と記され、昭和期の大字では八石下と呼ばれる地域である。さらに個人持ちの林を挟んだ先が屋敷地の点在する村の中心部となっており、林より南側の耕地は全て畑である。

また村内には東西に走る「平村道」があり、この道は多摩川が形成した段丘の下を通っている。段丘の下側にあたる北には下畑・下々畑が目立ち、段丘上にあたる村内の南側には上畑・中畑が多い。

村内の水路は、村内の東と北を囲うように流れる前述の古堀と、平村側から続く用水堀の二本が描かれている。先の寛文の検地帳にも記されている七畝二六歩の水田は、この古堀によって灌漑されていた。平村側から続く用水は、天保九年（一八三八）の日野本郷水路絵図（同前九九四）では、その用水の幅は六尺で「平村粟須村両組用水」とある。この用水組合の成立と、これを用いて行われた段丘下の水田開発については後述する。

また図6—4から粟之須村内の耕地を所有形態別にみると、多摩川に近い北側の耕地は全て村持ちで、その南側の段丘上の林とそれ以南の畑は全て個人持ちであった。多摩川南岸の田畑は、古堀と林とを挟んだ村の外に位置しており、段丘上の畑地や宇津木村内の谷戸を主な耕作地とする集落・村落の成立後に、その本格的な開発が開始されたものと思われる。

（四）粟之須村の低地部開発

丘陵部を中心とする粟之須村は、限られた低地部をどのように開発したのだろうか。村内低地部の開発の様相を追いたい。古くから村内唯一の水田で、貞享では甚右衛門の個人持ちであった多摩川縁の七畝二六歩の区画は、図6—4の粟須村詳細絵図が作成された時点で、村持ちの下田となっていた。この田に加え「イナリ社」（御玉稲荷社）の西側には「下畑田成壱反六畝」とあり、再開発が行われて水田化されており、その南側には屋敷地を田とした六畝一八歩の区画もある。

この区画の水田化が確認できる最も古い絵図は、寛政一一年（一七九九）一二月作成の粟須村粟須新田地割図面（関根家文書九九六／八王子市郷土資料館蔵）で、これらの水田は明治二年（一八六九）の粟須村本田新田名寄帳（同前三二二八）によれば全て村持となっている。また村の東側には、やはり村持ちで「新開下畑六反八畝廿八歩」がみえる。表6—6は、この明治二年の粟須村本田新田名寄帳から、村内の土地所有状況を一覧にしたものである。村持となっていた耕地は五石三斗五升であった。

さらに表6—7は、同様に村持の耕地を一覧したもので、村持の耕地は全て水田であった。なお、この名寄帳によれば、個人で本田内に水田を所有している例はみられない。粟之須村では、近世後期に村内の北と呼ばれる低地部において、水田化へ向かう再開発が村単位で進められていた。

図6—6は、文久元年（一八六一）年七月の粟須村幷粟須新田耕地麁絵図（同前九九八）の粟之須村部分であ

表6—6　粟之須村土地所有状況（明治2年）

	所有者	石	斗	升	合	勺
—	村支配	5	3	5	0	0
1	嘉門(カ)	11	4	2	2	0
2	増五郎		8	8	0	0
3	長次郎			1	5	0
4	皆蔵		4	2	5	5
5	皆蔵(新田)		4	9	8	0
6	国蔵		4	2	5	5
7	国蔵(新田)	1	0	9	8	0
8	文吉	1	7	7	5	4
9	光蔵	3	9	7	1	5
10	光蔵(新田)	3	1	6	4	0
11	林蔵		5	1	3	0
12	林蔵(新田)		2	8	8	0
13	亀吉				2	6
14	佐吉		1	8	7	5
15	佐吉(新田)		3	1	5	0
16	浅吉		1	0	0	0
17	万次郎		5	3	3	3
18	廣蔵	1	5	1	8	0
19	廣蔵(新田)		2	8	5	0
20	弥吉(新田)	1	6	3	5	0
21	権次郎	1	6	3	5	0
22	亀吉	2	2	8	3	5
23	鶴吉		7	6	0	5
24	利益院		5	4	6	0
25	久次郎	1	1	7	9	0
26	八蔵		3	2	1	0
27	弥三郎		3	0	3	0
28	平左衛門	1	0	3	6	0
29	長左衛門		5	1	7	0
	合計	42	9	8	3	3

（明治2年「粟須村本田新田名寄帳」関根家文書№3228より作成）

る。図6—4で「新開下畑六反八畝廿三歩」とあった新開の下畑も含めて、九反四畝三歩の水田とあり、下畑が開かれてから短い期間で水田に再開発されていることが分かる。この灌漑には宇津木村側から続く古堀と平村側から続く用水が用いられたようである。

図6—7は、文久四年（一八六四）に作成された玉川縁付□渕地地割絵図（同前九九九）で、図6—4の用水堀よりも北側の秣場を描いたものである。用水堀北側の秣場には人名と押印があり、耕地化が行われたことが窺える。年不明の小宮付近畑地面積幷田地所有者絵図（同前一〇一三）では、この押印の区画は「田」と明記されており、再開発・起返しが、多摩川縁まで及んだことが分かる。

また、これらの村持下田は、図6—7の通り、場所による自然災害の被害や生育状況の平等をはかるためか、一人が複数の小さな区画を持つ形式をとっていた。図6—5にみた谷戸の地形と天水を利用した開発とは異なり、整然とした区画である。嘉門を除く村民それぞれの押印はこの開発も村方騒動の一つの争点となったためと思われる。

さて、具体的にはいつごろに秣場が耕地へと開発されていったのであろうか。前述の村方騒動のなかで、この字北の耕地に関するやりとりが存在する。先にも引用した小膳による乍恐以返答奉申上候には以下のようにある。

> 小前共之義は近年本村下タ字日野用水堀向ニ而秣場之内凡六反歩余自侭勝手ニ開発いたし稲毛作り取仕候而巳ならず、村持と唱候内ニ而稲荷免と唱来リ候御玉稲荷儀従来六斗壱升宛年々嘉門方江請取右社修復其外社用ニ遣払来リ候分、去ル卯年より八ヶ年来一切計立不致、是又前同様私欲いたし□罷在右体之義申立候は乍恐法外至極と奉存候

表6―7　粟之須村々内の村持ち耕地一覧

（明治2年）

字		反別	高
北	下田	7畝26歩	7斗8合
北	下畑田成	2反8畝5歩	1石4斗8合5勺
北	下畑田成	2反8歩	1石1升3合5勺
北	下畑田成	2反2畝15歩	5石1斗2升5合
北	下畑田成	8畝21歩	4斗3升5合
北	屋敷田成	6畝18歩	6斗6升
合計		9反4畝3歩	5石3斗5升

（「粟須村本田新田名寄帳」関根家文書№3228より作成）

ここでは安政四年（一八五七）ごろに、小前連中が北側の秣場六反歩を水田へと開発していたとある。またこの開発は、乍恐以書付奉申上候（同前八九五）では、「起返」であったと表現されている。字北の水田は、図6―6にみえる通り、全体で九反四畝余であるから、ここでいう「六反歩」とは古堀よりも南側に位置する図6―4の「屋敷田成六畝一八歩」と、秣場ではなかった「稲荷免」一反六畝を引いた字北のほぼ全体ということになろう。

また、この村方騒動中では河原での夫役日数を巡っても争われている。すでにみてきた通り、この字北の区画は、開発や地目変更が度々行われており、このころまでには開発できる環境が整ってい

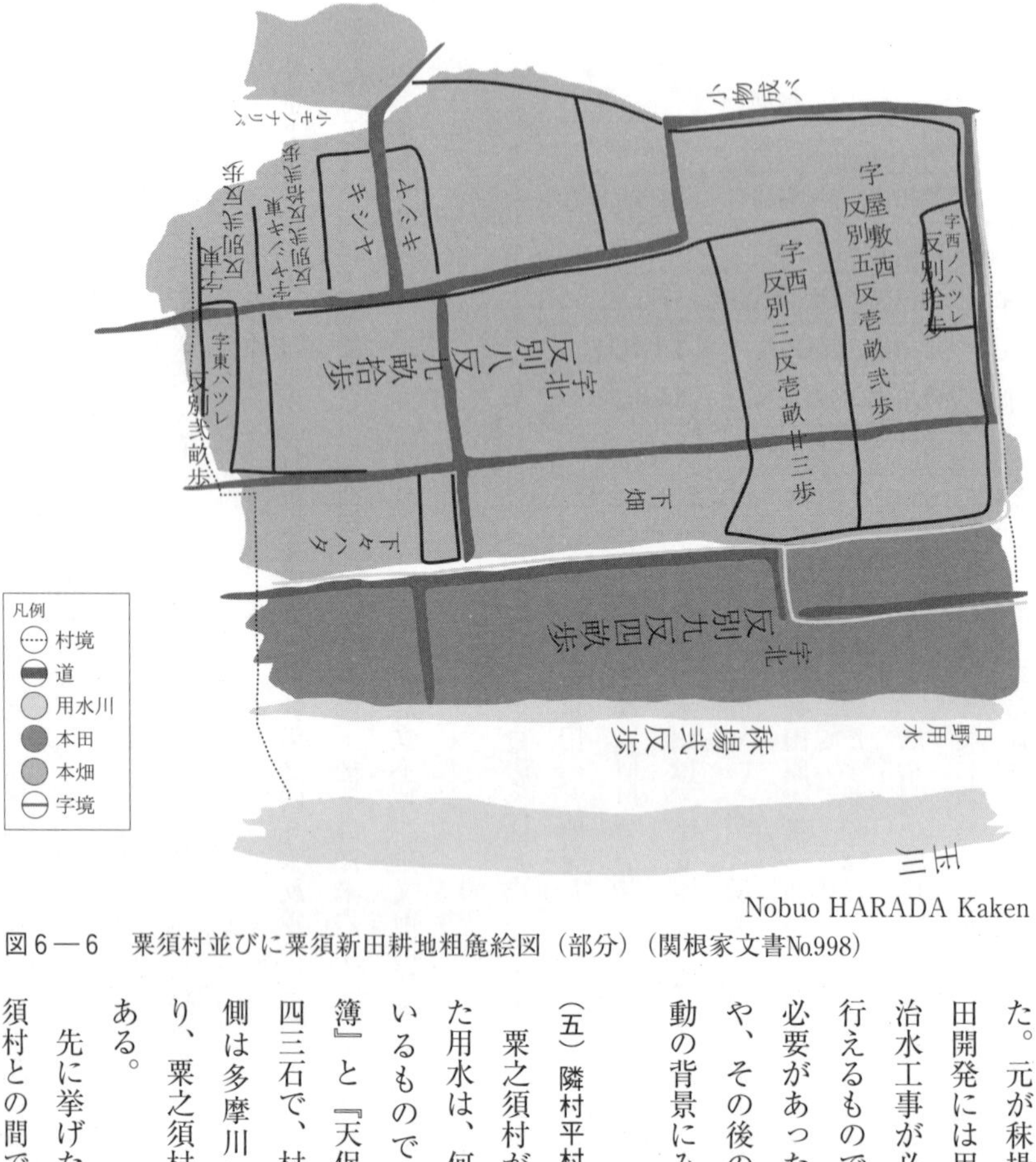

図6―6　栗須村並びに栗須新田耕地粗麁絵図（部分）（関根家文書№998）

た。元が秣場であったこと、しかも水田開発には用水の整備や堤防築造など治水工事が必要不可欠であり、個人で行えるものではなく、村民共同で行う必要があった。この開発にかかる負担や、その後の分配をめぐる問題が、騒動の背景にみえてくる。

（五）隣村平村による低地開発と境相論

栗之須村が村内北部の低地部で用いた用水は、何れも平村側から引かれているものである。平村は『武蔵田園簿』と『天保郷帳』では何れも村高は四三石で、村内は全て畑であった。北側は多摩川に面し、南側は山林であり、栗之須村と似た地理的条件の村である。

先に挙げた図6―2は、平村と栗之須村との間で行われた境相論のなかで作成された絵図である。これは年未詳であるが、栗之須村側の主張に加えて、周辺村々の「開発場」や「田場」が示され、用水口の場所についても図示されている。

栗之須村側は前出の「古堀」にあたる「両村村境堀」と、対岸の大神村・宮沢村の境を結び「平村開発場」の

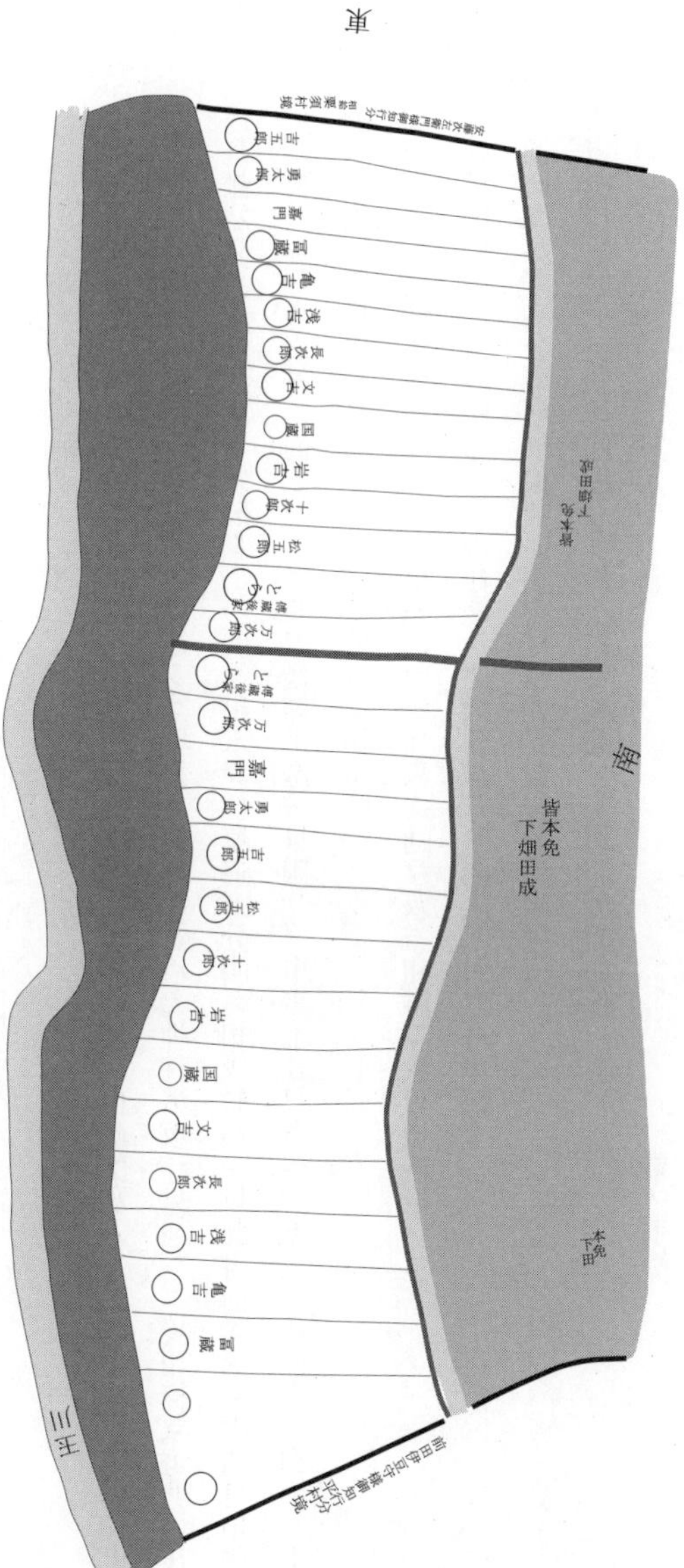

◯は各人の印。便宜上、継目印は省略した。

© Yuske SHIMIZU

図６―７　玉川縁付□渕地地割絵図（関根家文書No.999）

中を通る線が、両村の境であると主張したようである。また、平村側に「開発場」とあり、粟須側には「芝地」とあるから、両村堺付近の開発は、用水を引き込む平村が先行していたようである。この相論については、天明七年（一七八七）正月に作成された絵図と裏書、為取替申絵図面裏書之事（関根家文書七三一―一／八王子郷土資料館蔵）が残されている。この絵図が図6―8で、裏書には以下のようにある。

為取替申絵図面裏書之事

一、両村下河原附作場郷境之儀近年度々出水仕境道流失致忘却致候ニ付此度双方立会之上境立致申候尤大境沢口ヨリ七拾間ハ阿弥陀寺境内江見通シニ境相立夫ヨリ外ハ大神村黒坂江見通シニ境相極双方共ニ後日為違乱無之立会印形致置申候然ル上ハ向後出水等仕境道不分明ニ相成候ハヽ、以此書面無違乱引道可申候事

一、両村共ニ作場之外ニ而芝島竹等苅取候節是迄境目限リ之申事不致双方へ少々宛入込候而モ相手ニ不及口論ニ苅来候間以来右ニ順シ和融ニ苅取可申候事

一、両村共ニ鮎漁致候節ハ此境ニ不相構前々仕来之通リ双方和融ニ致可申候事

一、両村田場用水引取候節ハ往古仕来リ之通リ双方熟談之上引取可申候事

右之通此度双方立会境立致絵図面相認村役人立会印形致両村江壱枚宛所持致候上ハ向後此趣違乱無之候為渡詫一同連印仍而如件

天明七未年正月

粟ノ須村
名主　市郎兵衛
年寄　伝蔵
惣百姓　三郎兵衛
平　村

名主　七郎兵衛
年寄　弥吉
惣百姓代庄右衛門

これによると、両村の間にはもともと境堀の他に境道が存在していたが、たびたび起こった多摩川の出水によって流され、元の場所が忘れられていた。両村が改めて境を確認するにあたって、双方に意見の違いが生まれたようである。

そこで双方の立会によって「両村村境堀」が「日野本郷古堀通り」に注ぐ沢口から七〇間（約一二七メートル）までは宮沢村の阿弥陀寺（現・昭島市宮沢町二丁目）を結んだ直線を境とし、そこから先の芝地についてはやや西に進路を変え、大神村の「峠坂」を結ぶ線を境とするよう取り決めようとする内容である。芝地についてはお互いが少々、入り込んで刈り取ることについては、これを問題としないともされていることから、この相論は図6―2における「平村分田畑場」と「粟ノ須村分田場」の境をめぐるものであった。

相論の対象となった平村分の田畑は、「開発場」と表現されていること、また『武蔵田園簿』には平村はすべて畑方と記されているから、田方は新開の耕地である。平村の村高は『武蔵田園簿』と『元禄郷帳』では四三石余であるが、『天保郷帳』では一一三石余とあり、村高は著しく増加している。

図6―9は、天保年間に作成されたものと思われる武州多摩郡平村麁絵図組（関根家文書三六四／八王子郷土資料館蔵）の一枚であるが、これによると粟之須村との境に位置する開発場に向かって少なくとも三本の用水が存在していたことが分かる。秋川から水を取り、村を東西に走る用水が、村の中央で水車用に分水され、さらに東側で低地部の潅漑に用いられている。平村では本村内で用水を整備し、低地部の水田化を進めることで、耕地の拡大を図っていた。秋川から水を取り、平村を通過しているこの用水は、宝永の相論中で問題となった日野用水

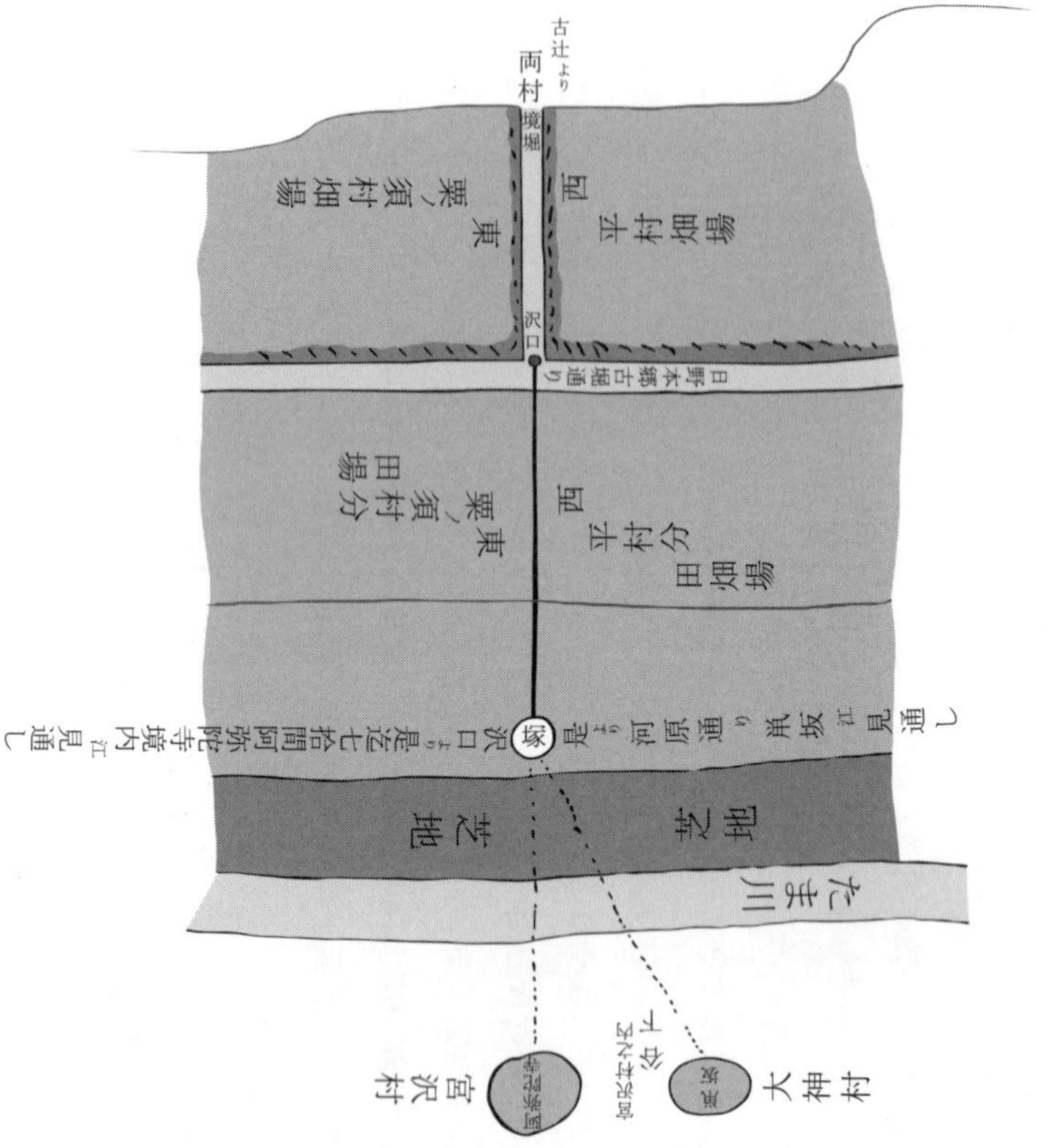

© Nobuo HARADA Kaken

図6—8　為取替申絵図面裏書之事（関根家文書№731-1）

上堰の流路であろう。

平村では享保一〇年（一七二五）五月に、乍恐口上書を以申上候（平家文書七一／八王子郷土資料館蔵）を代官所へ宛てて提出し、近年、周辺村々が新田開発を盛んに行っていると前置きをした上で、「平村と幷粟須村の両村境平村分之内ニ而、玉川通り中嶋ニ而石原之芝間壱町歩之余ニ相見御座候へ共、右玉川満水之節水上り申候ニ付打捨置申候得共、此度御頼申上御下知得右之芝間畑仕度奉有之」と多摩川の氾濫源であった見捨地の開発を願い出ている。

とくに生産力の低い見捨地の開発を願い出ていることか

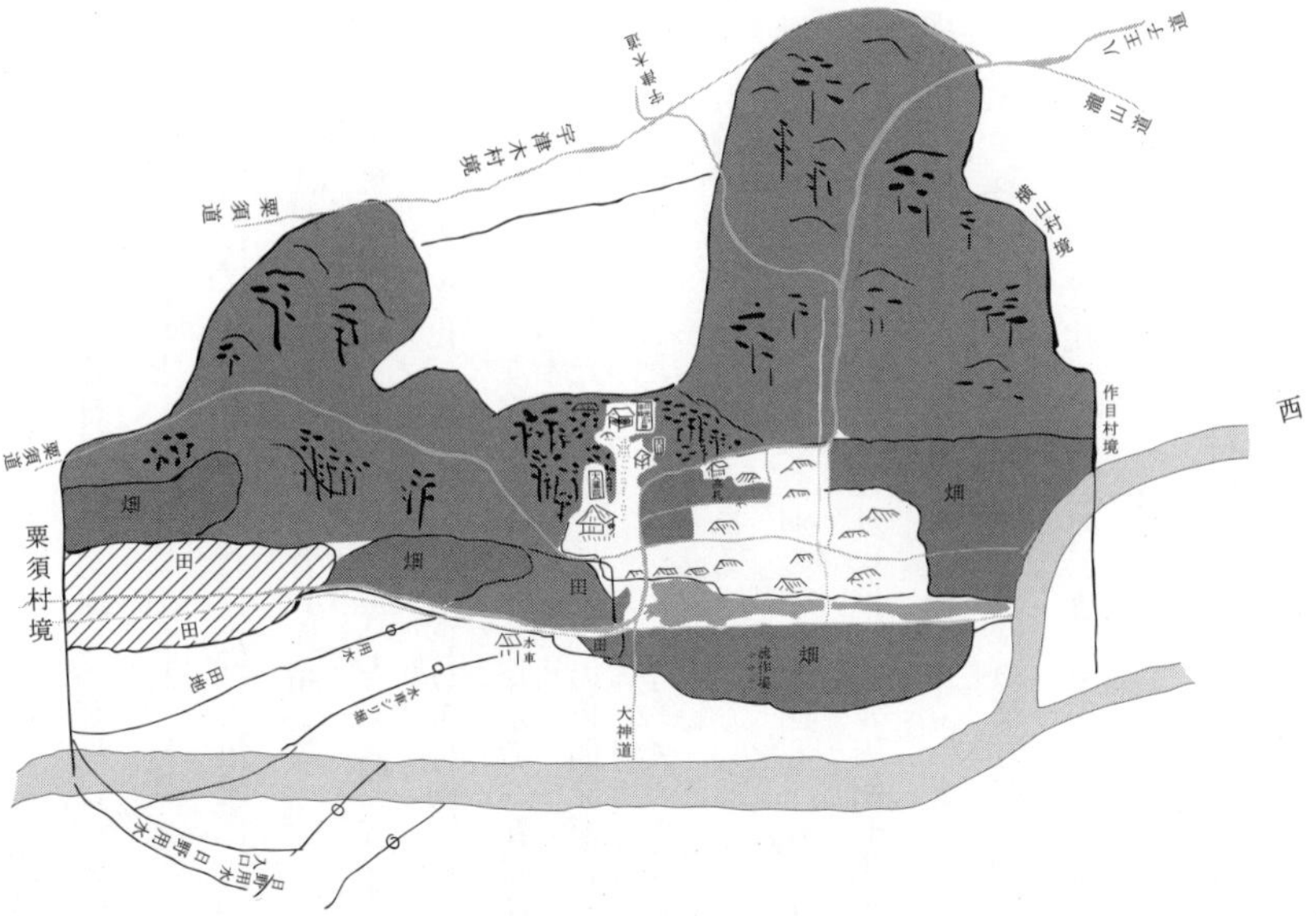

図６—９　武州多摩郡平村麁絵図組（平家文書No.364-2）

ら、平村では本村内の耕地開発は、享保年間（一七一六～三六）ごろまでに、当時の土木技術や多摩川の流路での限界に達していたものと思われる。ここでは畑地化を願い出ているものであるが、こうした開発が続けられるなかで、天明年間（一七八一～八九）ごろには、用水を整備して水田化するに至り、相論を惹き起こすところとなったのである。

　この開発の経緯について、名主平家の代々の家族や経歴を記した景図附禄（平家文書六六一／八王子郷土資料館蔵）には以下のようにある。

天明六丙午年諸作凶作ニ付同年冬より翌未年ノ春ニ国大凶ニ付、米百文ニ三合ニ相成候ニ付村方之者共取続相成候兼大難儀ニ付、天明七未年正月ヨリ相始下川原芝地開発致村中之者男壱［虫欠］（入カ）壱反歩宛女子供ハ其歳ニ応じ賃銭而相渡田場壱町三反余新開に及、以来尤掘割ノ樋口普請等迄正月ヨリ三月迄ニ出来、右之賃銀合金弐拾七両余大蔵院ト子前両人ニ

而金子才覚致賃銀相払、村中之者凶作之凌ニ為致候、尤田方は其年ヨリ村中と割合出し而田方仕付為致候

ここには平村による村境の芝地開発の契機は、天明の飢饉であった旨が記されている。凶作による米価の高騰により困窮していたという事情に迫られ、見捨地で生産性の低い場所の水田化に乗り出したのである。粟之須との相論も、飢饉を契機として、たびたびの出水によって境が忘れられていた見捨地が、両村にとって貴重な開発場として注目され始めたという背景が窺える。

両村の境相論は、天明七年（一七八七）で収束せず、文化一五年（一八一八）に至って平村が奉行所へ訴え出る事態となった。文化一五年四月の乍恐以書付御訴訟申上候（平家文書三三九／八王子郷土資料館蔵）によると、平村が低地部を「起返」などで再開発するなかで、新規に用水を整備したところ、その水を引き入れて粟之須村でも芝地と畑地を田にしたとある。低地部の再開発が行われるなか平村は、粟之須村が平村内の芝地を勝手に田にして、所有権を主張したことから訴えに至ったとしている。また訴えのなかには、この周囲は多摩川に近く、長らく潰れ地や芝地であったともある。

また、その相論にかかわる別の絵図が図6―10の年未詳大神村・平村両村境並びに平村粟ノ須村境多摩川漁場境等につき村絵図である。これには「去ル天明七未年正月村方百姓共凶年為救金主ヲ相求古田荒地起返シ之儀奉願取掛リ候節ヨリ粟ノ須村ヨリ故障を申立」とあるから、天明七年の相論が、そのまま文化一五年まで続いていたようである。また、平村・粟之須村の双方がこの見捨地に注目し、再開発を進めていた様子がみてとれよう。

この相論は、文化一五年四月の為取替申議定一札之事（同前三三〇）をもって決着する。なお、粟之須の関根家にも同じ一札が残されており、それが文化一五年四月為取替申議定一札之事（関根家文書七三一―一／同前）である。これによると、両村の境は「宇沢口山根北江右八拾間境塚ヲ立、夫ヨリ大神村宮沢村郷境岪坂見通シニ致候」と両村の他、田中村・宇津木村・石川村・大神村・宮沢村などから立会人が出され、一札が取り交わされ

た。

その結果、再開発が進められていた区域については平村側の主張、それより先の多摩川の河原については粟之須村側の主張を採用し、合意に至った。同時に「平村開発用水口」は「平村粟須村両組用水」として平村が六割、粟之須村が四割の堰人足を負担して利用・運営するよう定められた。先にみた粟之須村による再開発は、この用水を用いて行われた。

ここで再度着目したいのが、宝永七年（一七一〇）の日野用水の堰をめぐる相論である。この相論は、拝島領九ヶ村用水よりも上流の秋川に日野側が堰を新設したことで、水量の減った拝島側が訴え出たものであった。つまり新設か既存の水路であったかは別として、この時点ですでに平村・粟之須村を通る水路は存在していたことになる。

さらに図6―8や図6―10には、粟之須村・平村の両村内を流れる水路は「日野本郷古堀通り」などと書かれている。日野本郷上堰は平村内を流れず、また粟之須・平村間の「古堀」とは合流しない。それにもかかわらず、「日野本郷古堀通り」と呼ばれるのは、これが先にみた宝永の拝島領との相論時に、秋川から導水された日野上堰用水として用いられた水路であるからと思われる。水路が存在したにもかかわらず、低地部の開発が近世後期まで行われなかったのは、平村・粟之須村内の低地部が、天明の飢饉というきっかけに至るまで、あくまで「秣場」や「見捨地」とされていたためであろう。

享保期の新田開発を経て、近世後期には耕地拡大の可能性は、低地部の芝地や荒地・川欠地などの生産性が低い、不安定な土地に限られていた。河川向かって伸びる谷戸と水路を用いて進行する開発と異なり、用水を整備するなどして取水する河川に平行し、自然地形を越えて進んでいく近世的な低地部の開発では、隣村の利害関係に触れることとなり、こうした相論がたびたび生まれたのである。

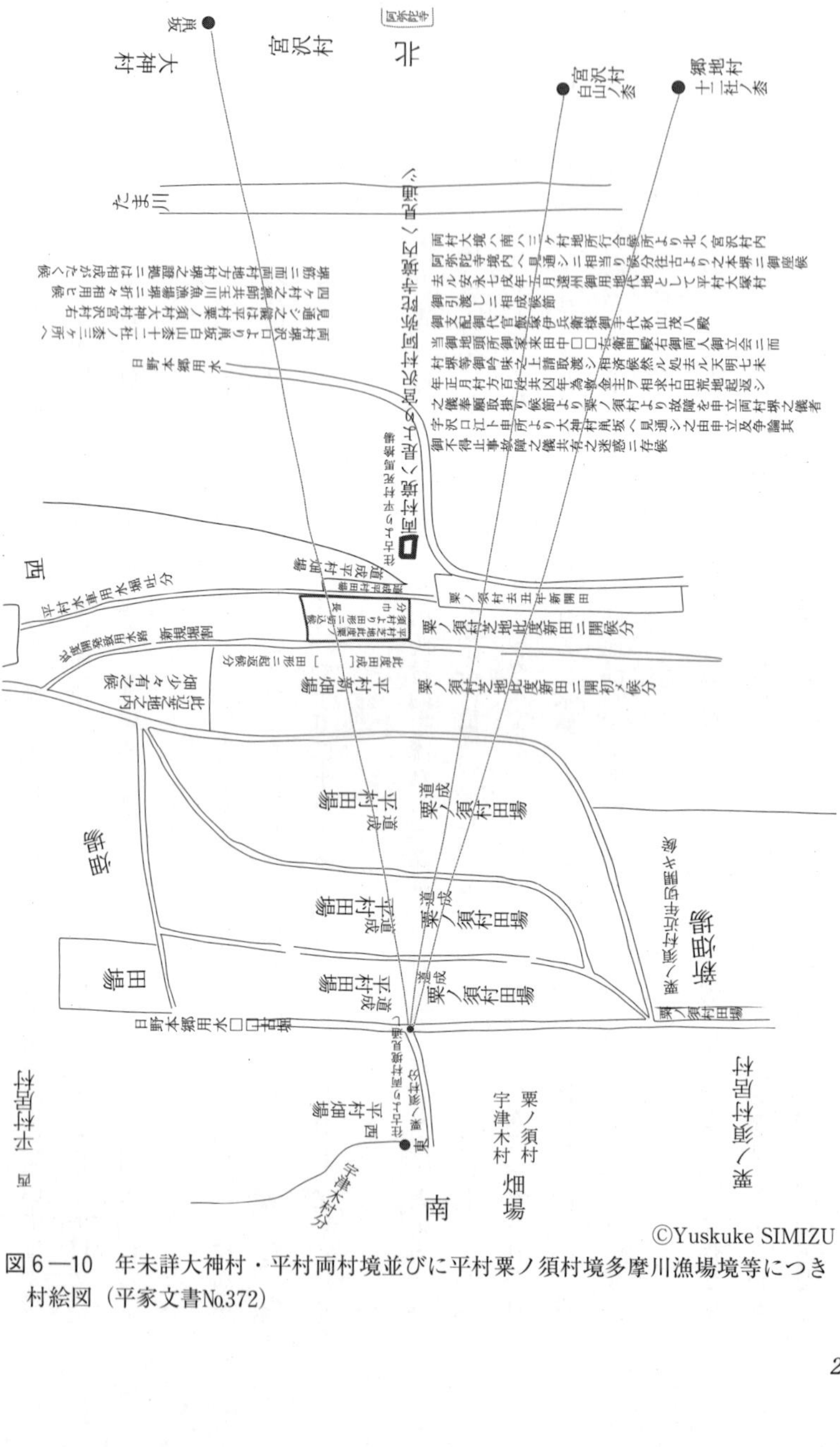

©Yuskuke SIMIZU

図６―10　年未詳大神村・平村両村境並びに平村粟ノ須村境多摩川漁場境等につき村絵図（平家文書No.372）

(六) 本村外への進出

幕末期まで秣場として用いられてきた村内北側の区画は、度々出水した多摩川に近接しており、耕地としては脆弱であり生産面では不安定な場所であった。村全体としてはこうした場所を再開発して田を所有していたが、名主関根家は、材木商として成功するなどかなりの資産を有しており、小作地も所有していた。

天保七年(一八三六)に、伝次郎が家督を相続した際に作成された財産と家政に関する書上(関根家文書一九〇四/八王子郷土資料館蔵)が存在する。これによると当時の関根家の持高は五七石余であった。酒造株高四五〇石や屋敷、寺や村民その他への貸付金の残金一九二両余、所々預け金六〇〇両などもあり、小作米は年六二俵余で金六〇両余とある。また山林伐木代金の分は、「宅内普請修復ノ備」とあるのみで、具体的な数は書きあげられていない。

この他にも、この書上によれば、「子孫永久減少スヘカラス」財産として六七五両があるが、「田畑買附地代金ニ差加ル分ハ苦シカラスト雖モ今定メ置所ノ株縁ヲ増コト勿レ」と経営の心得が添えられている。この心得は、家督相続にあたって急に定められたものではなく、これまでの家の経営方針の表れであろう。

同じく田畑山林の収納高は、嘉永六年(一八五三)に改められており、日野の小作地からは米七〇俵三斗九升三合、粟之須村内の小作地からは米一〇俵弐斗九升となっている。関根家では、粟之須村内よりも日野分に多くの小作地を所有していた。すでにみた通り、粟之須村内は、わずかな土地の再開発を除いて拡大の方向はなく、必然的に他村へ進出することとなったためである。日野分の小作地は多摩川の沖積地が始まる東光寺に集中している。ここは日野上堰用水で灌漑されている水田地帯で、加住丘陵に位置する粟之須村の関根家は出作という形式で日野用水の恩恵を享受していた。

また、粟之須村の新田は享保期に開発された台地上の新田と、低地部に開かれた新田とが存在した。どちらも

「粟須新田」と史料上に登場するが、図6―3に「粟ノ須新田字東光寺下」とある通り、低地部に開かれた新田は日野分の東光寺内に存在していた。寛政一一年の品々御尋書上帳にみた、新田が持つ田二町八反三畝二拾一歩とはこの水田である。私領分の新田も谷地川を越えて一部が多摩川の沖積地にあり、二反三畝二六歩の田方であった。直ぐそばを日野用水上堰が通るが、粟之須村は日野用水組合には入っていないため、日野用水の水ではなく「私領用水堀」の水で灌漑されていた。谷地川を越えるために一度落とされた用水の水は、同じ水量を谷地川の下流で取水する方式を採用していた。

粟之須新田の持添である水田も日野本郷が開発した新田と隣接している。「東光寺下」の開発願いは、享保一七年（一七三二）に日野本郷の枝郷東光寺村から提出されたものと、同年一〇月に日野本郷から提出されたものがある。何れの開発によるものか明らかでないが、東光寺村からの開発願いである享保一七年七月一八日の乍恐以書付ヲ御願申上候（栄町渡辺家文書／『日野市史史料集　近世二』三四）は、「石間」であった場所が多摩川の出水によって土砂が堆積し「芝間」になったため、松・柳などを植えてさらに土砂を堆積させたいとするものである。

日野本郷が提出した享保一七年一〇月の日野本郷新田開発願（同前三五）も、内容は同じであるが、これは畑と明記されている。何れの開発にせよ、この周辺はもともと村境に位置したが、享保期には新田開発の対象となり、両者から開発が進められていた。さらにそれぞれが別の用水を用いているため、用水と境との入り組んだ複雑な状態にあった。

粟之須村と平村とで起こった荒地・見捨地の開発を巡った相論は、天明の飢饉への対応として行われた再開発をきっかけに起こったが、複数の用水が存在した粟之須と東光寺の村境付近では、同種の相論は少なくとも享保期にさかのぼる。

東光寺には、粟之須との境に関して、興味深い伝承が残っている。両村の境は、度々の多摩川の出水によって不明となり、争いが絶えなかった。そこで神明社に伺いを立てたところ、粟之須と東光寺の境について、馬を競走させて勝った方の言い分を認めよ、とのお告げがあった。その結果、粟之須村が勝ったため、本来は「御茶屋松」やその付近も東光寺であったが、粟之須のものとなってしまったという［田中一九八六］。

こうした両者が入り組む形での開発、粟之須の東光寺への進出を、この伝承は物語っているようにも思われるが、やがて幕末に至って隣接する村との衝突を招くこととなる。年未詳七月一四日の乱暴一件ニ付挨拶状断簡（関根家文書九四〇／八王子郷土資料館蔵）によれば、安政六年（一八五九）四月一六日に東光寺村字森の粟之須村の出作地に、東光寺の村民が「多勢ニ而石投込」み、さらに「同所江守護神建置候御嶽山神狗ヲ祭リ候石之宮大用水堀江打込」などの乱暴におよんだ。

さらにこの件については、内済が破断し、補修が終わった用水路に再び東光寺村の村民が取水口を堰止めたり、苗代田に石を投げ込むなどし、関根が代官所へ訴え出る騒動となっており、日野宿の佐藤彦五郎が仲裁に入るなど、地域を巻き込んだ大騒動となっていることが、安政六未年四月十六日田方乱暴一件手控（同前八三二）および御用向日記（同前八一三）などから窺える。

この騒動は彦五郎を介して調整が進められ、同年五月に、東光寺村側から詫証文が出されて落着となるが、東光寺村側がこうした行為に及んだ理由については、史料上ははっきりしない。おそらくは用水や苗代田が標的となっていることから、水利や田の境に関する問題である可能性も考えられる。あるいは明治四年（一八七一）の田畑小作御年貢取立帳（同前三一四二）によって、関根家が東光寺村の村民を小作としていることから、入揚金を巡るトラブルなどであったことも想定される。

地理的な条件から他村分へ進出せざるをえない粟之須村や関根家が、隣村であり日野用水に支えられる水田地帯である東光寺方面へ進出することは必然であった。上流域に位置し、耕地の拡大が見込めない村にとって、日野用水は自然地形とともに進出の方向を規定した存在であったといえよう。

四　おわりに

以上、加住丘陵東端に位置する粟之須村・平村の開発の様相を概観してきた。粟之須村が平村と接する場所に位置した代官領二八石分は、全戸が天正二年（一五七四）に名主関根家の先祖とともに移り住んだという由緒を持つ集落であった。村の耕地は、自然規定に即した形で、段丘上を畑とし、また「古堀」の先にあった谷戸を開発することで進められた。

両村の開発の方向性、とくに水田化が可能な領域については、日野用水の堰が平村よりも下流と定められた宝永の相論によって、水害に遭いやすく生産力の低い、多摩川岸の沖積低地に限定されることとなった。そのため、享保期の新田開発では、台地部や用水が近くを流れる東光寺の荒地が開発の対象とされた。

主要な新田の開発が終了し、耕地の拡大が難しくなると、村内の林や畑地を再開発することによって、水田化や生産量の増加が目指された。この再開発は用水の整備などが必要であったため、村全体で行われた。また、天明の飢饉をきっかけとした耕地拡大を目指す開発では、それまで秣場とされていた多摩川の河原や見捨地・荒地の再開発が行われ始めた。この開発が始まると、それまで大きな問題とされなかった平・粟之須村の厳密な村境が相論の対象となった。両村の境は、宇津木村内から流れる「古堀」を基準に定められていたが、「古堀」はこの時、開発の対象となった多摩川近くの見捨地・荒地までは流れておらず、また度々の出水によって目印が消失していた。そのため、両村が開発を開始すると、この境を厳密に定める必要が生じたのである。

粟之須村の代官領二八石分での水田獲得の方法は、こうした生産力が低く、飢饉までは開発の対象とされなかった土地に限られていたが、農業以外でも家を経営して資産を得ていた地主層は他村で小作地を獲得することで、耕地を拡大して行った。その進出先は、粟之須村の関根家の場合、日野用水が灌漑する東光寺の低地部であった。そこでは、村同士ではなく、名主関根家と東光寺村民との相論が生まれた。耕地や用水を巡る相論は、村単位での耕地拡大が収束した以降、村対村ではなく、個人対個人あるいは複数の小作人対個人という図式で行われることとなった。こうした図式は耕地拡大が限界を迎えた地域で一般化できるものと思われる。

粟之須村にとっての日野用水は、村内を灌漑する用水としては用いられなかったが、村内の開発の限界を規定し、また地主層の進出の方向を規定する存在であった。

（1）史料中には所有者の変更などによる訂正や後筆が多数あり、訂正前の数値として、一九石余とも記載されている。
（2）本史料は年未詳であるが、別の諸願書留（関根家文書八三七）に、この騒動に関する記述があり、ここから安政四年（一八五七）であったことが判明する。

第七章　近世中・後期における台地部新田開発の様相

井上　潤

一　はじめに

近世中後期の新田開発は、前期の開発が年貢増徴を狙いつつも、「小農自立」の実現を要素としていたのに対し、年貢増徴政策を露骨に遂行したものとして評価されている。そのなかにあって、武蔵野地域の新田開発は、近世開発史上最大規模のものとして位置づけられている。

村落史研究を続けられるなかで、一九五〇年代に新田開発研究に着手された木村礎氏は、小平・小川新田の研究をまとめておられるが、単に開発による景観の変化の追求にとどまることなく、古村との比較、農民の生活に視点をおくものであった［木村ほか編一九六〇］。

享保改革において幕府は、生産力の増大を求めて武蔵野新田の開発を大規模に進めたが、まずその位置づけから検討しておきたい。この政策に関して幕府は、享保七年（一七二二）七月二六日、江戸日本橋に高札を立て、「諸国御料所又は私領と入組候場所」でも新田となるところであれば、代官・地頭と百姓とが相談して新田開発を行うよう、畿内・西国・中国・北国にまで命じている（『御触書寛保集成』五五号）。

そして同年九月には、「惣て自今新田畑可レ有二開発一場所ハ、吟味次第障り無レ之におゐてハ、開発可レ被二仰付一候」として、一層の新田開発を奨励している。しかも「右地所私領村附之地先ニて、只今迄開発可レ致筋ニても、此度新田御吟味ニ付、いまた開発不レ仕有レ之候場所之分ハ、山野又は芝地等或ハ海辺之出洲内川之類、新田畑ニ可レ成処ハ、　公儀より開発可レ被ニ仰付一候」と追記しているように、開発可能な地をことごとく開くよう幕府主導で強力に推し進めようとしていることが窺われる（『御触書寛保集成』一三五九号）。

ここで注意すべきは、七月の開発令が日本橋の高札場に出されたことで、これは明らかに商人資本の導入を意図したものである。いわゆる町人請負新田の奨励で、これが在地に向けた開発令より先に出されているところに、享保期における新田開発の大きな特色をみることができる。大規模な町人請負新田としては、資本蓄積の高い関西が主流で、すでに河内鴻池新田や摂津川口新田などが開発されていたが、当該期になると、越後紫雲寺潟新田など大規模な営利目的の新田開発が行われるようになった。さらに関東では、下総の椿湖干拓新田のほか見沼・手賀沼・飯沼などで開発が進み、とくに代官見立新田という形が採られたが、これにも江戸日本橋などの商人出資金が用いられた。

ところが、これらは湖沼や海辺などに大規模な水田を開くもので、水田からの米を投資の対象とすることができたが、武蔵野における新田開発は、基本的には畑地が主体で、外部からの開発資金を集めにくい状況にあった。しかし享保期には、各地で先に述べたような大規模開発が進展し、課税の基礎となる石高増加に大きな役割を果たしたことから、幕府の膝元に近い武蔵野においても、幕府主導による代官見立新田という形で、強引な開発が進められることとなった。

もちろん畑地からの生産物にも、それなりの商品価値はあったが、武蔵野の畑地開発に当初から投資利益を見込むことは不可能に近かった。それでも幕府としては、直轄領が多くを占める武蔵野に新たな新田を開発し、財政的にも石高増加を目論む必要があった。これによって開かれたのが武蔵野新田で、総計二〇〇〇町歩を越える田畑を得て、新たに八二ヶ村が成立をみた。この一部には、有力な農民や町人が出資した開発請負型の新田もあったが、基本的には村請新田で、開発地の大部分は畑地であった。

『新編武蔵国風土記稿』は、多摩郡の末尾に「武蔵野新田」の項を設け、その内実は多摩郡四〇村・新座郡四村・入間郡一九村・高麗郡一九村からなり、もともと「土性は粗薄の野土にして、糞培の力を借らざれば五穀生殖せず」という土地柄であった。このため費用捻出にあたっては、元文年間（一七三六〜四一）ごろから、八二ヶ村の全戸に、稗穀五升宛を出させて郷蔵に蓄え、これを官所に納めて利子を加え寛延二年（一七四九）には七〇〇両の積金とし、さらに文化一一年（一八一四）には五〇〇〇両として、その利息を村々への扶助金としたという。

こうして長年にわたって継続された武蔵野の新田開発は、決して楽なものではなく、かつ農民にとっても、必ずしも利益をもたらすものでもなかった。なかでも当地域の宇津木台周辺は、日野用水の取水口付近に位置するにもかかわらず、地理的要因から大規模な水田開発を行うことが不可能に近い状態であった。また、在地においては、自らの生業維持をはかるためにも、従前の土地利用のありかたを守り、新田の開発を阻止しようとする動きがあったなかで進められた開発であった。

つとに木村礎氏は、享保期の武蔵野新田開発について、低地部ではすでに水田開発が飽和状態にあったことから、台地部の畑地開発が進展していったことを指摘されているが［木村ほか編一九六〇］、改めて本章では、当地域における台地部新田開発の事例として、もともと原野であった高倉野を開発して高倉新田としたケースを扱いたいと思う。同新田に関しては、当初は開発に抵抗的であったが、やがては生産力の増大を求めて、しだいに周辺村々が共同で開発にあたるようになったという経緯があり、この分析を通して、近世中期以降の当地域における畑地開発の様相を探ることとしたい。

二　多摩川流域と水田開発

多摩川流域における近世的開発は、かなりの林野伐採や長距離用水路の開削を行うものとなった。なかでも永禄一〇年（一五六七）の開削と伝えられる日野用水は、現八王子市域内の平・粟之須、現日野市域内の日野本郷・万願寺・下田・新井・石田・宮・上田などの村々を潤し、総組合高三二九三石余に及ぶものである。このうち日野本郷が二二〇〇石を占め、ここを中心に多摩川流域の広大な沖積地の水田化を可能とした大規模用水であるが、この問題に関しては第六章の清水論文を参照されたい。

さらに日野用水は、一七世紀前半から一九世紀にかけて、これらの地域での石高を著しく増加せしめており、近世を通じて、水田生産力を質量ともに向上させる役割を果たしたことになる。ただ、多摩川流域の沖積地といっても、一気に水田化が進んだわけではなく、これらの地域はもともと秣場として利用されてきたところで、その開発過程は、それぞれの地形条件によって異なり、揚水車などの利用も行われている。

むしろ宇津木台遺跡群に隣接する平・粟之須村は、日野用水の取り入れ口付近に位置するため、丘陵部と多摩川沖積地との間が狭いという地理的要因から、大規模な水田開発を行うことが不可能であった。とくに粟之須村は、当地域における開発の問題を考える上で重要な村落で、寛政九年（一七九七）段階において、下田七畝のほか上畑一町一反余・中畑五反余・下畑一町八反余という耕地しか所有していなかった。

このうち集落南部の古くからの畑地は、ほとんどが個人持ちであるのに対し、日野用水付近の水田を含む畑地は全て村持ちとなっている。すなわち粟之須村は、近世後期の段階で少量のまとまった水田を持ちえたが、これらの開発には村民が共同してあたったことが窺われる。しかし同村の名主である関根家は、古くから日野用水沿いの東光寺村付近に水田を有しており、しばしば同村と相論を繰り返しているが、これは用水をめぐる争いであったものと考えられる。

八王子周辺の山間部を利用しての焼畑による林業・材木商売経営によって、豊富な資金力を蓄えていた名主・関根家は、こうして粟之須村以外にも水田を有していたが、一般の粟之須村農民は旧秣場を開発し、やっとのことでわずかな水田を、共同で手にしたのである。むしろ、こうした粟之須村においては、低地部よりも台地部の畑地を中心とした高倉新田に、生産力の増大を求めた、と考えるべきだろう。

三　高倉原の開発

現在の日野市から八王子市にかけての台地は、一八世紀初頭まで「高倉原」と称する草地であった。享保八年（一七二三）、先の幕府の新田開発令を承け、武蔵野新田開発の一環として、この「高倉原」の地を新田として開墾せよとの命令が、その草地を利用する村々に対して発せられた。しかし、その開発令は、当時の在地農民にとって歓迎されたものではなかった。高倉新田に関しては、伊藤好一氏の論考に詳しいが〔伊藤一九九〇・九五〕、ここでは小稿なりの立場から、その開発の実情について検討しておきたい。

この高倉原について、文政三年（一八二〇）に成った植田孟縉著『武蔵名勝図会』（『日野市史史料集　地誌編』所収）は、「土人云日野の原……日野駅を出れば、原野続きて、八王子近きところまで、凡そ一里半ばかりの曠野の平原なり……この原野は甲州街道なり……ここは小高き岡にて、地続きに山なき原野の地」とあり、明治一五年（一八八二）測量の陸軍迅速図に、その該当地と思われる部分を網掛けし、いくつかの情報を落としたのが図7―1である。すなわち高倉野は、多摩川と浅川に挟まれ、両河川の合流点付近の沖積低地から二〇メートル前後上がった台地部に広がる平原で、その北西部から加住南丘陵が始まるという位置関係にある。

また宝永二年（一七〇五）閏四月六日の高倉原境塚証文（栄町　渡辺家文書／『日野市史史料集　近世二』産業二〇）

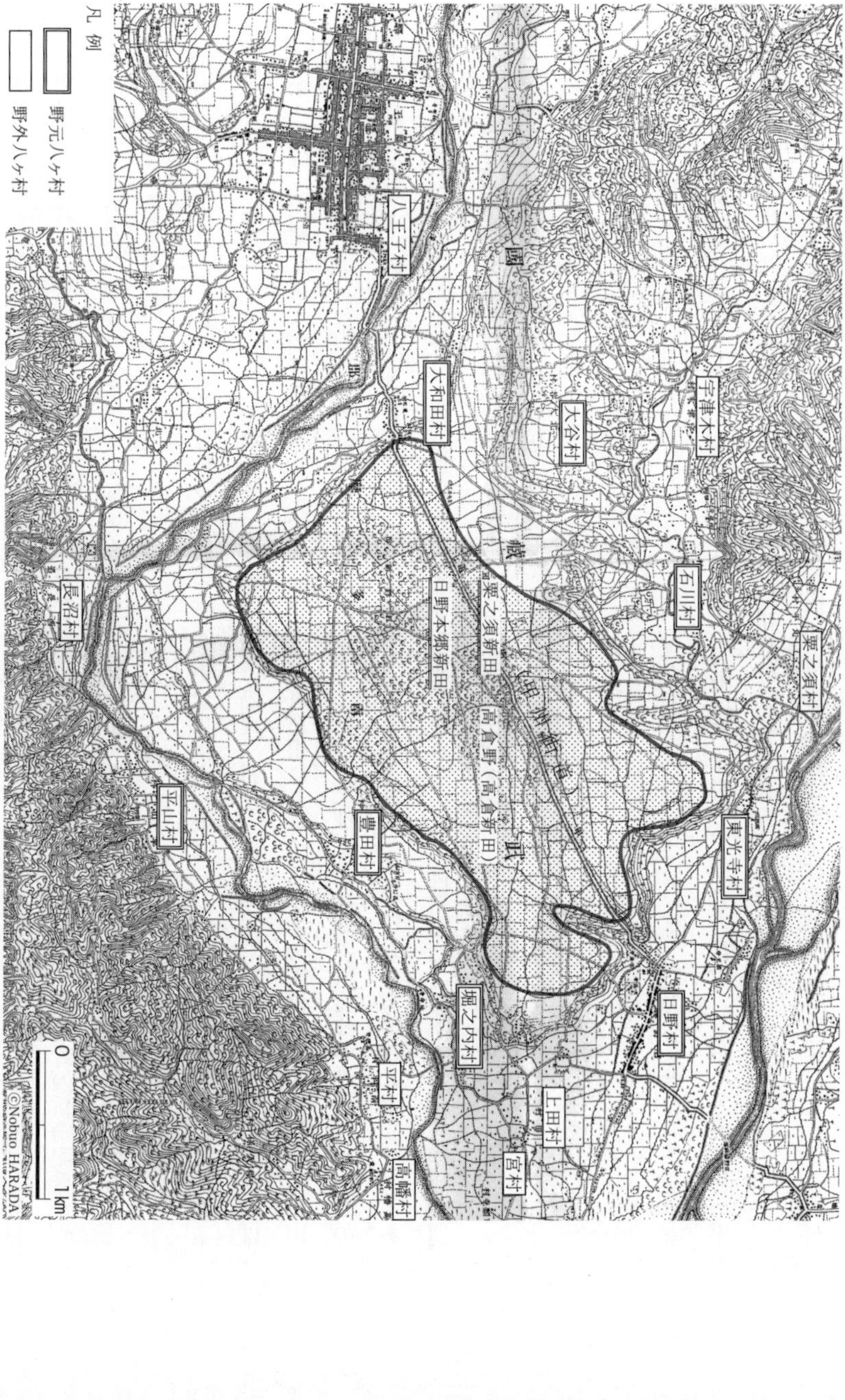
凡例
野元八ヶ村
野外八ヶ村
八王子村
大和田村
大谷村
宇津木村
石川村
粟之須村
長沼村
粟之須新田
日野本郷新田
高倉野（高倉新田）
平山村
豊田村
東光寺村
日野村
堀之内村
平村
上田村
宮村
高幡村
0
1km
©Nobuo HARADA

図7—1　高倉新田関係図

によれば、それまで周辺農村が山野として利用してきた高倉原で境相論が起きたため、「野元八ヶ村」が相談して計五五の境塚を築いたという。この八ヶ村とは平山村・豊田村・堀之内村・日野村・東光寺村・石川村・大谷村・大和田村で、これらの村々に囲まれた原野が高倉原であった。享保五年（一七二〇）、武蔵野の新田開発が始まり、幕府というよりは実質は代官主導で、願人からの申し出という形が採られたが、このうちに粟之須新田と日野本郷新田がみえる。

明治元年（一八六八）に写された武蔵野新田八拾三ヶ村水帳（百草　石川家文書／『日野市史史料集　近世二』産業二八）によれば、元文元年（一七三六）の検地で、粟之須新田は高百六石余・反別三三町四反余、日野本郷新田は高七八石余・反別二四町五反余が打ち出されている。とくに高倉新田においては、この両村のみが村立ての新田であった。『新編武蔵国風土記稿』には、粟之須新田は家数二一軒で「土性野土にして最麁薄の畑なり。培養の力にあらざれば実らず、野林もあり」とみえ、日野本郷新田は家数七軒で「皆畑にして土性は野土なり」とあり、芝地が多いが初茸や薯蕷《しょよ》が多く、これを江戸にひさぐ旨が記されている。両新田は、図7―1から甲州街道沿いに位置したことが分かるが、それぞれの家々は入り組んでいたという。

こうした村立て新田とは別に、高倉新田を開発していったのは、高倉野の周辺に位置した村々で、持添新田として開発が進められたが、その是非をめぐって大問題となった。そもそも高倉野は、先にもみたように、宝永年間には「野元八ヶ村」が入会地として、これらの村々が利用してきた。ところが他の村々も入会地として高倉野が必要であったことから、しばしば争論が起きていたが、貞享五年（一六八八）六月五日の幕府裁許状写（源原家文書状一―一〇）によって、先の「野元八ヶ村」のほかに、「野外八ヶ村」すなわち宮村・上田村・高幡村・平村・長沼村・宇津木村・八王子村・粟之須村が入会の権利を得るところとなった。

ところが享保八年（一七二三）一月、代官岩手藤左衛門から、この高倉原を採草地として利用していた「野付一六ヶ村」に対し、この入会地を新田として開発すべき旨の通達が出された。これに対して、村立てを志向した粟之須新田・日野本郷新田とは事情を異にする一六ヶ村の農民たちは、同年六月に開発阻止のため次のような嘆願書を提出した。

【史料7―1】高倉原開発免除願（栄町　渡辺家文書／『日野市史史料集　近世二』産業二九）

乍恐書付を以御訴訟申上候

一、武州多摩郡高倉原之儀、前々ゟ拾六ヶ村入会秣こやし取田畑□申候、右村々之儀外ニこやし取場無之候ニ付、毎々数度諍論仕御証文数通頂戴仕罷有候、然処ニ当正月岩手藤左衛門様ゟ、彼原新田御用地ニ被召上候由御廻状を以被仰渡候ニ付、村々百姓驚入、藤左衛門様江度々御なけき申候得共、曾而御取上ケ無御座、不及是□様迄御訴訟申上（候脱カ）得ハ、藤左衛門様江相願申様ニ被仰付候故、御役所江訴状差上ケ申候処、而当分御用御取込之由ニ御吟味御差延、重而御召出シ可被遊候旨被仰渡候ニ付、奉畏在所江罷帰り申候、

一、先月七日藤左衛門様□御見分日野村江御出被遊候ニ付、村々百姓大勢数度相詰御願申上候ハ、彼原之儀新田ニ被仰付候而ハ入会村々こやしニ差支迷惑至極仕候、何ヶ度も先規之通り秣こやし取場ニ被差置被下候様ニ御訴訟申上候得共、御取上ケ無□、入会村々江高割を以開発可被仰付之由再三被仰渡候得共、彼原之儀ハ右拾六ヶ村之内ニ而も、田方之村ハ三月ゟ苗代こやし、五月植田こやし迄芝苅取申候、畑方村ハ六月ゟ九月迄麦こやしニかり取申候、勿論冬ハ薪秣等ニ苅取□候而ハ百姓夫食之かて草をつみ、馬飼料等迄村々勝手ニ入会、此野之かげを以渡世を送り申候処ニ、此度御開発被仰付候而ハ入会村々数万人今日を難立迷惑至極仕候ニ付、相応之芝銭差上申候共前々之通り入会ニ被仰付被下候ハヽ、拾六ヶ村之百姓相助り申候、御慈悲を以先規之通り被為　仰付被下候ハヽ、難有可奉存候、以上、

享保八年卯六月

武蔵国多摩郡

豊田村㊞
大和田村㊞
大谷村㊞
石川村㊞
宇津木村㊞
八王子村㊞
長沼村㊞
平山村㊞
平村㊞
堀之内村㊞
宮村㊞
日野村
東光寺村

御奉行所様

御町

本文書には、上田村・高幡村・粟之須村の名がみえないが、本文中に「前々より拾六ヶ村入会秣こやし取」とあるところから、先の「野付一六ヶ村」の総意を反映したものと考えられる。これらの村々では、高倉原の原野に生える草木が、農業生産を含めた生活のサイクルに重要な役割を果たしていた。秣は、いうまでもなく牛馬の飼料とするためのもので、これを取る秣場は萱場あるいは肥草場などと称するが、茅などを枯れ草にして飼料としなければ、農業労働に最大の威力を発揮する牛馬の維持に支障をきたすことになる。

また、芝草を含むさまざまな草々は、田畑の肥料となるもので、水田であれば三月からは苗代、五月からは植田の肥やしとして、また畑地でも六月から九月にかけては麦の肥料として、それぞれ農耕に不可欠のものであった。このほか野林もあり芝地も多かったことから、高倉野は生活面で大いに村人に貢献した。小木や小枝などは薪として、日々の燃料あるいは冬の暖房に大きな役割を果たしたほか、先に日野本郷新田の事例でもみたように、キノコや山芋などの自生植物は、農民の食生活の一部を担っていたのである。

こうしたように開発の手の及ばない原野であっても、人々の生活には重要な役割を果たしていたのであるが、冒頭の享保七年（一七二二）九月の新田開発令でもみたように、新田となりうるところをことごとく開発し、直轄領としての増高を図ろうとした幕府は、こうした未開地の存在を許さず、農民の生活に不可欠であった高倉原の開発を強引に命じたのである。しかし史料７―１が提出されたことからもわかるように、開発の中止を嘆願した農民たちの願いは、なかなか代官所に聞き入られるものではなかった。

農民たちは、ついに直接奉行所へ訴え出ることとしたが、奉行所では、村々が直接奉行所に訴え出るのは違法であり、訴えの順序を踏んで、まず代官所へ訴状を出すようにと訴えを差し戻している。一六ヶ村の代表者は改めて、岩手藤左衛門役所へ訴状を提出するが、またも呼び出すまで待つように、と命じて、村々の代表者を追い返した。実は、このときの新田開発は、幕府の決定により定められた政策であり、一代官がこれを動かすことは出来なかったと同時に、代官としても手柄をあげたいという意識があったものと思われる。

享保八年（一七二三）五月、代官所から調査の役人が来たとき、一六ヶ村の代表者はこの役人が逗留していた日野に数回にわたって押しかけ、嘆願を繰り返した。しかし、とりあげられることはなく、今度は一六ヶ村のうち一三ヶ村が、再び代官岩手藤左衛門の上司である大岡越前守のもとへ、相当の芝銭を上納してもよいから高倉原を「原」として残して欲しいと願い出たが、これも聞き入れてもらえなかった。いずれにしても幕府は、農民たちの生活の維持よりも、新田開発を優先させ、耕地の拡大を第一義としたのである。

四　高倉原開発の実態

高倉原の開発は、幕府の至上命令だった。開発政策は強行され、間もなく開発すべき場所が、一六ヶ村に割り当てられた。開発場所を割り当てられた村々のなかには、積極的に開墾を進めた村もあったようだが、なかには割り当てを受けた開発地を、草原として温存しようとする村もあった。

この間に、武蔵野新田の開発担当の役人は、岩手藤左衛門が退いて、代官は荻原源八郎、その下役の野村時右衛門、小林平六と変わった。この三名は、享保一二年（一七二七）一〇月、高倉原の開発場を割り当てられた村々へ対し、次のような通達を出している。

【史料7—2】新田開発触廻状（西平山　小室家文書／『日野市史史料集　近世二』産業三三）

（前欠）

一、惣而開発場之内養水を引懸、田方ニ可成場所ハ御料・私領共ニ田方開発可申付候間、村々申合場所遂内見分、反別書付可差出候事、

一、養水之儀者勿論、出百姓平生之飲水致分水候ニ付、普請入用等者御入用被下、自今修復繕等者村方百姓自分入用以申付候事、

一、家作農具料・開発入用等被下候儀者、出百姓家作住居之躰見分、当年之内百生《（ママ）》壱人ニ付芝地何反歩開可申哉、出来方員数差積り、開発出来候ハヽ、反別相改、入用員数窺之上可相渡候事、

一、役米年賦之内家作者致候得共、百姓住居之躰も無之開発も不致、芝地之儘ニ而差置候儀者油断之筋ニ有之間、被下候入用員数可為半減事、

右之通相触候間、御料・私領於村々、名主・与頭披見之大小之百姓・水飲等至迄具可申聞候、此廻状村順能早々相廻、留村ゟ両人方江可相返候、以上、

未十月

野村時右衛門
小　林　平　六

高倉原分
日野本郷
粟須村
石川村
大和田村
下大和田村
長沼村
平山村
豊田村
平　村

高幡村
上田村
宮　村
川辺堀之内村
右之村々
御料私領
名主・与頭

この通達から開発の実態を少し垣間みることができる。例えば、開発場のうち、水を引き入れ、水田開発可能な場所は、御料・私領にかかわらず、実地検分したうえで反別の書付の提出をさせている。水田開発が困難な対象地域にあってもなお、幕府には水田を求めようとする水田志向の強さがあったことが窺われる。

また、耕作用水のみならず、開発地に入植する農民の飲料水にいたるまで水の引き入れに関しては、御普請とし、幕府が費用負担するが、出来あがった以後の修理等の維持に関しては、村の負担としているように、開発自体と開発以後の土地の維持に関しては明確に役割を分けており、開発対象地域の村々への負担をしっかりと課している。

そして、入植者に対して家作を設けるにあたっての費用・農具類を含め開発にかかった費用は、幕府で支給するが、家作については住居の程度を確認し、開発費用については、その年のうちに百姓一人に付芝地を開く面積を見積もらせた上で、実際に開発した面積を確認し、支給することとしている。幕府の実態に即した費用負担、堅実な支給がみてとれる。

最後に、開発場でありながら、百姓が住居する様子もなく、開発地を芝地のままにしておく者には、幕府で支

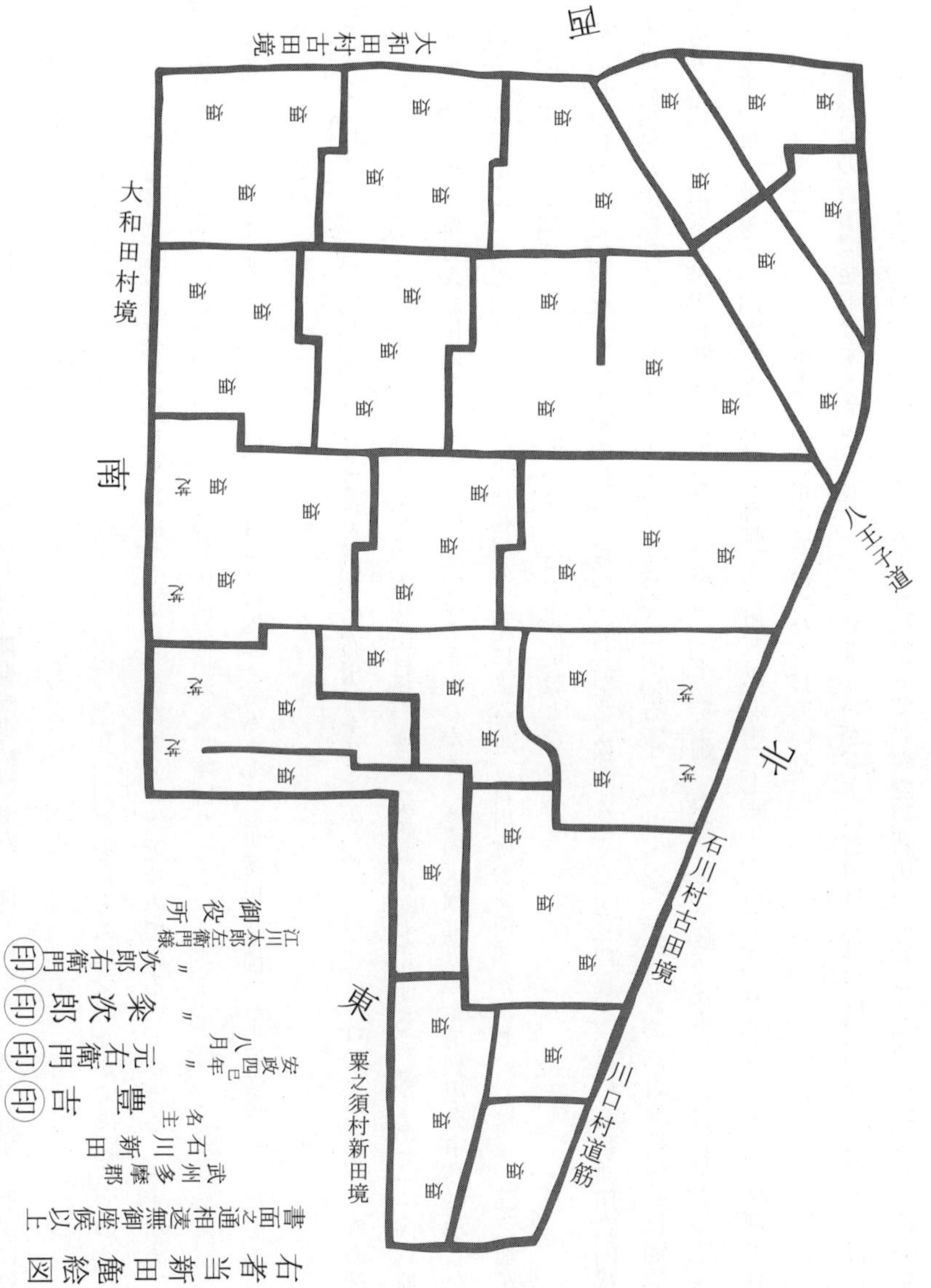

図７－３　石川新田麁絵図（安政４年８月）

給する開発補助金を半減する等のことを申し渡して、開発を進めさせた。開発に当たって抵抗する農民に対して、政策実行を目指す役人の完遂意図が感じられる。

こうして高倉原は新田場に変わっていき、農民は、以後、肥料や飼料を自らの経営のなかで調達していくことになった。そこで、先にみた通達の取極めに沿って進められた開発の実態をみてみることにする。まず初めに、高倉原の開発を割り当てられた石川村における新田開発箇所を示す図7—2（図8—1に同じ：二九八頁参照、年未詳：石川村絵図／石川家文書〇—二）と、図7—3（安政四年＝一八五七：石川新田麁絵図／石川家文書〇—一）を眺めてみよう。

図7—2（図8—1）は、新田開発がなされた以後の石川村全体を示しているが、これによると、村の南端に位置し、東西に走る道によって本田部分と画し、大和田村境、粟之須村新田境と接する一画であり、「高倉原」の一画を占める台地部分が新田開発された部分であることがわかる。その区画部分の土地利用を中心に示したのが、図7—3である。この図に記された土地利用の表記によると、石川村の新田部分においては、一部芝地が存在するが、すべてを畑地としての開発がなされたことが明瞭となる。

この石川村において開発された区画の地目、反別、石高を享保一九年（一七三四）一一月の高倉新田之内武蔵国多摩郡石川村新田検地帳（石川家文書土地七）ならびに明治三年（一八七〇）一一月改の高倉原新田高反別惣持分口取分米帳（石川家文書土地四四）からみてみると、「下ノ下畑・六町二反三畝一五歩・一八石七斗五合」「見付畑・七町一反一畝歩・一四石二斗二升」「林畑・三町三反五畝二七歩・六石七斗一升八合」で、高反別の合計が「三九石六斗四升三合・一六町七反一二歩」であったとしている。

以下、高倉原の新田開発部分すべてを見渡すことはできないが、主に石川村以外の周辺の地における状況についてみておこう。まず粟之須村は、先にも述べたように村立ての粟之須新田を開発したが、このほかに持添新田もあった。享保一九年一一月の高倉原新田之内武蔵国多摩郡粟須村新畑検地帳（関根家文書三六六／八王子市郷土資料館蔵）、および同年の検地高入新田永書上げ覚（関根家文書三六七／同前）によると、「下畑・三反四畝六歩・一石三斗六升八合」「下々畑・一町九反九歩・五石七斗九合」「見付畑・一町五反五畝一八歩・三石一斗一升二合」「林畑・二町二畝三歩・四石四升二合」「屋敷・二四歩・八升」で高反別の合計が「一四石三斗一升一合・五町八反三畝歩」であった。

また宮村では、享保一九年一一月の高倉原新田之内武蔵国多摩郡宮村新畑検地帳写（上田　中村家文書／『日野市史史料集　近世二』産業三七）によると、「見付畑・二町二反九畝六歩・四石五斗八升四合」を示している。さらに宮村の隣村・上田村では、享保一八年一一月の上田村開発場年貢皆済目録（上田平野家文書／『日野市史史料集　近世二』産業三六）から、「反別拾四町三反五畝歩」で畑や芝地に「永一貫七百弐文」が課せられており、これを皆済したことが分かる。

さらに日野本郷の枝郷であった東光寺村では、元文三年（一七三八）一一月の高倉原新田名寄帳（栄町　渡辺家文書／『日野市史史料集　近世二』産業三八）によると、「下畑・九畝二九歩・三斗九升九合」「下ノ下畑・三反一畝二歩・九斗三升二合」「見付（畑）・九反七畝一五歩・一石九斗五升」「林（畑）・四反二畝歩・八斗四升」「芝地・一町六反一一歩・―」で、石高の合計が「四石三斗九升一合」となっている。

以上の状況から高倉新田は、やはり台地部という地形に限定された畑地を中心とした開発であった。しかも高倉新田においては、先にも述べたように、ここに屋敷を構えたのは粟之須新田と日野本郷新田のみであって、基本的に持添の畑地が主流であったことが窺われる。この両村立新田の場合には、屋敷を構えようとした農民に、それぞれ二〇両の家作料が支払われているが〔伊藤一九九五〕、基本的に屋敷を構える農民はほとんどみられず、しかも林畑や芝地が多く、明治初期の状況を示した図７―１からも、かなり荒涼とした景観が高倉新田には広がっていたことが窺われる。

五　おわりに

以上、幕府の享保改革の重要政策の一つとして進められた武蔵野新田開発の一端として高倉新田の事例をもとに、近世中後期における新田開発の実態を検討してきた。とくに享保期には幕府で新田開発政策が重視され、越後紫雲寺潟新田を始めとして、関東でも下総手賀沼・飯沼、武蔵見沼などで、大規模な営利を伴う新田開発が行われたが、これまでみてきたように武蔵野新田の開発は、畑地を中心にしたもので、大きく様相を異にした。

この武蔵野の地にあっては、地形的要因から水田開発は難しかったが、畑作中心であっても、畑作物の商品価値は次第に増大しつつあり、何よりも年貢増徴のためには耕地の拡大を図る必要があり、大岡越前守忠相などに代表される幕府の能使たちも［伊藤一九九五］、これに懸命に応えるよう努力した。しかし当地域にあっては、開発対象地とされた高倉野は、古くから周辺の村々の入会地で、農民たちは大規模な反対運動を展開したが、それが受け容れられることはなかった。

近世中後期の農民たちにとっては、台地部の畑地よりも、低地部の水田の方が、はるかに魅力的であった。日野本郷の枝郷で多摩川沿いの低地部に位置した東光寺村では、先の元文三年（一七三八）の高倉原新田名寄帳でみたように、高倉新田の地に芝地を一町六反余も残していたのである。現実問題として村人たちには、自然の恩恵を被るべき入会地が必要不可欠であったため、台地部の畑地開発に消極的にならざるをえなかったものと思われるが、実際に水田の確保には積極的であった。

享保一七年（一七三二）七月一八日の乍恐以書付ヲ御願申上候（栄町　渡辺家文書／『日野市史史料集近世二』産業三四）によれば、東光寺村の農民は、多摩川流域低地の石間が洪水で芝地になっているが、ここを将来には水田として開発する予定であるので、とりあえず松や柳を植えて整備することを条件に、東光寺村の扱いとするよう願い出ている。わずかな芝地であっても、水田化可能な地については、その権利を確保しておくことが重要な意味を有していたことが窺われる。

さらに同年一〇月には乍恐以書付ヲ奉願上候（同前／産業三五）で、日野本郷の名主・村役人ほか農民九名が、同じ低地部の一町六反歩におよぶ「当（東）光寺下夕空き地」などを水田として開発したい旨を願い出ている。いずれにしても多摩川流域の低地部では、しばしば洪水に見舞われながらも、非常な苦労の末に水田化を図っているが、これに関して詳しくは第一〇章の飯泉論文を参照されたい。

幕府本来の意図としては、水田の拡大を意図した享保の新田開発政策も、台地部で河川や湧水の少ない武蔵野の地では、いきおい畑地へと向かわざるをえず、農民の生活に必要な入会地までも耕地化させようとした。ただ先に全文を引用した享保一二年（一七二七）の新田開発触廻状（史料7―2）の第一条に、開発すべき地のうち、水田化が可能な場所を充分に調査して、その状況や反別を差し出すことを命じている。これは武蔵野の開発においても、幕府側が強い水田志向を有していたことを物語るものであった。

結果的に高倉新田の開発は、著しい進展をみることはなく、原野には林畑や芝地が多く残されるところとなった。しかし農民にとっても、その水田獲得願望には並々ならぬものがあった。とくに多摩川流域の低地部においては、水田化したのちも洪水などにより芝地化するところもあったが、それらを絶えず開発して、村内に水田を確保しようとする傾向があったことを指摘しておきたい。

（第七章執筆協力：原田信男）

第三部

総論　近世における開発と景観の諸相

原田信男

一　近世における開発の特色

中世から近世への移行が、大きな社会変動を伴うものであったことについては、先に太閤検地との関係で述べた通りであるが、その村落レベルにおける変革は、実際には戦国期に大筋が整いつつあった。とくに農民だけのいわゆる近世行政村落が成立するためには、その責任者は別として、村落単位に年貢を請負わせる必要があった。こうした村請制というシステムが、戦国期に出現していたことは古くから指摘されていた［勝俣一九九六］。

この問題に関して近年、池上裕子氏によって注目すべき見解が提起された。それは戦国大名下で郷請あるいは村請を行う場合に、とくに東国においては、惣村的な単なる村落組織が主体となるのではなく、現実には村落内外で競合関係にあった土豪地侍層が、戦国大名の被官となって請負うというケースが存在することである。

しかも、こうした土豪地侍たちは、必ずしもそれまで自らの基盤としてきた郷や村を請負うとは限らなかった。例えば、荒廃地を抱えて経営に苦しい村々や、突出した有力者が存在せず大名権力の意に添わない村々などに、彼らが入って在地への影響力を強め、その年貢を請負う場合も少なくなかったという。もちろん、そうした在地支配強化の背景には、大名権力の後ろ盾があり、土豪地侍層と戦国大名は、共通利害から郷あるいは村単位での請負制を推進していったとする〔池上二〇〇九〕。

これは戦国大名の家臣団編成論理からも頷けるところで、彼らは領土の拡大とともに、軍事力の充実を意図していた。こうした問題に関しては、かつて常陸下妻に本拠を構えた戦国大名多賀谷氏の事例で触れたことがあるが〔原田一九九九〕、その段階では池上論文が指摘したような明快な見通しを持つことができなかった。しかし、この土豪地侍層の動きは、近世の開発を考える上で、きわめて重要な問題を含んでいるので、ここで新たな問題関心のもとに再論しておきたい。

近世中期の成立ではあるが、多賀谷家氏族旗下諸家臣（続常総遺文／『村史　千代川村生活史』第二巻）なる史料が存在する。これには多賀谷家氏族のほかに、近郷の村々を基盤として多賀谷氏を支えた武士たちの氏名と居住地が、「一郷一館之主」として記されている。この史料には、「多賀谷記」など関連文書もいくつか残り、詳論は省くが史料的価値はきわめて高いものと思われ、ここに登場する計二二名のうち、二〇名については、それぞれの小規模館址を実際に確認することができる。すなわち多賀谷臣下の地侍たちは、城下周辺の村々に一郷ごとに居館を構えた存在であったことが分かる。

このうち桐ヶ瀬弾正は、かつて結城氏の一族であったが、下妻の桐ヶ瀬に移り住んだという。また小田氏から多賀谷氏に鞍替えした平出伊賀守・山木四郎右衛門・田土部彦十郎の三名がおり、平出には「永禄頃移住」という注記があるが、山木・田土部の二人は従来の居村から離れてはいない。このほか千葉一族で総州野手を本拠としたが、「文明年中移住」して常州に移ったという野手雅楽亮も名を連ねている。こうした地侍たちの多くは、かつての地を離れて、多賀谷氏に仕えるようになり、その近隣に居館を築いて移り住み、「一郷一館之主」になったという点で一致している。

また千代川村（現下妻市）の四ヶ村《しかむら》は、見田《みた》・唐崎《からさき》・長萱《おさがや》・伊古立《いごだつ》の各村からなり、それぞれに館址の存在が認められる。そして見田の袋弾正のほか、長萱大炊介・唐崎大膳・伊古立掃部といった地侍が、先の史料などに登場する。これらの村々は、それぞれ二〇〇〜三〇〇石程度の小村で、立地条件や永楽通宝などの出土物からも、おそらく戦国期に成立をみたと推定される。この事例は、必ずしも遠方からの移住とは考えられないが、中世の比較的遅い段階に開発を行って、土豪地侍になり多賀谷氏の被官となったものと思われる。

主を変えて本拠から移り住んだり、あるいは開発を行って被官化を遂げた「一郷一館之主」たちは、多賀谷氏を支える重要な軍事力となったりしたが、同時に村々を統括する存在であったことから、当然のごとく年貢の郷村請にも積極的にかかわったものと考えられる。すなわち先に池上氏が指摘したような状況が、多賀谷氏の下でも進行していたことになる。また考古学の立場からも、一五世紀末から一六世紀初頭にかけて、旧来の集落の廃絶や小村の形成など、村落規模での移動が起こったとされている［渋江二〇〇八］。

さらに近年における中世考古学を踏まえた研究成果によれば、とくに一五世紀後半に大きな画期があったとされ、藤木久志氏は武蔵国比企地方の事例で、この時期に戦国城郭が広汎な出現がみられ、かつ村落が大きく移動していることを重視している［藤木二〇〇五］。こうした事例は、比企地方に止まらず、千葉県房総半島の台地部などでも同様で［簗瀬二〇〇四］、少なくとも関東平野周辺においては、一般的傾向と考えてよいだろう。

また台地部と低地部とを比較するとき、房総においては、台地部の開発が一五世紀後半に活発化するのに対して、すでに低地部では一四世紀後半を画期として小規模な集村や街路型集村と小塊村型集村の形成がみられた。そして、それらが一五世紀後半になると消滅もしくは移動して、戦国期城郭の出現と同時に、新たな村落景観が成立をみたことが指摘されている［笹生一九九九］。この房総の事例は、台地部よりも低地部の開発の方が早かったことを示しているが、そうした傾向は、関東平野西部の台地部を抱える当地域でも同様であり、さらに一六世紀には低地部の開発が著しく進んだことが窺われる。

いずれにしても戦国大名領国のもとでは、想像以上に人と集落の移動があったが、さらに全国統一後にも、戦国大名の滅亡という事態のなかで、主人を失った家臣たちの大規模な移動が起きていたことになる。これらは『新編武蔵国風土記稿』をはじめとする地誌類に、小田原北条氏や武田氏などの発給文書を有する旧家臣たちが、それぞれの村々の旧家として登場することからも推察できる。兵農分離という強力な政策のもとで、農となる場合に、必ずしもそのまま旧来の地に留まったのではなく、移動して別の地で帰農したケースも少なくなかった。

こうした前提に立って、当地域における戦国末期から近世初頭にかけての開発をみれば、丘陵部の宇津木台遺跡群の一部で、中世の船木田荘に含まれた可能性の高い石川村の事例がきわめて興味深いものとなる。しかも、この石川村の開発伝承として、七名字七氏子と呼ばれる家々がある。関東平野周辺には、近世村落の開発伝承ももつ村々は決して少なくなく、先に紹介した『村落景観の史的研究』でも、常陸国真壁郡猫嶋村に六人党の伝承があり、下総国猿島郡若林村に四天王による開基伝承を紹介している［木村編一九八八］。

こうした伝承は、村落内部における中世以来の旧土豪層と、近世に台頭してくる新興勢力との対抗関係を物語るもので、近世前期に全国でみられる宮座の席次争いも同様の性格をもつ［原田一九八三］。この石川村における七名字七氏子に関して、詳しくは第八〜一〇章の酒井論文および谷澤論文・飯泉論文を参照されたいが、残念ながら文献史料は現存しない。

この七名字七氏子の伝承は、石川村を含む宇津木台地区の発掘調査や、さまざまな聞き取り調査の結果を総合してみると、近世期に作り出されたようなものではなく、かなり古い歴史性を有していることが判明する。七名字七氏子の家々は、いずれも加住丘陵縁辺部に本拠を構えているところから、先にみた宇津木台遺跡の境堀によって区画された中世村落の中心をなす存在であったと考えられる。

すなわち、山寄りに居付いた七名字七氏子の家々と、この草切り伝承をもたずに戦国期に入村して開発を進めて相給名主となった家々とでは、明らかに屋敷の立地や生産基盤が異なっている。この七名字七氏子とは、戦国末期に入村して来た有力土豪たちが台頭してくるなかで、危機感を覚えた中世以来の居付き家々が、それぞれの出自を誇示するために創出された草切り伝承で、近世村落成立の背景にあった村落事情を反映するものと考えられる。

ところが近世に入ると、石川村は幕府の旗本領として五給の相給となり、五名の名主が置かれた。彼らは新たな開発土豪的存在で、相給名主に任命された背景には、先に池上論文が指摘したように、すでに戦国末期には在地への影響力を深めて、当村内の年貢を請負っていたという事情があったものと思われる。しかも、このうち最も有力な三家は、旧来の七名字七氏子が居を構えた丘陵縁辺部ではなく、その前面の平地部に住居を設けて村の政務を遂行するところとなる。

この三家のうち、守屋家は武田氏の旧臣でどこからか移住し、石川家は小田原北条の家臣である可能性が高く、東京都あきる野と密接な関係にある。また最後の源原家は、守屋家からの分家とする話もあるが、おそらくは七名字七氏子の澤田家からの分家と思われる。ただ、この場合にも、あくまでも旧家からすれば傍流でしかなかったが、そこから開発という点で一線を画し、丘陵部前面の平地部に進出して、その水田化に尽力していることが重要だろう。

すなわち幕府は、七名字七氏子と呼ばれる旧来の石川村居付の人間ではなく、戦国末期から近世初頭に移住して開発に尽力した有力土豪、あるいは新たに村内の平地部に進出して成長しつつあった人物を名主に指名した。しかも、彼らが進出し開発の中心に据えたのは、平地部すなわち中世に開発が遅れた谷地川沿いの低地で、その水田化に新たな基盤を求めようとしたことが、その居住地の位置から窺われる。

この問題に関しては、幸い石川村には天正検地帳が残されており、ここから中世末期の耕地状況を垣間みることができる。この天正検地帳を起点に、開発状況を分析したのが第八章の酒井論文で、当地における近世の耕地状況の様相を解明した。まず天正検地帳からは、一六世紀末において、水田一二町九反余・畠地三四町八反余で圧倒的に畠地が多かったことが判明する。しかもこれらの水田が全て天正検地までに出揃っており、その後の耕地開発については、明治期まで大きな変化が見受けられない点が重要だろう。

とくに石川村の数少ない水田についてみれば、弥生もしくは古墳時代からの水田の系譜を引く大谷沢の谷田が最も古く、次に中世以来のものとして、丘陵部からの雨水や湧水を集めた天竺田のような掘上田が混じる水田があり、これらは七名字七氏子の家々が開発したものと考えてよいだろう。そして、新たに入村してきた開発土豪が開いたのは、彼らの屋敷地に近い谷地川流域の平地部を中心に、谷地川から引いた用水路を利用したもので、旧来の谷田の拡張にも力を注いだものと思われ、これらは戦国期の所産とみなすことができる。その後、近世には鶴巻・荒井地区や日向新田などの開発を行ったにすぎない。

いずれにしても、石川村には水田が少なく、畠がちではあったが、戦国末期に移住してきた土豪層や村内の新興層が、新たな水田の開発を成功させた意義は大きかった。石川村のみならず近隣においては、甲州武田氏の遺臣が住み着いて開発土豪となったところや、小田原北条氏の八王子支配に伴い、その家臣が定住して土豪化し、近世以降においても村落レベルの新たな指導者となった事例も少なくない。すなわち戦国末期からの在地状況の流動化のなかで、新たな人々の移動が活発化し、水田開発を推進させていたのである。

これまで近世史研究においては、織豊政権なかでも太閤検地政策によって近世村落が成立をみたとされてきたが、それは政治的な変化に注目しすぎた結果である可能性が高い。やや個人的な感慨を述べれば、私の恩師・木村礎先生は、『村落景観の史的研究』の史料調査中に、しばしば〝天正検地は中世の最後を反映したもので、慶長検地は近世の始まりを示すもの〟と語っていたが、私自身も長い間このシェーマから脱却できずにいた。

ところが、この調査の過程で、酒井報告をめぐってさまざまな議論を繰り返しているうちに、天正検地自体が、近世村落の出発点を把握するものだという認識を抱くに至った。そして慶長検地は、近世初期における急激な発展を掌握した成果であったとすべきだろう。まさしく、この認識は当地域における文献研究と考古研究との議論によるもので、一地域を通史的に検討した大きな成果の一つだと考えている。しかも冒頭に述べたような近年における中近世移行期研究史の動向と考え合わせれば、今後は村落景観研究においても、戦国期と近世との連続を視野に入れていく必要があるものと思われる。

ところで第二部第六章の清水論文でも触れているように、多摩川周辺の低地部を潤して、水田開発に大きな役割を果たした日野用水が、戦国末期に開削されたという伝承もかなり真実味を帯びてくる。しかも、その開削主体が北条氏照の庇護をうけ、美濃国から移住したという日野本郷の佐藤隼人（上佐藤家の先祖）である点が興味深い。

すなわち宇津木台遺跡群の石川村の事例と同じように、戦国末期に入植した土豪たちが低地部の水田開発に従事しており、同様の開発パターンは武蔵東部古利根川流域の三郷市一帯でもみられることから［和泉一九九五］、こうした傾向は、広く関東平野開発の共通するものと考えられる。

二　開発と村の内実

さらに、石川村に移住してきた新たな土豪層と七名字七氏子の問題に、宇津木台地区における考古遺跡の調査を踏まえた上で、石川家文書の内容検討と綿密な聴き取りと現地調査によって、肉薄しようとしたのが第九章の谷澤論文である。これまで述べてきたような石川村の伝承などに関する成果は、長年にわたって宇津木台地区の発掘調査に携わってきた梶原のサジェッションに基づき、谷澤・酒井がより綿密に調査したもので、とくに谷澤は先の七名字七氏子の実態について詳細な検討を行った。

谷澤論文では、村落景観と親族・生活扶助組織との関係を明らかにするため、石川村における旧家の調査を徹底的に実施し、石川家・守屋家・源原家などの相給名主を務めた家々と、七名字七氏子の伝統を誇示する家々との系譜および両者の関係性を明らかにした。さらに、それぞれの家々と一族の居住地から開発とのかかわりに論究し、前者が戦国期に移入して谷地川沿いの水田開発を行って平地部に住み、後者が中世後期からの住民で山寄りの山麓部を生産および生活の基盤としてきたことを、耕地の所有関係なども含めて指摘した。耕地所有に関しては、売買による移動という問題を考慮する必要があるが、石川村においては耕地所有に親族組織の繋がりが強く残っているとする指摘は興味深い。

さらに谷澤論文は、近世における生活扶助組織の実態を解明して、支配の必要から編成された五人組などの行政組織とは異なるとした。しかも石川村は五給の相給村で、支配の上では五つに分かれるため、行政的な組織と地縁による生活上の相互扶助組織とは別物で、小地域名や名主名などを冠した組や講中が、屋根普請・道橋普請・冠婚葬祭・寺社祭礼などに重要な役割を果たしてきたことを明らかにしている。

ただ領主と村落の中間に立った名主層は、行政組織とは別に相互扶助組織にも大きくかかわり、リーダー的な役割を担っていた。そして、そうした相互扶助組織については、七名字七氏子的な上層農民たちに由来し、そこから段階的に分家した家々との関係を保ちつつ、これを核とした小地域集団が原型となったとしている。これまで村落内部の親族組織について、開発という観点から論じられることはほとんどなかったが、本家・分家の関係維持には、村落の発展すなわち耕地の拡大という問題が伴うことから、今後大いに論究されるべき課題と思われる。

また村落レベルでは、寺院や神社が村民の大きな精神的拠り所となり、村落景観にも重要な位置を占めることになる。こうした寺社の立地が、どのような場所に求められ、どのように開発とかかわるのかを検討したのが、第一〇章の飯泉論文である。ここでは近世における開発と寺社の関係性を明らかにするため、多摩川および浅川合流点付近の沖積低地部と、加住南丘陵南端の台地部の場合を比較検討するという手法が採られている。

しかも、これらの地は、前者は南広間地遺跡、後者は宇津木台遺跡に相当し、それぞれの考古学による発掘成果も参照にすれば、両者はきわめて対照的な特色を有することになる。沖積低地部のうちでも、上田村・宮村・下田村・万願寺村・新井村・石田村が対象となっているが、第五章の原田論文が指摘したように、ここは中世の多西郡土淵郷にあたる地であった。ここでは古くから水田開発が進み、中世村落は存在していたが、きわめて散村的な景観を呈していた。それゆえ近世初頭に開発が進展していく過程で、散村から集村への展開がみられたことになる。

この沖積低地においては、旧流路跡や後背湿地などを水田とすることができたが、たびたびの多摩川・浅川の氾濫によって、水田が畠地化したり、畠地を水田化したりすることを繰り返してきた。従って、それなりの水田は確保されていたものの、かなりの荒廃地や未開地あるいは沼などが各所に存在していた。そうした部分を安定的な水田として開発していく過程で、近世に集村化が図られたことから、村の鎮守は必ずしも一村一神社という形をとらず、開発の進展と村落間同士の関係に応じて、土地所有関係のみならず氏子関係も複雑に入り込むところとなった。

沖積低地では、集落や寺院を安定的に営みうる部分が、基本的には微高地に限られるものの、これも氾濫による洪水の結果や開発の進展度合いによって、移動することも少なくなかった。近世においても、寺院や墓地を移動させ、そこを水田として開発した事例も指摘されており、水田の拡大が宗教施設よりも優先された点が興味深い。沖積低地においては、神社や寺院あるいは墓地の場所が、しばしば開発との関係で移動したのである。

これに対して、台地部で分析の対象とした石川村は、これまで述べてきたように、同じく中世の船木田荘の一部を構成したと考えられる村落で、丘陵部に位置したことから、かなり安定的な景観を持続させてきたものと考えられる。すなわち酒井論文が指摘したように、天正検地時には、明治期にあった水田がすでに存在していたことが重要で、近世石川村の原型は、戦国期に移住してきて近世に名主となった土豪層と、七名字七氏子を称する旧来からの土着的な上層農民によって形成されていたとしなければならない。

このため神社や寺院の移動は少なく、新たに平地部などに創建されることはあっても、基本的に旧来からの上層農民たちは、その生産基盤であった丘陵山麓部に住居を構えて、それぞれに氏神を祀る小祠を有していた。もちろん石川村全体としては、鎮守の御嶽神社があり、村全体で祭礼を執り行っていたが、それぞれの家々で、別個に氏神を尊崇していた。七名字七氏子がそれぞれに氏神を祀っているほか、谷澤論文が明らかにしたように、名主の一人であった石川家は、あきる野市の阿伎留神社の氏子となっている。

さらに墓地も、彼らが一族の墓所を山寄りに設けていたのに対し、新たな土豪層とその一族は、谷地川沿いの平地部に共同墓所を持つほか、それぞれに菩提寺を有していた。いずれにしても安定した台地部の石川村では、寺院や墓地のみならず神社といった宗教施設の移動は少なかったが、二重の氏子関係を持つなど、開発の背景に抱え込まれた事情が、その在り方に深く関係していたことが窺われる。村々の精神的な拠り所となる宗教施設も、村々における開発の条件とそのありかたによって異なるもので、それぞれの開発段階に応じて変化するという事実は注目に値しよう。

三　河川と山地の利用

多摩川や浅川といった大河川流域の開発が、古代の段階からさらに進んで沖積低地部へも集落が進出していたことや、中小河川の流域では河岸段丘部の水田適地とともに周囲の台地・丘陵部縁辺の畠地を中心とした中世村落が立地をみたことは、すでに前述してきた通りである。とくに近世に入ると、中小河川および大河川からも用水路を引いて水田開発をおこなったが、その開発過程は、それぞれの地形条件によって異なった。

場所によっては揚水車なども設けられ、用水路への水の提供も行われている。とくに当地域をはじめ多摩地域においては、水車は用水のほか動力源としても広く用いられ、製粉などに大きな役割を果たした［伊藤一九八四］。水車の普及は、一七世紀末頃から始まるが、本格化するのは一八世紀以降のことで、一九世紀には動力源としての水車が積極的に造られるようになる。ちなみに武蔵野の畑作による小麦と蕎麦の栽培が、水車製粉と結びついて江戸におけるソバ・ウドンなど麺食産業の発展に大きく寄与した［原田二〇〇六］。

これらはいずれも、河川が水田稲作との関係で人々の生活に深くかかわってきたことを示しているが、必ずしも河川の利用は農耕に限るものではなかった。第一部総論でも述べたように、縄文時代における河川への進出の主要な目的は漁撈活動にあった。おそらくは旧石器時代以降綿々と漁業が続けられており、農耕とは別の食料獲得の場所でもあった。もちろん河川のみならず、溜池や水田あるいは用水路などにおける水田漁業は、農民生活においても重要な意味を有していた［原田二〇〇八］。

こうした水田を取り巻く環境における漁撈活動が、公的な古文書類に登場することは少ないが、それが上納の対象とされるとき、史料に記録されるところとなる。すでに多摩川における漁撈活動については、一定の成果が得られており［宮田一九九四］、ここで改めて論ずる余裕はないが、当地域では多摩川の将軍家への献上鮎が最も知られている。このため八王子市平村の平家文書をはじめ、多摩川流域の村々には漁場争論に関する関係文書が多数残存しており、河川漁撈が生活に大きな役割を果たしていたことが窺われる。

これに関して、文政三年（一八二〇）に成った植田孟縉著『武蔵名勝図会』（『日野市史史料集　地誌編』所収）

は、「玉川打魚　玉川の漁《すなどり》は年魚を以て名産とする」として、多摩川の鮎が優れているところから、将軍家に献上する御菜鮎の捕獲を命ぜられたとし、鵜飼では鮎に傷がつくため網猟で捕らえ、生簀に飼いおいて定まった日時に献上するという。このほかにも、瀬張《せはり》・簗《やな》・跳網《はねあみ》・鉤《かぎ》・唐網などの漁法が営まれたが、日野付近では跳網と鉤は用いないとしており、鮎のほかには、鮠《はや》・鱒・鯰・鰻・河鹿《かじか》・鯇《あめます》・柳鯉などが獲れた旨が記されている。

また河川は、第一部総論でも述べたように、農耕や漁撈に恵みをもたらしてきたが、いっぽう洪水によって沖積地の村々が被害を受けることもしばしばであった。こうした問題に関しては、『八王子市史　附編』「災異年表」にかなり詳しくとりあげられており、とくに安政六年（一八五九）には、関東一円で稀なる大雨が降り、各地で大洪水による被害が勃発したとしている。同年八月三日および九月二七日の訴状（平家文書八三三・八三六）からも、多摩川の洪水によって平村の田畠に砂利が入るという状況に至ったことが分かる。

また、この「災異年表」にはとりあげられていないが、明和四年（一七六七）七月一二日の大水被害書上（平家文書二九二）によれば、この時の洪水では、都合三四八ヶ所計一万一三〇三間が切れたため、田畑砂入二六六九町歩・流家六三四軒・水死者二一五四人・水入村々二八〇村となり、不作を余儀なくされた人々の数は九万三四二人に及んだ旨が記されている。こうした洪水の多くは、異常気象によるものであったが、人為的な洪水災害も少なからず存在した。

例えば寛政三年（一七九一）三月の訴状二通（平家文書一二・一三）からは、多摩川からの砂利採取が原因で、洪水が起こりやすくなったという問題が起きていることが分かる。これは江戸城修復工事のために、多摩川沿いの河川敷から大量の砂利が採取されたことが原因であった。その量が余りに著しかったことから、土地全体の低下が起こり、水を押さえ込むことが難しくなって、以前にも増して洪水が頻発するところとなった。そうしたなかで多摩川沿いの一三ヶ村は、相談の上、連名して領主への嘆願を行った。まさに幕府権力による人為的な原因からも、洪水という災害は起こりえたのである。
このほか大河川では、舟運という問題が考えられるが、多摩川の場合は、とくに武蔵国府付近より上流では比較的河床勾配が高いため、舟運には向いておらず、大型船が自由に行き来するような状況にはなかった。むしろ多摩川や浅川では、筏流しが古くから行われており、その権利をめぐって、例えば寛延三年（一七五〇）六月の栗須村済口証文（関根家文書一三三一）にみられるように、両河川沿岸の村々では争論が勃発していた。この筏流しは、中世以来、用材を提供してきた船木田荘の伝統を引く林業と深く関連するものであった。

とくに江戸における材木の需要はきわめて高く、多摩川に限らず荒川なども含めて、関東平野西部周辺の山地や丘陵部は、その重要な供給地となっていた。すなわち近世には深川木場に材木問屋が集住し、材木置場が設置されていた。秩父の材木は荒川の筏流しにより、八王子からは多摩川を利用して江戸湾へと運ばれ、それが江戸深川の木場に集められた。それゆえ八王子周辺で材木業を営む家々は、深川にも商業拠点を置いていた。

寛政元年（一七八九）五月一八日の永代売渡申町屋鋪之事（関根家文書一六七二）によれば、多摩郡粟之須村の名主で材木を扱っていた関根伝次郎の妻は、深川築地宮川町のうちに九間三尺余×五五間の町屋敷を有していた。こうした事例は、秩父郡名栗村でも同様で、名主で材木商を営む町田家が深川に三〜四軒の町屋敷を持ち、江戸に出店していたことが指摘されている［丸山一九九六・二〇〇三］。この問題に関しては、第一一章の山本論文が詳細な検討を行っている。

この山本論文の主要テーマは焼畑であるが、これについて歴史学の研究史はきわめて薄い。その理由は、研究者の間に、焼畑が山村の遅れた貧しい農業だという認識があり、無自覚にも水田中心史観から自由でなかった点にある。しかも過去の支配者が水田を重視した上に、焼畑という用語自体が近世に農政家の間で用いられた概念語で、これがそのまま史料に登場することは稀であった。それゆえ地方文書にみえることはきわめて少ないことに加えて、焼畑を意味する民俗語に対する理解が、研究者に欠如していたことも大きく作用した。

しかし現実には、焼畑そのものに研究者が興味を抱かなかったことが最大の原因で、詳細にみていけば、史料の一部に焼畑が見え隠れしていることも少なくない。例えば八王子および日野市域の文書群を注意深く検討すると、「切畑」「さす」などという表現がみられるほか、検地帳などにも切畑の地目が少なからず登場する。切畑については、これが休閑地を指すもので、そのまま焼畑を意味するかどうか、という議論はあるが、山本論文が指摘するように、当地域では切畑＝焼畑という図式が成立するとみてよいだろう。

こうした焼畑を当地域の開発史に、どのように位置づけるかは難しいが、焼畑が山地および丘陵部に果たした役割はきわめて大きく、明治初期においても、その面積は全国で五〇万町歩を超えていた可能性は充分に考えられる［丹羽一九八七・原田二〇〇七］。もともと武蔵の地名はムナザシだとする説もあり、これについては検討を要するものの、サシがサスの転訛で、焼畑の意とすることについては疑いがない。いずれにしても当地域では、古代から焼畑が盛んに行われていたものと思われる。

ただ、焼畑の内容を史料的に検証しうるのは近世にまで下るが、近年では、焼畑が下層農民の生産手段ではなく、近世においては上層農民ほど焼畑経営を積極的に行っていることが指摘されている［溝口二〇〇二］。これは焼畑が商品生産と結びついた結果と考えられるが、実は八王子市周辺のうちでも、とくに川口川上流の山間部では、林業は焼畑と密接に関連していたことが重要である。この詳細については山本論文を参照されたいが、宝暦一三年（一七六三）の覚や寛政四年（一七九二）一一月二三日の売渡申一札之事などによれば（関根家文書一三三三・五六）、樫が二本で約一両、檜であれば一本約二両という値段で取引されており、有力な商品たりえた点は注目に値しよう。

さらに林業では、地拵という作業が重要で、しばしばこれに焼畑が伴うことが指摘されている［日本学士院編一九五九]。つまり用木を育てるとともに、粟や稗あるいは蕎麦や芋なども、同時に焼畑で栽培していたのである。焼畑は用材の生産とともに、雑穀や芋類の収穫にも繋がるもので、やはり下層農民にとっても有益な農耕であった点に留意しなければならない。この点に関して、明瞭な文書史料が残存するわけではないが、山本論文が指摘するように民俗事例の重みを理解すべきであろう。

また平地部に近い北加住丘陵東端の石川村においても、安永五年（一七七六）一一月五日の年貢割付状（源原家文書状二—二九）では、同村幕領の名主を務めた源原家請負分の田畠一三町七反余のうち、畠地は一一町二反余、このうち林畑一町一畝一五歩・芝畑九反四歩・切畑（＝焼畑）九反四畝一八歩となっている。林畑・切畑の存在から、今日の景観とは異なって、近世の丘陵部には森林が鬱蒼と生い繁り、焼畑地と再生途中の休耕地が、パッチワーク状に点在していたことが想像される。そして寛政一一年（一七九九）一一月の品々書上帳控、および文政四年（一八二一）五月の村差出明細書上帳下書などに（源原家文書冊四九）、猪が多く出没し作物を食い荒していた旨がみえる。

むしろ焼畑の火入れの際には、火を恐れて飛び出してくる獣類を捕獲する焼狩が、広く行われた事例が知られている[川野二〇〇三]。獣類の駆除は作物被害防止にも重要なものであると同時に、獣肉の確保に繋がった。この時期の江戸では、いわゆるももんじ屋が獣肉を販売していたほか、モミジ鍋・ボタン鍋の伝統もあった[原田二〇〇九]。こうした獣肉食に関しては、地方文書などで確認できる事例は少ないが、それを窺わせる史料はいくつか存在することから、山の恵みは実に多様であったと考えるべきだろう。

ただ焼畑に関しては、一般に自然環境を破壊するものと受け止められており、幕府も寛文六年（一六六六）二月二日に山川掟（『徳川禁令考』四〇二二）を出し、治水治山という目的から「附、山中焼畑新規に仕間敷事」として焼畑を禁じている。また貞享元年（一六八四）三月にも、ほぼ同内容の法令（『御触書寛保集成』一三三五号）

が出されている。

なお、これについては、その原型と考えられるものが、万治三年（一六六〇）三月一四日にも発布されており、これらはあくまでも山城・大和など淀川・大和川流域の幕領・私領に対し、淀川・大和川などの下流部における洪水対策の一環として出されたものであったことが指摘されている［塚本一九九三］。

これらの法令では、草木を根まで切り取ることを禁止し、立木の少ない山には植林を勧め、大河川流域沿いには新たに田畠を開くことを停止させている。しかし全国一般を対象として焼畑を停止させようとしたわけではなく、寛文令と貞享令にのみ付けたり扱いとされたもので、万治令には焼畑禁止はみあたらない。さらに付けたりの場合でも、焼畑には「新規」という条件が付されており、従来からのものは容認されていたことが分かる。

それゆえ、この法令は単なる焼畑禁止令ではありえなかった。ただ幕府の役人が、焼畑を禿げ山化の原因の一つと認識していたことに疑いはない。しかし幕府として焼畑を禁じたのは、あくまでも、淀川・大和川の治水対策の一環としての一時的なもので、洪水の副次的な一因とみなしただけに過ぎなかった。幕藩権力は、焼畑自体を有害なものとして、一般的に禁止するには至ってはいない点に注目しておく必要があろう。

むしろ焼畑には、焼畑によってしか独特の風味を出しえない赤カブ栽培など、定畑では行いえない独自の価値をもった商品栽培という利点もあり、これを目的とした温海カブなどのように現在でも行われている焼畑もある。とくに日本の耕地開発の歴史においても、無意識のうちに焼畑を稲作以前の農法と考える傾向があるが、水田稲作や定畑耕作と並行して、近代まで続けられてきたことの方が重要だろう［六車二〇〇七］。

もともと焼畑は、循環の手順さえ無視しなければ、環境破壊には至らず、むしろ人為的な山林管理として有用な役割を果たす。山本論文が扱った史料からも、三〇年・四〇年という時間をかけていることが明らかで、一度焼いた土地は、二年目・三年目・四年目とも別な作物を作り続けるのが一般的であり、栽培が不可能となったところでも、生えてくる萱などを採取してきた点が重要だろう。それゆえ杉など材木確保のための焼畑であっても、農作物も並行して育てられており、これを食用としていたことを見落としてはならない。

また焼畑を行っている村々で民俗調査を行えば、焼畑の跡地を桑畑とする事例が多いことが判明する。いうまでもなく八王子は、「桑都」として広く知られたところで、とくに近代には横浜と結んで、大量の絹製品を海外へ出荷した。その背景には上野・下野における養蚕や絹織物の中継地であったことを想定する必要もあるが、八王子周辺の山地・丘陵部でも、かなりの養蚕が営まれており、かつてはかなりの焼畑が存在していたと考えるべきだろう。

しかも、こうした養蚕の伝統は、先にもみたように、中世段階で京都の荘園領主であった東福寺へ、年貢代物として絹や小袖を送っていることからも、非常に古い時代まで焼畑の存在がさかのぼることになろう。当地域における山地・丘陵部の持つ意味は大きく、単なる農耕に留まらず火を用いるという工夫が施され、古くから用材や絹の提供地として、水田や畠地とは別の価値を最大限に引き出していたのである。

さらに近世中後期の開発にかかる高倉野の様相については、第二部第七章の井上論文でみたが、この野山が共同採取のための入会地として、秣《まぐさ》や芝などを採取して、牛馬の飼料としたほか、田畑の肥料に用いるなど、村人の生活に大きな役割を果たしてきた。史料的には残りにくいが、秣とする茅は、屋根葺きの素材としても重要な意味をもっていた。すなわち茅場あるいは萱場は、牛馬の飼育のみならず住居の維持にも必要で、焼畑跡地をこれに利用することが多い。さらに良い茅を手に入れるためには、茅場に火をかけて発芽率を高め、いっそうの成長を図ることも行われた。

つまり野山の維持には、野焼きが必要不可欠であった。これが史料上に火の使用を窺わせる文言となって登場することはないが、実際には定期的な火入れが行われてきた。例えば静岡県伊東市の大室山では、毎年春分の日に山焼きが実施されているが、これは火を入れることで、秣などの生長を促すためのものである。

これも焼畑と全く同様の論理に基づくもので、現在大室山では、観光を目的とした野焼きが行われており、短時間に焼き上げるため山裾から一気に火をかけるが、本来は山頂部からじっくり焼いて発芽を広く豊富に促し、生命力の強い草々を育てるための古くからの工夫であった［六車二〇〇七］。これが高倉野に限らず、武蔵野台地に広くみられたことは、新座郡における野火止（現・埼玉県新座市）地名の存在などから、当地域でも、こうした野火が行われていたことが窺われる。

なお余り知られていない問題として、八王子周辺における葡萄栽培がある。栽培用葡萄が中国から日本に伝わったのは、意外に遅く室町期のことであるが、近世に入って急速な需要をもたらした［原田二〇〇八］。江戸への主な供給地は、いうまでもなく甲州で、これらは八王子を通って運ばれた。さらに元禄八年（一六九五）刊の『本朝食鑑』（『食物本草本大成』第九巻）巻四葡萄の項には、「武州八王子ノ近隣モ亦多ク出レ之」とみえ、地形と地の利を生かして八王子周辺でも、近世前期から葡萄の栽培が盛んに行われていたことが窺われる。こうして近世の当地域一帯では、米や雑穀を中心とした農業以外にも、実にさまざまな生産活動が行われていたのである。

第八章　近世における丘陵部の開発と村落景観

——石川村の天正検地とその後——

酒井麻子

一　はじめに

東京都西部の丘陵部に位置する八王子市石川町は、江戸時代の武蔵国多摩郡石川村にほぼ該当する地域である。本章は、近世の石川村域の景観、なかでも耕地景観の形成過程を明らかにすることを目的とする。村の景観は、ある日唐突にできあがったものではない。耕地にも新旧があり、徐々に形作られたものである。以下、石川村の耕地が、どのような段階を経て開発されていったのかについて述べてみたい。

本章で使用する主要な史料は、土地台帳と絵図である。

土地台帳については、石川村では、天正一九年（一五九一）に徳川氏により検地が行われており、検地帳の写しが残されている。また明治に入って、壬申地券の発行と地租改正に伴い、明治五年（一八七二）と八年（一八七五）に、それぞれ石川村全体の土地台帳が作られている。やや乱暴ではあるが、これらの三〇〇年近くもの年代差のある土地台帳を比較することによって、近世期を通じた村の全体像を考えていく。

本来ならばその間をつなぐ時期の土地台帳も比較すべきである。しかし石川村は天正検ののち、複数の領主が分割して支配する相給村となったため、各領主の給分で、それぞれ所属する土地のみ記載する台帳が作られた。

しかし江戸中期以降、幕府の御料所と二つの八王子千人同心領、二つの旗本領の計五つの給分があったうち、二給分しか文書を確認できる状況になく、使うことができなかった。ただし天正の検地帳と明治の土地台帳は、近世景観の出発点と到達点を示すものといえるだろう。

絵図については、近世後期から明治初頭にかけての村絵図が複数と、土地台帳と関連する、明治初期の字ごとの地番図（切地図）が残されている。

土地台帳の分析結果と絵図を比較し、現在に残る昔の景観の破片とも照らし合わせて検討することで、耕地景観の変遷、つまり開発がどう進められていったのかについて考えていきたいと思う。

なお史料調査は、相給のうち御料所分で名主を勤めた源原家と、旗本蒔田分で名主を勤めた石川家について行い、これを利用した。また八王子市郷土資料館で保存する、八王子千人同心荻原分の名主を勤めた守屋家所蔵史料の一部（コピー）を利用させていただいた。

二　近世石川村の地理的概要

当該村域は東京都西部、多摩川と浅川に挟まれた丘陵部にあり、多摩川支流である谷地川の下流部両岸にあたる、加住北丘陵と加住南丘陵、日野台地から構成される。谷地川は、戸吹村（現八王子市戸吹町）谷地谷戸を源流とし、石川村の中央北寄りを、蛇行しながら東流していた。現在は直線に河川改修されているが、当時の流路の一部が、谷地川緑道として残されており、かつての蛇行の跡を確認することができる。

まず近世期の石川村の様子を、村の地誌を記した明細帳からみてみよう。史料は、寛政一一年（一七九九）品々書上帳控（源原家文書冊五二／同家所蔵）と、天保一四年（一八四三）村差出明細帳（石川家文書C二―三／同家所蔵）を使用した。ただし記載内容は所属給分に関連するもののみであるため、村内に存在するもの全てではない。

広さは東西一四町程（約一・五キロメートル）、南北一六町程（約一・八キロメートル）で、東を日野宿本郷東光寺、西を宇津木村と大谷村、南を大和田村と粟之須新田、北を粟之須村に接する。近い宿場は、八王子宿と日野宿で、距離はそれぞれ一里程（約四キロメートル）である。八王子から所沢・川越に通じる街道が通る。なお江戸日本橋までの距離は、『新編武蔵国風土記稿』石川村の項で補足すると、一一里という。

谷地川に向かって両岸が傾斜しているため平地は少なく、谷沢が多い。谷地川の水量は、大雨時には一丈（約三メートル）を超すが、普段は歩いて渡れるほどで、少し旱魃になると涸れてしまう。その谷地川から二ヶ所で用水を引いて、田が作られている。それ以外は天水田である。「隣村一之旱損勝之場所」であり、水は不足がちである。その他水利施設としては、悪水堀が少々あり、溜井と入樋は無いとされる。

耕地は畑がちである。畑には穀類・野菜のほか桑を植え、山林には松・椚・えごのきといった「土地相応」な、または栗・杉など「有来」（ありきたり）の木が生えている。

宗教施設は、鎮守が御嶽権現、その別当を勤める新義真言宗金東山薬王院西蓮寺（宇津木村龍光寺末）、観音堂、稲荷宮六ヶ所、神明、大日堂がある。

明細帳には記載のない、集落を含めた全体の空間配置については、絵図を参照する。図8―1（石川家文書〇―二）と、図8―2（図9―5に同じ：三五八頁参照、以下同）（石川家文書〇―二九）の二枚をみていこう。

作成年代は、図8―1に「是迄御支配所之分」「是迄私領之分」とあり、それらの領地が上知されて、府県の管理するところとなったのが、明治元年（一八七〇）であること、図8―2（図9―5）に近代の字名が記されていることから、それぞれ明治初頭のものと推定できる。この二枚の絵図は、描かれたパーツは異なっているが、原本の描写の仕方、彩色などはよく似通っており、同時期のものだろう。一給分に関するものの抽出ではなく、

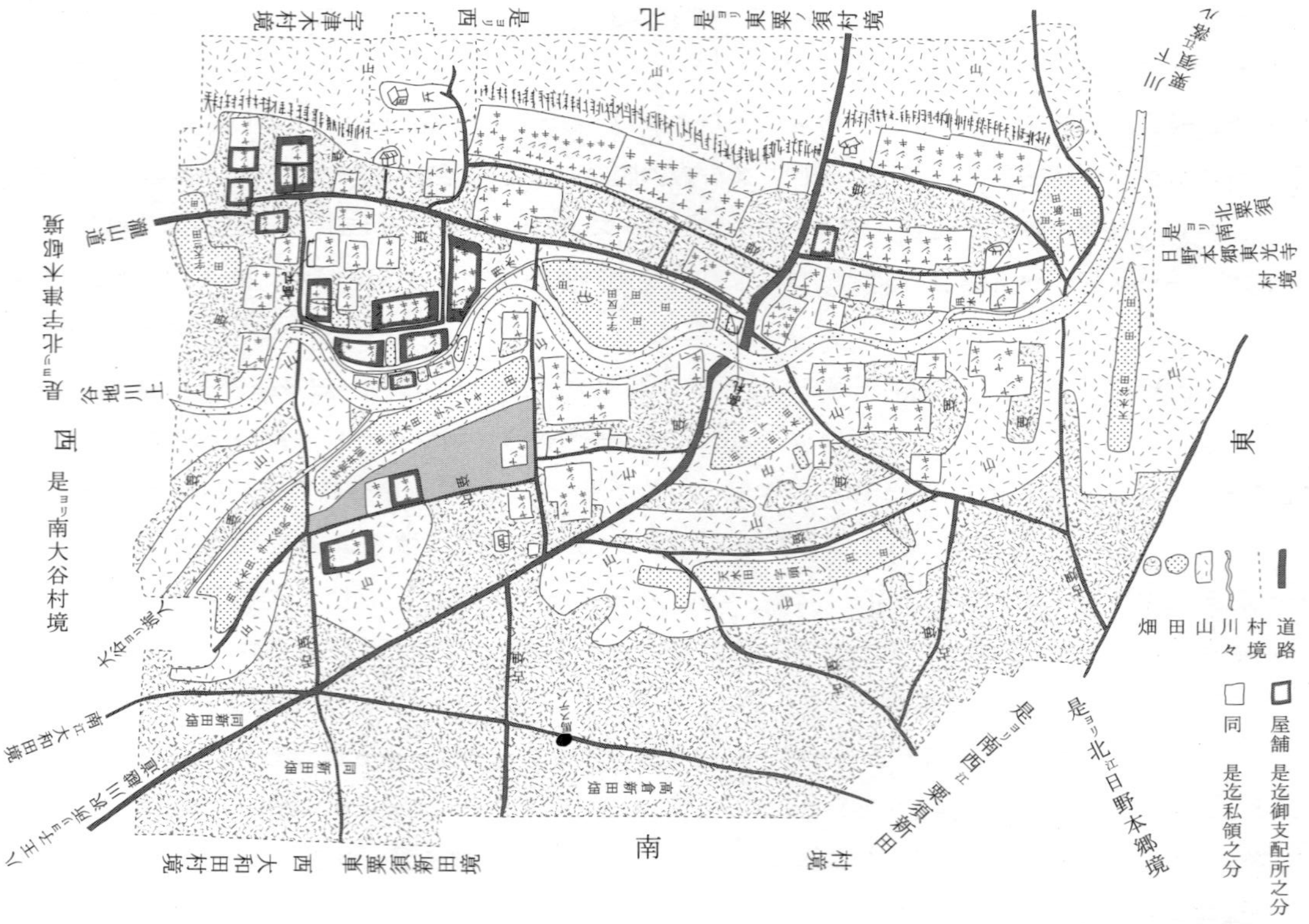

© Nobuo HARADA Kaken

図８―１　石川村絵図（明治初期）

一村全体を描いた絵図であることも共通である。

村の北端は山である。中央に谷地川が蛇行しており、そこから西寄りと東寄りでそれぞれ水路が引かれ、田に続いている。その他の田場は、川の北側では村の西の畑のなかに点在しており、南側では山に囲まれた田が五ヶ所ある。この五ヶ所の田は、図8—1では「天水田」と記され、細長い形状とともに谷田であることを示唆している。村の南には畑が広がっており、川に近い方は古畑、南端は新田畑と記される。

広域的にみて主要な道は、北東から南西に斜めに村をよぎる「八王子道（八王子ヨリ所沢川越道）」と、谷地川と北の丘陵の間を東西にはしる「瀧山道」がある。「八王子道」は、北上すると武蔵村山を経て、所沢、川越に通じ、「瀧山道」は滝山城に通じる道で、東は日野境、西は滝山を経てあきる野、桧原から甲府へ通じる古甲州道でもある。この二本の道は、次に述べる西側の集落と東側の集落との間で交差している。

集落は、図8—1をみると、北端の山のふもとに「ヤシキ」が東西に細長く密集している。谷地川寄りにも点在し、川南になるとさらに点々として、密集度は低くなる。図8—2（図9—5）では、「寮」が川北に四つ、南に一つみえ、これは宗教施設を兼ねた集会所と考えられるが、この位置は屋敷地と重なる。東にある寮の周辺は日向地区と呼ばれ、西側よりも新しいとされているが[(1)]、村で旧家とされる七名字七氏子と呼ばれる家の一つがあり、地区内には至徳三年（一三八六）八月の紀年銘のある板碑があることからも[(2)]、中世にさかのぼる起源をもつことがわかる。

高札場は、西の「ヤシキ」の中央と、八王子道と瀧山道の交わる辻と、二ヶ所あり、村のなかに複数の核があることを示しているといえる。

宗教施設の多くは、北の山のなかや縁に置かれている。鎮守御嶽神社と別当西蓮寺はそのうちの西寄りにある（図8—2＝図9—5）。そのさらに西にある澤田家の氏神である神明社には、正応二年（一二八九）の銘を持つ板碑があり、神明社を含む一画をとり囲むような区画溝が発掘されている（第四章梶原論文参照）。

こうしたことから石川村は、根源的な集落が村の西北にあり、次第に東や南に拡がって、少し離れたところに位置する日向集落を含んでいったのではないかと想像される。集落を中心とする景観については、第九章の谷澤論文を、宗教施設などの景観については、第一〇章の飯泉論文を参照されたい。

三　領主と石高の変遷

次に石川村の領主と石高の変遷をみる。図8—3は近世期を通じた領主変遷図、表8—1は石高と反別の変遷表である。図8—3の上端と表8—1の左端に番号をつけており、図と表で同じ番号の項目は対になる。

徳川氏の関東移封に伴い、天正一九年（一五九一）四月九日に同氏による検地が行われた。その結果は同検地帳の写しである、武州太（多）西之郡石川之郷御縄打水帳（守屋家文書／八王子市郷土資料館所蔵複写本）によって知ることができる。ただし本来、耕地帳三冊と屋敷帳一冊の四冊組であったが、屋敷帳は失われている。帳の体裁や検地役人等については、光石知恵子氏ほか二名による論文に詳しいので、ここでは触れない［小坂・小野・光石一九九〇］。

この検地は、戦国期に進展した新田開発などの結果を反映するものと考えられる。合計反別は、大二〇〇歩、半一五〇歩、小一〇〇歩の大半小制で、五六町六反大六四歩（畝換算：五六町六反八畝二四歩）、うち田が一三町二反一一歩（麦田含）、畑が四三町四反大五三歩（桑畑含、四三町四反八畝一三歩）である（（1）以下（ ）の数字は表8—1および図8—1に示した1〜9の番号および補足の項目に対応）。畑の占める割合は八割弱と、かなり畑がちである。

石高は、同年八月六日付の拾人衆知行割之帳之事（河野家文書三号／『八王子千人同心史料——河野家文書』）によ

図8—3　石川村領主変遷図

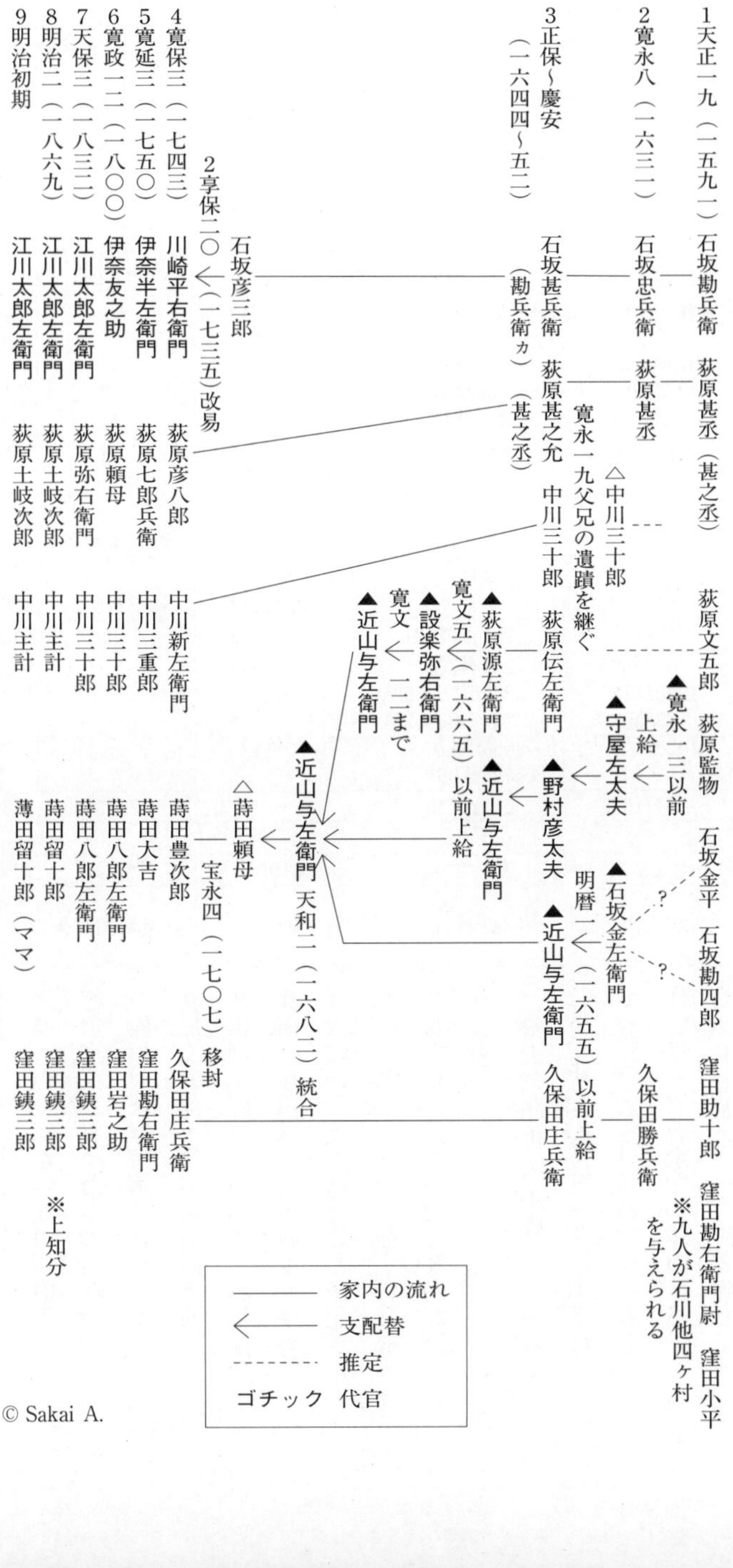

※1拾人衆知行割之帳之事（河野家／鈴木弘明氏所蔵／『八王子千人同心史料――河野家文書』No.3）／2千人頭甲州以来の由緒につき申し伝え書（河野家／鈴木弘明氏所蔵／『八王子千人同心史　資料編Ⅰ』No.12）／3武蔵田園簿／4村差出明細帳（源原家冊三六）／5村鑑帳（源原家冊四一）／6御用向品々書上帳写（源原家冊四六）／7村高御改メ書上控（石川家A―一一）／8高反別田畑位訳其外調書上帳・上知田畑位訳写（石川家E二―三九）／9旧高旧領取調帳／△：寛政重修諸家譜、▲：石川家所蔵年貢割付より

（　　）は計算値／大半小制は畝で換算

				出典
				図8-3の1と同
				武州多西之郡石川之郷御縄打水帳(守屋家／八王子市郷土資料館所蔵)
－ －	－ －	－ －	久保田勝兵衛 133石8余	図8-3の2と同
荻原源左衛門上給 31石5 304畝9歩 69畝10歩 234畝29歩	荻原監物上給 20石299 (240畝14) (66畝27) 173畝17	石坂金左衛門上給 (30石325) － － －	－ － － － －	荻甚天正19武州多西之郡石川之郷有物帳／荻監慶安1／石明暦1／荻源寛文6(石川家 F1a-4/9/26)
荻原伝左衛門 31石5	野村彦太夫 20石299	近山与左衛門 30石325	久保田庄兵衛 137石6	図8-3の3と同

蒔田分	窪田分	新田	御嶽権現領	出典
98石	98石	新田場無御座候	－	図8-3の5と同
84石	98石	39石643	7石5	図8-3の6と同
88石34	261石72621	39石643	－	図8-3の7と同
94石665 1233畝15 183畝08 1050畝07 －	261石735 3293畝20＋5厘 237畝03＋5厘 3056畝17 反高85畝06	39石643 1670畝12 － 1670畝12 －	－ － － － －	図8-3の8と同／新田分石川家 E2-44
94石665	261石735	－	7石5	図8-3の9と同

元文5/3	延宝4/11	天保19/11	延宝3/3	武蔵国多摩群石川村明細帳(守屋清重家『八王子市史　附編』史料41)
名寄帳仕立	田畑改帳仕立	検地	打越新田高入	

ると、四七五石三斗七升六合八夕七才である。この史料には、「石川之郷」「大谷村」「比野之東光寺」と「比野之郷」「中野之郷」の一部が、武田の旧臣で徳川家臣となった小人頭とその一族の、荻原甚丞・荻原監物・荻原文五郎・窪田勘右衛門尉・窪田助十郎・窪田小平・石坂勘兵衛・窪田勘四郎・石坂金平の九人に割り渡されたことが記され、当初から複数の領主に分郷された相給村だったことがわかる(1)。

なお前年度の不作分である「寅不作」が郷村ごとに記されており、「石川之郷」の「寅不作」は一六石余で全体の三パーセントである。「芝崎之郷」が

表8－1　石川村石高・反別変遷表

			一村合計			
1	天正19(1591)	石高	475石37687/うち16石44333寅不作			
		反別 田反別 畑反別	5668畝24 1320畝11(麦田含) 4348畝13(桑畑含)			
2	寛永8(1631)	領主 石高	一村合計 (431石2余)	石坂忠兵衛 97石9余	荻原甚丞 199石5余	－ －
補足		領主 石高 反別 田反別 畑反別	－ － － － －	－ － － － －	荻原甚之丞 (179石79513) (1998畝18) (467畝29) (1530畝19)	－ － － － －
3	正保～慶安 (1644～1652)	領主 石高	－ (530石124)	石坂甚兵衛 97石9	荻原甚之允 199石5	中川三十郎 13石

			一村合計	御料所	荻原分	中川分
5	寛延3(1750)	石高	(522石5453)	123石5453	190石	13石
6	寛政12(1800)	石高	519石0453	123石5453	193石	13石
7	天保3(1832)	石高	876石25461	123石5454	350石	13石
8	明治2(1869) 新田分 明治3(1870)	石高 反別 田反別 畑反別 その他反別	(884石6533) (12101畝13＋5厘) (1025畝03＋5厘) (9405畝28) (250畝10)	123石5453 1375畝09 167畝29 1207畝10 －	351石93 4362畝27 426畝18 3936畝09 －	13石135 165畝20 10畝05 155畝15 見取新切畑165畝04
9	(明治初期調査)	石高	(868石95473)	130石2124	363石22	11石62233
			検地年月	延宝4/10	延宝4/11	不明
			注記	検地	検地	寛政5名寄帳あり

四四パーセント、「比野之郷」が三〇パーセント、「大谷村」が二二パーセント、「中野之郷」が五七パーセントであるから、天正一八年（一五九〇）の「石川之郷」は、群を抜いて状態が良かったといえる。

同年八月二〇日の武州多西之郡石川之郷有物帳（守屋家文書）は、水帳から荻原甚之丞分の知行地を書き抜いたものである。彼の知行地は、他の知行地と入り交じる形で配分され、また一人の名請人の耕地が、複数の領主に所属することがわかる［小野ほか一九九〇］。

享和元年（一八〇一）四月作成の、千人頭甲州以来の由緒につき申し伝え書のなかにある、寛永八年（一六三一）三月四日の徳川家光朱印状写（鈴木弘明氏所蔵河野家文書一二号／『八王子千人同心史　資料編』）によれば、引き続き荻原甚丞（甚之丞）、久保田（窪田）勝兵衛、石坂忠兵衛に与えられている（2）。他の知行主は不明である。

なおこの朱印状では武蔵国都筑郡石川村となっているが、都筑郡にある石川村は一村が増上寺領となっており、これが多摩郡の石川村を指すことは間違いない。ちなみに都筑郡という表記は、その後の石川家文書中の年貢割付などにもみられる。

また正保から慶安年間（一六四四～五二）ごろに作成された『武蔵田園簿』では、石川村は七給とされ（3）、中川分を除く六給は、大谷村と同じ給分である。

荻原文五郎と荻原監物、石坂金平または勘四郎の所領は、代官領を経たのち旗本蒔田家の給分になる。蒔田家の名主を勤めた石川家に残されている大量の年貢割付には、蒔田家領以前のものも含まれ、その変遷がわかる（図8―3▲印）。

発給者が代官の年貢割付のうち、「（誰々）上給」と記されるか、そうした注記はないが、石高の一致から上知されたと判断できるものは、「荻原監物上給」分が寛永一三年（一六三六）から、荻原文五郎家を継ぐ「荻原源左衛門上給」分が寛文五年（一六六五）から、石坂家のどちらかを継ぐ「石坂金左衛門上給」分が明暦元年（一六五五）から残る。つまりその発給年以前にその領地は上知され、代官支配に変わったのである。なお荻原源左衛門上給分と荻原伝左衛門は石高が一致するので同家とわかり、荻原文五郎も、同甚之丞と同監物が別家であるという消去法により伝左衛門・源左衛門と同家と推定できる（補足・3）。

天和元年（一六八一）までは、上知された給分ごとに複数枚の年貢割付が一年間に発給されているが、翌二年からは統合され一枚になる。このことはこの年に給分の再編成が行われたことを示している。

発給者は、宝永三年（一七〇六）と四年を境に、歴代の八王子代官から別の人物に変わり、これは蒔田家の地方担当者と考えられる。なぜなら『寛政重修諸家譜』巻九三九にみえる旗本蒔田定則家は、歴代当主の名前が石川村の領主名と一致し、この村を領地としていたことがわかり、三代目の頼母成安の記事に、宝永四年に相模国から多摩郡に移されたとあることと符合するからである。

石坂勘兵衛家については、子孫の彦三郎が享保二〇年（一七三五）に改易となったため、代官領となった（2）［八王子市史編さん委員会一九六七］。

以上のような変動を経て石川村の領地は、御料所と八王子千人頭の荻原家・窪田家、旗本の蒔田家・中川家の五給に落ち着き、幕末まで変わらない（4〜9）。五給の初見は、寛保三年（一七四三）の村差出明細帳（源原家冊三六）である（4）。『旧高旧領取調帳』にみえる多摩郡の村の平均領主数は、寺社朱印地を含めても二・二人であるから、領主が五人以上というのは多い事例に属す。ただ隣村の大谷村・宇津木村も五給、大和田村が四給であるから、こうした傾向は旗本領の多い当地域の特徴ともいえる。

石高は、一九世紀前半に五一九石余から八七六石余と大幅に増加する。享保期における高倉新田の開発（第七章井上論文参照）による三九石余の畑の増加もあるが、大部分は荻原分と窪田分の増加によるものである（6・7）。反別の変化をそれぞれ比較すると、田は増えておらず、畑の増加とわかる（1・補足・8）。その後は明治まで大きな変化はない（8・9）。

元禄一五年（一七〇二）の「元禄郷帳」は四九四石九斗九升九合、天保五年（一八三四）の「天保郷帳」は八九二石九斗九升一合五厘、明治初年の『旧高旧領取調帳』は八六八石九斗五升五合二勺三才と、同様の変化を示す。なお「元禄郷帳」多摩郡平均が三二六石余、「天保郷帳」多摩郡平均が三四六石余であり、郡内では大きな石高を持つ村といえる。

以上が、石川村の領主と石高の変遷である。

四　耕地開発の推移

(一) 石川村の土地台帳と絵図類

この項では石川村の耕地の変化をみる。主として使用する史料は天正一九年の検地帳と、明治五年(一八七二)と八年の二種類の土地台帳、および絵図類である。はじめに触れたように、検地帳と土地台帳には年代に大きく隔たりがあるが、これらを比較することによって、変化を追っていきたい。

天正一九年検地帳　天正一九年の検地帳(以下「天正検」と表記)は武州太(多)西之郡石川之郷御縄打水帳(守屋家文書/八王子市郷土資料館蔵複写本)を使用した。『八王子の歴史と文化』第三号で史料紹介されたものを基礎データーとし[小坂・小野・光石一九九二]、これに複写本で修正を加えた。同検地帳の写しは、かつては石川家にも残されていたが、現在は所在不明である。

記載は検地順と考えられ、一筆ごとに耕地名・縦横間数・地目・反別・名請人が記される。反別は、まだ畝は採用されず、大半小制をとる。写しのため、耕地名など判読に迷う部分がある。

耕地名に「うつぎの内」「中の之内」が付くものが九ヶ所ある。場所も名請人も石川村に属しており、他村への飛び地ではない。その後の資料にはみられず、この耕地の性格は不明であるが、検地により宇津木村・中野村だった部分、あるいは飛び地が、石川村に取り込まれたものだろうか。ただその耕地の名請人が比較的土地持ちであることと、宇津木村寄りの場所に多いということは指摘できる。

明治五年の土地台帳　明治五年の土地台帳は、同年の壬申地券の交付に伴う全国的な調査によって作成された田畑其外直段書上帳(石川家E一―一二・一三、E三―二・源原家冊一七八～一八一、以下書上帳と表記)である。石

図８—４　1940年当時の小宮町北部字区画図
（八王子市宇津木台地区遺跡調査会編1988a の第93図を一部改変）

川・源原両家の資料は、どちらも同調査結果の下書きで、重複もあるが欠落もあり、完全なものとはいいがたい。

各給分別に一番から七番までとなるが、御料所にあたる一番は欠帳である。二番が荻原領、三番が中川領、四番が蒔田領、五番が窪田領、六番が飛び地である打越分（御料所）、七番が高倉新田（御料所）となっている。所有者ごとにまとめた名寄せ形式で、一筆ごとに番号・耕地名・地目・反別・石高・所有者が記され、地代が記されるものもある。同一人物の所有地が複数の帳面に分散する場合もある。

耕地名は細かくつけられており、天正検地と同じ地名も多く含まれるが、付された番号は現在の地番と一致しないため、そのまま現地比定をすることはできない。また屋敷もごく一部に地名が記されている。

欠帳の分については、文久元年（一八六二）田畑名寄帳（源原家冊一七七）で補足をした。なぜならこの調査は申告制であり、従前の検地帳・名寄帳などの記載を基礎としてよいとされたため［佐藤二〇〇四］、石川村でも給ごとの検地帳や名寄帳を元にしたと考えられるからである。この帳面には「一番」という付箋が貼られていることからも、これが元になったと判断される。その外の帳面にもいくらか脱落はあるものの、これによって村全体がほぼカバーすることができる。いってみればこの土地台帳は、それまでの名寄帳、おそらくは最新のものに、名請人名に姓を加えるなどの訂正を加えたものだろう。つまり限りなく江戸時代のものに近いといってよいと思われる。

明治八年の土地台帳

これに対し、明治の新制度下で作られたのが明治八年（一八七五）の土地台帳である。明治六年の地租改正条例によって、これまでの土地制度が改められ、それにより土地の実地検査をし、字を再編したうえで地番をつけ直すこととされた［佐藤二〇〇四］。石川村でもこれに伴い、実情に即した再調査がなされ、字を二〇に再編し、一筆ごとに測量しなおして所有関係が整理された。このときつけられた字名は、地番順

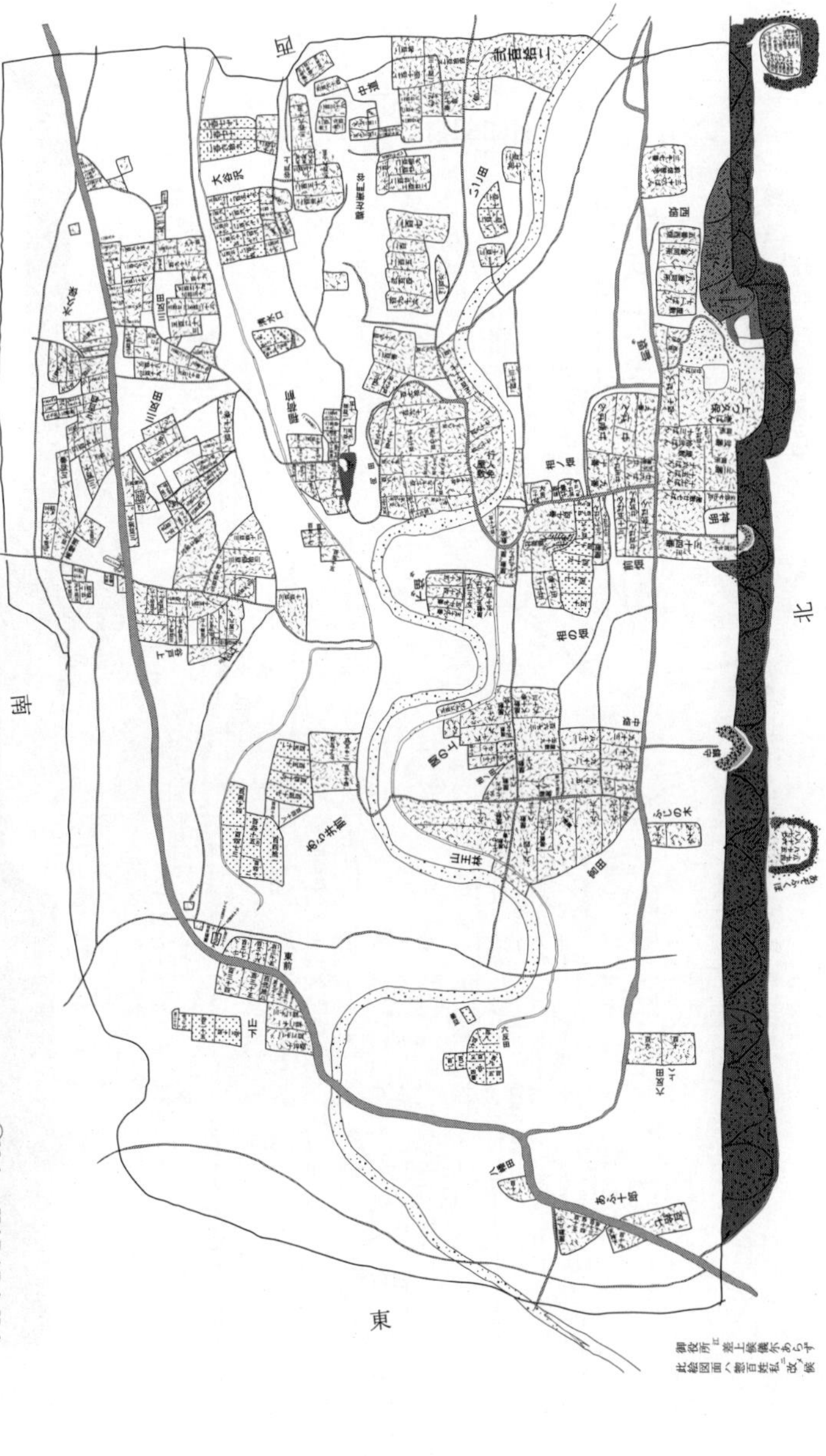

図８―５―１　石川村絵図（御料分）全体図

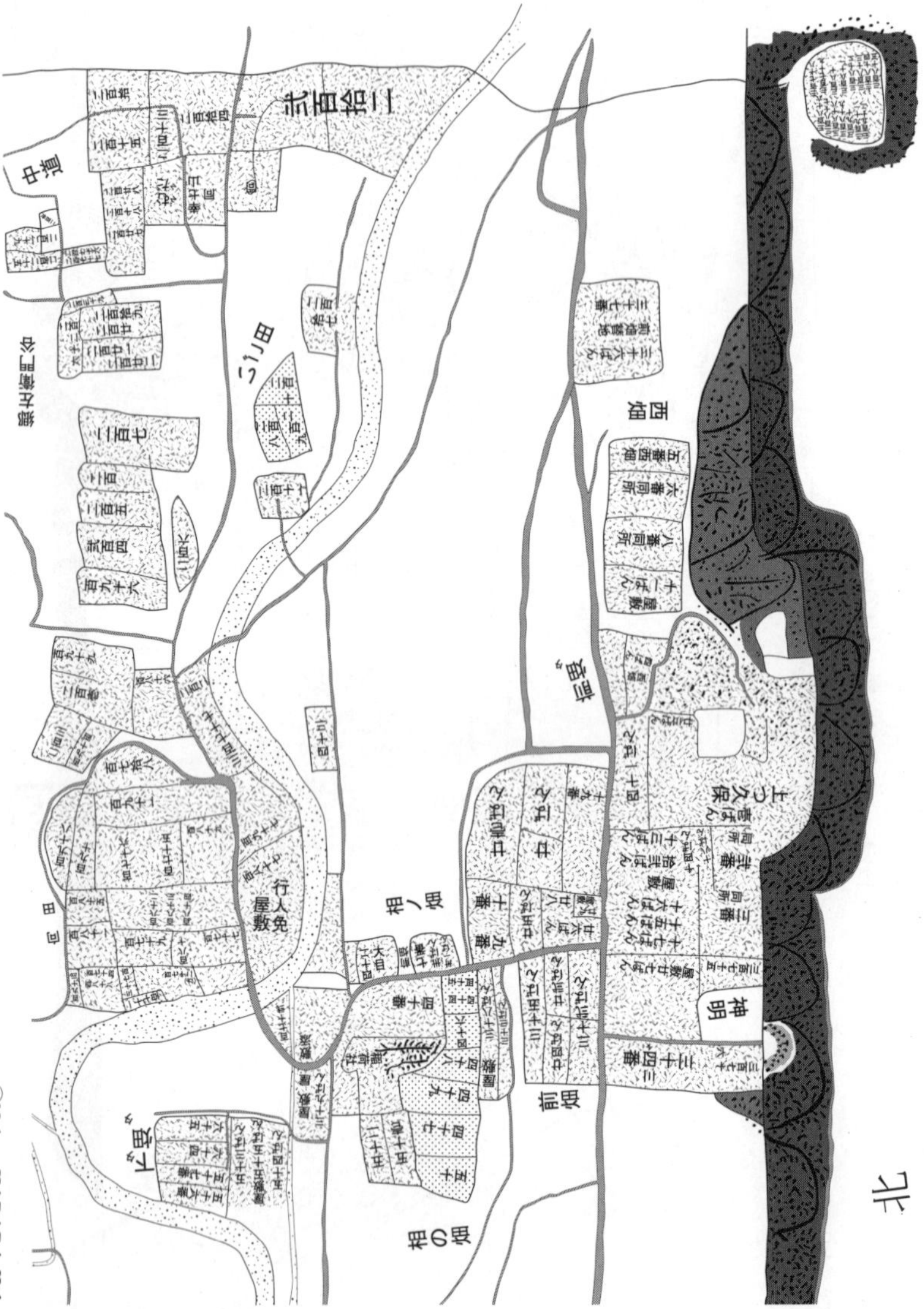

図8—5—2　石川村絵図（御料分）部分

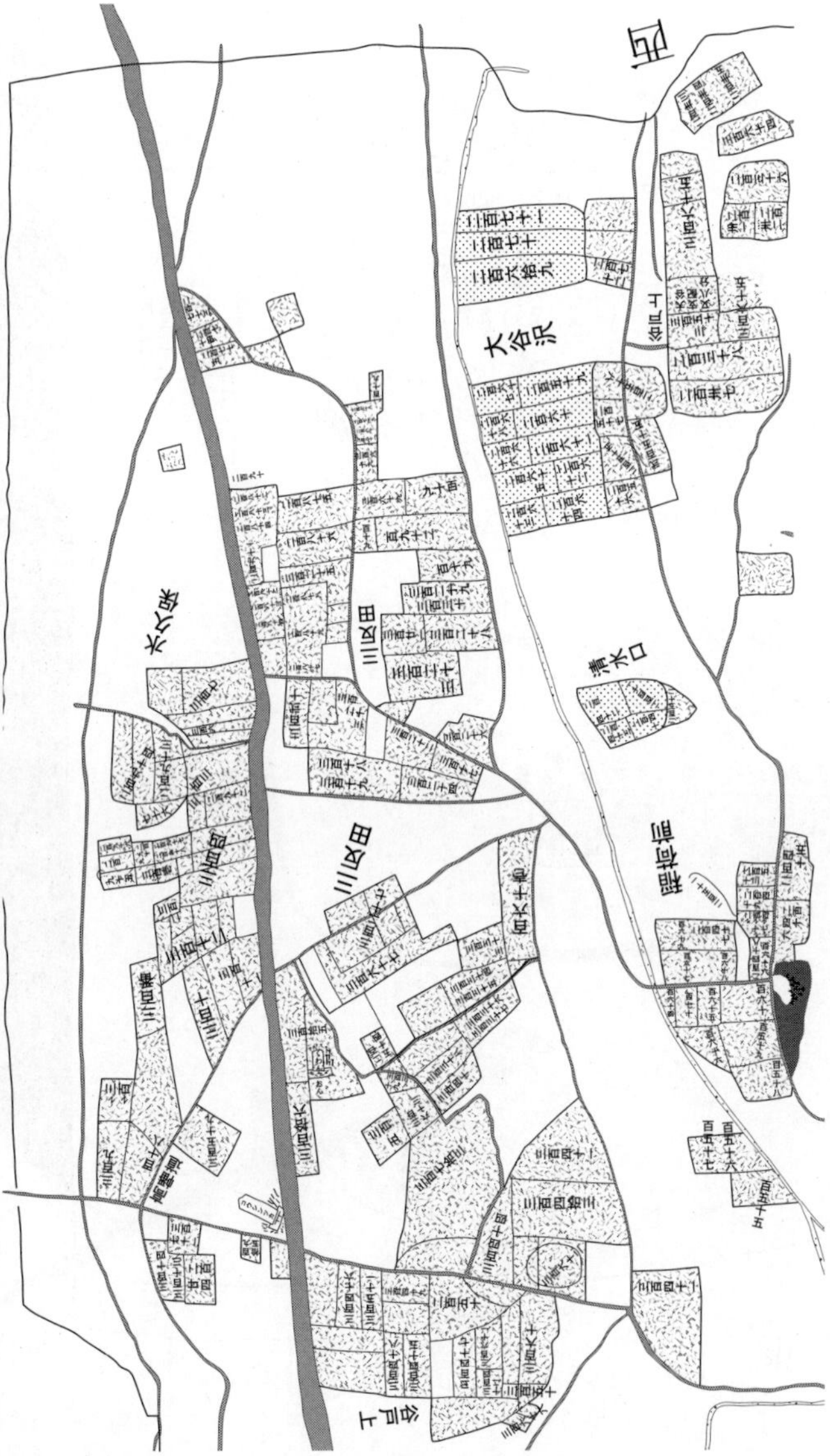

図８—５—３　石川村絵図（御料分）部分

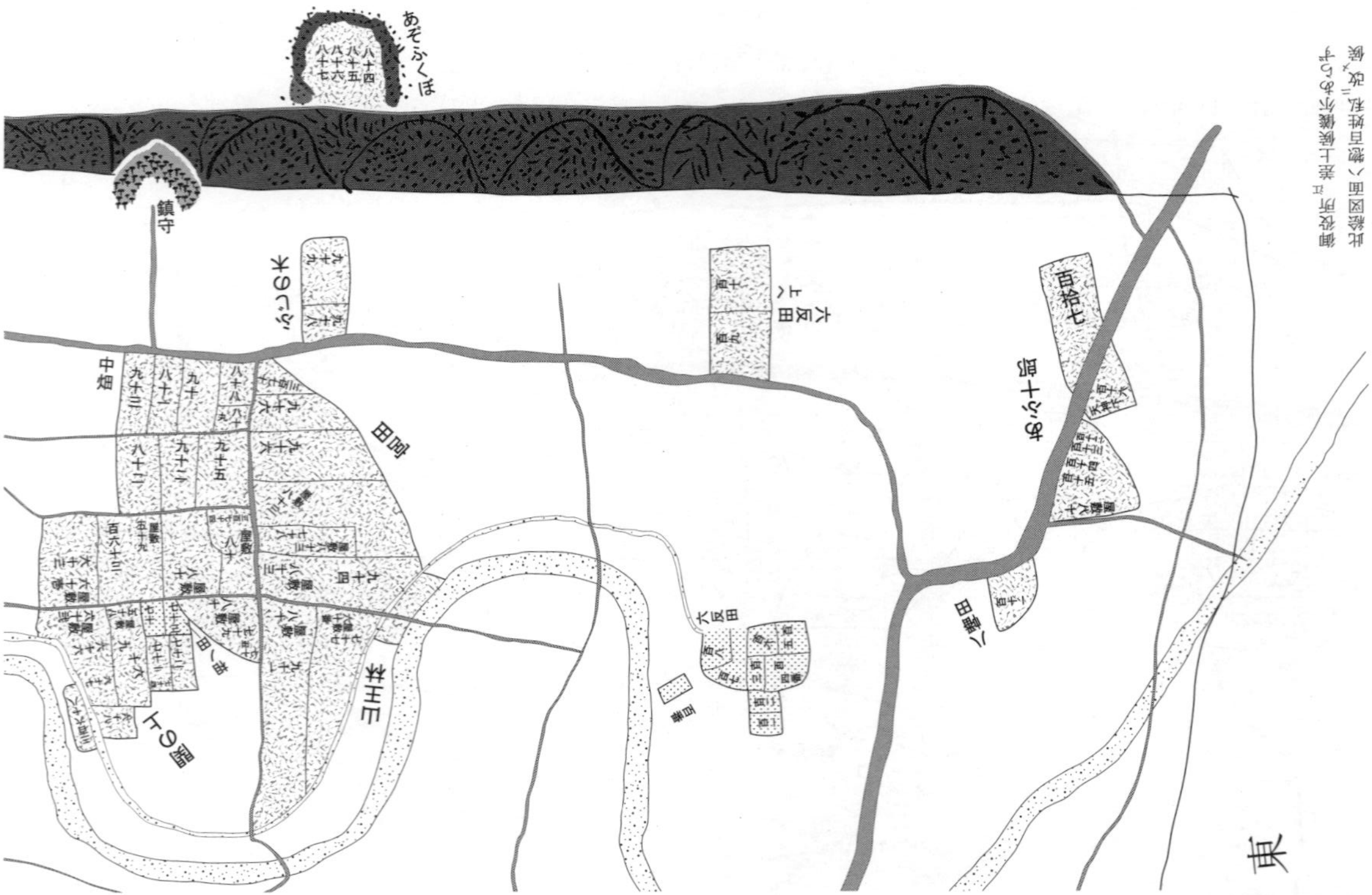

図8—5—4　石川村絵図（御料分）　部分

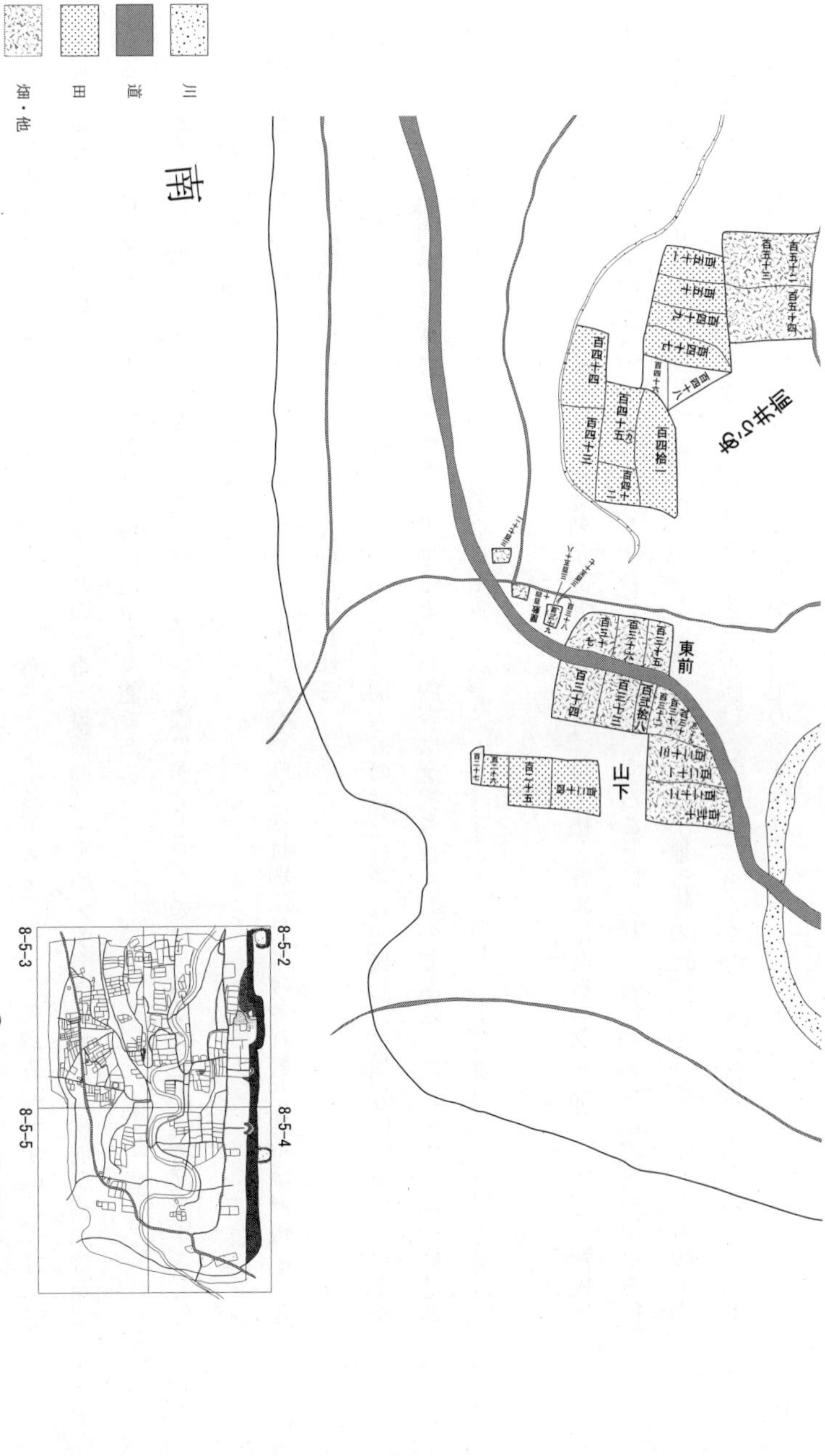

図8—5—5　石川村絵図（御料分）部分

に、宮下・上郷・中坂・田島・鶴見・前原・上野原・桑原・鶴巻・西野・天野・朝倉野・高倉野・大原・桜塚・塚場・中原・頭無・谷向・打越である（図8―4）。

明治八年の田畑其外反別取調野帳（源原家冊一八三～一八九、以下野帳と表記）は、この調査の結果改めて作成された土地台帳である。石川村全体で字別に一筆ごとの地番・縦横間数・等級・所有者・地目・反別が、地番順に記される。この地番は現在でも生きており、現地比定が可能である。

絵図類

土地台帳に記された耕地名を、現地に落としていく際に参考としたのは、明治初年の地番図を字ごとに写した切地図と近世期の村絵図である。

切地図（石川家文書〇―四～二三）は、一筆ごとに地番が記入され、地目別に色分けされる。地番は野帳と一致し、野帳と切地図は同時期に作成された関連資料と思われる。

村絵図は、源原家と石川家とも複数残されている。近世期のものはそれぞれが属した各領分に関係するパーツが描かれており、範囲は村全体であっても、書き込まれた内容は選択されたものである。これらのなかで耕地名が詳細なのは、図8―1・図8―5（源原家文書絵図三）・図8―6（図9―4に同じ：三五七頁参照／石川家文書〇―二七）である。

地名の現地比定

天正検と書上帳と村絵図は、耕地名が部分一致する。書上帳と野帳は所有者名が部分一致し、野帳と切絵図は地番が一致する。これらを総合して比較検討することにより、天正検の耕地の現地比定を行い、近世期の耕地変化を追った。とくに根拠を記さない場合は、この土地台帳の比較によって比定したものである。ただしそれぞれはきれいに重ならず、特に書上帳と野帳は三年の差にもかかわらず、面積はもちろん、所有者名も意外なほど大きく異なっていたため、残念ながら同定の精度は高くない。

（二）かいと地名

「かいと（垣内）」は、「古代・中世において、比較的小規模な開発耕地の周囲を垣でめぐらし開発者の占有を示したもの」（『国史大辞典』）とされる。天正検には「西かいと」「ミなミかいと」「上光かいと」「はちかいと」「東かいと」「向田いなりかいと」の六つがみえる。書上帳では「加谷戸」「海戸」とも表記されるので、谷戸地名や海道（街道）地名の可能性も挙げられるが、比定地の状況からやはり、ある家を中心とする一つの区画を示すと考えたい。

「西かいと」は、字宮下と字上郷との境、村の西端の山裾にあたる。九三番地の守屋家は屋号が「ニシゲート」という。天正検では下畑一筆となる。

「ミなミかいと」は、上郷の中央、谷地川の蛇行のなかにある二一五番地の串田家周辺に比定される。天正検では田畑合わせて一五筆と広い区画である。

「上光かいと」は、有物帳で「ちやうかうかいと」とも表記される。天正検で一〇筆の上畑と上桑畑で二町四反余の大きな面積を持つ。書上帳の「上光海戸」でもほとんどが上畑で、良質の耕地であり、大半を立川氏が所有する。字上郷の東北隅周辺が比定地である。

「はちかいと」は、書上帳では「場違戸」と表記され、立川氏が所有する。御嶽神社参道が道に突き当たる東側、三五五番地付近が比定地である。この周囲には立川姓の家がまとまっている。天正検では桑畑三筆、書上帳では二二筆となる。

「東かいと」は、西蓮寺持ちという共通点から、書上帳の「加谷戸」二筆が該当すると思われる。寺のすぐ下の畑である。ただし天正検では下・下々畑四筆と、地味が悪いが、書上帳では上畑である。

唯一川の南に比定されるのが「向田いなりかいと」である。「向田」は図8―5では字西野の現万年橋を渡ったあたりで、その先の丘陵部の上には今も稲荷社が祀られている。天正検では近い位置に「そと屋敷」という畑が二筆あり、関連するものか。切地図では宅地はなく、一番近いのはそこから少し東に行った字桜塚との境付近にある神崎家と守屋家である。一応この付近を比定地としたい。

屋敷地が、北の山裾に広がっていることはすでに述べたとおりであるが、以上のように、かいと地名はその屋敷地のうち、西寄りに集中しており、居住地と関連するといってよいだろう。

斜字：書上帳　天正検は大半小制

畑成					田計					備考
町	反	畝	歩	筆数	町	反	畝	歩	筆数	宇は宇津木内
		—				5	—	216	4	
		—				3	—	260	3	
	3	*8*	*14*	*9*	*1*	*0*	*3*	*18*	*29*	
		—				2	—	55	2	宇2
		—				1	—	41	1	宇1
	1	*5*	*28*	*9*		*3*	*0*	*11*	*17*	池向 *1* 相ノ畑 *1*
		—					—	279	2	宇2
							7	*4*	*1*	
		—					—	193	3	八幡領1
		—					—	50	1	
		2	*22.5*	*3*			*2*	*22.5*	*3*	*0.5* は *5* 厘
		—				6	—	165	6	
		—				3	—	41	4	
		—				9	—	98	11	
	4	*6*	*22*	*39*	*1*	*0*	*0*	*8.5*	*60*	*0.5* は *5* 厘
		—			2	1	—	104	17	せき免1
		2	*8*	*1*	*2*	*0*	*2*	*13*	*69*	
		—				3	—	113	6	
		—					—	65	2	
		3	*16*	*3*		*3*	*5*	*3*	*22*	
		—					—	167	3	
		—					—	96	1	
		—					—	250	1	
		—					—	15	1	
		—				3	—	204	3	宇3
		1	*10*	*1*	*1*	*2*	*0*	*13*	*42*	
	2	*6*	*2.5*	*11*	*1*	*2*	*3*	*12.5*	*41*	*0.5* は *5* 厘
		—				9	—	243	9	宇5
		—				4	—	82	2	
		—				5	—	85	3	
							5	*18*	*1*	
		—				6	—	273	4	宇1
	4	*2*	*5*	*17*		*4*	*3*	*7*	*19*	
		—				3	—	217	1	
	1	*4*	*5*	*7*		*1*	*4*	*5*	*7*	
麦田	2	—	255	1		8	—	228	5	
						1	*0*	*13*	*4*	
		—			1	2	—	75	10	
	4	*2*	*20*	*16*	*2*	*9*	*9*	*5.5*	*79*	*0.5* は *5* 厘
		—			1	1	—	29	8	
	1	*2*	*4*	*4*		*9*	*1*	*4.5*	*31*	*0.5* は *5* 厘
			24.5	*1*		*1*	*2*	*12.5*	*10*	*0.5* は *5* 厘
		2	*4*	*5*			*7*	*23*	*8*	
		—				2	—	288	2	
		—				2	—	279	10	
	1	*8*	*26*	*28*		*1*	*8*	*26*	*28*	
								23	*3*	
						8	*4*	*26*	*49*	反高田
		1	*11*	*2*			*3*	*9*	*5*	
	1	*2*	*1*	*16*		*1*	*2*	*1*	*16*	
		8	*8*	*3*			*8*	*8*	*3*	
								26.5	*1*	*0.5* は *5* 厘
		1	*15*	*1*			*3*	*28.5*	*3*	*0.5* は *5* 厘
		2	*10*	*1*			*2*	*10*	*1*	
		4	*24.5*	*3*			*4*	*24.5*	*3*	*0.5* は *5* 厘
							4	*9*	*6*	
麦田	2	—	255	1	13	2	—	11	126	
3	*0*	*0*	*9.5*	*180*	*13*	*5*	*3*	*25.5*	*561*	

表8―2　石川村田面積表（天正検・明治5年書上帳対照表）

			上田					中田					下田				
	比定字	地名	町	反	畝	歩	筆数	町	反	畝	歩	筆数	町	反	畝	歩	筆数
1	上郷	天ちく田(1冊目)		5	−	216	4			−					−		
		天ちくはた		3	−	260	3			−					−		
		天竺田		6	3	10	19								1	24	1
2	上郷	ミなミかいと		2	−	55	2			−					−		
		東田		1	−	41	1			−					−		
		相ノ田			3	25	2			8	18	5			2		1
3	上郷	せき下			−					−					−	279	2
		関ノ下			7	4	1										
4	田島	天ちく田(2冊目)			−					−					−	193	3
		十郎前			−					−					−	50	1
		重郎前															
5	不明	川向			−				3	−	298	2		2	−	167	4
6	不明	中屋つ			−					−				3	−	41	4
7	塚場	かしらなし			−					−	192	1		8	−	206	10
	頭無	頭無							3	6	25	15		1	6	23	6
8	中坂	六反田	2	1	−	104	17			−					−		
		六反田	1	8	6	28	56		1	2	14	11				24	1
9	不明	うつき内			−				3	−	1	5			−	112	1
10	前原	屋とた			−					−					−	65	2
		谷ツ田							1	5	24	11		1	5	24	8
11	不明	原			−					−					−	167	3
12	不明	やはた			−					−					−	96	1
13	不明	屋谷			−					−					−	250	1
14	不明	向はた			−					−					−	15	1
15	鶴巻	つるまき田		3	−	204	4			−					−		
		鶴巻		6	2	27	17		3	6	30	15		1	9	7	9
		荒井前		1	7	5	6		7	4	11	22			5	24	2
16	桜塚	原ノ下		3	−	67	3		6	−	176	6			−		
17	桜塚	原口			−				4	−	82	2			−		
18	朝倉野	三反田			−				4	−	77	1		1	−	8	2
		三反田													5	18	1
19	西野	向田		1	−	164	1		5	−	109	3			−		
		向田								1	2	2					
20	西野	向田いなりかいと		3	−	217	1			−					−		
		稲荷前															
21	西野	清水くち		4	−	225	2		1	−	48	2			−		
		清水口		1	0	13	4										
22	天野	大屋沢		1	−	246	1	1	0	−	129	9			−		
		大谷沢	1	5	7	18	36		9	5	29	25			2	30	2
23	桑原	山下	1		−	284	7			−	45	1			−		
		山下		6	7	1.5	23		1	0	19	3			1	10	1
		後山下								2	15	1			9	3	8
		下山下								3	22	1			1	27	2
24	不明	下之田		2	−	288	2			−					−		
25	打越	打越							1	−	256	6		1	−	23	4
		打越															
26	中坂	かけさし									9	1				14	2
27	鶴見	新田												8	4	26	49
28	西野	いご田			1	7	1				16	1				5	1
29	不明	さいかち田															
30	不明	天神前															
31	不明	谷ツ向									26.5	1					
32	不明	前田								2	13.5	2					
33	不明	川端															
34	不明	下谷ツ田															
35	不明	(不明)			2	17	4			1	22	2					
		天正検合計値	6	6	−	271	48	4	1	−	213	38	2	0	−	172	39
		書上帳合計値	5	8	0	4.5	169	3	0	4	24	118	1	6	8	17.5	94

天正検と書上帳に記載された水田の分析結果をまとめたものが、表8―2である。耕地名の並びは天正検の記載順に準じている。この表と絵図を参考にしつつ、田地についてみていきたい。

（三）水田の開発

湧水利用の水田

丘陵部に降った雨は、土壌に染み込みいったん地下水となって、下手から湧水として地上に出る。そうした水が池となった場所を、水田として開発した場所が石川村でもみられる。

「天ちく田」「天ちくはた」（表8―2―1、以下（　）の数字は同表）は、字上郷の西側に谷地川にかけて広がる田である。石川中学校から下る道と都道一六九号の交差点の西側、都道の南北の区画と、東京電力の石川変電所の周囲に広がる区画と、二かたまりの田地が比定地である。

聞き取りによると、[3]この辺りは湧水に恵まれ、昭和中頃でも幾つかの池があったといい、そうした湧水を利用した水田である。「天ちく田」と「天ちくはた」には、どちらにも田と畑があり、区分は不明である。その後は「天竺田」に一括されたのか、書上帳に「天竺畑」はみえない。「天ちくはた」の畑のうち二筆に「ほりた共」と注記がある。低湿地の泥を掘り上げて造成された畑に、一段低い掘上田が付属するような状況が想像され、湿性の強い土地を開発した耕地だったと考えられる。

この開発時期については、書上帳で守屋家の所持筆数が卓越することから、甲斐の武田の旧臣と伝える同家の開発であれば、武田氏の滅んだ天正一〇年（一五八二）以降とも考えられる。しかし土地所有権がしばしば移動したことや、前述した区画溝の存在などを考慮すれば、一五世紀半ば以前の開発の可能性も指摘できる。ここは近世を通じて上田とされるが、天正検で九反余の耕地が、書上帳で一〇反余、うち四反弱が畑成と、田の面積は減少する。この耕地は、近世以前に開発のピークを持つ中世的なタイプの田であったことが窺われる。

「ミなミかいと」（2）の田は、図8―5にみえる「相ノ田」が比定地である。書上帳での「南かいと」は畑と屋敷で、前述のように字上郷の南端中央の蛇行の中が比定地である。その北にある田が書上帳の「相ノ田」で、源原家前にある池を水源とする、二二八～二四二番地の田である。田の形は、切地図では谷地川の旧河道のなごりのようにもみえ、そうした周囲より低い土地が湧水によって田地化されたものと思われる。

「東田」(2)については、他の資料にないが、字上郷の東端の蛇行の中程にある二八八～二九三番地の田が候補で、図8—5ではここも「相ノ田」としている。湧水田と思われる。天正検の「ミなミかいと」と「東田」はともに上田であるが、書上帳の「相ノ田」は、中田が増え、半分が畑成となる。

「せき下」(3)は、その南東、谷地川ぞいにある細長い田である。この「せき」は堰のことで、六反田用水の取水口を意味する。ただしここは古堰である。堰のつけかえについては六反田用水のところで触れるが、別の地点に新堰が出来た後も地名は残されたのである。この田は、「東田」から落ちる水を利用した田で、用水は田の脇を通るだけでこの田には通じていない。

「十郎前」(4)は、ほぼ畑だが一筆だけ田がある。天正検で二冊目に出る「天ちく田」三筆は、一冊目に出る「天ちく田」とは別で、この「十郎前」の田と近接すると思われる。また「十郎前」の畑二筆には「ほり田共」と注記がある。部分的に湿地状態だったと思われる。これらの田は、字田島の石川家の東隣、八王子道沿いが比定地で、現在は八王子武蔵村山線の拡幅によって跡形もないが、切地図では道の北の六二〇・六二一番地と、南の六三七～四〇番地周囲に「六反田」から続く水路が巡り、谷地川へ落ちる。ただしこの時点での地目は畑で、周囲にも田はない。そこにならんで「十郎前八幡領」という畑と、「天ちく田八満領」という田が各一筆ある。図8—5で八王子道の南側の「八幡田」との関連が想定され、「八幡（八満）」は内田家の氏神である八幡宮をさすものと思われる。

石川家の敷地内にはかつて井戸が三本あり、裏の堀（旧水路に続いたものと思われる）には、雨が降ると今も水

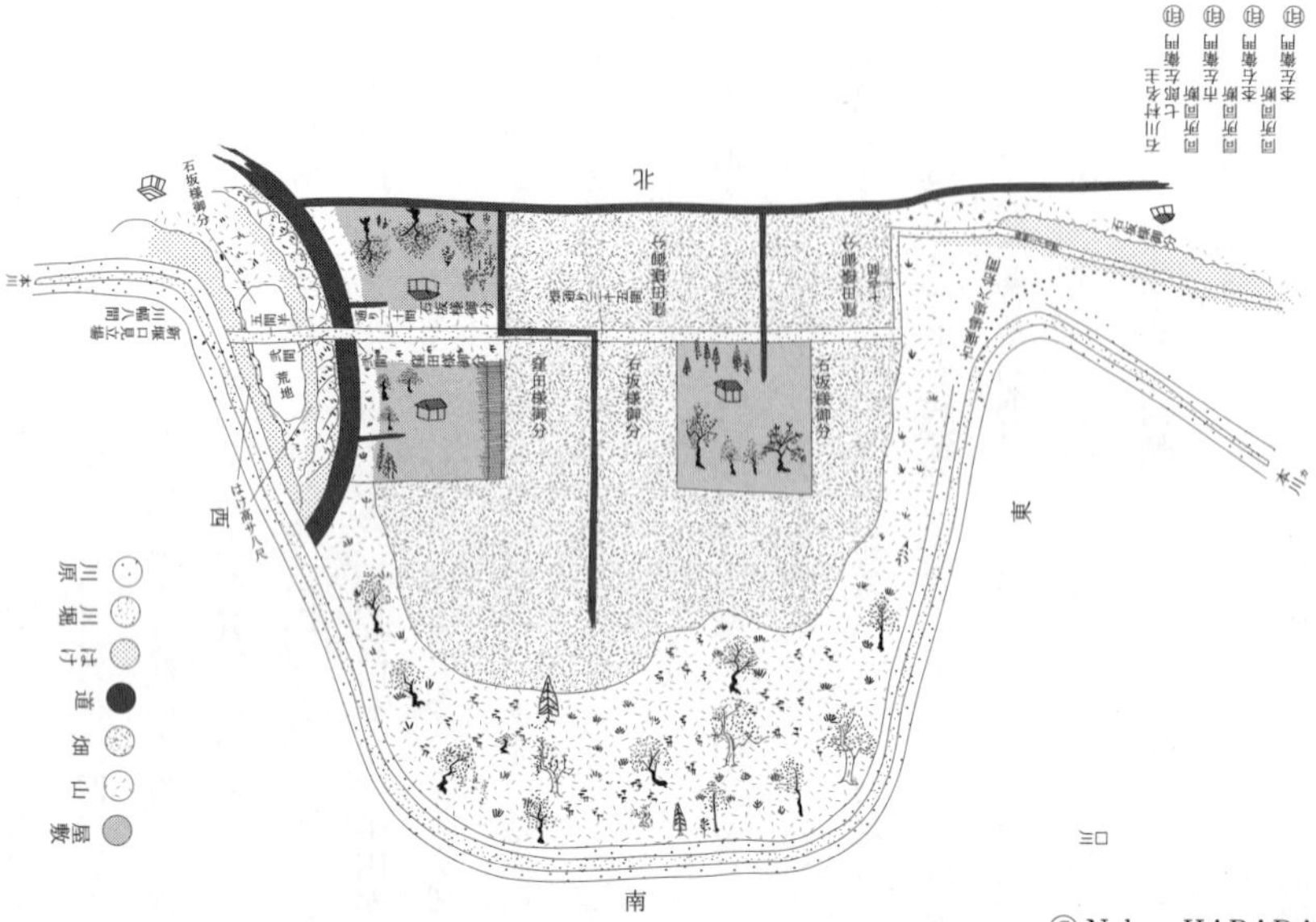

© Nobuo HARADA

図8—7　石川村新堰口見立場絵図

がたくさんたまるという。十郎前とその周囲の田はこうした湧水を利用した田地だったのだろう。

六反田用水による水田　六反田用水は、谷地川の左岸に堰を設け、そこから取水する用水路である。その水を引いて耕作されるのが「六反田」（8）である。字中坂南端の谷地川が蛇行した氾濫平野に広がる田地で、今はその西半分は、石川市民センターになっている。天正検では村内で一番広く二町を越える。すべて上田で、堰を維持するための「せき免」の田が与えられている。天正検では八人が名請しており、また卓越する者もいないため、共同開発による耕地と考えられる。ただ北側中央に石川家（元右衛門）持ちの観音堂があり（石川家文書C二—三）、寮として使われていた（図8—2＝図9—5）。このことは石川家の六反田開発に対する、主導的な立場を示唆するものではなかろうか。ここには現在も同家の稲荷社が祀られている。

石川家主導で開発が行われたとすると、「六反田」の開発時期は永禄（一五五八～七〇）から天正年間にかけてと推定される。石川家は小田原北条氏の旧臣と考えられ、永禄年間に北条氏照が滝山城に入城したため、滝山道と、川越と八王子を結ぶ道が交差する要衝に、氏照家臣の滝山衆であった石川氏の一族が、押さえとして配置されたと考えられる。小田原北条氏は新田開発を奨励しており、その意向を背景に石川家を中心として、谷地川に堰を設け、用水を引き、六反田の新田開発を行ったものではないだろうか。石川家の由緒については、第九章谷澤論文を参照されたい。

なお石川村の鎮守である御嶽神社に伝わる獅子舞は、天正元年（一五七三）同社の落成以来続いていると伝えられる。御嶽神社（蔵王権現）は滝山城の鎮守として勧請されており、石川村の御嶽神社が、石川家の入村と同時期にそこから分祀されたとしても、矛盾はないだろう。「春の梅坪、秋の石川」と並び称される、永禄年間から伝わるとされる八王子市梅坪町の鞨獅子舞は、滝山城との関連が指摘されている［八王子市教育委員会一九九六・中田二〇一〇］。

六反田用水は、享保二〇年（一七三五）に取水堰の付け替えが行われた。古堰は六反田から二つの蛇行を越えた二二七番地の所（図８—５—２「下タ畑タ五十三ばん」の位置）にあったが、ひとつ上流の蛇行の東側、二一三番地の所（同図「行人免屋敷」向かい）に新たな取水口が作られた（図８—７、石川家文書Ｏ—三三）。崖状の「はけ」を掘り割り、古堰の用水路までつないでいる。この水路の跡は現在道として残っている。新堰の用地は御料所を除く四給分にかかり、延べ人足一一四〇人が見積もられた。道具諸色代の五両と人足の扶持方一人当たり玄米一升は、四給の領主たちから下げ渡されており領主たちの意向も背景にあったものと思われる。（堰仕様帳／石川家文書Ｋ１—１）。各々領主への調整を含め、大変な事業である。それを押してつけかえをする理由は、古堰からの水量では、元の状態を維持できなかったためと考えられる。谷地川の水量自体が減少したかもしれず、新堰の方が四メートルほど標高が高いことから、その高低差によって流水量の増加を見込んだものだろう。

そうした努力を払っても「六反田」の水田は、書上帳では天正検から一反ほど減少し、さらに畑成も二畝八歩となった。水田を維持することが難しかったことを示している。

湧水が丘陵地を削って形成された谷戸にも、田が作られた。

谷田

「かしらなし」(7)は、字頭無と字塚場にまたがる、谷頭が二またになった細長い谷田で、東に開口する(図8―1)。中央自動車道の南に平行し、北の谷頭は住都公団建築技術試験場の場所、二またの所を八高線が横切るという位置だった。谷頭が分岐していることによるネーミングだろうか。日照時間は短いと思われ、そのためか、天正検ではほぼ下田である。書上帳では中田評価は増えるものの、三分の二は畑成となる。天正検で一筆の内九筆を名請けする図書が、開発主体だろう。書上帳では田六〇筆を九氏が持ち、とくに卓越する家はない。

「屋とた」(10)は村の東端、字前原の日野境を南北に延びる谷田である(図8―1)。谷頭は土地条件図八王子〔国土地理院一九九二〕をみると、八王子東特別支援学校の辺り、鶴見橋のすぐ上で谷地川に合流する。天正検では下田二筆、帯刀一軒の名請で、同人の開発だろう。書上帳では「谷ツ田」が相当すると思われるが、日向地区の四氏が持ち、面積は大幅増となっている。

大谷沢から取水する水田

大谷沢は、現大谷町の都立小宮公園にある弁天池を谷頭とする小河川である。南西部から石川に入り、字天野と字朝倉野の境を流れ、字西野から谷地川へ落ちる。水流の一部は千六橋のところで字鶴巻へ分水する。橋の袂の一画は、野帳では西蓮寺の土地であり、今も石造物が祀られている。

「つるまき田」(15)は、字鶴巻から字西野にかけて広がる谷地川の氾濫平野に出来た田のうち東寄りの部分である(図8―1)。大谷沢からの分流を使った田で、その水が谷地川に落ちる手前になる。書上帳では天正検の三倍以上の耕地面積となり、起源は中世に持つものの、近世期に開発の進んだ耕地といえる。ただし天正検ですべて上田だったものが、書上帳では中下田が多くを占めるようになる。大谷沢からの水を使うが、図8―1では「天水田」と記される。

「原ノ下」(16)と「原口」(17)は書上帳になく、比定地は不明だが、天正検の耕地名の並びから考えると、土地条件図八王子にみえる、千六橋の少し下流から東に延びる大谷沢の支谷を候補としたい。

「三反田」(18、図8―5―3)は、天正検では中田と下田の三筆のみで、そのうち下田一筆を西蓮寺が持つ。書上帳では西蓮寺持ちの下田一筆のほかは畑となり、田の面積も、五反余から五畝と大幅に減少する。野帳では、千六橋を東に渡ってすぐの田が西蓮寺持ちで、そこに比定できる。土地条件図八王子では、そこを開口部にして、大谷沢の支谷が南に入っていたことが判る。現在は埋土地になっているが、天正検の残りの二筆の田は、その谷戸に作られていたものだろう。書上帳の三反田には畑成がないので、早い時期に畑地化したと考えられる。

「荒井前」(15)は、天正検では田は無いが、書上帳では一町以上の田に大きく変わる。比定地は、「つるまき田」の上流部になるが(図8―1・図8―5―5)、境界は明瞭でない。中田が中心で、書上帳では「つるまき田」と同様、田地の拡大が著しい。

「清水くち」(21)は、字西野の千六橋の西側にある田である(図8―5―3)。分流を意味する名と思われる。上田を主とする良質な耕地であり、一筆の麦田がある。麦田があるのはここのみである。書上帳は天正検より五分の一に耕地を減らす。

「大屋沢」(22)は、大谷沢の谷底平野に作られた田で、「清水くち」へ続いている(図8―5―3)。ここは第一部第二章有村論文で述べているように、発掘成果によって六世紀からすでに田として利用されていることがわかっている。天正検では中田を中心とするが、書上帳では上田が半分以上を占め、かつ面積も倍以上に増えている。

書上帳を検討するなかで「鶴巻」・「荒井前」・「清水口」・「大谷沢」の耕地の境界を明確にできず、やや入り組んでいる印象を受けた。そのため単純にそれぞれの田の面積が天正検から増減したとはいいきれない。もし境界があいまいならば、相給になって以降に開発されたため、それぞれの給分で把握されたという理由が考えられる。

「向田」(19)は、集落からみた川の向かい、図8―5―2の左端にみえ、ここは字西野の現万年橋と西野橋の間にあたり、切地図でもそこには田地が少しある。天正検では五筆の田地(うち一筆「いなりかいと」)がある。「向田いなりかいと」は、書上帳の「稲荷前」に該当すると思われるが、大半が畑成となる。「稲荷前」は大谷沢の水を利用しているが、向田は南側の丘陵からの水で耕作していたと考えられる(図8―5―3)。

以上のように大谷沢を利用する田地は、拡大している場所が多い。理由として挙げられるのは、大谷沢谷頭の弁天池の整備である。弁天池は、天明年間(一七八一~八九)に領主の荻原氏が水田を開くために掘ったとされており、現在も大谷町の都立小宮公園に残されている〔八王子市教育委員会一九九六〕。明治三年(一八七〇)大谷村の村差出明細帳(大谷堅二家文書/村の明細帳六/古文書を探る会編、一九九七年)によれば、その後も溜池として荻原氏よりの下金で修復されてきたという。大谷沢流域の田地は、両村を治める荻原氏の意向を背景にして、天明以降に造成され拡張されたものと考えられる。

旧河道を利用した水田

「山下」(23)は、字桑原にあり、「六反田」の谷地川を挟んだ向かいにあたる(図8―1)。丘陵を谷地川が削った旧河道で、時期は特定できないが、蛇行の流路が短絡し、残された河道跡を田地化したものと思われる。書上帳では主に内田家の所有となっており、同家の開発と思われる。切地図では谷地川からの用水もみえるのだが、図8―1では天水田とされている。主として南にある丘陵からの湧き水を利用したのだろう。現在は石川東公園となり、水田だった所の一部が池として残されている。上中田を持つ良好な耕地である。書上帳ではやや減少する。

天正検にはみられないが、書上帳に「後山下」と「下山下」という耕地がある（23）。ともに中下田である。「下山下」は不明だが、「後山下」は山下の裏の山に東から南西に入り込む浅い谷戸に作られた田である。

「新田」（27）は、天正検にはみえず、江戸期に開発された田である。字鶴見の東端、Ｍ字型をした谷地川の旧河道を利用した田で、谷地川から用水を引いている（図８―１）。日向地区の和田・中嶋・井上・田中の各家が共同開発した田である。野帳と切地図を合わせてみると、非常に細かく所有地が分かれていることがわかり、公平性を高めるために、くじ引きなどで分けたのではなかろうか。書上帳ではここだけ「反高田」という地目がつけられている。反高場とは、反（＝面積）は測って高には入れない土地のことで、不安定な新田につけられる地目とあり（『地方凡例録』上巻）、比較的新しい開発だとわかる。ただし書上帳の末尾にある地目ごとの金換算では、下田程度の評価は与えられている。

飛び地

「打越」（25）は、宇津木村と平村境の山中にある飛び地である（図８―４）。一〇筆の中下田があり、全てを一人が名請している。切地図では南に開口部を持つ狭小な谷田がみえる。書上帳ではすべて畑成であり、村内ではここにしか土地を持たない篠家が所有する。野帳では七筆の田が七乙と最低ランクの評価である。生産性は低かっただろう

天正検にみえない水田

天正検にみえず、書上帳にのみ出る田地は、「いご田」・「かけさし」・「さいかち田」・「天神前」・「前田」・「谷川向」・「下谷ツ田」（26、28～32、34）の七ヶ所ある。「かけさし」は、今の中坂橋付近に比定されるが、年不詳の谷地川川欠絵図（石川家文書Ｏ―二八）には、対岸の内田家の南隣も「かきさし」と記されており、河道の変化により、耕地が分断された可能性を挙げることができる。図８―５には「いご田」が西寄りの川の南に描かれている。「さいかち田」は八王子東特別支援学校付近が候補地で、全て畑成で日向の和田

家で所有する。そのほかは比定地不明であり、一反未満で畑成の割合も多い。

名請人

名請人については十分な検討することができず、触れるにとどめるが、天正検で主要な「天ちく田(はた)」・「かしらなし」と「六反田」・「山下」・「大屋沢」の五ヶ所の田地のうち、前二ヶ所の名請人は他と重複せず、後三ヶ所の名請人は重複が多い。このことから「天ちく田」と「かしらなし」の開発主体はほかと異なるといえる。書上帳からみる名請人の所有耕地は、日向地区の家は村の東の谷戸に田地を持ち、大谷沢を含めて西側には持たないなど、居住地による区分がみられた。

(四) 田地景観の形成

石川村の田地は、湧水を利用する水田・氾濫平野の旧河道に作られた水田・沢水を利用する谷田、の大きく三種類に分けられる。開発の順としては、沢水を使うもの、湧水を使うもの、用水を使うものであろう。まず古代から使われた広い谷田である「大谷沢」が存在した。そこを維持しつつ「頭無」など条件の劣る丘陵の狭い谷田が開発され、その後、あるいは平行して掘上田を伴う湧水利用の「天竺田」が作られた。ついで北条氏の後ろ盾を持った石川家が配備されることにより、用水工事を伴う「六反田」の新田開発が行われた。これが安定したころに行われたのが天正検地であった。

以降は、私領四給合同の六反田用水のつけかえによる「六反田」の田の維持や、領主荻原氏が行った大谷沢谷頭の溜池整備による「大谷沢」とそこに連なる「鶴巻」や「荒井前」の田の拡大が図られた。一方で、狭い谷田など条件が悪い田は、維持されずに畑に変えられていった。そして最後に日向地区で旧河道を利用した「新田」が作られた。

ここで重要と思われるのは、石川村の主要な田地は、天正検段階でほぼ出揃っているという点である。その後

表８―３　石川村畑・その他面積表（天正検・明治５年書上帳対照表）

斜字：書上帳　天正検は大半小制

			畑合計					その他合計（天正検は桑畑）					合計					備考・統合した耕地名
	比定字	耕地名	町	反	畝	歩	筆数	町	反	畝	歩	筆数	町	反	畝	歩	筆数	
1	宮下	宮下		1	－	137	1		3	－	277	3		5	－	114	4	
		宮下		*1*	*6*	*2*	*3*							*1*	*6*	*2*	*3*	
2	宮下	西かいと			－	200	1			－					－	200	1	
		西海戸		*1*	*5*	*28*	*3*							*1*	*5*	*28*	*3*	
3	上郷	天ちく田		1	－	93	3			－				1	－	93	3	
		天ちくはた	1	1	－	277	8		1	－	96	1	1	3	－	73	9	宇津木ノ内
		天竺田	*1*	*7*	*2*	*2.5*	*44*			*7*	*10*	*2*	*1*	*7*	*9*	*13*	*46*	同屋敷添・前畑・道上・山脇
4	宮下	西はた			－				5	－	18	2		5	－	18	2	
		西畑		*3*	*1*	*21*	*9*			*1*	*0*	*2*		*3*	*2*	*21*	*11*	
5	上郷	前はた	1	8	－	236	12		9	－	239	6	2	8	－	175	18	同宇津木の内
		前畑	*2*	*2*	*4*	*10*	*47*			*4*	*10*	*2*	*2*	*2*	*8*	*20*	*49*	
6	上郷	ミなミかいと	1	7	－	269	12			－	96	1	1	8	－	65	13	ミなミかいと宇津木の内
		南かやと		*2*	*7*	*4*	*7*			*8*	*20.5*	*4*		*3*	*5*	*25*	*11*	同屋敷
		相ノ畑		*1*	*5*	*29*	*5*							*1*	*5*	*29*	*5*	
		関ノ下		*1*	*7*	*1.5*	*5*							*1*	*7*	*1.5*	*5*	
		山王林		*8*	*0*	*2.5*	*17*			*7*	*27*	*3*		*8*	*7*	*30*	*20*	
7	上郷	せき之上		2	－	161	3			－				2	－	161	3	宇津木の内
		関之上		*2*	*1*	*26*	*4*			－				*2*	*1*	*26*	*4*	
8	上郷？	たちり		1	－	118	3			－				1	－	118	3	
9	上郷？	東田			－	220	1			－					－	220	1	宇津木の内
10	上郷	上光かいと	1	5	－	87	7		8	－	228	3	2	4	－	15	10	
		上光海戸	*1*	*1*	*4*	*8*	*20*						*1*	*1*	*4*	*8*	*20*	同屋敷添
11	中坂	はちかいと			－				6	－	51	3		6	－	51	3	
		場違戸		*9*	*9*	*19.5*	*18*		*1*	*1*	*21*	*4*	*1*	*1*	*1*	*11*	*22*	同屋敷添
12	中坂	宮はた		4	－	45	3			－				4	－	45	3	御嶽領
		宮田		*3*	*5*	*18*	*6*							*3*	*5*	*18*	*6*	同中畑ケ
13	不明	下道			－	80	1			－					－	80	1	
14	不明	阿ミた免			－	88	1			－					－	88	1	
15	不明	二郎はた		7	－	227	5		4	－	196	3	1	2	－	123	8	かつた内・二郎かつた内
16	不明	山はた			－	198	2			－					－	198	2	
		山ノ上		*2*	*6*	*2*	*7*		*1*	*6*	*9*	*7*		*4*	*2*	*11*	*14*	山ノ中
17	不明	ミねはた			－	144	1		5	－	255	1		6	－	99	2	
		峯		*5*	*5*	*26*	*12*		*7*	*1*	*15*	*12*	*1*	*2*	*7*	*11*	*24*	
18	中坂	大蔵くほ		2	－	286	3		5	－	161	1		8	－	147	4	
		あさふ久保			*4*	*22*	*1*			*5*	*15*	*2*		*1*	*0*	*7*	*3*	
		久保山							*4*	*0*	*0*	*5*		*4*	*0*	*0*	*5*	
19	不明	野くほ		5	－	231	5		1	－	240	2		7	－	171	7	
20	不明	東かいと		3	－	81	4			－				3	－	81	4	

	比定字	耕地名	畑合計				筆数	その他合計(天正検は桑畑)				筆数	合計				筆数	備考・統合した耕地名
			町	反	畝	歩		町	反	畝	歩		町	反	畝	歩		
21	中坂	石木下		4	−	37	1			−				4	−	37	1	
		石ノ木畑		*2*	*9*	*8*	*5*			−				*2*	*9*	*8*	*5*	
22	中坂	藤木		4	−	185	4		4	−	118	3		9	−	3	7	
		藤ノ木		*1*	*1*	*12*	*2*			*5*	*2*	*1*		*1*	*6*	*14*	*3*	
23	鶴巻	東はた		9	−	210	13		1	−	132	1	1	1	−	42	14	
		東畑		*6*	*0*	*9*	*9*		*1*	*1*	*4*	*3*		*7*	*1*	*13*	*12*	同屋敷添
24	不明	くほ畠		1	−	25	1			−				1	−	25	1	
25	田島	十郎前	3		−	128	27		5	−	150	2	3	5	−	278	29	同八幡領・天神免
		重郎前	*2*	*7*	*6*	*21.5*	*56*		*1*	*0*	*2*	*2*	*2*	*8*	*6*	*24*	*58*	同山ノ上・大重郎前
		八幡田			*2*	*16*	*2*		*1*	*2*	*24*	*4*		*1*	*5*	*10*	*6*	八幡脇
26	不明	山			−	210	1			−					−	210	1	
27	不明	谷つ	2		−	8	14			−	180	1	2		−	188	15	
28	不明	川向		3	−	5	7		1	−	156	1		4	−	161	8	
29	不明	日くま			−				2	−	104	1		2	−	104	1	
30	不明	高倉橋		3	−	220	4			−				3	−	220	4	
31	頭無	かしらなし		2	−	255	3			−				2	−	255	3	
		頭無し	*1*	*0*	*8*	*27*	*28*	*2*	*2*	*2*	*3.5*	*55*	*3*	*3*	*1*	*0.5*	*83*	同上
32	中坂	六反田		1	−	94	6			−				1	−	94	6	
		六反田		*5*	*7*	*20*	*8*							*5*	*7*	*20*	*8*	同上・堂前
33	田島	田嶋		1	−	36	1			−				1	−	36	1	
		田嶋		*6*	*6*	*19.5*	*22*							*6*	*6*	*20*	*22*	上田島・下田島
34	田島	つつみ田			−	55	1			−					−	55	1	
		堤田		*4*	*5*	*16*	*7*							*4*	*5*	*16*	*7*	
35	不明	うつき内		4	−	87	5			−				4	−	87	5	
36	不明	水はた		3	−	290	3			−				3	−	290	3	
37	不明	川嶋		1	−	187	3			−				1	−	187	3	
38	前原	屋とた		4	−	186	6			−				4	−	186	6	
		やつ	1	*0*	−	73	7		1	−	176	1	1	1	−	249	8	
		谷ツ	*1*	*5*	*0*	*8*	*36*	*5*	*6*	*5*	*19*	*134*	*7*	*1*	*5*	*27*	*170*	同　上・頭・台・南・向・田・前・渕
39	不明	原	3	3	−	56	26		5	−	230	2	3	8	−	286	28	
40	朝倉野ヵ	田はた		4	−	1	3		1	−	9	2		5	−	10	5	
		田端			*4*	*29*	*3*								*4*	*29*	*3*	
41	不明	やはた		1	−	15	2			−				1	−	15	2	
42	桑原ヵ	なんさう坊塚	1	9	−	93	26			−			1	9	−	93	26	
		南蔵坊塚		*4*	*2*	*22*	*5*							*4*	*2*	*22*	*5*	
43	高倉野	たかくら原			−	190	2			−					−	190	2	
44	不明	原はた		7	−	130	14			−				7	−	130	14	
45	不明	向はた	2	3	−	158	23		1	−	291	2	2	5	−	149	25	
46	不明	水をし			−	96	1			−					−	96	1	
47	不明	寺はた		1	−	42	1			−				1	−	42	1	

			畑合計					その他合計(天正検は桑畑)					合計					備考・統合した耕地名
	比定字	耕地名	町	反	畝	歩	筆数	町	反	畝	歩	筆数	町	反	畝	歩	筆数	
48	桜塚	原口		3	−	66	3			−				3	−	66	3	同宇津木の内
49	不明	そと屋敷		1	−	241	2			−				1	−	241	2	
50	鶴巻	荒井の前		6	−	75	5			−				6	−	75	5	
		荒井前		2	6	6	8		4	2	22.5	12		6	8	29	20	
		鶴巻		2	9	0.5	8		1	2	21	4		4	1	22	12	
		三反田	1	6	8	13	35	1	8	5	26	33	3	5	4	9	68	同上・道端
51	不明	道そへ		1	−	132	1			−				1	−	132	1	
52	西野	向田		8	−	16	10			−				8	−	16	10	同宇津木の内・いなりかいと・中の之内
		向田		4	2	5	13			1	19	1		4	3	24	14	同山下
		稲荷前		6	0	9	20		1	7	28.5	6		7	8	7.5	26	稲荷前・稲荷後
53	西野	清水くち		1	−	207	6			−				1	−	207	6	
		清水口							3	8	8	10		3	8	8	10	
54	天野	大屋沢	1	3	−	124	18			−			1	3	−	124	18	
		大谷沢	1		7	9	32		5	7	28	14	1	6	5	7	46	同道添・同上・同台・同田ノ上・同田ノ渕・同田ノ渕上・同山ノ上
55	宮下	上くほ		5	−	247	6			−				5	−	247	6	
		上ノ久保		3	4	12	13		4	1	7	15		7	5	19	28	
56	桑原	山下		4	−	4	5		1	−	210	1		5	−	214	6	
		山下	2	0	7	19	49	1	2	9	7	25	3	3	6	26	74	同上・道添、前山下・後山下・下山下
57	打越	打越		3	−	59	7		5	−	137	3		8	−	196	10	
		打越	1	2	7	1	53						1	2	7	1	53	
58	西野	尺師くほ		3	−	182	6			−				3	−	182	6	
		しやクシ久保		1	7	11	5			3	6	1		2	0	17	6	
59	不明	池ノ上		5	5	13	12		2	2	23	5		7	8	6	17	
60	不明	裏畑		2	8	8	6			1	2	1		2	9	10	7	
61	不明	天神下		1	4	3	3							1	4	3	3	
62	鶴巻	東前		1	5	3	5							1	5	3	5	
63	桑原	内蔵之丞谷ツ		3	8	8	8		1	7	15	5		5	5	23	13	
64	西野	いご田		1	6	6	4			1	20	1		1	7	26	5	
65	天野	丸おね		7	9	3	21		8	4	11	17	1	6	3	14	38	
66	天野	郷左衛門谷ツ		6	5	4	13		5	1	21	13	1	1	6	25	26	同上・頭・向
67	西野	中道	2	3	1	17	46		7	2	17	16	3	0	4	4	62	下中道、同ノ台・台西・山中
68	不明	上ノ原			8	0	1	1	4	5	7.5	21	1	5	3	7.5	22	
69	不明	清水ノ上						1	8	3	15	35	1	8	3	15	35	
70	不明	丸山							5	5	13.5	17		5	5	14	17	同ノ上
71	不明	台		2	6	21	5	1	2	0	7.5	18	1	4	6	29	23	同畑・同ノ山・山畑

			畑合計					その他合計(天正検は桑畑)					合計					備考・統合した耕地名
	比定字	耕地名	町	反	畝	歩	筆数	町	反	畝	歩	筆数	町	反	畝	歩	筆数	
72	不明	内年？		1	1	19	3							1	1	19	3	
73	不明	岸		3	6	19	6			2	0	1		3	8	19	7	
74	塚場	塚場	1	8	1	12	34	1	8	4	1	32	3	6	5	13	66	同下・同台・同原・同原谷ッ・同谷ツ
75	不明	桑原	1	6	6	27	37		7	9	18.5	18	2	4	6	16	55	同台・台塚場・山脇
76	不明	堂前			2	11	1		1	3	10	3		1	5	21	4	
77	不明	たつちゃう場		2	3	10	5							2	3	10	5	
78	前原ヵ	前原			3	0	2	3	1	9	22	61	3	2	2	22	63	
79	不明	前田		1	8	13	3							1	8	13	3	
80	不明	砂場		4	1	16.5	13			3	24	2		4	5	11	15	
81	不明	山崎		2	0	9.5	3			6	13.5	2		2	6	23	5	
82	不明	中峠	1	1	6	20	24		6	3	22	12	1	8	0	12	36	同台
83	桑原	大原	2	6	2	21	46	2	1	1	23	44	4	7	4	14	90	同下
84	上野原	下原		4	9	6	11	1	0	6	26	14	1	5	6	2	25	
85	不明	沖之原	3	7	3	13	50		8	1	0	3	4	5	4	13	53	
86	大原	水久保		7	6	12	15	7	5	1	14	79	8	2	7	26	94	同上
87	宮下ヵ	加谷戸		2	3	22	2							2	3	22	2	
88	塚場	高幡海戸	1	1	8	24	18		5	4	22	9	1	7	3	16	27	
89	不明	橋場			3	0	1								3	0	1	
90	大原	地蔵塚		2	9	18	8	1	1	1	23	26	1	4	1	11	34	
91	天野	入		1	3	23	4							1	3	23	4	
92	不明	大和田								6	12	1			6	12	1	
93	上野原ヵ	嶋		2	5	3	6		6	3	14	12		8	8	17	18	
94	不明	漆前畑		2	0	3	4			4	0	1		2	4	3	5	
95	大原	芝付		2	6	18	7							2	6	18	7	
96	鶴巻	かけさし		2	3	7	6			4	7	2		2	7	14	8	同裏の畑・屋敷添
97	前原ヵ	川端		1	8	26	6		9	8	17	19	1	1	7	13	25	同屋敷・向
98	塚場	だだ谷ツ		4	3	6	11		2	6	8	9		6	9	14	20	
99	頭無	下畑ケ		1	9	26	8			3	16	2		2	3	12	10	
100	不明	下谷ツ								4	0	2			4	0	2	
101	不明	前		4	5	12	9			5	18	1		5	1	0	10	
102	不明	北谷ツ			4	12	1								4	12	1	
103	不明	日向前			5		1								5	0	1	
104	不明	観音塚		1	3	10	4			9	20	3		2	3	0	7	同前
105	不明	上ノ谷ツ									10	1				10	1	
106	不明	久保	2	9	4	18	29	4	1	2	13	52	7	0	7	1	81	同尻・畑・上
107	不明	入台	1	7	5	0	19						1	7	5	0	19	
108	桜塚	市海道		1	4	0	3							1	4	0	3	
109	不明	出口	2	4	3	12	23	2	2	7	9	25	4	7	0	21	48	
110	不明	坂口								1	20	1			1	20	1	
111	不明	王子塚場								1	15	3			1	15	3	

			畑合計					その他合計(天正検は桑畑)					合計					備考・統合した耕地名
	比定字	耕地名	町	反	畝	歩	筆数	町	反	畝	歩	筆数	町	反	畝	歩	筆数	
112	不明	*屋敷添*	*1*	*5*	*9*	*17*	*34*		*1*	*4*	*16*	*7*	*1*	*7*	*4*	*3*	*41*	屋敷付・屋敷裏・屋敷添裏・屋敷前
113	不明	*居山之内*		*2*	*7*	*0*	*8*							*2*	*7*	*0*	*8*	
		天正検合計値	34	8	－	103	350	8	6		150	46	43	4	－	253	396	
		書上帳合計値	*59*	*4*	*4*	*17.5*	*1216*	*51*	*6*	*1*	*21.5*	*959*	*111*	*0*	*6*	*9*	*2175*	

は大谷沢を使う水田と「新田」を除くと、部分的に畑成が生じ、実質的には減少傾向にある。このことは戦国末期にはすでに主要な水田の開発は完了していたこと、また近世期を通じてその水田の全ては維持できなかったことを示すものといえよう。

（五）畑地とその他の耕地

畑地とその他の耕地については、傾向を押さえるにとどめる。表８―３は、天正検と書上帳の畑とその他の耕地面積の比較をしたものである。天正検での地目は、畑が上中下畑、その他が上中下桑畑である。書上帳での地目は、畑が上中下畑、その他が下作畑・野畑・見取畑・切畑・林畑・芝地・芝畑・新畑・荒山成・野銭山・見付畑・山・山林・藪である。ただし桑畑がすべて書上帳のその他の耕地になったわけではなく、畑にもなったと考えられるが、抽出はできず、単純に比較はできない。表の並びは表８―１同様天正検の記載順に準じている。細かい地目別や等級の比較はせず、畑とその他にまとめた。

田と比較して、書上帳のみにみえる耕地名が多い。天正検では、記載順から谷地川の南と判断される耕地（表８―３―38以降、以下（　）の数字は同表）で比定字が不明な傾向が高い。村の北西にある字宮下・上郷・中坂では、書上帳と比較すると、場違戸を除き目立って拡大する場所はなく、天正検以前に、すでに開発し尽くされていたと思われる。

天正検で上畑が多いのは、「宮下」（１）やかいと地名の畑など、村の北西にある耕地である。村の東や谷地川の南に比定できる畑は、中下畑以下の割合が増える。このことも村の北西部が早くから開けていたことを示すものと考えられる。なお桑畑は、屋敷地に近い所に作られる傾向があり（1・3～5・10・11・15・17～19・22～25・57）、「原」（39）などの例外はあるが、屋敷地から離れた場所には少なく、比較的耕地面積も狭い（38・40・45・56）。

畑が増加するのは、川の南側の丘陵や台地上である。たとえば字西野の丘陵の上は、書上帳で「中道」（67）や「郷左衛門谷ツ」（66）、字天野の丘陵上は「丸おね」（65）といった、天正検ではみられない耕地になる。郷左衛門は天正検の名請人にみえ、開発者の名前を冠したものと思われる。また村の南側の字大原・中原・頭無・谷ツ向・高倉野に比定される耕地名も、天正検にはみえず、その後に開発が進んだ場所といえる。なかでも高倉野は享保期の新田開発の一環として、開発が行われた場所である（第七章井上論文参照）。

このように屋敷地の周囲の畑は近世以前に主要な開発は終了し、近世期に谷地川の南側の台地や丘陵上で開発が進み畑となり、石高の増加に結びついている。逆に山については、畑の増加分の面積を減らしたことになるが、天正検に記載がないため比較はできない。切地図からは屋敷地の裏山のほか、田地の周りを取り囲んでいる様子がみえ、薪炭林であると同時に、水源涵養林という意味をもって積極的に残されていたことが窺える。

五　おわりに

以上、石川村の近世期の領主と石高の変遷について明らかにし、ついで天正検地帳と明治期の土地台帳、村絵図などを比較することにより、村内の耕地景観、とくに水田を中心とする景観を復元し、その形成過程について検討した。

その結果、石川村の耕地景観の形成には、中近世を通じていくつかの段階があったことがわかる。それは単なる村人の生活の営みの結果というばかりではなく、その背景に小田原北条氏や旗本領主など、その時々の村が所属する政治権力が、大きな影響を与えてきたことが窺われる。

村域は、まず大谷沢の開発に始まったことから、後に船木田庄大谷村の一部になったと考えられる。宇津木村の内という可能性もあるが、「元禄郷帳」では大谷村の枝郷とされ、また相給の領主が一致することは、大谷村との一体性を物語るものと思われる。初期の年貢割付で「大谷石川村」と書かれるのもそれを補強する。集落は、安定的な北の加住北丘陵・日野台地際の西部と東部に形成され、のちに七名字七氏子と呼ばれる人々が屋敷を構えて谷戸を開発した（第九章谷澤論文参照）。とくに西部にかいと地名が集中することや、耕地名には、この西部地区からみた位置関係で、上下あるいは東西南北などが付されるものが多いことなどから、もともとの村の中心は西部であったと想定される。

そうした状況の下で、北条の家臣である石川家が入村し、新たな水田を開発することにより、村内に新たな中心が生まれた。また次第に大谷村から独立する条件が整い、北条氏により石川氏の名前を冠した「石川之郷」が把握されたと思われる。徳川氏も、こうした集落と耕地のまとまりを、天正検地で一つの郷と認定し、後に村としたものと思われる。

その後は、水田については大谷沢下流の耕地拡大と「新田」の開発が行われたが、旧来の水田は畑成も多く、結果として耕地面積の維持にとどまった。その反面畑地の拡大に力が注がれ、丘陵部は開発が進み、荻原分では畑の面積は二倍以上となっている。これらの開発には、六反田用水のつけかえや、荻原氏の用水整備を傍証として、背景には領主の増石への意向も働いていると思われる。それに伴い石高も、荻原分では一・八倍、窪田分では二・七倍ほどの増加となった。また新田開発を求める幕府の意向を受けた高倉新田も、地形的な制約により畑の開発に限られた。

このように石川村の近世期の景観は、戦国期までの段階的な水田の開発と、宅地及び水田の周囲の畑の開発があったうえに、加住南丘陵・日野台地への畑の拡大を重ねて形作られていったと考えられる。

（1）聞き取りについては、石川羊一氏と正子氏ご夫妻と、八王子ふれあい石川史跡巡りの会の立川秋雄氏と佐藤富夫氏による。
（2）梶原勝の調査による。なお縣敏夫氏の調査では至徳二年（一三八五）となっている［縣二〇〇五］。
（3）前掲注（1）に同じ。

第九章　近世における丘陵部の村落景観と親族・生活相互扶助組織

谷澤美香

一　はじめに

この章では他の章と異なり、村落景観そのものだけではなく、その内部の生活組織に焦点をあて、前章でみた石川村の事例を中心に考えてみたい。近世村落のなかにはさまざまな繋がりを持つ諸集団が存在し、複雑に重層性をなしていたと考えられる。そのなかでも全ての村人が関係する小地域集団が存在していた。これには、おおまかに次の二つの組があったと考えられる。一つは、領主支配の単位である村落内部の年貢徴収を中心とした行政的な組である。もう一つは、冠婚葬祭や道普請など生活に根ざした地縁による生活相互扶助組織の組である。

そこで本章では、時代を超えて連綿と続く生活相互扶助組織の組に着目し、個々の家や人を中心にしながら、その性質と機能や組織の変遷を明らかにしたい。また石川村には七名字七氏子の伝承や石川七名之覚に記された親族組織が存在し、明治初年の耕地所有分布からも親族組織としてのまとまりが認められる。そこで生活相互扶助組織の組の原型となる組織を、石川村の成立と親族関係から考察を加えたい。

なおこの生活相互扶助組織については、日常性を有した組織であり、習俗として受け継がれる場合が多い。そのため文献史料を主にしながらも、民俗学的な聞き取り調査で得られた結果で補足する。本題に入る前に、近世石川村の概要について記すことにする。詳細については第八章の酒井論文を参照されたい。

まず、村落のなかで集落がどのように形成されているかを把握するため、石川村の全体像をみておこう。現在とは明らかに異なる景観として、図9―1（図8―1に同じ：二九八頁参照）から、戸吹村（現在八王子市戸吹町）の谷地谷戸を源流とするという谷地川が、集落のほぼ中央を蛇行しながら東流していたことが分かる。

そして谷地川以北の小高い丘陵部には、鎮守である御嶽権現のほか、七名字七氏子の伝承のある神明社、八幡社、天神社や山王社が祀られる。また丘陵縁辺部の台地部には、真言宗宇津木村（現在八王子市宇津木町）龍光寺末西蓮寺と、集落のうちの多くの家々が東西に細長く密集しており、谷地川以南に耕地を広く展開させた東西に細長い村落であった。明治八年（一八七五）の田畑其外反別取調野帳（源原家文書一八三―一八九）によると、耕地面積のうち約九五パーセントが畑地である。丘陵部や台地部そして段丘崖からの湧水や河川という地形を上手く活用していることが分かる。

次に耕地の開発が家数の増加に影響すると考えられるため、石高の変遷を押さえておく。酒井論文の表8―1（三〇三頁）によれば、近世初期の『武蔵田園簿』では、石川村の石高は五三〇石余であり、田方は一六三石余、畑方三六六石余で、見積収量の比率は、三対七である。近世後期の天保三年（一八三二）には、領主旗本荻原分と旗本窪田分で収量が増大し、村高も八七六石余となり、明治初期の『旧高旧領取調帳』では村高八六八石余となる。享保一九年（一七三四）の高倉新田の開発で高入れとなった五給持添三九石余も含め、三〇〇石以上も石高が増加している。なお高倉野の新田開発については第七章の井上論文を、石川村の耕地開発については第八章の酒井論文を参照されたい。

石川村は近世期を通して幕府領と旗本領の相給であったため、全て家ごとに領主は異なっており、隣家であっても必ずしも同じ領主の支配を受けていない。後述する行政支配のための組と、民俗学で村組といわれる生活相互扶助組織としての組の性質を明確にするために、ここで領主支配の実態を把握しておくことにする。前章の酒井論文の表8―1に示されるように、近世初期の様子を記した『武蔵田園簿』では七給であるが、幕末の様子を伝える『旧高旧領取調帳』では五給支配となる。そのうちの同じ旗本による相給支配は、源原家に残された村明細帳などの史料から、寛保三年（一七四三）までさかのぼることができる。

そこで近世初頭から名主を勤めた石川家が仕えた領主の変遷を把握しておくことにする。天正一九年（一五九一）の御水帳写（1）（石川家文書EⅠ―一）や宝永四年（一七〇七）八月作成の石川村名寄帳（石川家文書EⅠ―二）により、『武蔵田園簿』に記されている旗本荻原伝左衛門が近世初期の領主であり、その後荻原監物上知分が加わったことが分かる。延宝四年（一六七六）の人別帳（石川家文書D―一）には、近山五左衛門様御代官所と記され、この頃には幕府領となっていたことが分かる。

また右に記した宝永四年の石川村名寄帳（石川家文書EⅠ―二）は御代官所から当御地頭所へ差出されたものであり、代官支配から旗本支配に変わったことが分かる。第八章で酒井が指摘するように、この時期に旗本蒔田氏が領主となったと考えられ、石川家はこの後から明治維新まで蒔田氏のもとで名主役を勤めた。

石川村の家数の変遷は、集落の変化や耕地開発などの村落の変化を反映すると考えられる。後述の生活相互扶助組織である「組・講中」に影響するため、ここで石川村に存在した家数の変化を考察する。まず、石川村全体をみてみよう。相給石川村の村況の変遷を示した表9―1を参照されたい。近世後期の寛政一一年（一七九九）一一月作成の品々書上帳控（源原家文書冊五二）によれば、家数は一二一軒であった。幕末期の慶応四年（一八六八）九月作成の村差出明細帳下書（石川家文書CⅡ―七）でも家数は同数で、文政一〇年（一八二七）に家数および人数が少し増加しているが大差はない。さらに蒔田知行所分の家数を、石川家文書の宗門人別帳から追ってみよう。

表９—１　石川村村高内訳・家数・人数・馬数変遷表

領主	村高(石)				家数(軒)			
	寛延３年	寛政11年	文政10年	慶応４年	寛延３年	寛政11年	文政10年	慶応４年
代官	123.5453	123.5453	—	123.545	27	27	—	—
荻原(旗本)	190	193	—	351.93	—	36	—	—
蒔田(旗本)	98	84	—	121.1395(うち大谷村分 26.479)	20(大谷村分を除く)	20	—	—
窪田(旗本)	98	98	—	261.726	—	33	—	—
中川(旗本)	13	13	—	13	—	5	—	—
小計	522.5453	519.0453	484	871.3405		121	125	121
(代官)享保19年高倉新田分	—	39.643	39	39.643	—	0	—	—
計	522.5453	558.6883	523	910.9835	—	121	125	121
	人数(人)				馬数(疋)			
	寛延３年	寛政11年	文政10年	慶応4年	寛延３年	寛政11年	文政10年	慶応4年
代官	127	135	—	—	4	2	—	—
荻原(旗本)	—	165	—	—	—	3	—	—
蒔田(旗本)	93(大谷村分を除く)	55	—	—	—	1	—	—
窪田(旗本)	—	130	—	—	—	2	—	—
中川(旗本)	—	18	—	—	—	1	—	—
小計	—	503	560	—	—	9	—	—
計	—	503	560	—	—	9	—	—

＊村鑑帳（寛延３年４月、源原家文書冊41）、武州多摩郡大谷石川村宗門御改帳（寛延３年４月、石川家文書 D-3)、品々書上帳控（寛政11年11月、源原家文書冊52)、覚（文政10年９月、石川家文書ＣⅠ-4)、村差出明細帳下書（慶応４年９月、石川家文書ＣⅡ-７）より作成
＊寛政11年の村高の小計については、史料に記されたままの石高としたが、実際の計算値とは異なる

いずれも石川家文書の宗門人別帳によるが、明暦二年（一六五六）には本百姓と脇百姓を合わせて五軒であったが、延宝四年（一六七六）には四軒となる。その後元禄一二年（一六九九）には一三軒となり、四三年間に九軒の家が増えている。これは旗本の上知によって領地が統合されたことも一因である。

また享保の新田開発の影響もあったものと思われ、元禄一二年以降寛延三年（一七五〇）までの間に、七軒増えて二〇軒となる。その後若干の変動はあるが、明治二年までほぼ二〇軒で推移した。近世中期には、すでに石川村の集落の家数が安定した状態になっており、組や講中の家数の変動を考慮する必要はなく、明治初年の村落景観に近い景観の様相が、近世中期にすでに

形成されていたとみて間違いはない。

行政的な組の村役人は、生活相互扶助組織の組の構成員でもあり、村落における村役人としての地位が、生活相互扶助組織の組に影響を及ぼす場合もある。そのため相給ごとの村役人数を把握すると、近世後期の文政一〇年（一八二七）九月の差上申一札之事（石川家文書ＣＩ―三）によれば、石川村には五給の名主五人とほか一〇人の村役人がいた。

蒔田知行所分では、石川家の文書目録や宗門人別帳等によると、安永七年（一七七八）から文化五年（一八〇八）までは組頭が三人から四人であり、文政五年（一八二二）以降は二人である。百姓代は一人である。多い時期で、天明六年（一七八六）四月作成の宗門人別御改帳（石川家文書Ｄ―八）からは、五人の組頭と百姓代が名主石川家を補佐していたことが分かる。

表9―2　石川村旗本蒔田留十郎元知行所の村人の持高表

持　高	村役人	他の百姓
10石以上	1人(名主)	1人
5～9石	0人	2人
1～4石	2人(組頭・百姓代)	14人
1石未満	0人	0人

＊宗門人別御改帳（明治2年3月、石川家文書D−30）より作成

いっぽう幕府領分では、宗門人別帳などの史料には名主の外は年寄あるいは組頭、百姓代が各々一人ずつの場合が多く、平均して一人から三人であった。これが組や講中とどのように関係するかは具体的に後述する。

次に村役人と村人の持高による、生活相互扶助組織への経済的な影響力を考えることにする。まず蒔田知行所について、明治二年（一八六九）の持高を比較すると表9―2のようになり、石川家が一二石余で最も多いが、外の村役人と村人との間に大きな差はない。近世初頭からの名主家である石川家は、村人の間では別格な存在として意識されていたが、外の村人同士については経済的平等性を強くしたと思われる。

一方幕府領については、文政五年と幕末期の状況を示す持高の比較を表9―

表9—3　石川村幕府領江川太郎左衛門支配所の村人の持高表

	文政5年		慶応年間か明治初年	
持　高	村役人	他の百姓	村役人	他の百姓
10石以上	0人	0人	1人(名主)	0人
5～9石	2人(名主・百姓代)	9人	1人(組頭)	7人
1～4石	1人(年寄)	18人	1人(年寄)	17人
1石未満	0人	3人	0人	1人

＊宗門人別御改帳下書（文政5年2月、源原家文書冊116）、宗門人別改帳（慶応年間か明治初年、源原家文書冊126）より作成

3[2]に示したが、前者の宗門人別御改帳下書（源原家文書冊一一六）では、名主家である源原家の持高は外の村人と差はない。しかし後者の慶応年間か明治初年のものと思われる宗門人別改帳（源原家文書冊一二六）では、源原家の持高が一一石と最も多くなり、蒔田知行所の場合と同様の傾向を示している。

二　石川村の親族組織と近世石川村の成立

（一）石川村の旧家と石川村

明治五年（一八七二）一〇月に作成された田畑其外直段書上帳（源原家文書冊一七八～一八一）から、幕末期の石川村の名主が分かる。幕府領は源原家、旗本領の荻原知行所は守屋家、中川知行所は立川家、窪田知行所は和田家、蒔田知行所は石川家である。そのうち石川家と守屋家は天正検地帳を有する家柄である。

石川家・守屋家と石川村　まず石川家については、天正検地の案内役である「市右衛門」が、石川家の諡名石川伊予で慶長八年（一六〇三）没と墓誌に記されており、現在知りうる石川家の初代ということになる。目録や残存する史料から、近世期を通して世襲名主を勤めた家柄であると考えられる。

石川家はいつから当地へ居住するようになったのだろうか。分家三軒とともに石川村のなかでは唯一阿伎留神社（現在あきる野市）を氏神とし、阿伎留神社の神主が暮に石川家に滞在し幣束を切ってくれたという同家の伝承がある。明

治六年（一八七三）に新暦で記された日記覚（石川家文書Ｗ―四）の一月四日の記述には、五日市神主と分家三軒のことが記されている。これは「オカマジメ」といわれる年中行事で、新しい年への神の加護を祈るものである。(3)

釜締め氏子に幣束を切りに行った時の記録である阿伎留神社所有の釜締め帳（阿伎留神社文書）によると、初日の一二月六日とその翌日に、小宮村では石川家ほか数軒と粟之須村や北多摩郡築地村（現在の昭島市）に出向いている。初日の家は、右の三ヶ村約一七軒であるが、そのうちの約一二軒が石川姓である。(4)

このお釜締めは遠い場所から始め、最後は阿伎留神社周辺の地元の氏子で終わるという。(5)北条氏照の家臣の可能性を有すると考えられている『新編武蔵国風土記稿』によれば、この石川家は鎌倉公方足利基氏の伯母（母カ）に供奉して山田村に居住することになり、子孫は小宮上野介顕宗に仕えたと伝える家柄である。阿伎留神社と石川姓との間には、石川村を越えた繋がりがあったことを示唆するものと思われる。

阿伎留神社については、「皇国地誌・西多摩郡村誌」［下山二〇〇六］山田村（現在あきる野市）の旧家石川家も含まれている。『青梅市史史料集』第二五号所収）に「永享年間關東擾亂ニ遭遇シ位田封地モソノ境界ヲ失シ、多ク他ノ所有トナル。ノチ延徳年間ノ祝主在竹兵衛尉土師貞道、北條新九郎氏茂入道早雲ニ仕ヘ功アリ。茲ニ於テ古ニ如ズト雖漸舊復スルコトヲ得タリ。天文十一年三月十日、北條左京太夫氏康、古ヲ尋テ千五百貫文ノ地ヲ獻ジ四至封境ノ證書ヲ寄ス」と記されている。また神官阿留多伎氏については、元は在竹と書いたといい、貞通から父子三代が北条氏に仕え祠官と武士をかねていたと記されている。小田原北条家と阿伎留神社、そして神主阿留多伎氏との深い関係を読みとることができる。この在竹兵衛尉土師貞道は、『北条五代記』に記されている北条早雲とともに関東に下った朋友六名のうちの一名に当たるとされているが、これらの記述については慎重な検討を要しよう。しかし小田原北条氏と阿伎留神社には何らかの関係があったのではないだろうか(6)。

また石川の村域には二つの主要な道が通っており、所沢方面から多摩川を越えて八王子に向かう八王子道と、国府から甲府に向かう滝山道（古甲州道）がある。いずれも石川の地は通過点であるが、石川家の所在地はまさにその二つの道が通過する交通の要衝に位置している。小田原北条氏の関東進出後、北条氏照が滝山城主となった一六世紀に、その支配を磐石なものとするため、家臣であった石川家をこの地に移り住まわせたものと思われる。

そして石川家は小田原北条氏の庇護をうけながら、耕地の開発を行うなど所有地を拡大し、地侍として北条氏に仕えたと考えられる。石川家が阿伎留神社の釜締め氏子であり続けたのは、かつての小田原北条氏との関係を示す名残ではないだろうか。そして小田原北条氏滅亡後は、この地の有力農民として帰農し、名主として江戸幕府の支配機構のなかに組み込まれたと考えられる。

また天保九年（一八三八）の石川七之名覚（石川家文書 y—八）には、守屋家について、「守屋久右衛門、先祖者甲州武士之落人与申事御座候」と記されている。幕末期に名主を勤めていた守屋家は、この久右衛門家ではないが、かつては一族であったと思われる。守屋家が武田の家臣であったという地域に残る話からも、天正一〇年（一五八二）に武田氏が滅亡した後に一族がこの地に土着帰農し、耕地の集積を行ったと考えられる。石川家に少し遅れはしたが、守屋家も中世末期に、この地域で有力な農民となり、名主を勤めることになったのであろう。

七名字七氏子伝承と石川七之名覚にみる石川村の親族組織

さて現在の石川町には、七名字七氏子の伝承が残っている。この伝承について、八王子市立第八小学校校舎落成開校九〇周年記念誌「郷土のはなし」は、「享和五年に石川村が台風で全部潰れてしまったあたりから、七つの姓に各々一つずつの氏神様を祀った」としている。そして串田姓はクマタマ神社、池田姓はアタゴさま、澤田姓は神明さま、内田姓は八幡さま、立川姓は天神さま、金子姓は第六天、和田姓は山王さまであるという。また『とんとむかし』では、七氏族が村を起し、各々の氏神を祀っていたという昔話として紹介されている。

これら七名字七氏子の伝承は、中世の草切り的な存在を示すものと思われる。すべての家々が同時期から居住したわけではないだろうが、いずれの家々も丘陵縁辺部を中心とした谷地川以北に位置している。一族の祀る社については、天正検地帳には、「十郎前八幡領」や「十郎前天神免」の字名が確認でき、天正一九年（一五九一）以前から八幡社と天神社が存在していたことが分かる。神明社も、寛保三年（一七四三）八月の村差出明細帳（源原家文書冊三六）に、社地は御年貢地で、二人の百姓持ちであったことが記されており、明らかに前者の享和五年（一八〇五）という伝承よりも古い。

一方、石川七之名覚（石川家文書y―八）では、石川村の七名字と他の名字（斎藤姓・守屋姓・池田姓・神崎姓・宇津木姓・田中姓・中嶋姓・井上姓・金子姓・土方姓・渡辺姓）を含む一八の名字一一六軒とほか不明二軒が、石川家により書き上げられている。ここでは七名字を石川姓・立川姓・澤田姓・串田姓・内田姓・和田姓・横溝姓としており、この家々を石川村の元祖として古くから伝えていると記している。天保年間における石川家での認識では、この七名字を村の草切りとしているのである。

この史料に記された家々のうち、五姓は共通であるが二姓が異なる。前者の伝承と大きく異なるのは、中世末期から居住し、近世石川村の成立に深く関係すると考えられる石川姓と、谷地川以南の横溝姓が記されていることである。

石川の地は、中世から有力農民的存在が段階的に居住し、開発が重ねられた地域と考えられる。居住地については、七名字七氏子と伝えられる澤田家と、石川町で一番古い板碑を有する神明社がある宮下を中心にし、耕地は天竺田という安定した水田のある上郷を中心に開発が進められ、村域に拡大されていったのではないだろうか。そして大谷沢等の水田を除く谷地川以南の耕地開発や小集落の形成は、谷地川以北よりも遅れたと思われる。すなわち横溝姓が谷地川以南の小集落の草切り的な存在であったのではないだろうか。この史料は近世石川村の集落の成立にかかわる家々を伝えるものと思われる。

親族組織と耕地の分布　相給である石川村において、幕末期の領主ごとの農民の構成員は、いずれも同姓でかつ近い地域に居住する者が比較的まとまっている。幕末期の状況を示すと思われる明治八年（一八七五）の田畑其外反別取調野帳（源原家文書冊一八三〜一八九）をもとに、耕地の分布をみてみよう。耕地についても同様の傾向がみられ、同姓の農民が比較的同じ地域に集中した土地を所有している。明治初年の土地台帳であるため多少の土地の所有権の移動はあったと思われるが、これらの傾向からは、石川村が親族組織を強く残す地域であり、集落の家数が安定する近世中期ごろまでに、分家や土地の譲渡がされたものと考えられる。

例えば石川村でも、天正検地帳に上田として記され、中世にはすでに開発されていたと考えられる大谷沢には、串田・立川・守屋・澤田・内田・池田・斉藤・神崎・横溝の姓が多くみられ、天竺田には串田・立川・守屋の姓、そして六反田は池田・石川・内田・金子・立川の姓、向田は金子・串田・澤田・土方姓が多い。山下は、石川・立川・内田姓である。第八章の酒井が指摘するように、居住地による区分が認められ、上郷や中坂に居住する人々は比較的その周辺に耕地を有し、田島や日向に居住する人々は上郷には土地を所有しておらず、耕地の所有状況は段階的に行われた開発の状況を示していると考えられる。

(二) 近世石川村の成立

石川村の存在を示す初見は、天正一九年（一五九一）四月の武州多西之郡石川之郷御縄打水帳（守屋家文書一〜三）、いわゆる天正検地帳である。このことは石川村が、天正一九年以前に行政的な村落として捉えられるほどの集落となりえていたことを意味する。そのほか残存する資料のうちで、「石川村」と明記されたものは、寛永一三年（一六三六）一一月の石川村子之御成ヶ可納割付之事（石川家文書FⅠa—一）である。

さてこの村が、石川という村名になったのはなぜであろうか。近世石川村が成立する前のこの村域の様子を、断片的な資料から概観しつつ考察を試みたい。

考古学の発掘調査の結果については、詳しくは第四章の梶原論文を参照されたいが、一二世紀後半から一五世紀前半の遺物や遺構が出土している。また縣敏夫氏の調査結果からは、現在の石川町に残り、造立年代が明らかな板碑は一三世紀から一四世紀に造られたものであり、年代が不明なものも含めると、ほぼ谷地川北側の集落の丘陵に近い台地部に、東西にわたる形で点在していることが分かる［縣二〇〇五］。

このうち一番古いものが正応二年（一二八九）、その外一〇点の板碑が、宇津木郷内青木村を史料的に確認できる一四世紀に存在している。こうした板碑を造立した有力農民的存在の家々が、おそらく一三世紀末期頃から村内に散在していたと考えられる。この板碑の所有者には、七名字七氏子のうち丘陵縁辺部に居住する三名字の家、あるいはその一族が含まれており、当地域においては山寄りの家々が古い、という地域の伝承を裏づけていると思われる。

その後この地域は滝山城主大石氏の支配を経て、一六世紀後半には北条氏照の支配下に入る。それまで居住していた有力農民的存在の家々の勢力を凌ぎ、小田原北条氏の庇護のもとで石川家が勢力を得て、村の成立に尽力したと考えられることは先に述べた。

そして武田氏や小田原北条氏の家臣が主君の滅亡後に土着帰農するということが、多摩地域ではよく見受けられるが、この石川の地も例外ではなかったはずである。守屋家は武田家の家臣であったと伝えられている。天正一〇年（一五八二）の武田氏滅亡に続き、天正一八年（一五九〇）の小田原北条氏滅亡により土着・帰農した者もいたであろう。

このような動きのあるなか、天正一九年の天正検地帳には、五六名の名前が見受けられ、「大谷沢」・「天竺田」・「六反田」・「山下」・「向田」などの水田が、上田として名請されている。領主の変遷にともない新たな開発主体者が段階的に加わりながら、積極的な開発が行われ、中世末期には近世集落の原型が形成されたものと考えられる。

そして中世末期以降に、この地の中心的な存在として勢力を持つようになった石川家の名字が、村名につけられたと考えられる。

三　近世石川村の生活相互扶助組織と村落景観

(一) 現代の石川町に受け継がれる生活相互扶助組織

現在、石川町には、地縁による相互扶助組織が存在する。町会の組織と異なる「組」あるいは「講中」と呼ばれる小地域集団である。これは、民俗学で古くから捉えられてきた「ムラ」にあたる［福田一九八二］。聞き取り調査(7)によると、石川町では、家数の増加とともにかつての組は細分化されているというが、旧態を残す講中を基本に捉えると、北方(北)・南方(南)・中坂・宮田・向方(向)・田島・日向がその名称である。また上方・下方という呼称もあるというが、区分は不分明である。これらの区分については、図9―2のとおりである(8)。石川町では、同じ組織を組・講中のいずれかの呼び方をするため、先記の組の呼称にはカッコを付した。

これらは昔からの組織であり、特に講中についてはこの地域に生まれ育った人でないと入れないという。そしてこの講中は、二から三のさらに小さく分けられた組合から成り、其々の組は八軒から一〇軒くらいである。今でも、葬式の手伝いや講を行っている。かつて講中には葬式や婚礼やお日待ち等の時に、共同で使う膳や椀等の

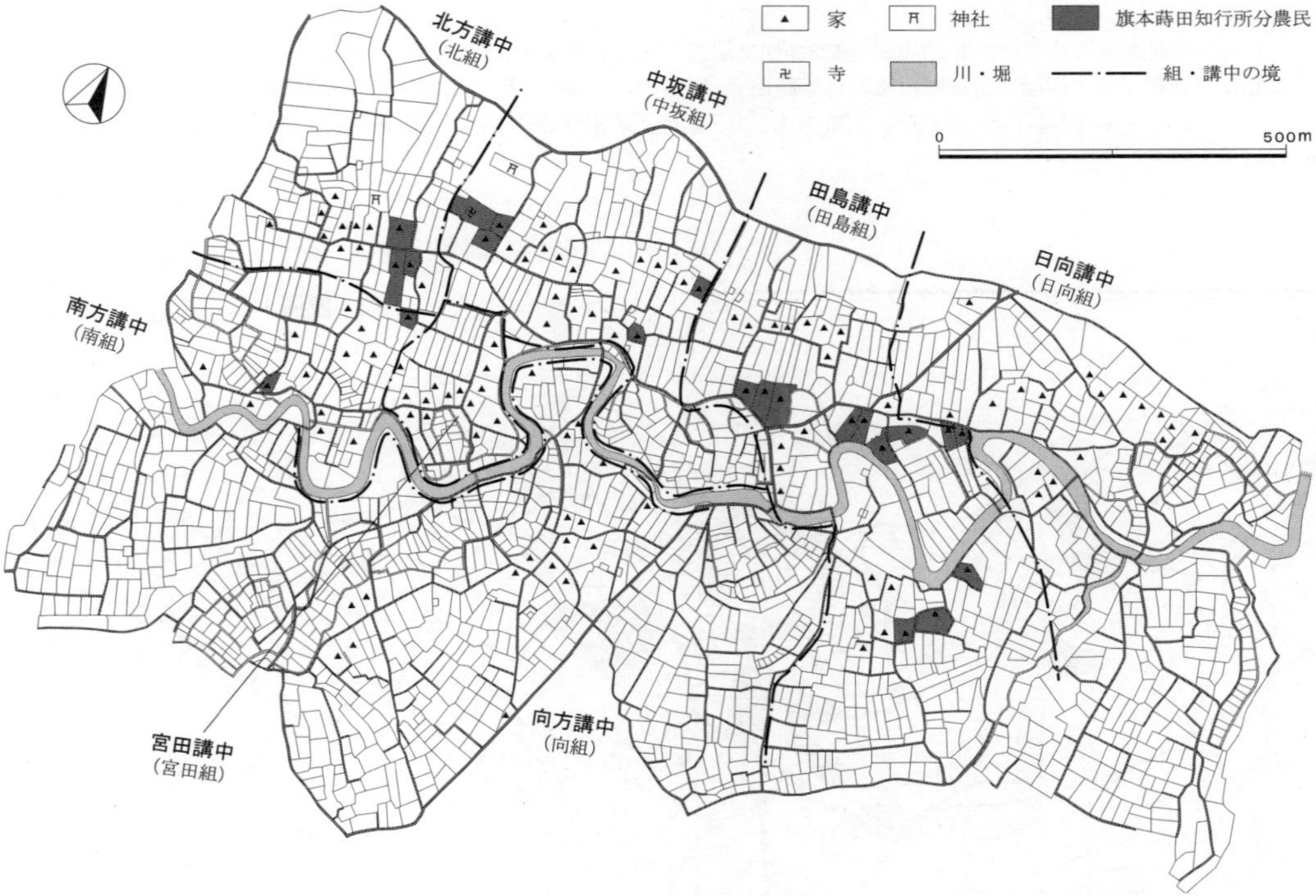

© Mika YAZAWA

図9—2　現代に受け継がれる講中（組）の区分と近世期旗本蒔田知行所分農民分布図

＊田畑其外反別取調野帳（明治８年、源原家文書冊183～189）、田畑其外直段書上帳（明治５年10月、源原家文書178～180）、宗門人別御改帳（明治２年３月、石川家文書D-30）、石川村切地図（明治初年、石川家文書O-４～23）により作成

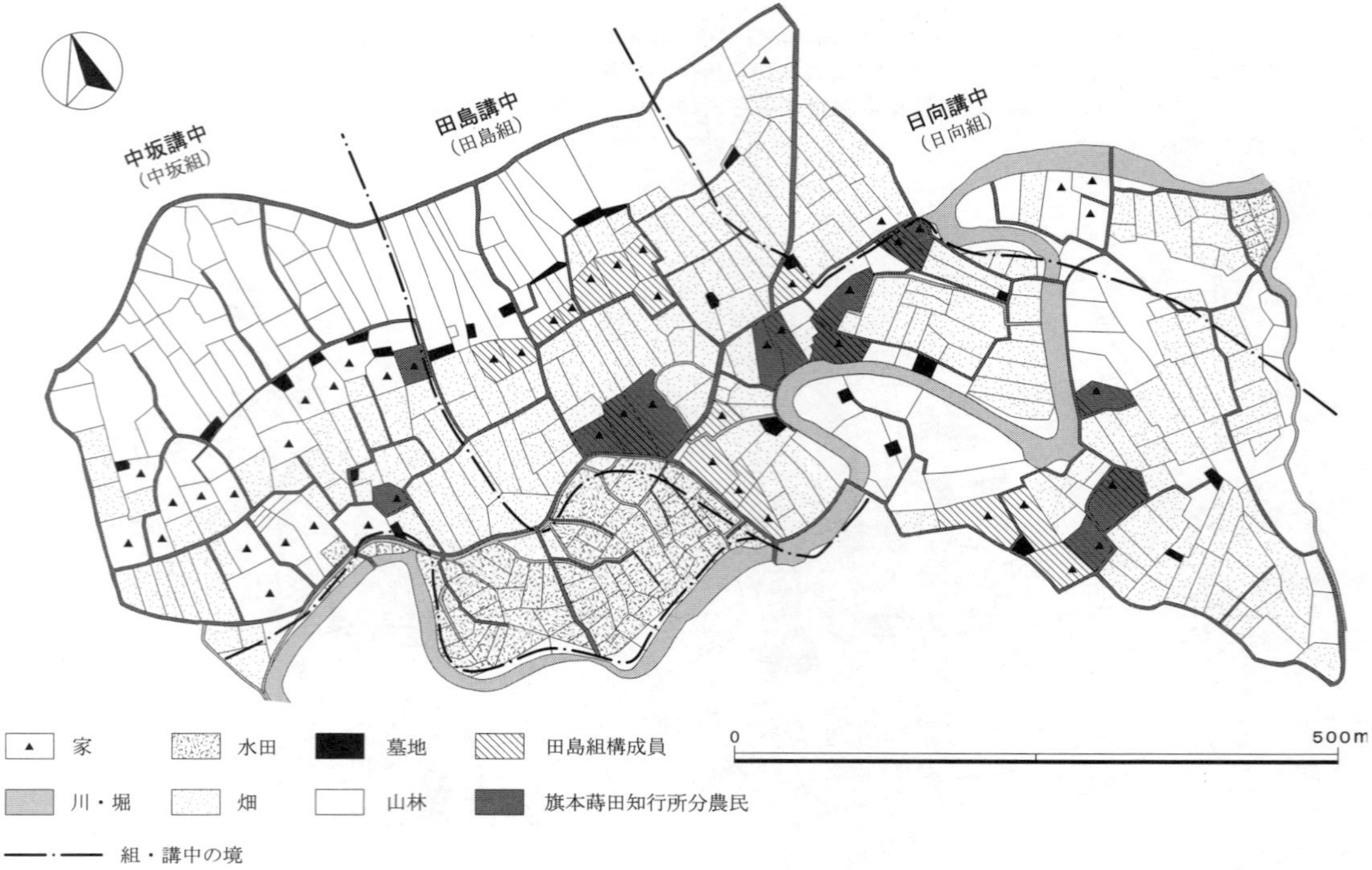

図9—3　行政的な組と田島組の構成員比較図（字中坂・字田島・字上野原分）

＊講中積立ニ付雑穀其外苅集帳（明治５年10月、石川家文書講寮−８）、田畑其外反別取調野帳（明治８年、源原家文書冊186、187）、田畑其外直段書上帳（明治５年10月、源原家文書冊179）、宗門人別御改帳（明治２年３月、石川家文書 D−30）石川村切地図（明治初年、石川家文書Ｏ−12、18、24）により作成

用具をしまっておく椀倉があったという。

石川町の講中は、青梅市の御嶽神社の御嶽講のためのものであったというが、道普請や冠婚葬祭の付き合いや、御嶽講以外の講も行う生活相互扶助組織として、小地域集団という役割を果たしてきた。例えば、講中の人が亡くなると、講中をさらに細分化した組合の人が椀倉から椀や必要な道具を調達した。タツノクチなど葬礼で使用する道具も作り、土葬であった時にはロクドウ番という穴を掘る役を四人で行った。講中は野辺の送りをした。そして子供が生まれた時には、七つのお祝いまで付き合いをした。また中坂講中では、不動講等のヤドを構成員が回り持ちで行ったという。

（二）村落の中の行政的な組

近世村落は、村切りによって行政支配の一環として形成されたものである。そのため村落の中で村人が生活していくためには、おおよそ二つの組に属していた。一つは行政的な組であり、もう一つは日常生活を維持するための組である。いずれも村人であれば、かならず全員が所属する必要のある組である。

このうち行政的な組は、領主が村を支配するための組織であり年貢徴収の単位であって、そのなかにある五人組は連帯責任をも負う役割を担っていた。領主にとっては、近世の村落そのものが年貢を賦課する単位であるため、改めて組という名称を使う必要はないであろう。しかし相給の村や一人の領主が一村の中に複数の領地を有する場合は、領地ごとの名主の名前に組をつけて行政単位を示すことがある。石川村では元右衛門組という名主の名前をつけた組名が記されている史料もある（御伝馬勤方其外村入用帳、石川家文書M―一二）。

この行政的な組については、農民同士の団結や領主への癒着を防ぐために、地縁を持つ家と家を故意的に組ませないように編成されているとする説もある。しかし石川村の分給に際しては、百姓の上中下を均等にして分けることや請取の郷が不足した場合には、相談をし上中下田畑を組み合わせて百姓をも分けるようにされていたことがこれまでの研究で分かっており［小野ほか一九九〇］、領主の村支配が成り立つように編成されていた。

この農民の組ませ方について、幕末期の蒔田知行所分の農民の分布を図9―2に、またその一部を図9―3に示してみた。なおこの二図については、行政的な組だけではなく後述の生活相互扶助組織の組との関係を明確にするために、明治八年（一八七五）の田畑其外反別取調野帳（源原家文書冊一八四〜一八九）に記載されている家々を、明治五年の田畑其外直段書上帳（源原家文書冊一七八〜一八〇）・明治二年の宗門人別御改帳（石川家文書D―三〇）を参考にしながら明治初年の石川村切地図（石川家文書O―四〜二四）に落とし、明治初年の石川村集落の居住者と蒔田知行所分の農民の居住場所を確定し復元したものであり、蒔田知行所分の農民が集落の全体に分散していることが分かる。

そしてこの行政的な組のなかには、さらに五人組という組織が存在していた。ここで記す五人組は、明治七年（一八七四）に設置された隣家を単位とする新五人組制［唐沢一九八三］によるものや戦時中の隣組とは異なり、租税収納の保証として、また犯罪等の村の治安を目的として、領主ごとに五人前後の家で構成される組織であった。史料の残存状況により五人組の組ませ方を明らかにすることはできないが、行政的な組同様に分散して組ませていたと考えられる。

これに関しては、石川村のものではないが、寛文一〇年（一六七〇）の五人組帳（あきる野市、村野家文書五―一）には、仲の良い者と悪い者とを組ませるようにと記されている。また石川村の宝暦三年（一七五三）差出申五人組帳（石川家文書D―四）には、すべての百姓は大小に限らず五人組を作り、五人組のなかで御法度に背いた者や悪事をはたらく者がいた場合には、五人組のなかから申し出ること、背いた場合には当の五人組と名主を処罰すると記されている。五人組が相互観察と連帯責任の役割を担うものであったことが分かる。

このように行政的な組は、幕府の最末端機構であるため、相互扶助そのもののために組織されたものではなかったのである。

(三) 村落の中の生活相互扶助組織の組

石川村は相給村であるため、家々が分散している行政的な組には、相互扶助的な要素を求めることはできない。そのため地縁による生活相互扶助組織の組は、日常生活を円滑に行うために非常に重要なものであり、地域により多少異なるが、一般的には屋根普請・講・道橋普請・冠婚葬祭・火事・祭礼の付き合いなどの機能を有していた。石川村では、現代にも受け継がれている「組や講中」がこれに当たり、具体的には前述した「田島組・田島講中」である。また天保一三年(一八四二)の久保倉勧化取立帳(石川家文書NI—九)には村組とも記されている。

さてこの組や講中は、史料にどのように現れるのであろうか。石川家文書のなかに数点の史料をみつけることができた。石造物や聞き取り調査などを補助的な資料として考察を加えることにする。

まず組や講中の名称について、史料的にどのくらいさかのぼれるかを確認してみる。組については、文化一四年(一八一七)の祭礼諸道具改帳(石川家文書NI—一)に記された「上・田島・日向」が一番古いものになる。そして明治三九年(一九〇六)の鎮守祭礼諸費控帳(石川家文書NI—三四)には、「上ノ組・宮田組・中内出組・向組・田島組・日向組」の六組が確認できる。一方講中の名称については、嘉永四年(一八五一)の市海道ノ地蔵尊普請諸入用帳(石川家文書CI—二)に「田嶋講中」、天保一二年(一八四一)の日向共同墓地にある庚申供養塔には「日向講中」と刻まれており、近世後期に二つの講中があったことが知られる。

こうして組と講中は、いずれも近世後期まで、その存在を確認することができる。しかし組数や名称については、明治期に六組しか確認できないことから、現在の「北・南」を「上ノ組」と呼称していた可能性が考えられる。先述の中内出組については、現在の中坂組のことを指すと思われる。この明治三九年の史料には、御嶽神社の氏子一一四戸のうち、上ノ組二一戸、宮田組一一戸、中内出組一八戸、向組一九戸、田島組二八戸、日向組一七戸と記されており、明治後期には一組が一〇戸から三〇戸で構成されていたことが分かる。

また村役人の組への所属については、居住場所により決まるため、複数の領主の村役人が一つの組に偏ることもある。幕末期の石川村の名主は、上ノ組に源原家と守屋家、中坂組（中内出組）に立川家、田島組に石川家、日向組に和田家、宮田組と向組にはいなかった。

そして石川村では生活相互扶助組織としての組にも、名主の名前で呼ぶ組がある。例えば田島組の場合は、天保一三年の久保倉勧化取立帳には「元右衛門村組」、安政五年の鹿島講連名組分ヶ帳（石川家文書NⅡ―四）には「元右衛門組」と記されている。いずれも行政的な組の構成員とは異なっており、田島組の境界のなかにある家々であるといって良いだろう。なお元右衛門は、石川家で名主を勤めていた人である。石川村では、生活相互扶助組織の組にも名主の名前を使用しており、名主がリーダー的な存在であった組もあることが窺える。

次に六つの組・講中のうち、田島組・田島講中に絞って考察する。前掲の図9―3は、図9―2の田島組の構成員の居住を示した図である。図9―2に明治五年（一八七二）一〇月の講中積立ニ付雑穀其外苅集帳（石川家文書講寮―八）に記された二七軒の講中の家々を落としてみる。すると図9―3で示した行政的な組の構成員の分散した状態を補うかのように、講中が地縁的な一つのまとまりをもつことが明らかになる。またこの史料の裏表紙には「田島組せわ人」と記され、講中の積立を組で行っており、石川村では「組」と「講中」が同じ社会的なまとまりを意味していたことが分かる。また明治初期から後期までの家数は約二八軒であったが、昭和五四年（一九七九）には四二軒に増えたことが、谷地川河川改修による石塔の移転時の記録から判明する。

（四）石川村の生活相互扶助組織の変遷

近世期の石川村には前述のとおり、史料的には近世後期まで確認できる。このような生活に則した相互扶助的な役割を果たす組織は、地域で人々が生きていく以上、必要不可欠なものである。そのため名称の存在が確認できる近世後期に、突如として現れたわけではない。先述のように、石川村の集落が近世中期において明治初年とほぼ同じ規模であることから、近世後期の組や講中の構成や形態も近世中期にまでさかのぼるものと思われる。

さて近世中期以前はどのようなものであったのか。石川家の属す領地の家数の変遷は、先述のとおりであるが、寛延三年（一七五〇）以前において家数に違いが認められる。しかしさらに五〇年さかのぼった元禄一二年（一六九九）では、寛延三年よりも七軒少ない一三軒であるため、この時点では組・講中の様子に大きな変化はなかったのではないだろうか。それより三四年さかのぼった明暦二年（一六五六）では、荻原監物分の領地が統合されていないこともあり、石高も家数も明治初年の約四分の一である。

天正検地帳に記載されているのは、農民五六名と分付百姓五名の計六一名で、彼らが石川村の農民を構成していることが、これまでの研究で分かっている［小野他一九九〇］。そして荻原甚之丞分として屋敷の記載があるのが二五名のうち六名である。明暦二年段階の幕府領には五軒の居住者がいたことも考慮し、七給ごとに五から七名の屋敷の記載がある農民がいたと仮定すると、近世初期で七給支配となった時には三五名から四九名の農民が居を構えていたことになる。また天正検地帳に記載された六一名全員が石川の地に居住していたとしても、近世中期の家数の約半分にすぎない。

集落の原型が形成された中世末期の石川村の家数は、近世に比してかなり少なかったはずであるが、何らかの形で生活相互扶助の基盤となりうる組織が存在していたと思われる。

（五）祭礼と生活相互扶助組織の組

村の鎮守の祭礼の挙行には、生活相互扶助組織の組が関係する場合が多い。ここでは御嶽神社の祭礼を通して組のあり方を考えたい。

まず御嶽神社はどのような神社であったのだろうか。『新編武蔵国風土記稿』には、「御朱印ノ内社地百五十坪當村ノ鎮守ナリ。社領七石ノ御朱印ヲ賜フ。社ハ山上ニアリ。大サ三尺四方。覆屋二間ニ二間半。南向。鎮座ノ年代詳ナラス。」と記されている。図9―1（図8―1に同じ：二九八頁参照）図9―5から分かるように、鎮座する社の向きは現在と同じであったと思われる。そして寛政一二年（一八〇〇）の御用向品々書上帳写（源原家文書冊四六）には、本社拝殿があり、縁起宝物などは一切なく、毎年九月二九日に別当西蓮寺により天下泰平郷中安全の祈禱奉拝と獅子舞を行っていた記述がある。

この史料に記されているように、御嶽神社の祭礼は本来九月二九日であったようであるが、現在は九月の第三土・日曜日で実施している。神社総代・町会役員・年番・保存会で執り行っており、年番の人は祭礼の時のみで、町会主催で行われている。年番の仕事は、幟などの虫干しなどの雑用をする役であり、虫干しが終了すると新旧役員が交代になるという。

さて近世期の石川村では祭礼をどのように行っていたのであろうか。史料9―1により、当時の様子をみてみよう。この史料は、文政八年（一八二五）六月に祭礼の年番であった三給村役人総代名主善兵衛の訴えである。

【史料9―1】源原家文書状四

（前略）右訴訟人三給村役人小前総代名主善兵衛奉申上候、当村之儀者a相手三組を上分私共三組を下分与相唱、諸事一躰ニ相交来候、然ル所去九月中鎮守祭礼ニ事寄当組江者無相談茂上分b若者共芝居相催候之趣ニ付、右様之儀者兼而厳敷御触茂有之候由、相止可然旨c当組村役人ゟ差留候処、芝居ニ而ハ無之子供踊而已之儀ニ付見遁呉可申、（中略）d然ル所鎮守之獅子頭其外祭礼諸道具之儀、当年者私年番ニ而相預罷在例年仕来ニ付当月十五日鎮守別当西蓮寺本堂江持参虫干仕、同日七ツ時取片付長持ニ入置候処、（中略）勿論e右品々持運候砌上分村役人共茂虫干為立会与罷越居候間、f前書始末相手方村役人江差留之儀申談候得共大勢申合候儀ニ候得者、村役人之手分茂及兼候旨申之等閑之挨拶仕、猶又今般出訴以前再応掛合候得共一向取□（虫損）不申候間無是非御訴訟奉申上候、何卒以　御慈悲g上組若者頭取致し候相手五人之者共被　召出、前書之始末御吟味之上持運候品々早速相返以来右躰理不尽之儀不仕候様被　仰付被下置□（虫損）偏ニ奉願上候以上（後略）

祭礼関係の史料が少ないため詳細は不明であるが、傍線aからは石川村の鎮守の祭礼であるため、一村六組を三組ずつ上分下分の二組に分けて交代で執り行っていることが分かる。そして傍線b・c・gに記されているように、その年に担当する組の若者頭取が中心となっており、村役人も深いかかわりを持っている。とくに傍線d・eのように、祭礼の諸道具を虫干しし片付ける時の年番と片付けの際の立会いは村役人であり、立ち会うのはその年に担当ではない側の村役人である。

そして傍線fからは、祭礼で問題が起これば、担当ではない組への申し入れは村役人が行っていたことが分かる。また文化一四年（一八一七）の祭礼諸典道具改帳（石川家文書NI―二）にも、祭礼後の道具を片付ける際には五給の村役人と若者が立ち会ったことが記されており、確認後には当番とほか二名の村役人が道具を封印している。なお出訴した下三組側の出入費用が記された文政八年（一八二五）に作成された、出入一件雑用改帳（石川家文書I―二）からは下分の三組は下三組と呼ばれていたことが分かる。

上分・下分はどのような構成であったのだろうか。明治二年（一八六九）の龍吐水勘定幷ニ寄附控帳（石川家文書NI―二六）にも下三組と記されており、先の史料と同じ組織と考えられる。この下三組とは、直右衛門組・元右衛門組・粂治郎組であり、いずれも名主の名前がつけられている。構成員を可能な範囲内で分析すると、地縁をもつ中坂組・田島組・日向組の可能性が高い。このことから上分は上ノ組・宮田組・向組、下分は中坂組（中内出組）・田島組・日向組であったと思われる。

（六）石川村の堂社と組・講中

生活相互扶助組織は、念仏講や百万遍などの信仰的な講を行う単位となることがしばしばある。現在でも田島講中や中坂講中では不動講を行っているという。かつてはさらに多くの信仰的な集まりが行われ、集落にある堂社は深い繋がりがあったと思われる。そのため石川村の堂社が記された図9―1（図8―1）、蒔田知行所分の屋敷や堂や耕地の字名が記された図9―4（石川家文書絵図〇―二七）と寺社や寮の位置を確認できる図9―5（石川家文書〇―二九）で、堂社の場所を確認しておくことにする。なおこれらの絵図は、いずれも年代不詳であるが、記されている内容からは幕末期の様相を知ることができる。

内閣文庫所蔵幕府献上浄書本『新編武蔵国風土記稿』には、石川村の寺院として、観音堂が二宇・弥勒堂・大日堂が記されている。一つの観音堂は、水田の間にあり二間に三間である。もう一つの観音堂は、川の南向かいにあり三間に五間である。弥勒堂は北の山際にあり四間四面である。大日堂は西の方にあり二間に五間である。一方大日本地誌大系本『新編武蔵風土記稿』には、これらの外に、地蔵堂は小名藤の木にあり二間に二間半であるという記述が加えられている。

これらの堂の記述と、図9―1（図8―1）の建物の絵、図9―5の寮の場所、図9―4における堂の記述や字名を考え合わせると、これらの場所を比定することができる。

まず一つの観音堂は、水田の間にあることから六反田の寮のことであることが分かる。またもう一つの観音堂は、図9―4では川の南側の八王子道の北側の字観音塚にあったものと思われ、図9―1（図8―1）の建物と

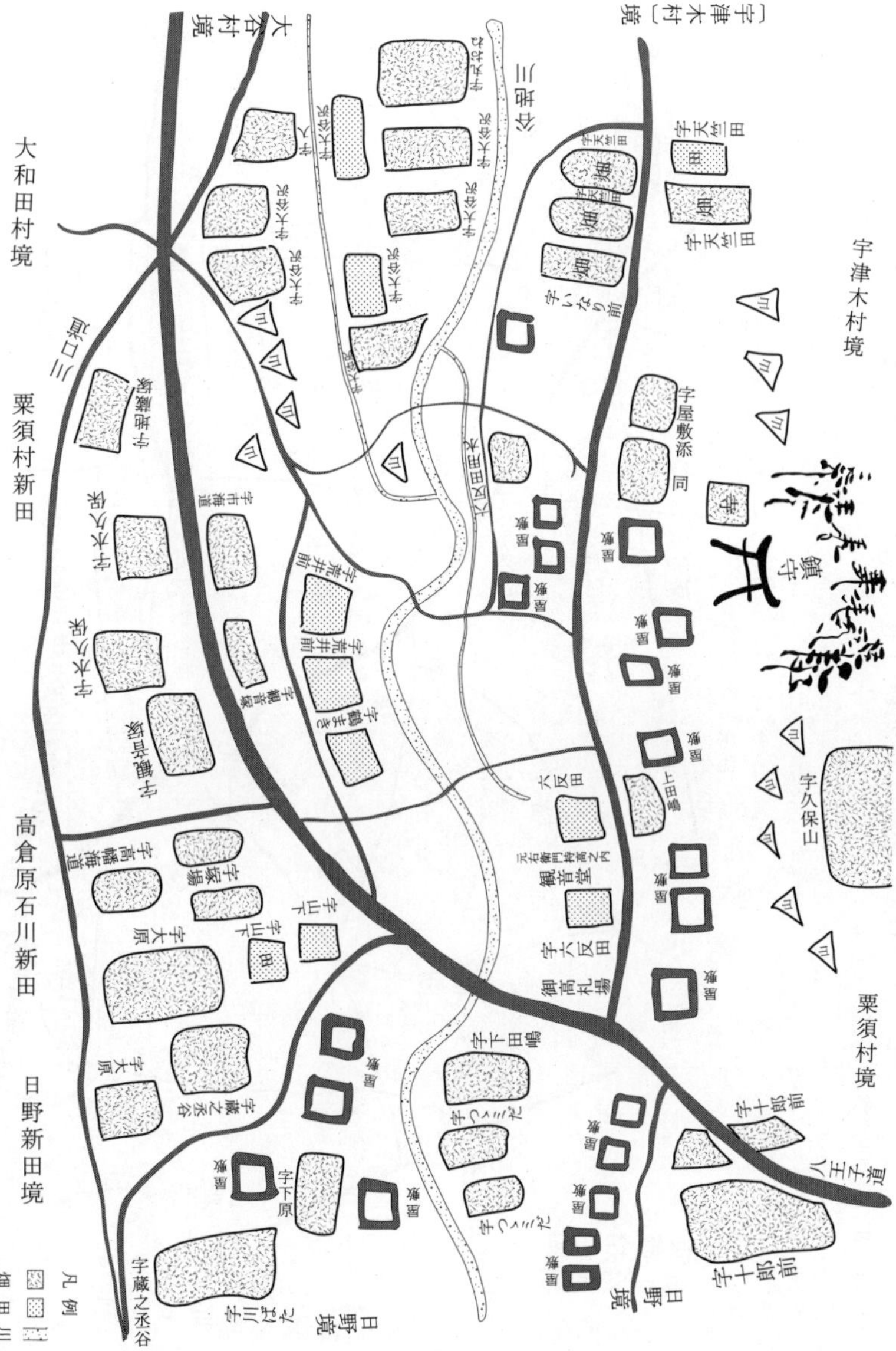

図９―４　石川村屋敷・田畑配置図（旗本蒔田知行所分、石川家文書O―27）

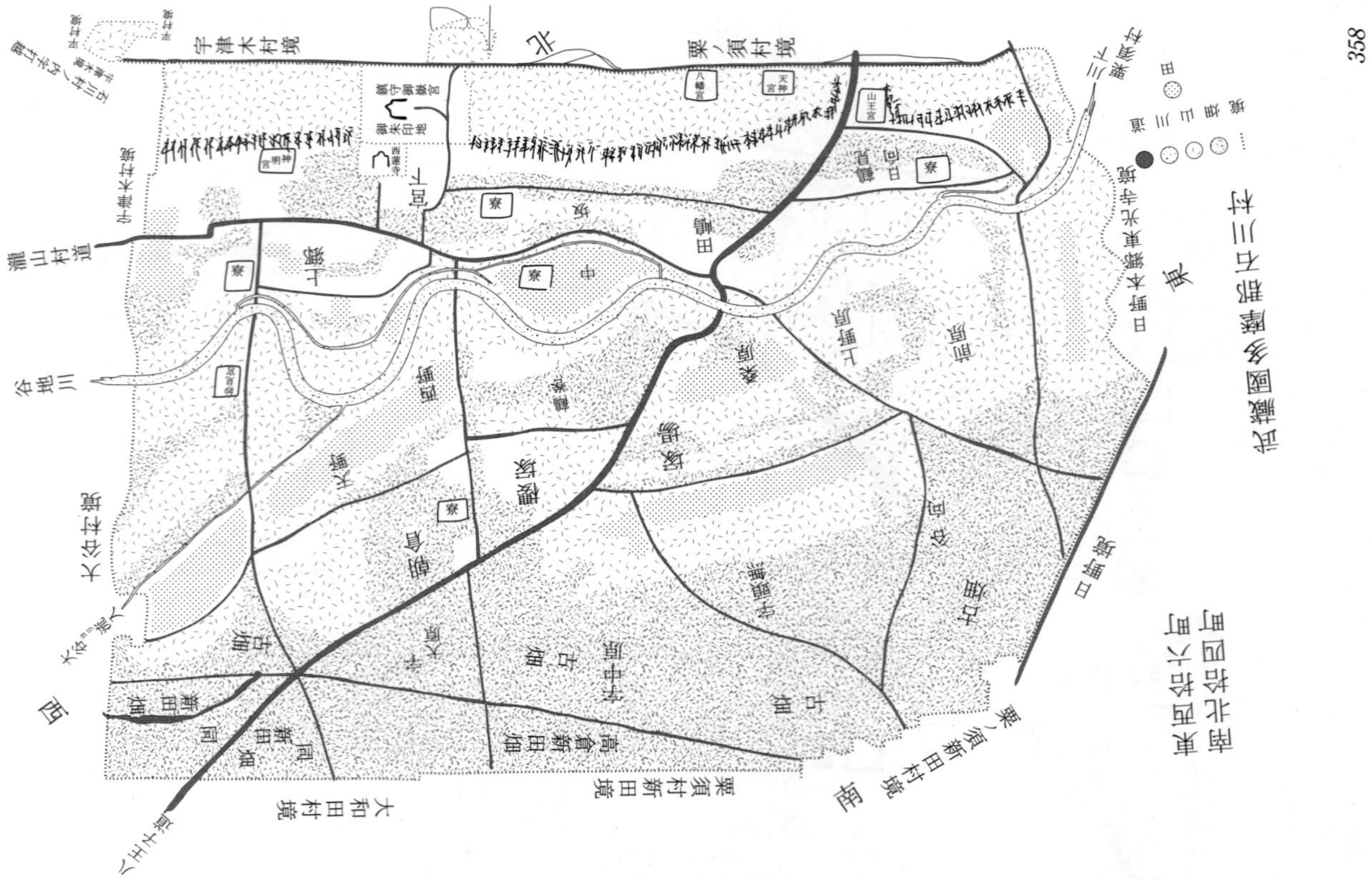

図９—５　石川村耕地・社・寮配置図（石川家文書Ｏ—29）

© Nobuo HARADA Kaken

図９―５の寮の記述もこの場所を示している。弥勒堂については図９―５の山際に記された寮のことと思われる。そして大日堂は、石川村の西方で、谷地川からの六反田用水の取水口の辺りが比定地である。しかし先記の『新編武蔵風土記稿』に記される地蔵堂については、現在も藤ノ木の共同墓地に地蔵様が祀られているが、いずれの絵図にも記されていない。

また宝暦四年（一七五四）の村柄様子明細書上帳控（源原家文書冊三八）には、大日堂の屋敷が除地と記されており、寛政一二年（一八〇〇）の御用向品々書上帳写（源原家文書冊四六）には、道心一人が住む行人堂であったことが記されている。なお図９―１（図８―１）と図９―５には、日向にも寮と建物の記載がある。これらのことから図９―５で記された寮は、共同墓地や堂の場所を示していることが分かる。

そして絵図に記されている小さな社は、いずれも近世期には農民の個人あるいは同族の者たちのものであり、すでに述べた七名字七氏子の社である。このうち絵図に記されているのは神明宮・八幡宮・天神宮・山王宮の四氏神だけである。明治期になると神明宮は北方講中、天神宮は田島講中、山王宮は日向講中で祀るようになったという。

そこで石川家に残る観音堂についての史料から、堂と村人との関係をみることにする。

【史料９―２】石川家文書Ｖ―一五

譲渡申証文之事

一、石川村田中観音堂之儀者家ホ名高之内一分持ニ御座候処、此節手前不如意ニ罷成修復ホ茂難成候ニ付、右地所幷寮共ニ念仏講中江譲渡、為祝金文金弐両請取申処実正也、然上者右堂修復之儀ニ而者永《カ》々講中ニ而可然様御取斗可被成候、右地所御年貢為諸役壱ヶ年ニ鐚百文宛講中ゟ御出可被成候、此地所寮ニ付脇ゟ構無御座候、万一六ヶ敷申者御座候ハヽ、右加判之者何方迄茂罷出急度申訳可仕候、為後日仍而如件

安永四年未ノ十二月

地主　市左衛門㊞
親類　甚八　㊞
証人　茂右衛門㊞
同断　清六　㊞

念仏講中

願主常安坊様

念仏講中衆中

この史料に書かれているのは先述の六反田にある観音堂のことである。田中観音堂と記されており、寮と呼ばれ、図9―4にも記されているように、石川家の所持するものであった。ところが安永四年（一七七五）には維持ができなくなり、地所と寮を念仏講中へ譲り渡すことになったさいの証文である。寮の修復や年貢などの諸役を負うように記している。また念仏講中の願主の常安坊は、村のなかでどんな存在であったのだろうか。詳細は不明であるが、念仏を唱えて村の講中の指導をするなど、堂に住む道心のような存在であったと考えられる。

しかしこの堂もある時期からは、田島組で管理するものとなった。明治元年（一八六八）の田中修復金預ヶ方覚帳（石川家文書講寮―四）は藤右衛門持で、同年の田中修復金預ヶ方覚帳（石川家文書講寮―五）は伝吉持、同年の田中修復金預ヶ方控帳（石川家文書講寮―六）は新八持となっており、田島組の構成員が持ち回りで修復金の台帳の管理をしていたことがことが分かる。そしてこの田中寮も明治八年（一八七五）に売払うことになったことが、田中寮売払記（石川家文書講寮―九）から分かる。

（七）七名字七氏子と石川七之名覚と生活相互扶助組織としての小地域集団

現代に受け継がれる講中（組）の区分の中にある明治初年の居住者の分布状況（図９―２）からは、それぞれの区分が居住者の密集する小地域を示していることが分かる。東西南北に分散する家々が、区分のなかで、耕地に囲まれた一つのまとまりとして浮かび上がってくる。もちろん時代をさかのぼればさらに居住者は少なくなり、その姿は顕著になるはずである。

生活相互扶助組織としての小地域集団の原型を、現代の講中（組）の区分で考えるのはいささか乱暴かもしれないが、七名字七氏子あるいは石川七之名覚の元祖とされる家々と堂社との関係をみてみよう。北組には澤田家と神明社がある。そして南組には串田家とクマタマ神社(9)、大日堂がある。宮田組には池田家と愛宕社があり、中坂組には金子家、立川家、内田家、弥勒堂、そして大日本地誌大系本『新編武蔵風土記稿』に記された藤の木の地蔵堂がある。また田島組には内田家と八幡社、立川家と天神社、石川家と観音堂があり、日向組には和田家と山王社と共同墓地がある。向組には横溝家、観音堂がある。

すなわち、田島組には三姓の堂社が重複していることが分かる。これは中世末期以降に勢力を得たと考えられる石川家と、それ以前から居住する有力農民との関係が混在したためと思われる。

生活相互扶助組織としての小地域集団の始まりについては、現在とは存在形態は異なるとしても、中世後期の草切り伝承である七名字七氏子的存在の有力農民に求めることができよう。その後、中世末期から近世の早い時期にかけて石川の地に住むようになった石川七之名覚に記載される二姓の家々に続き、その外の姓の家々も加わり、各々が核となりながら、段階的にその所有地に血縁的な繋がりやかつての主従関係を持つ家々が独立し増えていったものと思われる。そして地縁を持つ者で小地域集団が形成されていったのだろう。この組織が近世後期に組や講中として史料に現れる生活相互扶助組織へ発展していったと考えられる。

四　おわりに

本章では、今なお石川町に昔から住む人々の間で受け継がれている生活相互扶助組織である組や講中について、近世を中心にしながらその機能と役割、そしてその原型となる組織を村の成立と親族組織との関係を念頭に置きながら考察してきた。ここでもう一度概観しつつ、その見通しについて私見を提示したいと思う。

石川町には今も七名字七氏子の伝承が伝えられており、また石川村の元祖と伝える七名字を記した石川七之名覚という史料が名主家であった石川家に残されている。いずれも石川村の成り立ちに深くかかわると考えられ、石川村において親族組織の意味するものが非常に大きいことが分かる。また明治初年の石川村の家々は、後者の石川七之名覚に記された一八名字の家々のほかに、一名字が加わるだけである。

石川村域の中世については、遺構や板碑などの断片的な痕跡から、有力農民的存在の家々が丘陵縁辺部の東西に散在していたと考えられる。その後、石川家が小田原北条氏の庇護を受け地侍として移り住み、また守屋家のように武田氏の滅亡後にこの地に移り住んだといわれる者が有力者として加わりながら、近世石川村の前身が形成されたと考えられる。

そして石川村の明治初年の耕地の所有者の分布からは、親族組織の繋がりが強く残る地域であることが分かる。同姓の者が比較的近い地域に集中して居住しており、耕地も同姓の居住地域付近に所有する場合が多い。開発者が後に分家などへ譲渡していったためと思われる。

さて生活相互扶助組織については、現在の石川町に受け継がれている講中（組）は七つである。この組や講中は、冠婚葬祭のつきあいや道普請や講などを行う組織である。近世期には六組であったと思われる。この組は村組とも呼ばれ、名主の名前を組に付けて呼ぶこともあった。組と講中は同じ社会的なまとまりであると考えられ、行政的な支配を受ける組とは異なり、名主がリーダー的存在である組もあるが、構成員の関係は平等性が強かったと思われる。地縁的な日常生活上の繋がりで形成されており、近世に生きる人々にとりその果たす役割は大きかったはずである。

そして組・講中の変遷をたどると、組名を確認することが出来るのは近世後期までであるが、近世中期には明治初年の村落景観に近い景観の様相が形成されており、組や講中の組織にも変化がなかったと考えられる。

さらにさかのぼると、小地域集団の始まりと思われる七名字七氏子とその後に入村したと思われる石川七之名覚に記載された二姓の家々に続き、その外の姓の家々も加わりながら、段階的にその所有地に血縁あるいは主従関係を持つ家が独立し、地縁的な関係を持つ者の間に、生活相互扶助組織としての小地域集団の原型が形成され、組や講中という互助組織に移行したと考えてよいだろう。

（1）石川家文書EⅠ—一には、天正一九年之御水帳之写と記されているが、記されている名請人は、明らかに守屋家文書の天正検地帳と異なる。この写しの名請人については、明暦二年の人別帳（石川家文書D—一）と名前がほぼ合致することや、荻原伝左衛門と荻原監物の領分が記述されていることから、後に二つの領分の変遷が記されたものと思われる。

（2）表9—3作成にあたっては、源原家文書冊一一六の虫損箇所を補足するため、同家文書冊一一四を使用した。また同家文書冊一二六には村役人が明記されていないため、ほぼ同時期に作成された同家文書冊一五二により補足した。

（3）この日記は、「申一二月三日改り酉一月一日」という記述から始められており、新暦に変わった直後から書き始められたことが分かる。日記の一月四日は、旧暦の一二月六日にあたり、阿伎留神社所有の釜締め帳の記述と一致しており、「お釜締め」のために石川家へ訪れたことが分かる。

（4）釜締め帳（阿伎留神社文書）は、表紙が破損しており、記載不明な家がある。しかし阿伎留神社宮司阿留多伎潔氏からの聞き取り調査により、石川羊一家の部分が欠損していることが分かった。また同頁に他家の記載の有無が不明なため、ここでは約と表記する。
（5）お釜締めの順番に関する聞き取りは、阿伎留神社宮司阿留多伎潔氏による。
（6）後北条氏と阿伎留神社神官阿留多伎氏の関係については、「三ツ鱗翁物語」（五日市古文書研究会解読編集）の解説において、五日市郷土館清水菊子氏が指摘している［清水二〇〇八］。
（7）聞き取り調査については、石川羊一氏と石川正子氏、内田寛一氏（田島講中）、立川秋雄氏（中坂講中）、佐藤富夫氏（向方講中）、澤田和夫氏（北方講中）、池田久雄氏（宮田講中）各氏による。以後、各氏からの聞き取り内容を随時本文中に記す。
（8）組・講中の区分については、立川秋雄氏・佐藤富夫氏・池田久雄氏からの聞き取りにより作成した。なおこの七区分については、近世期の区分についても検討する必要があるため、旧態を残す講中（組）の区分を記し、現在の細分化されている組については表記しなかった。
（9）現在は御嶽神社境内に移され、祀られている。

第一〇章　近世の日野・八王子地域における耕地開発と宗教施設

飯泉今日子

一　はじめに

近世村落には、神社や寺・小祠・堂（寮）などさまざまな宗教施設が存在していた。近世の村にあたる大字にみられる現在の鎮守や寺は、神社合祀や廃仏毀釈などを経て、意図的に残された宗教施設である。また近世村落の重要な構成要素である墓地も、明治一七年（一八八四）の太政官布告第二五号「墓地及埋葬取締規則」により衛生上の理由から屋敷墓への埋葬が許されなくなり、地域によっては共同墓地化が進むなどの変化があった。

いずれにしても近世の村の宗教施設や墓地の景観は、現在の景観と比べ多様であったと考えられる。本章では、こうした宗教施設と墓地の問題を中心に、日野・八王子地域の近世村落の景観と開発との関係を考察する。さらに、そうした開発と宗教施設を含む村落景観のありかたとが、どのように関係するのかを論じるために、次のような地形的に対照的性格を有する二つの地域を比較検討してみたい。

第一に、古代・中世以来の国衙領の中心地の一つであった沖積低地の多西郡三郷のうち、土淵郷にあたる上田村・宮村・下田村・万願寺村・新井村・石田村、第二に船木田荘の一部をなした丘陵部の石川村である。これら二つの地域は、地形条件から近世における開発の様相がかなり異なり、このことが宗教施設のありかたにどのような影響を与えるのかを考えるにあたって、きわめて示唆的な地域であると思われる。

二　沖積地の開発と宗教施設

（一）明治期の耕地状況から

日野市東部の多摩川と浅川に挟まれた沖積低地は、中世は土淵郷、近世村落では上田村・宮村・下田村・万願寺村・新井村・石田村にあたる。

近世の領主支配をみると、上田村・万願寺村・新井村・石田村は幕府直轄領である。宮村も同じであったが、元禄一一年（一六九八）から幕府直轄領と八王子千人頭の知行地の相給となった。下田村も同様で、慶安年間（一六四八～五二）には代官支配と安養寺領の相給、元禄五年（一六九二）からは旗本領と安養寺領の相給となった。

当地域に残る最も古い検地帳は、寛永一四年（一六三七）のもので、石高の変遷は表10―1のようになる。その後、延宝六年（一六七八）の石田村の石田新田分の石高増加以外は、明治元年（一八六八）まで著しい石高の増加はみられず、数字的には一七世紀以降に当地域における大規模な耕地開発はみられなかったことになる。しかし当地域は多摩川と浅川の氾濫による川欠が頻発した地域であり、その都度耕地の復旧が行われ、さらに川沿いには石川原や荒地が広がっていたことが想像される。

当地域の村落景観と宗教施設との関連を開発という観点から探るためには、近世における開発状況を明らかにしておく必要があろう。この問題を考察するにあたっては、史料的事情などから、近世の開発終了後の明治期の景観復原からはじめたいと思う。

表10―2は、明治二二年（一八八九）の新井・石田・下田・万願寺・宮村誌（増田和夫家文書／『日野市史史料集

表10―1　上田村・宮村・下田村・万願寺村・新井村・石田村の石高の変遷

村名	寛永14年（1637）	延宝6年（1678）	元禄2年（1689）	元禄9年（1696）	享保18年（1733）
上田村					
宮村	111石1斗4升4合			八王子千人頭知行所　60石8斗3升7合2勺 代官支配所	
下田村	150石4斗1合		151石4斗8升1合		
万願寺村	102石5斗		5石1斗5升3合増加		
新井村	130石5斗8升9合				24石4斗3升4合増加
石田村	152石9斗2升8合	230石6斗6升6合（石田新田分74石6斗9升9合増加による）	3石3升9合増加		

村名	享保19年（1734）	延享4年（1747）	延享5年（1748）（寛延元年）	天保9年（1838）	明治元年（1868）
上田村	高倉新田26石4斗1升7合増加		新田3石5斗4升9合増加	146石8斗1升2合	146石8斗1升2合
宮村	高倉新田 4石5斗8升4合増加	字大キ島を開墾1石9斗7升5合増加			117石7斗6升8合
下田村					164石4斗4升1合
万願寺村					107石6斗7升3合
新井村					148石1升7合
石田村					238石9斗1合

＊上田村を除き、明治22年の新井・石田・下田・万願寺・宮村誌（皇国地誌B）により作成
＊上田村は、天保９年の上田村村柄明細帳（平野国利家文書／『日野市史史料集　地誌編』15）、明治３年の上田村村明細帳（平野国利家文書／同前16）により作成
＊明治元年のみ『旧高旧領取調帳』（関東編、木村礎校訂）により作成

地誌編』三五）から、耕地や用水等を一覧したものである。なお上田村については、明治五年（一八七二）の豊田・川辺堀ノ内・上田・宮・万願寺・新井・石田・下田村誌（秋川市雨間・丸山雄重家文書／同前三四、これらは明治期に全国規模で編纂が計画された「皇国地誌」の一部であるので、以下三四を「皇国地誌A」、三五を「皇国地誌B」と略記する）によった。

当地域の特徴は入り組んだ村境にあり、とくに宮村と上田村、新井村と下田村、石田村と新井村の境が「犬牙錯雑」している。さらに注目すべきは、当地域の中央部にあたる万願寺村字三角《みかど》と下田村の耕地で、万願寺村字三角には、下田村・新井村・石田村の飛地があり、下田村にも石田村と万願寺村の飛地がある。万願寺村は、下田村字塚越・欠差・北河原・久保田・東浦・家生田の六ヶ所に飛地を有しており、これらの飛地は明治二二年には七町二反六畝一〇歩の税地とされ、同年の万願寺村の税地総計一六町三反八畝二八歩の約半分にあたる。これは万願寺村が、古くからの耕地に加えて、膨大な新田開発地を抱えていたことを意味しよう。この開発地について、表10―1の近世の石高変遷をみると、万願寺村は元禄二年（一六八九）に五石一斗五升三合の増加、下田村は寛永一四年（一六三七）から明治元年（一八六八）の間に一四石四升の増加しかみられないことから、少なくとも中世末にさかのぼる開発地であると考えられる。

もともと当地域は、多摩川と浅川に挟まれたため、たびたび洪水の被害を受けてきており、低地部には水が溢れ浅川沿いには三角沼があった。

三角沼は、万願寺村の字大木島からはじまり、南部を経流すること三町、最後は浅川に合流した。幅五間から二〇間、最深五尺、最浅二尺という規模を有し、田圃の悪水が流された。こうした微妙な高低差を有する沖積低地での開発は、きわめて複雑な様相を呈していたものと思われる。

なお多摩川対岸の現国立市域に属する石田新田は、ほとんどが畑地であるが、下田村・万願寺村・新井村・石田村の四ヶ村入会によって開発された。この四ヶ村は万願寺村字三角などの当地域中央部の開発にも関与するなど、当地域における耕地開発には下田村・万願寺村・新井村・石田村の四ヶ村が、きわめて密接な関係にあったことが重要で、これが後に述べるように鎮守の存在と大きくかかわることになる。

(二) 用水と耕地について

また当地域の耕地については、先の表10―2から水田が圧倒的に多いことがわかる。なお石田村のみ畑地の割合が突出するが、これは石田新田のほとんどが畑地であったためで、本村部分には水田が多い。しかも当地域には日野堀・四ヶ村堀・新井堀・向島堀の四つの用水が通っている。そこで「皇国地誌B」から、用水の流路を復原し、これに灌漑される各村の水田の割合を示せば表10―3のようになる。

これらの現在名称については、流路状況から、日野堀は日野用水、四ヶ村堀は上田用水、新井堀は新井用水、向島堀は向島用水に比定できる。このうち四ヶ村堀は当地域のすべての村を流れており、さらに日野堀が合流している。また各村の水田の用水使用率については、四ヶ村堀の使用率が高いのは宮村・万願寺村・下田村で、新井村は主に新井堀と向島堀を利用している。なお石田村については、全水田の五分の一が四ヶ村堀を利用していたことが分かる。

このように明治期の当地域は、多摩川と浅川による度々の洪水被害を受けた一方で、両河川を水源とした用水が張り巡らされていた。各用水の開削年代は不明だが、図10―1は元禄二年(一六八九)の石田村絵図(個人蔵)で、これには新井堀の下流と思われる流路や、石田村の下田村や万願寺村内の飛地が描かれている。また同年の図10―2(図5―6に同じ:二一九頁参照)上田村絵図(個人蔵)には四ヶ村堀と、それにより灌漑される水田が描かれている。

表10―3　明治期の四ヶ村堀・日野堀・新井堀・向島堀の流路

	四ヶ村堀	日野堀	新井堀	向島堀
川辺堀ノ内村	南の方浅川の上、延命寺下より浅川を引入れ、田用とする。末は宮村へ流れる（※1）			
上田村	堀ノ内村延命寺下より浅川を引入れる。村の南の方を流れ、万願寺村へ入る（※1）		上田村前より、浅川北へ引入れる（※2）	
宮村	申26度上田村より通じ、中央屈曲経流すること8町9間にして、寅13度にて万願寺村に入る	酉24度日野本郷より通じ、北界を繞る、4町23間にして、丑の10度字日ノ下に至りて四ヶ村堀に注ぐ	午18度上田村より通じ、南部を東流すること3町39間にして、辰6度に至り万願寺村に入る	
	幅平均9尺、深さ1尺	幅平均6尺、深さ1尺	幅平均6尺、深さ1尺余	
	田8町〇27歩の灌漑（63%）	田2町8反8畝28歩の用水（23%）	田1町7反7畝16歩の灌漑（14%）	
万願寺村	申24度宮村より通じ、西部を繞り経流すること4町34間にして、戌25度字塚越に至り下田村に入る	宮村以降、四ヶ村堀に合流	午20度宮村より通じ、中央を経流すること3町45間、寅25度字三角に至りて新井村に入る	
	幅平均9尺、深さ1尺		幅平均6尺、深さ4尺	
	田6町8反〇19歩の灌漑（72%）		田2町7反14歩の用水（28%）	
下田村	申29度万願寺村より通じ、屈曲東流すること7町〇5間にして、寅2度字北河原に至りて新井村に入る			
	幅平均9尺、深さ1尺			
	田方一般の灌漑			
新井村	亥子ノ間下田村より通じ、東流すること1町45間、字北河原より石田村に入る		未の方、万願寺村より通じ、北部東南に経流すること7町29間、字東田に到て止む。此間分派する	午の方字向島上にて浅川より分派し、南部を東流すること12町2間、字中島より落川村へ入る
	幅平均9尺、深さ7、8寸		幅平均5尺、深さ3尺	幅平均5尺、深さ1尺
	田1反3畝9歩の用水（0.6%）		田5町1反2畝21歩の用水（23%）	田17町3畝8歩の用水（76%）
石田村	戌26度新井村より通じ、北部を湾流すること2町20間、子13度字北川原に至て多摩川に注ぐ		（字東田は石田寺がある字名であるため、実質的に石田村まで灌漑していたことになる）	
	幅平均9尺、深さ1尺			
	田1町7反5畝18歩の灌漑（20%）			

＊明治22年の新井・石田・下田・万願寺・宮村誌（皇国地誌B）より作成

＊※１は、明治５年の豊田・川辺堀ノ内・上田・宮・万願寺・新井・石田・下田村誌（秋川市雨間・丸山雄重家文書／皇国地誌Ａより作成

＊※２は、年未詳の新井村村明細帳（土方忠平家文書／『日野市史史料集　地誌編』17）より作成

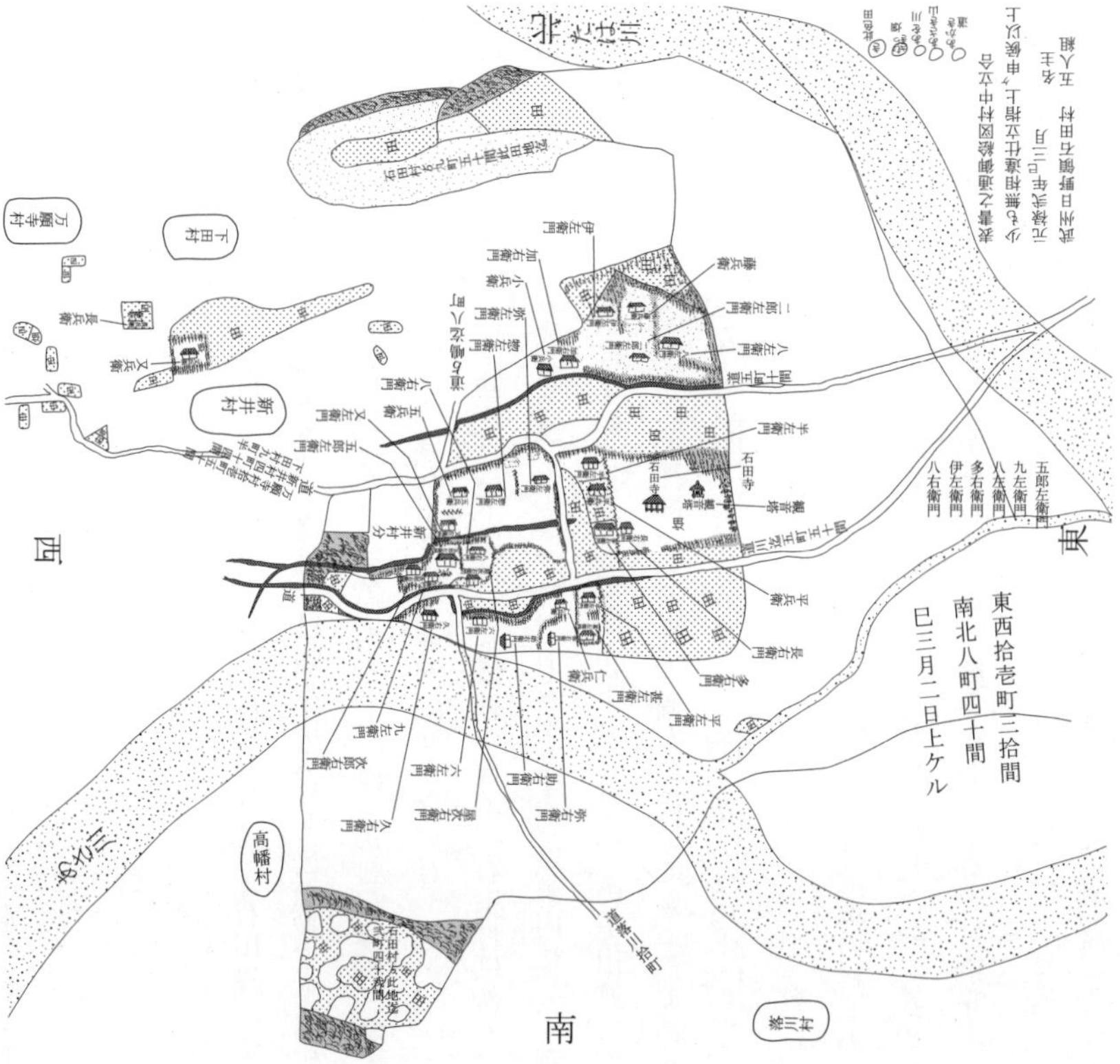

©文化財 COM

図10―1　元禄２年（1689）の石田村絵図（個人蔵）

四ヶ村堀すなわち現在の上田用水は、黒川用水が豊田用水に合流し、上田の平野家と平家の屋敷の間を流れ、西から流れる上田用水に合流している［上野二〇一〇］。この流路は元禄二年の上田村絵図に描かれた四ヶ村堀の流路と同じであることから、四ヶ村堀上流の流路は元禄期には完成していたと考えられる。

以上のことから、新井堀と四ヶ村堀の開削は元禄年間以前であり、表10―1から寛永一四年（一六三七）には当地域の主要な耕地開発がほぼ終了していたことを踏まえると、新井堀と四ヶ村堀の開削は、少なくとも中世末にさかのぼると推定される。当地域では、古くから周辺の村々と共用される複数の用水のもとで、水田耕作が行われていたと考えられる。

（三）沖積低地の宗教施設

表10―4は、上田村・宮村・下田村・万願寺村・新井村・石田村の宗教施設と、その所在地の一覧である。『新編武蔵国風土記稿』によると、宮村には別符権現社と真福寺、下田村には八幡社と安養寺、新井村には石明神社と光徳寺など、それぞれ村鎮守と寺がある。一方上田村には個人持ちの天神ノ社と堂が二宇、万願寺村には正楽院と堂が二宇、石田村には石田寺はあるが鎮守がない。

この三ヶ村のうち、万願寺村は下田村の八幡社の氏子、石田村は新井村の石明神社の氏子になっている。上田村については、『新編武蔵国風土記稿』に、旧家平野家の屋敷内に「天神ノ社」がある旨が記されているが、これを村鎮守とする記載はない。しかし天保九年（一八三八）の上田村村柄明細帳（平野国利家文書／『日野市史史料集　地誌編』一五）には「鎮守天神社」とあり、個人の氏神であった天神社が、村鎮守としての役割を果たしていたことが窺われる。この天神社は「明治政府の一村一鎮守の方針により、村の鎮守となった」という［上野二〇一〇］。

ここで沖積低地の上田村ほか五ヶ村の宗教施設と、日野地域の村々の状況とを比較するため、『新編武蔵国風土記稿』から神社や寺を抜き出し、村鎮守に注目して分類したのが表10―5である。それぞれの村には基本的に鎮守と寺があるが、鎮守や寺がない村、また鎮守があっても、村鎮守が一社ではなく、集落ごとに複数の鎮守を有する村など、違いがあることがわかる。

寺については日野本郷を別とすれば、ほぼ村に一～二寺の割合で寺があるが、日野地域の特徴としては、豊田

表10—4　上田村・宮村・下田村・万願寺村・新井村・石田村の宗教施設の所在地

	新編武蔵国風土記稿	明治五年　村誌		明治二二年　村誌	
上田村	天神ノ社	天神社	平野紋弥屋鋪の内		
	地蔵堂	地蔵堂	字畑中 元平野紋弥持庵にて墓所 享保三年百草村松連寺へ寄附 松連寺持ち		
	薬師堂	薬師堂	字薬師ケ谷戸 元平野紋弥持庵 享保四年百草村松連寺へ寄附 松連寺持ち		
宮村	別符権現社	別府権現社	元岩沢藤左衛門の屋鋪内の鎮守にて同人持ち。承応四年三月下田村安養寺へ別当を頼む 貞享元年一二月岩沢藤左衛門江戸へ出、本阿弥家を相続すという。居屋鋪山を社領として真福寺を別当とす	別府社	字東耕地第五〇番地 式外村社
	真福寺	真福寺	真言宗、高幡山金剛寺門徒 本堂南向、三間に四間半 別府の傍にあり 開基不知 開山享禄三年良慶と有		
下田村	八幡社	八幡社	村内鎮守 別当安養寺 安養寺境内御朱印地の内	八幡社	字家生田第一八四番地 式外村社
	十二天社	十二天社	小社、八幡の東南にあり 古へは大社の由、社の四方の田畑皆社地なりしと云 安養寺持	十二天社	字家生田第一五九番地 雑社
	安養寺	田村山安養寺	新義真言宗高幡山金剛寺末 開基しれず、往古は他宗の由 御朱印一三石の内に寺あり 薬師堂あり	安養寺	字土打第三一番地 高幡村真言宗金剛寺末
万願寺村	正楽院	正楽寺	北の方下田村へ入合の処 高幡村金剛寺の門徒	正楽院	字土打第七二番地 高幡村真言宗金剛寺末

			寺の大きさ三間に六間 年来無住にて檀家も少く零落 寺は古しと云伝るのみ		
	地蔵堂	地蔵堂	下田村に入合	地蔵堂	字家生田第一四一番地
	薬師堂	薬師堂		薬師堂	中央字三角第一六七番地
新井村	石明神社	石大明神社	村の西万願寺村境 別当光徳寺 西万願寺・東石田村□（共ニカ）鎮守なり	石神社	字西耕地第一四六番地 式外村社
	光徳寺	新井山光徳寺	高幡山の門徒 開山・開基しれず 石明神の傍なり		
石田村	石田寺	愛宕山地蔵院 石田寺	高幡山金剛寺末 開山慶与、年月しれず 観音堂あり、起立知れず 御朱印七石、観音堂領なり 万治の頃大水にて墓所流失 村中六尺余水上りしと云	石田寺	字東田第一四五番地 高幡村真言宗金剛寺末

＊『新編武蔵国風土記稿』、明治五年の豊田・川辺堀ノ内・上田・宮・万願寺・新井・石田・下田村誌（皇国地誌A、明治二二年の新井・石田・下田・万願寺・宮村誌（皇国地誌B）より作成

村・下大和田村・平山村・百草村・日野本郷以外の村々の寺は、ほとんどが高幡山金剛寺の末寺となっており、豊田村や平山村などの中世以来の主要な村落を除けば、新たな村々は高幡山金剛寺との関係が強いことが窺われる。

さらに村には本格的な寺院のほかに、薬師堂や地蔵堂などの小規模な堂がみられる。これらの堂は、寺持ちと百姓持ちの場合があり、さらに百姓持ちの堂は、村持ちと個人持ちに分かれる。こうした村内の堂は、村ごとにその所有形態に違いがある。

墓地については、豊田村の天保一四年（一八四三）の豊田村明細書上帳（山口高靖家文書『日野市史史料集　地誌

編』九）には、「寺地」と「庵地」のほかに「諸宗入会之墓所」とみえ、寺や堂に付随する墓所や、共同墓地があったことがわかる。このほか上田村の地蔵堂は、元は平野氏の所有で墓所であることから（「皇国地誌A」）、個人持ちの堂とそれに付随する墓所というケースも存在することが窺える。

表10－5　鎮守による日野地域の近世村落の分類　※は高幡村金剛寺末

大分類	小分類	村名	鎮守	別当
鎮守が一社		日野本郷	天王社	普門寺※
		豊田村	若宮社	善生寺
		下大和田村	関根明神社	真福寺
		平山村	八幡社	
		高幡村	若宮明神社	金剛寺
		百草村	八幡社	松連寺
		新井村	石明神社	光徳寺※
		下田村	八幡社	安養寺※
		宮村	別符権現社	真福寺または安養寺※
		川辺堀ノ内村	山王社（カ）	延命寺※
		程久保村	神明社	正副寺※
複数の鎮守がある村		落川村上落川 〃　下落川	大宮明神社 神明宮	
		三沢村上郷 〃　中郷 〃　下郷	八幡社 神明社 神明社	医王寺※ 医王寺※ 医王寺※
		平村	熊野権現社 牛頭天王社	寿徳寺※ 寿徳寺※
鎮守がない村	神社がない村	万願寺村		
		石田村		
	個人の家の鎮守がある村	上田村	天神ノ社	

＊『新編武蔵国風土記稿』、天保14年の豊田村明細書上帳（山口高靖家文書／『日野市史史料集　地誌編』９）、安政４年の百草村明細帳（石坂義次家文書／同前32）、天保９年の平村村方明細帳（佐々木昭雄家文書／同前19）、『日野市史　通史編　二下』、宮村の別当については、明治５年の豊田・川辺堀ノ内・上田・宮・万願寺・新井・石田・下田村誌（皇国地誌Ａ）より作成

また現在の日野地域では、屋敷神や同族神として多くの小祠が祀られている（『日野市史　民俗編』）。寺に対する堂のように、神社に対する小祠が、家単位もしくは村内の親族集団単位で祀られていることに注目しておく必要があろう。これらの鎮守や寺などの立地をみると、台地の村では台地の先端で低地を見渡す高台に鎮守や寺がある。また台地、沖積地にかかわらず、用水路付近や河川の水源近くに位置することが多く、鎮守や寺の立地条件は共通していることがわかる。

先の表10―5のうち、鎮守が複数ある村については、落川村が上・下に、三沢村が上・中・下に、それぞれ分かれており、村内の主要な集落ごとに鎮守を有していたことが窺われる。つまり行政村としての落川村あるいは三沢村のなかに存在する生活単位としての集落ごとに、それぞれ鎮守をおいて宗教的紐帯の基盤としてきたことになる。

ところが村鎮守のない上田村・万願寺村・石田村などは、すべて多摩川と浅川に挟まれた沖積低地に位置している。村鎮守を持たないことは、新たな村落であることと密接にかかわるものと思われる。そこで第五章の原田論文の成果に拠りながら、この三ヶ村の位置する沖積低地、すなわち中世土淵郷の村落景観と開発状況から、この問題を考えてみたい。

（四）中世末期の開発状況

図10―3（図5―2に同じ：一九六頁参照）は、永禄一〇年（一五六七）一〇月一八日の年紀を有する高幡不動座敷次第覚写の付図である高幡高麗一族屋敷・下地等絵図（「家伝史料」巻六／日野市遺跡調査会編二〇〇三）に旧船木田荘・得恒郷・土淵郷などの地名を、それぞれにマークしたものであるが、この図には「田村・あらいの内」のほか「町屋在家・別府宮・新井之屋敷・石田屋敷」などの地名がみえ、当地域一帯の中世末期における状況を示

すものと思われる。

このうち「村」という表記に注目すると、浅川南岸に東から「北原之村」「落河之村」「河内之村」「三沢之村」「田之口村」「平之村」「平山之村」があり、浅川北岸には西から「豊田之村」「堀之内村」「谷之村」「田村」がある。これらは当時「村」と認識された集落の存在を意味すると考えられるが、近世の上田村ほか五ヶ村のうち、「村」と表記されているのは「田村」のみである。「町屋在家」「新井之屋敷」「石田屋敷」とあるのは、屋敷が点在するような状況にあったことを物語るもので、集落が未形成の状態にあったと考えられる。

また宗教施設としては、浅川南岸に東から「不動堂山」「宝蔵坊」「持潘（徳ヵ）寺」「熊野堂山」、浅川北岸に西から「八幡林」「別府宮」が記されているが、当地域では近世の別符権現社にあたると考えられる「別府宮」が含まれている点が注目される。さらに当地域の板碑分布を示した図10―4（図5―3に同じ：二〇七頁参照）では、近世の上田村・宮村・下田村・新井村・石田村に相当する場所で板碑が確認されるが、特に宮、下田、石田に集中しており、この付近で中世末に集落が営まれていたことが窺われる。

こうしたことから、「田村」は中世武士団武蔵七党日奉氏の一族である田村氏の館跡とされる田村山安養寺を中心に近世の下田村が、また「別府宮」を中心に近世の宮村が、それぞれ形成されたことにほぼ疑いはない。しかし「新井之屋敷」「石田屋敷」を、そのまま近世の新井村・石田村とすることは難しく、正確には新井の地・石田の地にあった屋敷とすべきで、近世において村落間の耕地が錯綜し、それぞれが「犬牙錯雑」としていた状態は、当地域における開発の複雑な過程を物語るものである点に留意しなければならない。

前述のごとくとくに宮村と上田村、下田村と新井村、石田村と新井村の村境が複雑に入り組み、万願寺村は下田村・新井村と錯綜していた。これは、それぞれが周辺部を開発していったために、耕地が錯綜し村境が入り組んだものとなっていった。いずれも中世末期には、当地域の微高地上に点在していた屋敷を中心に、周辺部の開発が徐々に進行していったことが想像される。そして、これらが近世に入る時点で、太閤検地の一環をなす村切りという政策のもとに、近世の上田村・万願寺村・新井村・石田村として成立をみたと考えてよいだろう。

（五）開発と宗教施設——宮村と上田村——

当地域における中世後期の村落景観を、発掘調査に基づいて復原したのが図10—5（図5—4に同じ：二一〇頁参照）である。ここから当地域には宮村周辺と下田村周辺に、中世の集落域があったことが窺われる。そこで、中世後期と近世における村落景観を繋ぐために、耕地開発や用水の関係とあわせて考えてみよう。先に結論を述べれば、用水系統からは、「別府宮」と「田村」「石田屋敷」の二系統の開発が行われたと考えられる。つまり「別府宮」（宮村）系統からは宮村と上田村が、「田村」「石田屋敷」系統からは下田村・万願寺村・新井村・石田村が成立したことが想定されるので、以下、検討していきたい。

まず用水関係からみれば、上田村と宮村については、『新編武蔵国風土記稿』の川辺堀ノ内村の用水の記述に、「二流アリ。一ハ浅川ノ支流ニテ。ソノ分水ノモトハ山王別当寺辺ニアリ。コレヲ以テ村内ノ水田ニソヽク。一ハ豊田村ノ方ヨリ引来レリ。共ニ下流ハ宮村ニ達ス」とある。二本の用水のうち、取入れ口が山王別当寺（延命寺）付近の用水は四ヶ村堀であろう。もう一本は豊田用水で宮村まで流れており、近世後期の上田村と宮村の耕地では、豊田用水の残水も利用していたことが分かる。

先の表10—2からも分かるように、明治期の宮村と上田村の村境は「犬牙錯雑」して入り組んでいたが、元禄二年（一六八九）の図10—2（図5—6）上田村絵図においても、上田村の北部と東部は、宮村の耕地と上田村の屋敷地および耕地が入り組んで描かれており、両村の入り組んだ耕地開発は元禄期以前にさかのぼることが窺われる。また同図には、両村の耕地の間に用水が通っており、流路状況から両村共同で用水開発を行ったことが想像される。

この用水は前述した四ヶ村用水で、開削は少なくとも中世末にさかのぼる。また表10―3で示したように、四ヶ村堀は永禄一〇年（一五六七）の開削伝承をもつ日野用水と、宮村の字日ノ下の地点で合流する。おそらく日野用水が四ヶ村堀と合流する以前の宮村と上田村は、浅川や豊田用水などの残水を利用する形で耕地開発が行われ、同じ用水体系を利用する地域であったと考えられる。これが「別府宮」を中心として「町屋在家」を含む当地域の中心地のひとつとなる。

また図10―3（図5―2）にみえる「町屋在家」については、『新編武蔵国風土記稿』の上田村の小名に「前町屋」や「町屋」とあることから、近世の上田村の一部にあたると考えられる。

四ヶ村堀が豊田用水と合流する地点は、上田村の平野氏の屋敷南西で、さらに日野堀との合流点のある宮村の字日ノ下周辺にも同村の集落があるほか、用水の流路が上田村の各屋敷地をめぐるように流れていることは、用水開削に上田村が深く関与したことを窺わせる。いずれにしても両村の屋敷地や入り組んだ耕地状況や、四ヶ村堀が宮村の別符権現社を囲むように流れている点などを考え合わせれば、少なくとも中世末にさかのぼる用水および耕地の開発は、「別府宮」を中心とした地域全体で行われたものとしてよいだろう。

さらに上田村には中世の板碑は残るが、村名は中世の文書や記録にみえず、『新編武蔵国風土記稿』には、郷荘名について「郷庄ノ唱ハ伝ヘス」とあるところなどから、村落としての自立は近世以降のことであろう。おそらく後に述べるような新井と同様に中世の広域地名であった田村の一部で、宮村・下田村の成立後に村落として把握され、上田村と称されるようになったと考えてよいだろう。

そのため近世村落として新たに成立した上田村は村鎮守を持ちえず、平野氏の家の鎮守であった天神ノ社がいつしか村鎮守として村人に共有され、前述したとおり天保九年（一八三八）の上田村村柄明細帳（平野国利家文書／『日野市史史料集　地誌編』一五）に「鎮守天神社」と記されたと考えられる。

（六）開発と宗教施設――下田村・万願寺村・新井村・石田村――

次に「田村」「新井之屋敷・石田屋敷」の系統を引く下田村・万願寺村・新井村・石田村について検討してみよう。これらの村々の成立については、「田村」付近に下田村と万願寺村が、また「新井之屋敷・石田屋敷」を中心に新井村と石田村が、それぞれ成立をみたものと思われるが、これらの近世村落の形成はかなり複雑な様相を呈していた。

この四ヶ村は、万願寺村字三角や、多摩川対岸の石田新田などの耕地開発において、とくに強い結びつきがあった。さらに表10―2でみたように、新井村と下田村、石田村と新井村の境は「犬牙錯雑」しているが、これは「田村」「石田屋敷」系統の地域における入り組んだ耕地開発の結果を示すものであろう。また多摩川と浅川での「鮎猟」についても、年未詳の新井村村明細帳（土方忠平家文書／『日野市史史料集　地誌編』一七）に「玉川浅川通　石田村新井村下田村万願寺村入会ニ而鮎猟仕来候」とあり四ヶ村の入会で行われていた。ここからも四ヶ村の強固な結びつきが窺える。

この四ヶ村は鎮守との関係でいえば、下田村と万願寺村、新井村と石田村という二つのグループに分類されるが、とくに万願寺村の隣村にあたる下田村には、鎮守の八幡社、十二天社、安養寺があり、八幡社の別当は中世武士団武蔵七党日奉氏の一族である田村氏の館跡と伝えられる安養寺で、古くは大社であったと伝える十二天社も安養寺持となっている。また万願寺村には正楽院と地蔵堂、薬師堂がある。正楽院は、『新編武蔵国風土記稿』には「今ハ無住トナリテ。隣村下田ノ安養寺ノアツカリ」とある。

さらに下田村の安養寺周辺には、下田村と万願寺村の宗教施設が集中することから、中世末期の田村が、近世村落へと移行を遂げる際に、下田村と万願寺村に分かれたものと思われる。こうして万願寺村は、下田村からの分村であったために、宗教行事においても、下田村の強い影響下にあったことが窺われる。

しかし自村に鎮守を持たない近世の万願寺村は、神社に関しては複雑な様相を呈している。同村の人々は下田村の八幡社の氏子として祭礼に加わっていたが、一方で新井村との関係も強かった。「皇国地誌A」によれば、新井村の項に「村ノ西万願寺村境ニ石大明神社有、西万願寺・東石田村□（共ニカ）鎮守ナリ」とある。

おそらく近世の万願寺村には、周辺の開発との関係で新井村・石田村からの移住者も多く、彼らは古くから密接に関係してきた下田村との関係よりも、新井村・石田村との関係が密接であったため、両村に近い新たな移住者たちは、新井村にある石明神社を実質的な鎮守としてきた。従って万願寺村では、古くからの住民は下田村の八幡社を鎮守としてきたが、村西部に住んだ新たな人々は、新井村の石明神社を信奉していたことになる。近世に成立し、常時開発が進んできた村では、開発者の出身母体によって頼るべき神社が異なっていたものと思われる。

同様に鎮守を持たない石田村については、新井村の村鎮守石明神社の氏子であった点が注目される。この石明神社は表10―4から、石田村と新井村の境ではなく、新井村と万願寺村の境に位置しているが、先にみたように、同社は「西万願寺・東石田村」の鎮守とされていた。新井村の石明神社については、「皇国地誌B」によれば貞和五年（一三四九）の勧請と伝える古い神社であるとともに、『新編武蔵国風土記稿』の付図から、御神体は縄文時代の石棒と推定される。

さらに石田村と新井村については、先の図10―3（図5―2）に並んで「新井之屋敷・石田屋敷」とみえるほか、図10―4（図5―3）および第五章原田論文表5―3（二〇六頁参照）からも明らかなように、当地域において最も板碑が集中し、しかも一四世紀という古くからの段階のものが多く、この時期に土地利用が盛んであったことが窺われる。これに関しては、「皇国地誌A」の石田村条には、「石田寺開基之事」として石田寺の縁起が掲載されており、同寺は康安元年（一三六一）の開基であったが、その一七年後には廃墟となって退転し、文禄二年（一五九三）に再興された旨が記されている。しかし、万治年間（一六五八～一六六一）の洪水で墓所流失などの被害を受けたという。

この伝承は、石田地区における板碑の分布とも関連するものであるとともに、当地域における集落立地の難しさを物語っている。先にも述べたように、「新井之屋敷・石田屋敷」とあるのは、恒常的な集落を営むのが難しく、中世後期の自然堤防上にはきわめてまばらに屋敷が点在していたものと思われる。また図10—3（図5—2）の各所に、「あらいの内」という注記が一定のまとまりをもってみえるとともに、『新編武蔵国風土記稿』には、「此地名ハ中古ヨリ唱へ来レルニヤ。ソノ比ハ郷名ナドノ如ク。ヒロクコノ地名ヲヨヒシト見ユ」とあり、新井という地名が広域名称として用いられていることが分かる。

また近世の用水関係からみれば、年未詳の新井村村明細帳（土方忠平家文書／『日野市史史料集　地誌編』一七）に新井村に用水が三ヶ所あり、これらはすべて「石田村新井村組合用水」で、石田村と新井村とは水田開発においても、密接な関係があったことが窺われる。おそらく中世末期から近世にかけて、こうした沖積低地の開発に一層の拍車がかかり、近世における石田村・新井村の原型となる村落が形成されたが、それは必ずしも「新井之屋敷・石田屋敷」を、そのまま継承したものではなく、その段階での開発適地に、新たな集落を出現せしめたものと思われる。

そして、そうした開発が進展するに伴い、「田村」「新井之屋敷・石田屋敷」を中心とした地に、近世の下田村・万願寺村・新井村・石田村といった村々が成立をみた。これらのうちでは基本的に、下田村と万願寺村、新井村と石田村との関係性が強く、下田村と万願寺村は下田村の八幡社を、新井村と石田村は新井村の石明神社

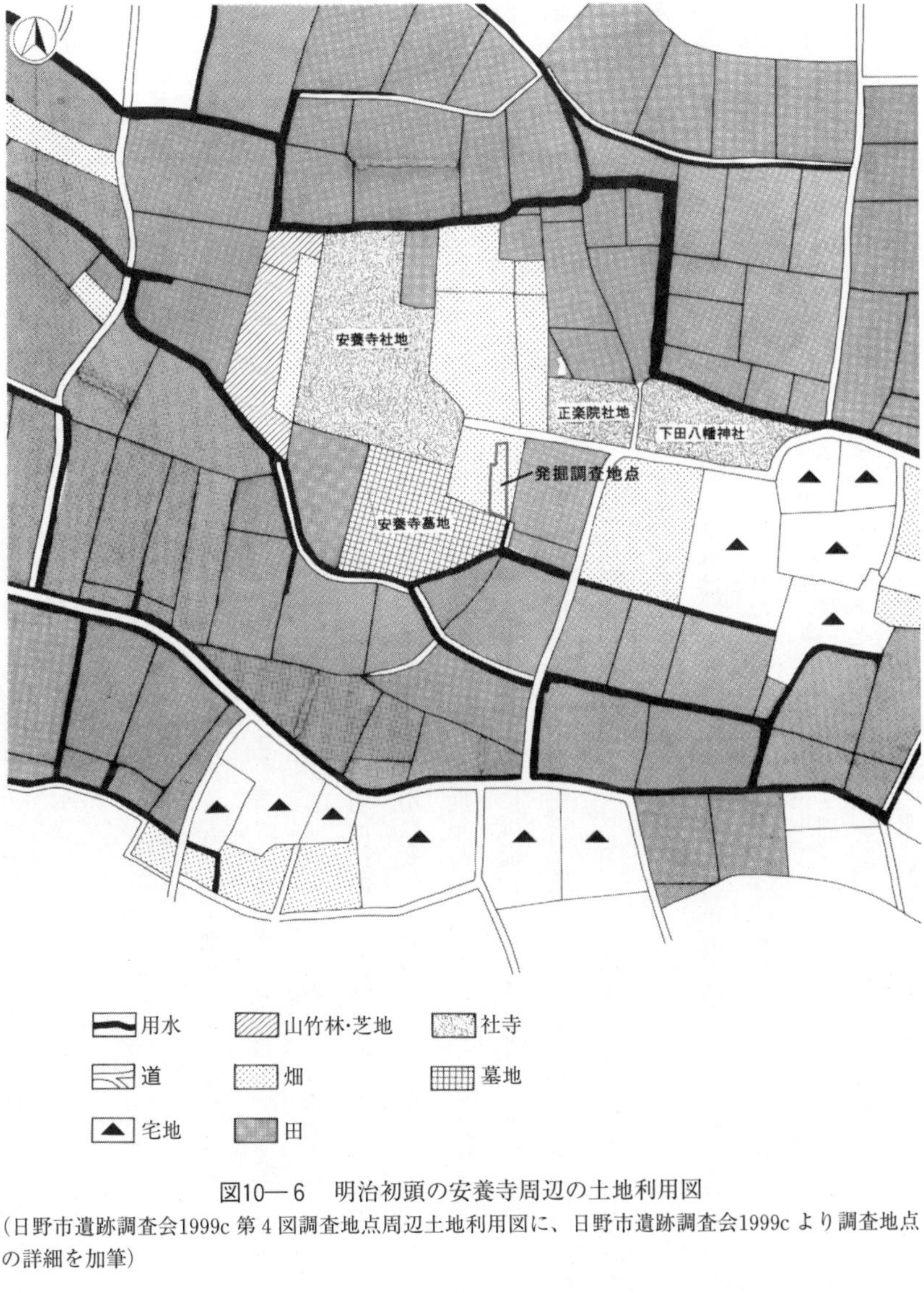

図10—6　明治初頭の安養寺周辺の土地利用図
（日野市遺跡調査会1999c 第４図調査地点周辺土地利用図に、日野市遺跡調査会1999c より調査地点の詳細を加筆）

を、それぞれ鎮守としていたが、万願寺村の新井村・石田村寄りの部分には、両村からの開発者が住み着いたため、新井村の石明神社を鎮守とする現象が起こったのだと想定してよいだろう。

（七）開発と墓地

さらに当地域の開発と墓地の関係を示す事例として、下田村の安養寺の墓地がある。安養寺については、創建などに不明な点が多いが、田村氏の館跡の伝承からしても、古い寺であることに疑いはない。また『日野市埋蔵文化財発掘調査報告六五　南広間地遺跡一四』〔日野市遺跡調査会一九九九c〕によれば、発掘調査から一八世紀中葉に墓地の一部を水田化していることが指摘されている。同所は明治初頭の安養寺周辺の土地利用を示した図10―6では畑地となっており、近世から明治初期にかけて、土地利用に変化があったことが窺える。

発掘された安養寺の墓地の経営時期は、一七世紀中葉から一八世紀前葉で、とくに一七世紀後葉から一八世紀前葉にピークが認められ、それ以降おそくとも一八世紀中葉までには廃絶していると考えられている。さらに発掘された安養寺の墓地の南東部に位置する南広間地遺跡第九次調査八二地点・九一地点では、中・近世の所産と考えられる土坑墓群が検出されており〔南広間地遺跡整理調査団二〇〇七〕、一八世紀中葉以前においては安養寺とその周辺の土地が墓域であった可能性がある。

この安養寺は『新編武蔵国風土記稿』によれば、正保二年（一六四五）に中興の開山法印慶深が示寂している。この一七世紀中葉の寺の中興の時期と、発掘された墓地の形成時期がほぼ一致している点が重要だろう。そこで以下、先の『日野市埋蔵文化財発掘調査報告六五　南広間地遺跡一四』から、発掘調査による成果を踏まえて、安養寺付近における土地利用の変遷をみていくこととしたい。

まず慶深による中興の後、一八世紀の前葉から中葉以前に墓域の変化があり、墓地から水田へと土地利用が変化している。そして、この墓地から「宝永六年己丑年正月□□日　武州多摩郡日野領宮村成井氏之（品）」と線刻された硯が出土しており、この時期の墓地の性格を窺うことができる。この成井家は宮村の旧家で、現在、宮村には共同墓地があり、成井家ほか宮村の旧家の墓がある。

この共同墓地は明治三〇年代に作られたようで、それ以前は各家に「個人墓地」があったという〔田中一九九五〕。出土した硯に線刻された宝永六年（一七〇九）という年代から、一八世紀前葉には、成井家は発掘された安養寺の墓地を使用しており、その後「個人墓地」を営むようになったと考えてよいだろう。

発掘された安養寺の墓地と、宮村そして成井家との関係は不明な点が多いが[1]、この墓地が一七世紀中葉から一八世紀前葉に営まれ、一八世紀中葉に水田化されていることに疑いはない。この土地利用の変化にはさまざまな要因が考えられるが、最大の要因は、当地域が多摩川・浅川の氾濫源に位置していたため、沖積低地とはいっても集落や畑地と水田あるいは荒廃地とが入り交じる状況にあったことから、開発可能な耕地は水田としての利用が最優先されたためであろう。

文久二年（一八六二）の上田村外二ヶ村用水争論吟味下げにつき取替せ一札（狛江市　富永春芳家文書／『日野市史史料集　近世二』産業一八）は用水相論の史料であるが、宮村が新井堀の堤の内外に水田を開発し、新井堀の用水を使用していることが問題とされている。表10—1から、延享四年（一七四七）に、宮村の石高が字大キ島の開墾によって一石九斗七升五合増加しているが、文久二年の用水相論の原因となった新たな水田も、上田村の東の字大木島から始まり浅川まで至る三角沼の周辺であったと考えられる。史料には「追々秣場等丹誠ヲ以起返し」とあり、近世後期においても水田志向は高く、宮村は秣場を開発して水田化しており、開発可能の地には絶えず水田を作り続けてきたのである。

図10—6によれば、墓地が水田化された場所は、用水から分水がされており、用水の灌漑によって水田化され

たことが窺われる。もともと安養寺付近は当地域の中央部に位置し、立地的に水田化しにくい土地であったが、安養寺周辺の用水網が整備されたことから、一八世紀中葉には墓地の一部をつぶして新たな水田開発が進められたことになる。このため墓地の新たな移動先が必要となった。

前述したとおり発掘調査によれば、安養寺墓地の南東部では、広く中・近世の所産と考えられる土坑墓群が検出されている。また宮村付近の上田村の集落の家々の墓は、宮村と同様に明治期に共同墓地に移行する以前は屋敷墓であった。このうち三上家と渡辺家の屋敷墓については、発掘調査が行われており［日野市遺跡調査会二〇〇三］、副葬された六道銭から、墓坑の埋葬年代上限は一六九七年であるとされる(2)。

以上のことから、一八世紀中葉まで安養寺の墓地は、古くは土淵郷「田村」「別府宮」、あるいは近世の下田村・万願寺村・宮村・上田村にあたる村人の墓地で、かつては安養寺墓地の南東部一帯に広がっていた可能性があり、一八世紀中葉にその一部が水田化されたため、墓地を使用していた家々では屋敷墓へ移行する現象がみられたと考えられる。

ただ水田化された墓地がある一方で、安養寺境内に残された墓地もあり、いずれにしても一八世紀前葉から中葉は、安養寺の寺域が整備された時期であったといえよう。第五章の原田論文では、おそらく安養寺は、一六世紀頃に参道の整備がなされ、その後一六世紀末から一七世紀前半に、旧土淵郷内の富裕層によって安養寺の復興が進んだと推測している。また前掲『日野市埋蔵文化財発掘調査報告六五　南広間地遺跡一四』では、安養寺の墓域の変化と本堂の建て替えが、ほぼ同じ時期であることが指摘されている。

安養寺の復興の経済的基盤は、おそらく中世末以来の耕地開発、とくに水田化による生産力の増加と安定によるもので、当地域の上田村ほか五ヶ村の近世村落の形成と連動していたものと思われる。そこに近世における水田志向の高まりによって、さらなる水田耕地の獲得欲求が強まったことから、墓地までもが水田化され、安養寺の墓域が整備されていった。しかも、これと並行して村々における経済的安定を背景に、各家の屋敷墓として、また安養寺境内の墓地でも「家墓制」が成立したものと考えて良いだろう。

三　丘陵部の開発と宗教施設

(一) 丘陵部の宗教施設

日野・八王子地域の丘陵部では、河川の氾濫による沖積低地の場合と異なって、開発と宗教施設の関係は、より安定的であったように思われる。そこで本節では、とりわけ屋敷神や同族神などの小祠に注目して、このテーマに迫りたいと思う。すでに第八章の酒井論文・第九章の谷澤論文でも指摘されているように、丘陵部の石川村には、開発にかかわる七名字七氏子という伝承があり、村の旧家がそれぞれ社をもつという特色がある。この石川村では、中世末以降に、丘陵部から谷地川流域の低地部に向かって活発な開発が行われているが、これらの宗教施設の位置関係に注目しつつ、石川村における耕地開発を、村鎮守および同族神との関係から考察してみたい。

(二) 石川村の耕地開発と七名字七氏子の伝承

石川村の耕地開発についいては、詳細は第八章の酒井論文によられたいが、ここでは宗教施設との関係から、必要な範囲で概略について触れておきたい。まず石川村の主要な水田と屋敷地の周囲の畑の開発は、ほぼ近世以前に終了している点が重要だろう。しかも天正検地には、「かいと」地名が村の西北に集中してみえることから、ここが集落の中心であったと考えられる。

とくに天正検地以後に耕地面積が増加したのは、鶴巻から荒井前にかけての谷地川右岸の氾濫平野に作られた水田である。また谷地川の南側の丘陵や台地上の畑も、近世以降に開発された耕地であることにも注目しておきたい。

石川村の耕地の特徴としては、水田がしばしば旱損に見舞われた点にある。石川村の水田は、谷地川から引いた用水を利用した水田は、「六反田」の他一ヶ所のみで、それ以外は天水田であった。谷地川は水量の少ない川で、ここからの揚水によって「六反田」が灌漑されていたため、旱損となることがあった。さらに天水田も、その水量は降水量に左右された。以上が酒井論文の成果による石川村の耕地開発の様相であるが、用水の利用や水害において、先述した多摩川と浅川に挟まれた沖積低地の村々とは対照的な土地であった。

さらに、この石川村には、七名字七氏子の伝承がある。この伝承は、中世後期の石川村の現状を反映したもので、詳しくは第九章の谷澤論文を参照されたいが、ここでは開発との関係から、最低限度の概略について述べてみたい。

七名字七氏子の伝承は、七名字といわれる旧家が、それぞれに氏神を有するというもので、串田姓が熊玉神社・池田姓が愛宕社・澤田姓が神明社・内田姓が八幡社・和田姓が山王社・立川姓が天神社・金子姓が第六天とされる。また七名字七氏子以外にも、旧家として、石川家・守屋家・源原家などがあり、石川家が現あきる野市内の阿伎留神社を氏神とするほか、守屋家は武田の旧臣と伝え、源原家は七名字七氏子の澤田家の分家とする伝承をもつ。

一方、天保九年（一八三八）の石川七之名覚（石川家文書ｙ一―八）では、七名字は石川姓・立川姓・澤田姓・串田姓・内田姓・和田姓・横溝姓とされる。

このような村の草切りや旧家の伝承は、一般に近世後期に記録として残されることが多く、内容には検討が必要ではあるが、それぞれの村々の初源を的確に物語ることも少なくない。石川村の伝承には、大きく二つの系統が認められるが、整理すれば、串田姓・澤田姓・内田姓・立川姓・和田姓が共通し、この五家は実際に古くからの石川村の旧家として知られる。

以上、谷澤論文の成果に上り、七名字七氏子の伝承について述べたが、こうした七名字七氏子の伝承は、中世後期の事情を反映するものと思われ、とくに屋敷地の立地が重要で、七名字七氏子のうち澤田家・内田家・立川家に注目したい。この三家の屋敷は、村の西北の丘陵部沿いにあり、第八章の酒井論文が指摘するように、天正検地の「かいと」地名が村の西北に集中していることと一致する。この三家は、中世後期における石川村の地付きの家々である。

そして中世末期に石川村に入ったのが石川家と守屋家で、石川家は山寄りにある内田家の一段下の土地に位置し、守屋家は丘陵沿いの台地から一段下の土地にある。この二家は、七名字七氏子の澤田家・内田家・立川家のある山寄りの丘陵部沿いではなく、谷地川に向かう低地部に拠点をおいたことになる。これは七名字七氏子系の家々が、中世後期以来の丘陵沿いの耕地を経営の基盤としてきたこととは対照的に、新たに石川・守屋両家は谷地川沿いの低地部の水田開発を志向したためと思われる。

また源原家は七名字七氏子の澤田家の分家とされる伝承を有するが、近世には幕府領の名主となり、その屋敷は守屋家の前に位置している。これは澤田家の分家であった源原家が、一族が基盤とした山寄りの土地を出て、石川・守屋両家と同じように谷地川沿いの低地部に進出し、その後に経済的実力を蓄えたために名主に取り立てられたと考えられる。なお七名字七氏子の内田家の分家も、本家のある山寄りの地から、谷地川に向かって進出しており、分家筋の方が新たな耕地開発の展開に順応しやすかったものと思われる。

また日向集落は、図10—7（図9—5に同じ：三五八頁参照）をみると、七名字七氏子の澤田家・立川家・内田家のある丘陵部とは、八王子道を挟んで東側に位置する。ここは、やや低い丘陵部と、その前面の谷地川に向かってなだらかに傾斜する土地からなり、七名字七氏子と伝える和田家は、その丘陵部に屋敷地を有している。ここは立地条件などから比較的新しい開発にかかる地域と思われる。

（三）開発と宗教施設

近世の石川村の宗教施設については、『新編武蔵国風土記稿』から御嶽社、西蓮寺、観音堂二宇、弥勒堂、大日堂があることがわかる。以下、『新編武蔵国風土記稿』の記載により概要を述べる。

御嶽社は石川村の村鎮守で、創建の年代は不明である。社領七石の御朱印地で「社ハ山上ニアリ」と記されている。別当は西蓮寺で、新義真言宗宇津木村龍光寺末である。金東山薬王院と号し、開山は元周法印であるが年代は不明である。境内には、薬師堂と稲荷社がある。

観音堂は、一宇は「水田ノ間」にあり二間に三間、もう一宇は「川ノ南向ヒ」にあり三間に五間である。弥勒堂は「北ノ山際」にあり四間四面、大日堂は「西ノ方」にあり二間に五間である。

このように『新編武蔵国風土記稿』から、近世の石川村には村鎮守と別当寺のほか、堂が村内に点在していたことがわかるが、七名字七氏子やその氏神の社についての記載はない。

七名字七氏子の氏神については、図10―7（図9―5）に澤田家の神明社、内田家の八幡社、立川家の天神社や、和田家の山王社が描かれており、いずれも丘陵上にある。社と屋敷地の位置関係については、神明社と澤田家は隣地であるが、八幡社と内田家、天神社と立川家は離れており、基本的に屋敷地は社より一段低い場所にある。丘陵部山寄りの安定した位置にある氏神と屋敷地という景観は、中世後期までさかのぼるものと考えられる。

こうした氏神は一族で祀っているが、一方で各一族は村鎮守の御嶽社の氏子となっている。旧家の石川家は阿伎留神社の氏子であり、村鎮守の御嶽社の氏子でもある。近世の石川村では、鎮守を介して村全体としてのまとまりを有していたことが窺える。その中核となる御嶽社は、図10—7（図9—5）と図10—8（図8—1に同じ：二九八頁参照）に明らかなように、村を見渡す丘陵の上に鎮座している。なお御嶽社の別当寺にあたる西蓮寺は、御嶽社の下に位置している。

この西蓮寺は隣村・宇津木村の龍光寺の末寺で、石川家・立川家などの檀那寺である。しかし村人すべての檀那寺が西蓮寺というわけではなく、村外の寺を檀那寺とする家もあった。特に注目されるのは、中世後期における石川村の地付きの家である七名字七氏子の澤田家とその分家の源原家の檀那寺が、宇津木村の龍光寺であることである。澤田家の屋敷地は、宇津木村と接する村の西北にあり中世後期の石川村の中心部であること、そして西蓮寺の本寺である龍光寺を檀那寺としていることは、石川村の開発と宇津木村との関係を考える上で非常に興味深い。

このように村人と檀那寺との関係から、近世の石川村の範囲を越えた宗教的な繋がりが窺える。村の檀那寺としての西蓮寺の性格は、鎮守である御嶽社のように、村全体を包み込むような繋がりを持つものではなく、それぞれの家と寺との関係が重要視されていた点が興味深い。

なお石川村の堂については、図10―7（図9―5）、図10―8（図8―1）図10―9（図9―4に同じ：三五七頁参照）からも、村内にいくつかの堂（図10―7では「寮」と標記される）があることがわかる。これらの絵図にみられる堂や、堂と思われる建物の絵は、鎮守や澤田家・内田家・立川家の社のように丘陵ではなく、ほとんどが滝山道以南の水田や畑にあり、低地部における開発の進展を反映するものと考えられる。

（四）開発と墓地

石川村には屋敷墓・共同墓地・寺墓があり、村全体としての共同墓地はない。こうした墓地のありかたと石川村における開発の関係を考えてみたい。まず中世後期以前からの地付きの家である七名字七氏子の澤田家と内田家は、屋敷墓である。内田家は屋敷地から地続きの山の斜面地に、本家と分家の一族墓地を設けている。

ところが中世末期に入村したと考えられる石川家は、西蓮寺に墓地を有している。西蓮寺には石川家と立川家、寺の僧侶の墓地があり、明治期には石川家と立川家が同じくらいの規模を有している。西蓮寺は、石川家によって創建または復興された可能性も高く、旧来の七名字七氏子のように屋敷墓を有していない点で、墓地のありかたが大きく異なっている点が注目される。また同じく守屋家は、立川家などの複数の一族の共同墓地である藤の木墓地に墓がある。藤の木墓地は、滝山道の南で蛇行する谷地川近くにあり、七名字七氏子の内田家の墓地とは地形的に対照をなしている。

また日向集落には、集落の共同墓地があり、七名字七氏子と伝える和田家の墓がある。図10―8（図8―1）の東端の字新田の西側で、道路に挟まれた三角形の土地が共同墓地であるが、その西側に堂とみられる建物が描かれている。

おそらく日向集落の墓地は、集落の形成が比較的新しいことから、住民の共通意思に基づいて、集落全体の共同墓地として成立したものと考えられる。このように墓地のありかたは、立地条件や開発事情によって、その影響を受けたことが窺われる。

こうして石川村内部の宗教施設のありかたを検討してみると、それらが村内における開発の段階性を、みごとに反映するものであることが明らかとなる。おそらくは中世後期に、石川村の原型を作り上げた七名字七氏子の系譜を引く人々は、丘陵部の山寄りの地域を主な生産基盤としていたために、そこに屋敷を構え、それぞれに小祠を設けて墓地を有してきた。

ところが中世末期には、新たな開発者の移入があり、彼らは谷地川に近い平坦部に、谷地川から用水を引くなどして、水田開発を行って経済的基盤を固めた。そして、そこに屋敷を構えて、新たな寺や堂などを設け、そこに墓地を置いた。また村鎮守としては、御嶽社が精神的な紐帯となったが、旧来の七名字七氏子の系譜を引く家々は、それぞれに氏神を祀ったほか、新たに移入した石川家は、御嶽社の氏子であると同時に、出自との関係から阿伎留神社の氏子でもあり続けた。

まさに丘陵部においても、土地開発の歴史的段階や性格によって、宗教施設のありかたがそれぞれに異なってくることを、以上の検討から少しは明らかにしえたものと考える。

四　おわりに

以上、耕地開発と宗教施設のかかわりについて、中世後期もしくは末期から近世にかけての変化を、上田村・宮村・下田村・万願寺村・新井村・石田村と、石川村という近接する二つの地域において検討してきた。しかも、この二つの地域は、多摩川・浅川合流点付近の沖積低地と、加住北丘陵部というまさに対照的な地形を有し、開発条件が著しく異なっている。しかも前者が中世の国衙領であった土淵郷にあたり、後者が船木田荘の一部をなす中世宇津木郷を中心とした地であったことも重要である。

まず多摩川・浅川氾濫源の沖積低地では、度重なる洪水によって、しばしば河道が変遷し、集落および耕地の安定性に欠けるという特質がある。このため中世の集落や屋敷は、きわめて散在的な景観を呈するのみで、そのまま近世村落へと繋がったわけではない。もちろん、ほぼ同様な自然堤防上の適地に、集落を営み周辺の耕地を開発して、この地域にいくつかの近世村落が成立をみたが、その様相は複雑をきわめた。

すなわち、こうした沖積低地においては、すでに中世末期に、美濃国から移住した佐藤隼人による開削とされる日野用水が設けられ、この地域一帯で水田化が著しい進展をみた。やがて近世に入ると、村切りによって新たに成立した村々のレベルで用排水路の設置や水田適地の開発が共同で行われるようになった。しかし、こうした開発に伴う耕地への権利は複雑で、中世末以来の開発による耕地の所有権は錯綜し、村境が入り交じるような結果となった。

このため村同士の関係も、村域を越えて開発が進むため、親村・子村あるいは古村・新村の差異が明確ではなかった。そして、これにより鎮守が複数村にわたることも珍しくなく、それが他村に存在することもあった。また寺や墓地にしても、それ自体が開発の対象となる場合もあれば、開発の事情や進展に伴って、大きく変化することもあり、決して宗教施設自体も安定的な形で持続されたわけではなかった。

これに対して、中世船木田荘に含まれた丘陵部の石川村は、第五章の原田論文が指摘するように、もともと畑地が多く、古くから水田は小規模な谷田に依存してきた。こうした開発段階にあっては、七名字七氏子と称されるような旧来の家々が、丘陵部山寄りに拠点を求め、古い宗教施設もそこに設けられていた。しかし中世末期に始まる新たな開発では、山寄りではなく、平坦な谷地川沿いに、比較的小規模な用水を設けて、その場所を中心に新たな開発が進展した。その指導者は、中世末期に移入してきた家々、もしくは七名字七氏子の分家筋にあたる人々で、彼らは丘陵部から離れた場所に屋敷を築いた。

丘陵部に位置する石川村では、沖積低地の村々のように洪水による地形変化の怖れはなく、集落や宗教施設は極めて安定性が高かった。このため石川村においては、村の開発段階に応じて、宗教施設の変遷がみられるという特色を有している。

こうして沖積低地と丘陵部における宗教施設のあり方を対比してみると、それぞれの地域の地形的特質に大きく規定されることが明白となる。つまり村々の精神的な拠り所となる宗教施設そのものも、村々の開発の条件と、それぞれの開発段階に応じて変化するという事実を、本章の分析は如実に物語っているといえよう。

（1）成井家のある宮村は、近世は幕府代官と千人頭志村家の相給村で、名主役は二人いた。鎮守は別符権現社で、寺は真福寺があったが、明治六年（一八七三）に廃寺となった。代官支配所分一五軒の檀那寺は、ほとんどが下田村の安養寺で、高幡村の金剛寺の場合もあった。（「幕末期宮村代官支配所分檀那寺別家数人数表」『日野市史　通史編　二下』表1―16）。また『新編武蔵国風土記稿』と「皇国地誌A」によると、別符権現社は、もとは村民岩澤藤左衛門の宅地の鎮守で、承応四年（一六五五）三月に下田村安養寺に別当を頼んだが、貞享元年（一六八四）に、藤左衛門が本阿弥家を嗣ぎ江戸に出て離農した時、その宅地を社領として真福寺を別当にしたという。以上のことから、発掘された安養寺の墓地が形成された一七世紀中葉から後葉に、宮村と安養寺との関係が微妙に変化したことが窺われる。

（2）『東京都日野市　南広間地遺跡　一般国道二〇号（日野バイパス日野地区）改築工事に伴う埋蔵文化財調査報告書』［日野市遺跡調査会編二〇〇三］によれば、渡辺家では墓坑群の上層から六道銭とみられる六枚の固着した「永楽通宝」が出土していることから、一七世紀以前に墓地として使用されていた可能性も推測されている。また渡辺家には、元禄期頃に洪水被害を避けるために、南方近隣にあった屋敷を放棄して、調査地に移転してきたという伝承がある。

（第一〇章執筆協力：原田信男）

第一一章　近世の日野・八王子地域における焼畑の位置

山本智代

一　はじめに

現在の日野・八王子地域は、高度経済成長期以降の宅地造成により山々は平らにならされ、低地部では谷や水田が埋め立てられて、近世当時の景観をそのまま残すところは少なくなっている。しかし本来は、多摩川や浅川周辺の低地部と、加住南丘陵や小比企丘陵、多摩丘陵などの丘陵地とが入り組んだ起伏の多い地域であり、それぞれの地形を活かした土地利用が行われていたと考えられる。そして、丘陵地が大部分を占めるような地域では、平坦地が少ない分、低地や谷戸での水田開発だけでなく、傾斜地をいかに利用するかということも重要であった。こうした傾斜地の有効的な利用のひとつとして、古くから山間部の地域で行われてきた焼畑があげられる。

焼畑を示す「サス」という言葉にちなんだ地名が多く残されていることから、かつて焼畑が全国各地で行われていたことが分かるが、当地域も例外ではない。近世後期の地誌『新編武蔵国風土記稿』小宮領の部分に、猟佐須・大指川・小指川など「サス」が転訛した焼畑地名がみえ、古くよりこの地域でも焼畑が行われていたことが推測されている［青鹿一九八〇］。

さて、焼畑は文献史料に記録されにくいため、歴史学による研究がほとんどなされてこなかったのが現状である。一方で民俗学による研究は古く、すでに詳細な先行研究の整理も行われている［原田二〇〇五・〇七、六車二〇〇七］。

民俗学において古くは柳田国男の「山民の生活」に始まり［柳田一九六三］、それ以降も山口弥一郎や野本寛一をはじめ、焼畑の実態や慣行などについてすぐれた研究がなされている［山口一九四四、野本一九八四］。なお、民族学でも佐々木高明が体系的な焼畑研究を行っている［佐々木一九七九ほか］。

歴史学では、古島敏雄が一九四三年に『近世日本農業の構造』で、地方書の記載などから近世における焼畑耕作の実態を明らかにしている。古島はここで、あくまでも焼畑を原始農法とし、耕地の少ない山間部に暮らす「零細農民」の生産を補完するための手段と位置づけており、これが長く歴史学での焼畑の「常識」となっていた［古島一九四三］。

近年になってようやく、歴史学（または歴史地理学）の分野でも再び焼畑がとりあげられるようになり、その研究も進んできた。この結果、焼畑は「零細農民」に限らず行われていたことや、雑穀生産以外の焼畑地の利用方法など、新しい見解が示されつつある［米家二〇〇五ほか］。

本章では、地方文書を丁寧に読み解きつつ、民俗学における聞き取りの成果も交えて、日野・八王子地域に暮らした人々が、この地域の丘陵をどのように利用していたのか、焼畑に焦点をあてて検討していきたい。

二　日野・八王子地域の「切畑」

（一）焼畑と切畑

まず焼畑について、その概要を述べておこう。

焼畑とは、山の草木を伐り払って焼き、その灰を肥料として蕎麦や粟、稗などの生産を行う農法である。火入れをして耕地化された後は数年間耕作を行うが、毎年同じものを植えつけず、一年目は蕎麦、二年目は粟、などと地力に合わせ作物を変えて輪作する。こうして作物を生産した後は、桑や三椏《みつまた》などを植え付けてさらに土地を利用する場合も多いが、地味が衰えるため、最終的にはもとの林野に戻して土地を休ませる。地味が戻るまでには土地や利用方法により四〜五年から数十年かかるが、この間はまた別の場所で焼畑を行う。このように同じ場所で耕作を繰り返さず、林野を循環的に利用していくところに焼畑の特徴がある。

ところで、近世の土地台帳である検地帳には、地目のひとつに「上田」や「上畑」などとともに、「切畑」や「切替畑」の用語がみられる。切畑や切替畑は林野を耕地に切り替えていくことを意味して使われ、火入れを伴わない場合もあるために、必ずしも「切畑」＝焼畑とはいえない。しかし、近世の地方書である『地方凡例録』をはじめ、多くの先行研究においても切畑は焼畑のことであるとされており、日野・八王子地域の史料にみえる「切畑」には焼畑で育てられる作物がみえることから、当地域の場合もやはり、「切畑」＝焼畑であったと考えてよいだろう。そして、日野・八王子地域に残された地方文書には多くの「切畑」がみられ、当地域でも丘陵地の斜面を利用していたるところで焼畑が行われていたことが推測できるのである。

(二) 聞き取り調査にみる当地域の焼畑

当地域の近世史料にみえる「切畑」は焼畑であることを確認したが、具体的に焼畑がどのように行われていたのかを史料から把握することは難しい。そのため、ここでは民俗学の聞き取りの成果も参考にしたい。

東京都は、農産業・交通などについての聞き取り調査を一九七七・七八年に行い、そのデータを『東京の民俗四』にまとめている［東京都教育庁社会教育部文化課一九八七］。ここでは、聞き取り調査をもとに地域ごとに詳細

表11－1　『東京の民俗』にみる日野・八王子地域の焼畑

地域	『東京の民俗』にみえる焼畑	頁	備考
町田市三輪町	アラクと呼ぶ、荒地の開墾があり、桑などを植えた	4	
町田市鶴川	アラクと呼ぶ、荒地を開いて麦などをまく。10年程度で地力が衰えるので桑や他の木を植えたりする	14	
町田市下小山田	切替畑でアラクという、雑木山を唐鍬で起こし、肥料をやらずに畑にする。オカボ、サツマ、麦、野菜などをうえる。数年程度使い、出来が悪くなるともとの雑木林にする。後を桑畑などにもする	22	
町田市相模原	切替畑があり、アラクという。初年はオカボを植え、以後野菜などを植えるが、2・3年で杉苗・桑などを植える	32	
八王子市上恩方町	杉山を焼いてソバを作った。山の高所・石の多い畑などやせている土地のことをアラクという。常畑である	42	
八王子市裏高尾町	オオガリといい、杉の木を切った後、燃して粟やソバをつくった	50	
八王子市川口町	焼畑に関する記述なし	56	地方文書に切畑がみえる
八王子市小宮町	焼畑に関する記述なし	70	隣村である石川村の地方文書に切畑がみえる
八王子市南大沢	アラクといい山を開いて畑とし、後に再び山にもどす。アラクは「○○さんのアラク」と畑の名称としているのが一般的	83	
日野市新井・石田	焼畑に関する記述なし	91	地方文書に切畑がみえる

＊「焼畑」の記述に関しては、出典からそのまま引用した。
＊頁数は「焼畑」の記述がある頁であるが、「焼畑」に関する記述がない地域に関しては、その地域の初めの頁数である。

（東京都教育庁社会教育部文化課1987より作成）

な記述がなされ、焼畑に関しても地域での呼び名、植え付けている作物、放棄した後の使い方などについて記載されている。表11―1は、当地域のうち焼畑に関する記述がある場所のみをとりあげ、焼畑についての記事をそのまま抜き出したものである。この調査が行われた一九七七・七八年の段階では、まだ人びとに焼畑の記憶が残っており、東京においても、山がちの地域では戦後くらいまで焼畑が行われていたことが分かる。

また、『東京の民俗』には焼畑の記述がなくても、当地域に残された地方文書などから焼畑が行われていたと判断できる場合については、備考にこれを注記した。それが下田村（現日野市）や川口町（現八王子市）、石川村（現八王子市）などであるが、これらの地域については史料をあげて後述する。今後、丁寧に地方文書を読み込んでいくことで、焼畑が行われていたことを示す事例はさらにみつかるだろう。

『東京の民俗』は、あくまでも聞き取り調査で得られた情報のみによって記述されているため、聞き取りの仕方により得られた情報にやや偏りがあるが、ある程度の状況はつかむことができる。

表11―1を詳しくみてみよう。焼畑の呼び名や作られる作物は地域によってさまざまだが、この地域では焼畑を主に「アラク」と呼び（八王子市裏高尾町では「オオガリ」）、麦・陸稲・蕎麦・粟などの穀物の他に、サツマイモや野菜も作っていた。土地を焼いた後は数年から一〇年ほど利用し、その後はもとの雑木林としたり、場所によっては桑や杉苗を植えてさらに利用した様子がわかる。

これが近代における当地域での焼畑の様子であるが、近世においては具体的にどのような土地でどのくらいの焼畑が営まれていたのか、地方史料にみえる切畑に注目して検討してみよう。例えば石川村では、寛延三年（一七五〇）五月の村鑑帳扣（源原家文書冊四〇）によると、相給名主の一人である源原家分（幕領）石高約一二三石余・反別一三町七反歩余のうち、水田が二町四反歩、畑地一一町二反歩だが、畑地のうち切畑が九反四畝一八歩あった。切畑九反歩余というのは、全体の約六％、水田の約半分にあたり決して少なくはない。この九反歩がどのように区分けされていたのか、史料11―1をみてみよう。

【史料11―1】文化二年（一八〇五）三月　惣名寄改本帳（源原家文書冊一六四）

郷左衛門谷ツ　切畑　弐畝歩　源右衛門
郷左衛門谷ツ　切畑　壱畝二五歩
中道　切畑　四畝壱歩
中道　切畑　四畝歩
地蔵つか　切畑　四畝二五歩
地蔵つか　切畑　四畝一六歩
地蔵つか　切畑　五畝三歩
中道　切畑　壱畝弐歩

この史料は、石川村の名寄帳から切畑の分をいくつか抜粋したものである。切畑の一筆の面積は一畝から五畝とわりと狭く、村内にあった九反歩の切畑はこのように細かく分割されていた。石川村は標高九〇メートルから一二〇メートルほどの丘陵地であり、集落の背後に広大な山林が広がっているような土地柄ではないため、焼畑の規模は比較的小さい。

石川村を描いた図11―1（図8―1に同じ：二九八頁）をみると、畑に囲まれてところどころ「山」と記された場所がある。ここに描かれている「山」、つまり村の北側にある宇津木と粟之須との境になっている「山」（丘陵）の斜面や、谷地川の南に点在する斜面などが焼畑として利用されていたと思われる。

（三）焼畑における食料生産

では、こうした切畑で何が生産されていたのか。表11—1からも雑穀などを作っていた様子が窺われるが、これを裏づけることのできる史料として、享保一九年（一七三四）八月の下田村立毛書上帳（立川市鈴木清家文書／日野市史史料集　近世二　社会生活・産業編）がある（表11—2）。切畑についての具体的な史料が少ないなかで、実際に下畑・下々畑・切畑で作っている作物を書き上げた本史料は大変貴重なものである。ここでは、粟・稗・蕎麦などの雑穀に加え、芋や菜、大根などの野菜が書き上げられており、焼畑が重要な食料生産の場となっていたことを裏づけている。

書き上げられている地目は、下畑・下々畑・本切畑・新下々畑・新切畑で、下々畑と切畑は「新」と「本」とに区別されている。これらの地目がどのような基準で分類されていたのかは不明であるが、本史料の末尾には地目ごとの反別およびそこで作られている作物の総計が示されているので、これを記載順に挙げてみよう。

下　　畑：蕎麦・稗
下 々 畑：稗
本 切 畑：粟・稗・芋・菜・大根・蕎麦
新下々畑：粟・稗・菜・大根・蕎麦
新 切 畑：粟・稗・芋・菜・大根・蕎麦

書き上げられた耕地全四八筆のうちほとんどが本切畑・新下々畑・新切畑で、下畑は二筆、下々畑はわずか一筆のみである。本切畑・新下々畑・新切畑は育てられている作物からも焼畑と考えられる。このうち気になるのが「新下々畑」である。基本的に「下々畑」は下級の耕地を示すが、これが焼畑であったという事例は管見の限り見受けられない。「新」という文字がついているのは、「新田」のように新たに土地を切り開いたという意味であるとすると、下田村の場合には下々畑も最初に切り開いた時は火を入れて焼畑にしていた可能性が高いといえ

表11—2　下田村における下畑・下々畑・切畑の作物

	等級	所持人	面積（畝・歩）	内訳	作物	備考
1	本切畑	弥右衛門	一〇・〇〇	六・〇〇 四・〇〇	粟 菜・大根	七分荒 替無
2	本切畑	九郎左衛門	一七・一四	一・〇〇 七・一四	粟 稗	六分荒 五分荒
3	新下々畑	九郎左衛門	一・二四	一・二四	菜	替無
4	新切畑	九郎左衛門	八・〇〇	四・〇〇 四・〇〇	蕎麦 いも	替無 五分荒
5	本切畑	才兵衛	一九・二八	一〇・〇〇 五・〇〇 四・二八	粟 蕎麦 菜	六分荒 替無 替無
6	新下畑	才兵衛	一・二四	一・二四	大根	九分荒
7	新切畑	才兵衛	八・〇〇	五・〇〇 三・〇〇	稗 粟	五分荒 七分荒
8	本切畑	平左衛門	四・〇〇	四・〇〇	粟	六分荒
9	新切畑	平左衛門	五・〇二	五・〇二	蕎麦	替無
10	本切畑	清三郎	四・二七	四・二七	粟	六分荒
11	新切畑	清三郎	七・〇〇	四・〇〇 三・〇〇	稗 大根	五分荒 替無
12	新切畑	極楽院	一六・二二	一〇・〇〇 六・二二	いも 粟	四分荒 三分荒
13	新下々畑	極楽院	二八・〇〇	一〇・〇〇 八・〇〇 一〇・〇〇	稗 蕎麦 菜・大根	五分荒 替無 替無
14	本切畑	仁右衛門	一一・〇二	七・〇〇 四・〇二	粟 蕎麦	六分荒 替無
15	下畑	弥右衛門	七・一八	四・〇〇 三・一八	蕎麦 稗	替無 五分荒
16	本切畑	弥右衛門	一二・一四	一〇・〇〇 二・一四	粟 稗	六分荒 五分荒
17	本切畑	左次兵衛	一一・〇六	六・〇六 五・〇〇	粟 いも	六分荒 五分荒
18	新下々畑	左次兵衛	二七・〇三	一〇・〇〇 七・〇三 一〇・〇〇	蕎麦 菜・大根 稗	替無 替無
19	本切畑	紋右衛門	一六・〇九	一〇・〇〇 六・〇九	粟 稗	三分荒 五分荒
20	新切畑	紋右衛門	一七・一〇	八・〇〇 七・〇〇 二・一〇	蕎麦 菜・大根 いも	替無 替無 四分荒
21	本切畑	甚右衛門	七・一一	七・一一	粟	六分荒
22	新切畑	甚右衛門	一七・一〇	七・〇〇 五・一〇 四・〇〇	蕎麦 稗 大根	替無 四分荒 替無

	等級	所持人	面積（畝・歩）	内訳	作物	備考
23	本切畑	弥兵衛	一七・一八	一〇・〇〇 七・一八	粟 稗	七分荒 四分荒
24	新切畑	弥兵衛	一九・〇八	一〇・〇〇 五・〇〇 四・〇〇	蕎麦 大根 いも	替無 替無 四分荒
25	新下々畑	弥兵衛	三〇・一二	一〇・〇〇 一〇・〇〇 一〇・一二	粟 菜 蕎麦	七分荒 替無 九分荒
26	本切畑	六右衛門	二四・〇八	五・〇〇 一〇・〇〇 五・〇〇 四・〇八	大根 粟 蕎麦 いも	替無 六分荒 替無 四分荒
27	本切畑	源左衛門	七・二四	五・〇〇 二・二四	粟 稗	六分荒 五分荒
28	本切畑	紋十郎	四五・二三	一〇・〇〇 一〇・〇〇 一〇・〇〇 一〇・〇〇 五・二三	粟 稗 いも 蕎麦 大根	七分荒 六分荒 四分荒 替無 替無
29	下畑	紋十郎	二・〇六	二・〇六	稗	五分荒
30	本切畑	磯右衛門	一八・二九	八・二九 五・〇〇 五・〇〇	粟 菜・大根 稗	六分荒 替無 五分荒
31	本切畑	三郎右衛門	二五・二七	一〇・〇〇 五・二七 一〇・〇〇	蕎麦 大根 稗	八分荒 替無 五分荒
32	新切畑	三郎右衛門	八・一五	八・一五	粟	六分荒
33	下々畑	善右衛門	二・二四	二・二四	稗	四分荒
34	本切畑	善右衛門	二〇・一五	一〇・〇〇 五・〇〇 五・一五	粟 大根 いも	六分荒 替無 五分荒
35	本切畑	源兵衛	一一・〇六	六・〇六 五・〇〇	粟 蕎麦	五分荒 替無
36	本切畑	源兵衛	一六・二四	五・〇〇 五・〇〇 六・二四	大根 稗 菜	九分荒 四分荒 替無
37	本切畑	次兵衛	八・一六	八・一六	粟	六分荒
38	新切畑	次兵衛	一二・〇〇	五・〇〇 五・〇〇 二・〇〇	大根 いも 菜	八分荒 五分荒 替無
39	新下畑	次兵衛	三・〇八	三・〇三	稗	五分荒
40	新下々畑	ぬい右衛門	一八・一二	一〇・〇〇 八・一二	稗 粟	五分荒 六分荒
41	新切畑	ぬい右衛門	七・一四	五・〇〇 二・一四	大根 菜	替無 替無

	等級	所持人	面積（畝・歩）	内訳	作物	備考
42	本切畑	勘右衛門	一一・〇八	五・〇〇 六・〇八	粟 稗	五分荒 五分荒
43	本切畑	安左衛門	二八・〇〇	一〇・〇〇 一〇・〇〇 八・〇〇	粟 稗 菜・大根	六分荒 五分荒 替無
44	本切畑	加兵衛	一三・二四	八・〇〇 五・二八	粟 大根	六分荒 九分荒
45	本切畑	次郎平	二〇・一二	一〇・〇〇 六・〇〇 四・一二	いも 蕎麦 大根	四分荒 替無 九分荒
46	新切畑	次郎平	三・一二	三・一二	粟	三分荒
47	本切畑	惣左衛門	三九・〇九	一〇・〇〇 一〇・〇〇 一〇・〇〇 九・〇九	粟 いも 蕎麦 菜・大根	六分荒 五分荒 替無 替無
48	本切畑	久左衛門	二八・〇六	一〇・〇〇 一〇・〇〇 四・〇六 四・〇〇	粟 稗 大根 菜	四分荒 四分荒 替無 替無

（享保一一年八月「下田村立毛書上帳」立川市鈴木清家文書〔日野市史編さん委員会一九七九〕より作成）

る。こうしてしばらく利用し、耕地として安定すれば常畑の「下々畑」として改めて把握されたのだろう。本史料に三筆のみみえる「下畑」・「下々畑」は、このような常畑化の中で下畑・下々畑として把握されたにもかかわらず、未だ雑穀を生産している部分を書き上げたものと思われる。

次に、一筆の面積に注目してみよう。一反以上の面積を持つ場合は、たいてい二・三ヶ所に分けられ、作物を植え分けている傾向が表11―2から窺われる。つまり、一筆の切畑でも、その面積が広い場合には数ヶ所に分けて違う作物を植えているため、雑穀と野菜など、同時に数種の作物を得ることができたと考えてよいだろう。例えば、整理番号5の才兵衛の本切畑一九畝二八歩は三ヶ所に分けられ、それぞれ粟・蕎麦・菜が植えられている。一年目・二年目・三年目と違う作物を植え付け、輪作をするという焼畑の特徴を考えるならば、これは三ヶ所同時に開墾したのではなく、違う年に順次火入れを行ったものだろう。一筆ごとに「何分荒」と書かれているのは、耕作を放棄して休ませている土地の割合を示しているのかもしれない。

ところで、こうした切畑への課税はどのくらいだったのだろうか。『地方凡例録』には、「切替畑・焼畑など云ハ壱反の検地を受五反も有」とあり、実際には高請けされた五倍程の面積があったことが分かるが、これは切替予定地として確保された部分と考えられる〔加藤二〇〇七〕。つまり、検地帳に登録されるのは実際の耕地のごく一部と考えるべきで、しかもそこにかかる年貢は次にみるように限りなく低い。

【史料11―2】明和七年（一七七〇）八月　高反別永取覚（源原家文書冊一五五）

蒔田八郎左衛門領

上畑（以下同）	永一一七文
中畑	永九八文
下畑	永八四文
下々畑	永六四文
切畑	永三六文
野銭畑	永二一文
山	永二四文
屋敷	永一二〇文

これは石川村の各地目にかかる一反あたりの年貢を書き上げたものである。年貢といっても関東では畑は米ではなく銭で取ることが多く、当地域でも銭で払うこととなっている。この史料をみると、切畑にかかる年貢が一反につき三六文と、常畑にくらべてかなり低いことがよく分かる。上畑の約三分の一、下畑と比べても約二分の一である点に留意されたい。

（四）切畑の値段

切畑は下級畑として位置づけられ、かかる年貢も常畑よりかなり低い。それは、焼畑が施肥を行わないことなどから従来より原始農法とされ、その生産性も低いとされてきたことによるだろう。しかし、表11―1や表11―2をみてわかるように、そこではさまざまな作物が生産されていた。しかも年貢が低いため、生産された作物とそこから得られる収益はほとんど耕作者のものとなった。土地の売買証文をみると、近世当時の人々の切畑に対する価値観がよく分かる。

【史料11―3】天保四年（一八三三）　譲渡し永々添書之事（源原家文書状一―一六）

「天保四卯年　八王子より引受候地蔵添書」

譲渡し永々添書之事

字地蔵ニ而　我等石高之内

一、切畑六畝拾五歩

一、為祝金拾五両◯（平次郎：印）也　但し通用金也

右者此度無據天保十亥年中石河村八良右衛門殿より同村忠吉分之古証文を引請置候、此度貴殿方江永々譲渡し申候處実正◯（平次郎：印）ニ御座候、然ル上者御年貢諸役等之儀者貴殿方ニ而永々御支配可被成候、右地所ニ付諸親類者不申及脇より少も相構申者一切無御座候、為後日永々譲渡添書一札差出、依而如件

天保十四年　八王子

卯六月日　四日場宿

平次郎◯（平次郎：印）

石川村

伝次郎殿

この史料では、八王子四日場宿の平次郎から石川村の伝次郎へ、石川村内の字地蔵の切畑六畝歩強が一五両で譲り渡されている。永年譲渡、つまり売却となっているが、それにしても六畝で一五両とはかなり高額である。事例は少ないが、売買証文や質地証文から周辺地域において分かる範囲で切畑の値段をまとめたものが表11―3である。これをみると、一畝あたりの値段は一両から二両強もある。なお表11―3には参考として質地証文にみる水田の値段も載せたが、近世前期には一両ほどであった田も、文政一一年(一八二八)には中田で一畝あたり一分強にすぎず、切畑の四分の一ほどの値段になっている。

年貢率も低く、生産性も低いとされてきた切畑の値段が、なぜこんなにも高いのだろうか。そこには次に述べるように、単なる食料生産以上の利用価値があったためと考えられる。

三　焼畑と材木生産

(一) 休閑地の利用法

焼畑は火入れをして数年耕作した後、その土地を放棄してまた地味が戻るのを待つ。放棄した後の土地はもとの雑木林などになるが、人々にとってはこの休閑期間中の雑木林も薪炭林などとして重要な意味を持っていた。焼畑の休閑地はこれ以外にもさまざまな利用方法があり、六車由実氏は休閑地について、次のような事例をあげつつ興味深い見解を述べている[六車二〇〇七]。

九州の五木村では、焼畑での耕作をやめた後にも紙の原料となる山梶や、タケノコ、ヤマウド、ゼンマイ、ワラビなど貴重な食料となる植物が自然に生えてくるため、休閑期間中も利用されていたという。また、ラオス北部の事例では、休閑地の二次林からかなりの現金収入を得ていることが分かっている。六車氏はこれらの事例により、焼畑での作物栽培はもとより、作物栽培を放棄した後の休閑地が、食料取得の面からも現金収入源としても重要な意味を持っていたのであり、休閑期間も含めた焼畑地のトータルな利用方法を把握すべきであるとしている。

しかし、休閑期間中のことまで言及している研究は少なく、史料だけでは焼畑における食料生産と休閑地の利用とをあわせて明らかにするような検証は難しい。それでも、いくつかの聞き取り調査による事例も考慮しながら、当地域における焼畑地のトータルな利用方法の復元を試みてみよう。

表11―1をみると、日野・八王子地域でも耕作後はもとの雑木林とする他に、養蚕のための桑栽培を行ったり、杉の植林を行ったりと、休閑期間もその土地を利用している様子が分かる。また表11―3にあげた切畑のうち二ヶ所には杉が植林されており、史料的にも同様のことが裏づけられる。

焼畑と用材用の杉・檜等の植林との関係は深く、焼畑地に植林する事例は他地域にもみえる。加藤衛拡氏は、林業がさかんな埼玉県入間川流域の山間部の村々の地方文書を検討し、検地帳にみえる「下々畑」「切畑」を切替畑（＝焼畑）のこととしたうえで、その周辺に焼畑の切り替え対象となる林野が付属していたとする。この林野は単に切替予定地というだけではなく、杉・檜等を植林して利用されていた「加藤二〇〇七」。

また、日野・八王子地域と同じような立地条件にある東京都五日市町でも焼畑が行われていたが、近世期に地域での林業がさかんになってくると、はじめから杉・檜等の造林をもくろんで焼畑を行う地拵としての焼畑づくりが行われるようになった「五日市町史編さん委員会編一九七六」。地拵とは、苗を植え付ける前に苗木の成長をはばむ草や雑木を除くための作業で、雑木や雑草を刈り払ったあとにこれを焼く場合がある。焼畑の慣行がある地方では、地拵として火を入れた後、数年簡単な耕作を行ってから苗木を植え付ける場合が多かったという「日本学士院日本科学史刊行会編一九五九」。このように焼畑地に杉・檜を植林することは、休閑地の有効利用と良材を得

表11―3　売買・質地証文にみる八王子地域切畑値段

村・字名（現在の地名）	年代	面積（畝.歩）	年期	金額	1畝あたり	出典	備考
下川口字宮沢ゑの木沢（八王子市川口町）	嘉永4年（1851）	2.00	43年	5両	2両2分	馬場家745	小杉1700本植込
上川口上組字天神林（八王子市上川町）	嘉永6年（1853）	1.18	20年	2両1分	1両2分	馬場家749	
上川口上組字天神林（同上）	嘉永6年（1853）	1.04	20年	1両2分	1両2分	馬場家749	杉130本（上木代1両1分）
（石川村）字地蔵（八王子市石川町）	天保14年（1845）	6.15	譲	15両	2両1分	源原家状1－16	
（石川村）字地蔵塚（同上）	天保14年（1845）	6.15	譲	6両	1両	源原家状1－17	3両地代 3両祝金

質地証文にみる水田の値段（参考）

村・字名（現在の地名）	年代	面積（畝.歩）	年期	金額	1畝あたり	出典	備考
乞田村（多摩市）	天和2年（1682）	1.12		1両2分	1両	『多摩市史』76	田
中和田村（同上）	宝暦5年（1709）	10.24	譲	7両2分	3分	『多摩市史』25	中田
万願寺村（日野市）	文政11年（1828）	15.12		3両	1分	『日野市史史料集近世2』、88	中田

＊1畝あたりの金額は、おおよその数字である。自治体史の数字は史料番号

るための地拵という焼畑と材木生産双方にとってメリットのあるものだった。

　さらに杉苗を植えたばかりの頃や焼畑地に桑を植えた場合には、次のようにこれらと同時に食料生産が行われていたことにも注目したい。高知県香美郡槇山村の事例（昭和八年実施の聞き取り調査による）では、杉や檜の三〇年生くらいの林を切り払って八月上旬に焼き、蕎麦を植えた後、翌年春に三椏を植えて五～六年使用する。ふつう三椏を植える場合は食料生産は行われないと考えられがちだが、槇山村ではその間に粟・稗を植え、食料生産も同時に行われていた。これと同地域の韮生村でも、四月に火入れをして三椏を植えた焼畑では、間作として粟・稗を

植えている。ここでは、三椏の生産とともに間植という形で雑穀生産も行われており、一種類に特化しない焼畑の作物生産のあり方がみえる［青鹿一九三五］。

これらの事例から、当地域における焼畑地の総合的な利用を考えると、火入れ直後は雑穀や野菜などを作り、これと同時か少し遅れて桑や杉苗を植え、杉苗が大きくなったところで耕作を放棄して杉林とする、というような一連の利用が想定できるのではないだろうか。

こうしたことを念頭に置きながら、次に、焼畑と深い関係のあった当地域における林業についてみていこう。

(二) 川口の切畑と材木生産

「切畑」は検地帳や名寄帳などの土地関係の帳面には登場しても、それ以外の文書類にみえることは少なく実態の究明は難しいが、この地域では幸い、平岡町の馬場家文書のなかに川口周辺の切畑を売り渡した際の証文が残っている。川口は、川口川に沿って開けた地域で、近世には上川口村と下川口村とに分かれていた。上・下の名が示す通り、上川口の方が川口川上流部に位置し、山がちな土地柄である。現在では八王子市に所属し、上川口は上川町、下川口は川口町となっている。ここでは便宜上、上川口村・下川口村という近世での呼び名を使用する。

川口は、八世紀末ころの状況を反映した『倭名類聚抄』の武蔵国多摩郡一〇郷のうちに「川口郷」とみえるため、古代・中世から人々の生活が営まれていた地域であることが分かる。また、この地域は摂関家領の船木田荘に属していたと考えられるが、船木田荘はもともと船木を供給する林業を中心とした荘園で、この地域における材木生産は中世にはすでに行われていたと考えられている［峰岸一九九四］。

八王子は多摩川との関係で、筏による材木の輸送がしやすい立地にあり、材木生産を行うには適した土地柄だった。江戸近郊の林業地帯としては、飯能市・青梅市が有名であるが、日野・八王子地域でも林業は重要な生業であったに違いない。ここに、近世の川口における材木生産、およびそれと焼畑との関係を示すと思われる史料が二点ある。

【史料11―4】嘉永四年（一八五一）九月　杉山年季売渡証文之事（馬場家文書七四五）

杉山年季売渡申証文之事

字宮沢ゑの木沢入口ニ而

一、切畑弐畝歩　小杉植込千七百本

東ハ我等持文（分）境

境　西ハさす境

南ハ我等檜境

北ハ我等杉山境

〇（太郎兵衛：印）

代金五両也

右ハ我等儀当亥御年貢其外夫喰金相詰リ、我等杉山当亥ノ九月ゟ来ル巳年迄中四拾三ケ年季ニ売渡代金不残慥ニ請取〇（太郎兵衛：印）申候処実正御座候、然ル上ハ御年貢諸役等御割付之通リ、貴殿方ニ而御上納罷成山支配可被成候、尤年季之内、山荒不申候様ニ大切ニ相守可申候、年季相究メ候節ハ杉木御伐取跡地御返し可被下候、此山ニ付、親類ハ不申及脇ゟ構出入無御座候、万一六ケ敷、申者御座候ハヽ、加判之者罷出急度埒明貴殿方御苦労相懸ケ申間敷候、為後日年季証文、仍而如件

嘉永四年　　宮沢山主

辛亥ノ九月　　太郎兵衛〇（太郎兵衛：印）

親類

市右衛門○（市右衛門：印）

（紙継目）○（太郎兵衛：裏印）○（市右衛門：裏印）○（長吉：裏印）

組合
長吉○（長吉：印）

亥年ゟ巳年迄三ヶ年
証人
之内元利返金相成
吉兵衛○（吉兵衛：印）

候ハヽ、右証文御返リ究
年寄
小兵衛○（小兵衛：印）

金壱分○（太郎兵衛：印）　以上

尤年季中之内
同所
御年貢先納
幸次郎殿

慥ニ請取申候
○（太郎兵衛：印）

（絵図有：図11―3参照）

地主
太郎兵衛（太郎兵衛：印）

親類
市右衛門（市右衛門：印）

この史料が伝来した馬場家は、近世において多角経営を行っており、川口にも土地を所持している。川口の総鎮守であり、近世からにぎわっていた今熊神社付近には、茶屋も出店していたという。史料11―4は字「宮沢ゑ

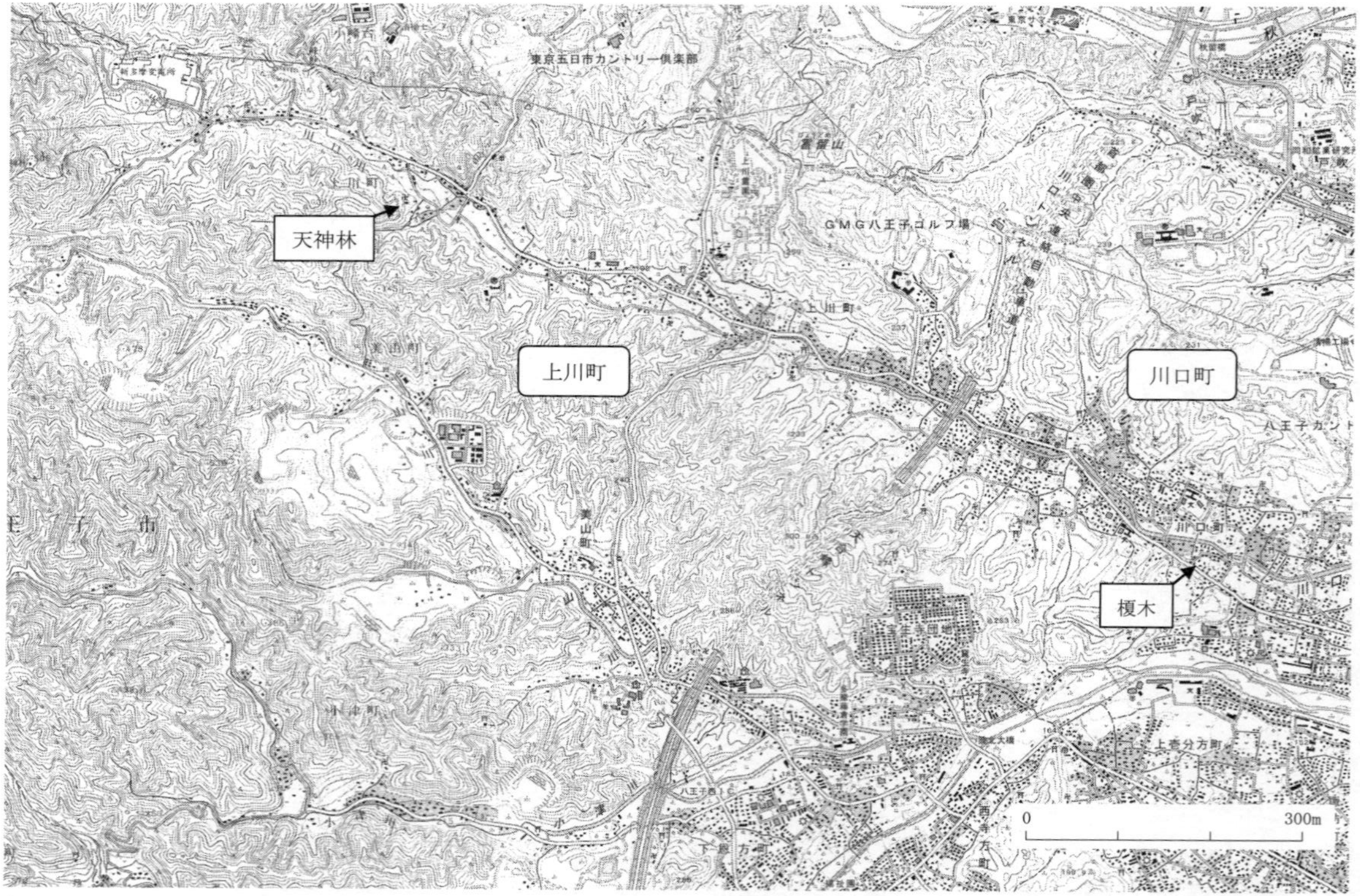

© Tomoyo YAMAMOTO

図11—2　上川町・川口町周辺地図（国土地理院１／25,000地形図を縮小・加工）

の木沢」という所の切畑二畝歩を、五両で年季売りに出した時の証文である。「宮沢ゑの木沢」という場所は、現在の川口町に「榎木」という地名が残っているため、この周辺のことと考えられる（図11—2）。

史料11—4において特筆すべきは、この切畑に小杉一七〇〇本が植えられていることである。切畑二畝で五両という値段には、当然この小杉の代金も含まれていると考えねばならない。この証文の題も「杉山年季売」となっていることから、おそらく切畑といっても実体は「杉山」となっていたのだろう。

さらに、この証文には絵図が付属しており、売買された切畑の状態を知ることができる。この宮沢ゑの木沢切畑絵図をトレースしたものが後掲の図11—3（四一八頁）である。この図をみると、宮沢山主である太郎兵衛は、ここで売買されている二畝の切畑の周辺にも、檜・杉山を持っていることが分かる。しかも二畝の切畑は四ヶ所に区分けがなされ、三ヶ所に小杉が植えられている。注目したいのは、西側に書かれた「西ハさす」という言葉である。これは史料11—4にも切畑の境として登場するが、「さす」という言葉は焼畑の火入れを意味することと、かつて焼畑が行われた土地に「さす」という地名が残っていることが多いことから、この切畑の西側では焼畑が営まれていたことが推測できる。

史料11—4で売買されている切畑二畝は、証文中の言葉では「杉山」と書かれているが、そのすぐ西側では焼畑が行われていることを考えると、この場所自体ももとは火入れをして焼畑にしつらえた土地であったと考えて良いだろう。なお、この事例からも、当地域において切畑が焼畑を指すことに疑いはない。

さらに、もう一点史料をみておきたい。次にみるのは、下川口よりもさらに山の方へ入った、上川口の切畑を質入れした時の証文である。

【史料11—5】嘉永六年（一八五三）三月　質物ニ相渡申切畑山証文之事（馬場家文書七四九）

質物ニ相渡申切畑山証文之事

上川口上組之内字天神林ニ而　　　　　　御水帳面

一、切畑壱畝拾八歩　　　　　　　　　　与五左衛門名

此地代金弐両一分也

同所

一、切畑一畝四歩　　　　　　　　　　御水帳面

此地代金壱両弐分也　　　　　　　　　伝左衛門名

上木代金壱両壱分也　　　　　　　　　但シ椙百三拾本余

都合金◯（正兵衛：印）五両也　　　　但シ御宝文字金也

右者当丑御年貢未進並無據要用ニ差支候ニ付、我等取持之地面当丑年ゟ来ル申年迄、弐拾ケ年季ニ質地相渡

前書之金子只今慥ニ請取◯（正兵衛：印）申処実正也、然上者右之山無相違進退可被致候、尤此山ニ付親類

組合者不申及違乱申者無御座候◯（正兵衛：印）、若差障之者御座候ハヽ、判人何方迄も罷出、急度埒明貴殿江

少茂御苦労損毛相掛申間敷候、為後日入置申年季山証文、仍而如件、

日向ケ谷戸

嘉永六年　　　　　　　　　　　　　　山主　正兵衛（正兵衛：印）

丑三月　　　　　　　　　　　　　　　組合親類代　定吉（定吉：印）

証人　将蔵（将蔵：印）

畳ケ原村

勘左衛門殿

前書之通相違無御座候ニ付依而奥印仕候

名主代　年寄

七右衛門（七右衛門：印）

史料11―4とほぼ同時期の史料であるが、これは上川口の字「天神林」の切畑二ヶ所の年季売りである。値段は、一畝一八歩の切畑が二両一分、一畝四歩の切畑が一両二分だが、後者には杉が一三〇本植わっており、この木代一両一分も加わって、全体で五両が取引されている。字「天神林」は、そのまま地名が残っていないため正確な場所は分からない。ただ史料上に「上川口上組」とみえることと、上川口今熊にある福寿寺のすぐ近くに天神を祀った小さな祠が今でもあることから、福寿寺周辺の山を指している可能性が高い。上川口のなかでも今熊付近はかなり山に囲まれているため、焼畑が行われていたと考えても不自然ではない。

年季売りに出された二ヶ所のうち、一ヶ所には杉一三〇本が植えられており、ここからも焼畑と杉の植林との関係を証明することができる。

さらに興味深いのは、同じくらいの面積でありながらも、上にあり山がちな上川口の「天神林」では杉一三〇本を植えているのに対して、下の少し開けた下川口の「〆の木沢」では小杉一七〇〇本が植えられていることである。しかも、天神林の杉は史料11―4のように「小杉」という表現がされていない。このことから、下川口のように少し開けた地域では、植林のための苗木を生産し、より山間に位置する地域へ出荷するというような、それぞれの土地柄にあった材木生産が行われていたことが想定できるのである。

四　日野・八王子地域の材木商

（一）材木の流通と値段

当地域において生産された材木は、主に多摩川を筏により川下げすることで大消費地である江戸に運ばれた。

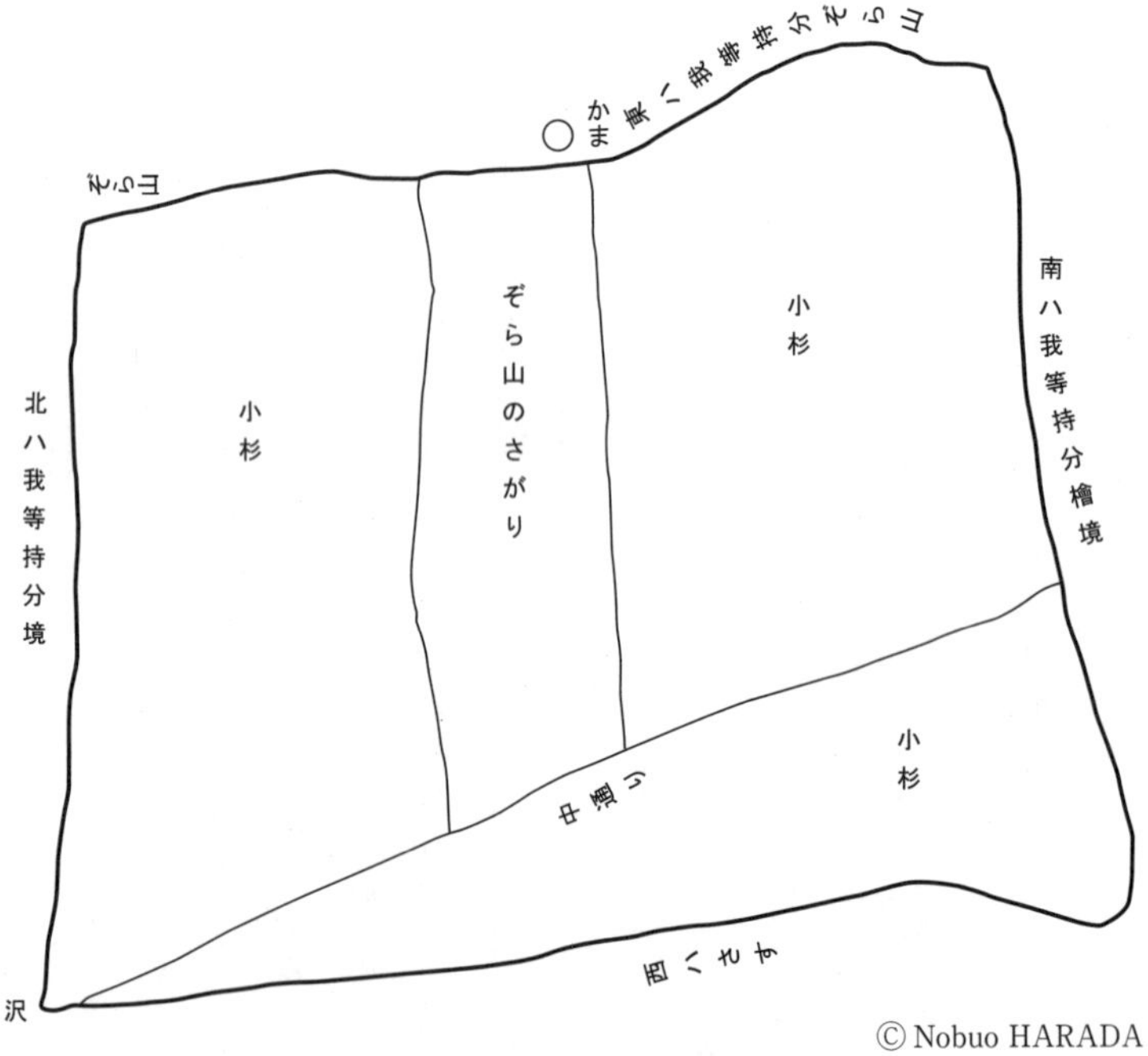

図11—3　宮沢ゑの木沢切畑絵図

このように水運に恵まれていた上に、近世になると江戸の発展に伴って材木・薪炭の需要は高まり、当地域では林業が発展していったのである。

当地域より上流の多摩川・秋川筋の村々では、こうした材木の需要増大を背景に、伐木・出材・筏川下げ等の経験を積み重ね、「筏師」と呼ばれる木材業者になるものも出現した。筏師たちは筏仲間を結成して、材木を筏に組んで秋川や多摩川を川下げし、多摩川口の六郷（現大田区）などで江戸から出張してきた材木問屋に売却するか、さらに乗り下げて江戸深川まで運んでいた［五日市町史編さん委員会編一九七六］。

実際に筏師が活躍していたという事例は、当地域では発見することができなかったが、筏流しに関する史料は多く残されている。こうした筏師や江戸の材木問屋との取引を行う材木商が当地域にも現れ、なかには大きな富を築く者もあった。そのうちの一人が、粟之須村の村役人を勤めた関根家である。関根家は多角的な経営を行うなかで材木商も経営し、当地域の筏流しにも関わっていたため、同家に残された史料から材木取引や伐流しの様子が分かる。

材木商を営むことで大きな富を築くことができたのは、近世当時、材木の値が高く、木の種類・品質によってはかなりの収入を得ることができたからである。関根家文書内の材木取引に関する史料から、当時の材木の値段をみてみよう。

宝暦一三年（一七六三）六月一三日の覚（関根家文書一三三三）では檜一〇二本を二〇〇両で、寛政四年（一七九二）一一月二三日の売渡申一札之事（同前一三三六）では樫七本を三両で、それぞれ関根家が買いあげている。これを一本あたりの値段に換算すると、檜は約一・九両、樫は約〇・四両である。杉はどの史料をみても比較的安く、寛政八年（一七九六）八月五日の覚（同前一三六八）では、杉三七〇本で七〇両であり、一本あたりの値段は約〇・二両となっている。

場合によってはさらに安く、寛政五年三月の売渡申一札之事（同前一四五七）では、面積は不明だが杉木山二ヶ所で一五両という場合も見受けられる。しかし、取引している本数が杉や檜の場合には数百本と一回の取引規模が大きいため、動く金額は大きい。

宝暦から寛政にかけてのこれら材木の取引を主に行っているのは、関根家の伝次郎であるが、ここにあげた取引だけでも三〇〇両ほどの金額を関根家が支払っていることになる。つまり、関根家にはそれだけの財力があったということだが、それというのも近隣の材木生産者から買い上げた材木を江戸へ出荷することにより、さらに大きな利益を得られたからだろう。

（二）材木商関根家の発展

粟之須村の関根家は、右記のような材木取引を行うことで材木商として大きく成長していったが、その発展ぶりは、江戸に進出して深川に土地・屋敷を所持するほどであった。

【史料11—6】寛政十年（一七九八）十月　借用申一札之事（関根家文書一三七五）

借用申一札之事

一、金弐百○（伝次郎：印）両也　文字金

右之金子要用ニ付、深川宮川町手前所持之木場ニ有之候槻木木数百拾弐本、此ニ〆五百本程貴殿方江質物ニ指入借用○（伝次郎：印）候所実正也、返済之義者来ル極月迄六ケ月、弐拾両ニ六歩宛之加利足、元利共無相違可致返済候、若し及遅滞候ハ、右質物之材木御引取可被成候、其節一言之儀申間敷候、為後日借用申一札仍而如件

寛政十年午十月

粟須
借主　伝次郎○（伝次郎：印）
木屋
証人　伝蔵○（伝蔵：印）
右庄屋
証人　清兵衛○（清兵衛：印）

岡田甚兵衛殿

この史料では、地元八王子での材木取引とは逆に、深川木場にある槻木《ケヤキ》一一二本とそのほかの木も含めた計五〇〇本を元手に関根家伝次郎が二〇〇両を借り受けている。ここから、江戸では関根家が金集めに回っている様

子が窺えるが、注目したいのは深川の宮川町というところに関根家が木場を所持しているということである。

宮川町にあったこの木場については、寛政元年（一七八九）から天保二年（一八三一）にかけての史料である永代売渡申屋敷之事（関根家文書一六七二）により、次のような事情から関根家のものになったことが窺われる。

寛政元年五月一八日、六郎右衛門という人物から木屋おつきが一五〇両で宮川町の町屋敷を購入している。木屋というのは関根家の屋号であり、おつきという人物は伝次郎の妻であるので、この町屋敷を購入したのは関根家の人間である。ここでは「町屋敷」としか出てきていないが、史料11—6では明らかに木場と記されていることから、宮川町の屋敷は木場としての機能も果たせるものであったと考えられる。

さらに、この屋敷は文政九・翌一〇年（一八二六・二七）に、つきの養子である千蔵とつきとの間で所有権が行き来しているが、最終的には天保二年にもう一つの屋敷とともに一〇〇〇両にて、つきから養子千蔵へと譲り渡されている。譲ったとはいえ関根家の養子である千蔵のものとなっただけであるから、関根家としては天保二年の段階で深川に二軒の屋敷を持っていたことになる。

また、文政一〇年（一八二七）六月の家守請状之事（同前二三八七）によれば、同じく深川宮川町に、つき・千蔵が所持していた関根家の屋敷二軒とは別に、二〇ヶ所の地所も所持していた。ここには家守を置いていることから、地借・店借に貸し出していた町屋敷であったのだろう。

宮川町の屋敷が一〇〇〇両で売買されていることからも分かるように、江戸に土地を持つこと自体、かなりの財力がないと実現しえないことであり、この点からも関根家が築きあげた財力がいかほどのものであったのか図り知ることができる。

江戸深川は材木問屋が集中する材木取引の中心地であったので、関根家がこれほどの財力を投じてまでも深川に土地を所持していたのは、材木商を営む同家にとって商売の際の重要な拠点となったからと考えられる。それの流通経路を安定させ出荷しやすい状況を作る有益な存在であったに違いない。ばかりではなく、八王子地域の材木生産者たちにとっても、深川とのつながりを持っている材木商は、地域から

五　おわりに

本章では、日野・八王子地域における焼畑と、その休閑地の利用方法について検討した。これまで関東地方でも『新編武蔵国風土記稿』の記述から秩父での焼畑が知られていたが［青鹿一九三五・古島一九四三］、本章での検討により、秩父のみならず八王子および関東平野周辺の山間部・丘陵地でも、近世において広く焼畑が行われていたことがわかった。

近世の日野・八王子地域の山間部・丘陵地では、その斜面を利用していたるところに焼畑がみられ、雑穀や菜・大根などの食料生産が行われたが、一方で作物栽培後の休閑期間中の土地も有効に利用されていた。その利用方法は、養蚕用の桑畑や杉・檜の植林地に仕立てることが多く、とくに杉や檜は多摩川を利用して江戸へ出荷するという輸送の便に恵まれたために、さかんに生産されるようになった。

近世中期以降、一〇〇万人以上の人口を抱えていた江戸は大消費地となり、燃料として多くの薪炭を必要としたほか、火事も多かったために安定した材木供給が必要不可欠であった。この材木供給の役割を担っていたのが、青梅や、西川と呼ばれた埼玉県の名栗川流域、そして多摩川流域など、江戸近郊の山間部に位置する村々である。これらの地域は、それぞれ河川を通じて江戸と直結していたために、江戸の発展に伴って林業地帯として成長した。西川林業地帯の一つである武州秩父郡上名栗村では、切畑に杉・檜などが植林され、しだいに山林化していったことが指摘されている［加藤二〇〇七］。

当地域でも同じように切畑において杉の生産が行われていたが、本章第四節でみてきたようにこうした材木は

高く売れ、大きな収入を生み出すこともあった。なかには、これら材木の取引を行い、粟之須の関根家のように材木商として莫大な富を得る者も出現した。そして彼らは、自らの財力を背景に江戸深川に土地を所持し、材木の流通を掌握して、地元と江戸とを結びつける役割を担うことで地域に貢献していたと考えられる。

今回日野・八王子地域の村々における焼畑地の利用を、休閑期間も含めて総合的に検討したことで、食料生産・商品作物の生産・材木生産など、ひとつの焼畑地が幾重にも多様に利用されていた姿がみえてきた。山間部・丘陵地の人々の暮らしについては、今まで詳細に言及されてこなかったばかりか、充分な耕地も確保できない貧しい地域と認識されることも多かった。確かに山間部の村々では、検地帳をみているだけでは水田や上畑に乏しく、下々畑や切畑など下級とされる耕地ばかりが目立ってしまう。しかし本章では、この地目上は最下級とされた切畑が、実は食料生産から材木生産まで、さまざまな形で利用できる有益な土地であったことを明らかにすることができたと考える。

（第一一章成稿協力：原田信男）

おわりに

原田信男

以上、序章の地形学的概観を踏まえたうえで、三部一一章にわたり、日野・八王子地区における地域開発と村落景観の展開を、旧石器時代から前近代まで、個別的な分析を踏まえつつ、考古学と文献史学によって歴史的に追求してきた。当地域で、最も開発が著しいのは、江戸が東京となって、名目的にも実質的にも政治経済都市として発展を遂げた明治以降のことであるが、そうした近代化のなかでも、とくに戦後の高度成長期以後において、大都市東京近郊のベッドタウンとして著しい変貌を示した。

本書においては、あくまでも近代の前提をなす前近代までに考察をとどめたが、それは私たちが、考古学・文献史学の違いはあれ、基本的には、前近代の各時代における村落史研究の学徒でしかないことによる。近代における開発や景観の展開については、別の専門家に委ねるほかはない。

しかし現代にすっかり容貌を変えてしまった当地域において、前近代までに、いかなる大地との生活、つまり時代ごとに開発を推し進めて、どのような環境を創り出し、どのような景観のなかで人々が生きてきたのか、という疑問の一端は明らかにしえたものと考える。こうした歴史を考える場合、どうしても短いスパンでの時代ごとの研究に眼を奪われると、そのたびごとに前代を受け継ぎつつ、時代時代に適合的な環境を創り出してきたという継続と展開という大枠がみえにくくなる。

近世は中世を承けてあり、中世は古代を、そして古代は先史時代を継承しつつ、新たな地域開発を推進して村落景観を造りあげてきたのである。ある意味では蛮勇をふるいすぎたかも知れない私たちの無謀な試みは、まだまだ不十分な素描に留まっているだろう。ただ、いわゆる時代区分論に沿いながらも、当地域における開発と景観を通史的に概観しえたことで、時代性の違いを読みとることが出来たというささやかな自信はある。

そこで最後に、あまり本論部分では触れることができなかった災害の問題を視野に入れながら、当地域における地域開発と村落景観の展開についてまとめることで結語としたい。とくに当地域では、山間部および丘陵・台地部、さらには沖積低地というさまざまな地形条件を考慮しつつ分析に努めたためか、そうした大地の利用形態の変化に関しても、さいわい大筋を見通すことができたものと思われる。

当地域で人々は生活を始めたのは、二万五〇〇〇年以上も前の後期旧石器時代からのことであった。まだ氷河期に属していたこともあって、狩猟を中心とした生活を営み、はじめは多摩川・谷地川合流点付近などの台地縁辺部を拠点としていたが、やがて台地部の谷奥へと進出していった。おそらく氷河期という気候条件からも、生活環境は極めて厳しく、暴風雨なども災害と呼ぶに等しい状況をひきおこしえたものと思われる。いずれにしても他の周辺地域に較べて遺跡の継続性が弱いという当地域の特徴も、食料条件に恵まれず開発と呼べる以前の状況にあったことを示すと考えて良いだろう。

その後、縄文時代に入ると、遺跡は台地や段丘部に広く分布するようになり、集落立地の傾向としては、台地面から低位段丘面へと移行していった。とくに縄文中期以降は、台地面における住居が著しく増加し、人々の生活が活発化してくることが確認される。さらに縄文後期には、台地面の遺構が著しく減少し、多摩川流域の日野低地部への進出が顕著となる。

こうして縄文時代には、多摩川・浅川の合流点一帯に形成された沖積低地の土地利用が活発化してくる。そして、その生業は多摩川・浅川を漁場とする河川漁業によるもので、河川を基盤とした小集団が生まれるようになったが、大河川沖積低地への進出は、洪水という災害を覚悟したうえでのものだっただろう。

弥生時代は、東国での遺跡が一般的に少なく実態は不明な点が多いが、加住南丘陵や日野台地などの開析谷を利用した水田経営が小規模ながら行われていた。弥生時代には、こうした生産域を基盤に、丘陵頂部の平坦面に数軒程度の集落が営まれていた。すなわち水田稲作という生業の開始に伴い、縄文時代とは異なって、再び台地・丘陵部へと集落立地を求めたのである。

ある意味では、水田という安定的な人工の生産域が必要となったため、集落と耕地という村落景観の二大要素を有するに至った。すなわち弥生時代になって、村落が成立をみたともいえるが、耕地を広く生産対象たる大地と考えれば、縄文時代にも村落は存在していたことになるし、縄文農耕の可能性から焼畑地や畠地を伴っていたとも考えられる。ただ弥生時代の当地域には、水田適地が少なかったという事実には注目すべきだろう。

しかし古墳時代になると、前期・中期には台地・丘陵部での土地利用を窺うことができず、後期に入ると再び集落の形成が始まる。しかも、かなりの規模での森林伐採が行われるようにもなり、水田雑草や畑作雑草の花粉が確認されて、水田や畠地の開発が著しく進んだことが知られる。

いっぽう多摩川流域の沖積低地でも、前期・中期に小規模な集落が形成され、それが後期になると急速な増加をみる。とくに後期には、多摩川旧流路右岸の自然堤防微高地上に集中し、浅川寄りにも集落が散在するが、洪水による被害が著しく、流失した住居も確認されている。ただ、こうした沖積低地では、農業関連の遺跡・遺物が少なく、農耕への依存度はあまり高かったものとは思われない。

しかし古代に入ると、これらの沖積低地における開発は著しい進展をみせるところとなる。八世紀には、この自然堤防上に大規模な住居群が出現をみせ、住居数が増加するとともに、湿田農耕の痕跡のほか用水路や乾田の存在が確認されている。多摩川流域での沖積低地の開発が本格化したことになるが、しばしば洪水の被害にあっていた。さらには大きな地震の痕跡も残り、度重なる災害に悩まされてはいたが、しばしば水田と用水路が造り返されていることから、水田耕作への努力は並大抵のものではなかったことが窺われる。

さらに一〇世紀ごろになると、住居数は益々増加するが、台地部での集落遺構がほとんど確認できなくなる。代わりに沖積低地での集落形成が活発化し、いっそうの開発の進展をみせるようになる。また、この頃、当地域の山間部は、古代には関東の重要な官牧として利用されていた。そして、これらを管理していた武士団が、小規模な水田開発を行って成長を遂げ、やがて彼らは、それらを統括して摂関家などの中央貴族に寄進し、荘園としての特権を得るようになった。

ただ荘園に先行する公領は、先の沖積低地を中心とした一帯で、荘園の成立期にも、水田開発を著しく進展させていた。確かに当地域の荘園である船木田荘は、実に広大な範域を有していたが、そのほとんどは山間部もしくは台地・丘陵部を主体とするもので、水田よりも畠地の方が開発しやすい地域であった。その意味では、公領の方が、より多くの水田適地を押さえており、生産力的には優位な立場にあったといえよう。

やがて中世になって、当地域にもやや安定的な村落が形成されるようになるが、しばしば多くの自然災害に見舞われていた。有史以来の地震が繰り返されたほか、水田稲作を志向した沖積低地への進出の結果、洪水の被害も甚大なものとなった。台風ごとの増水によって家屋などを流され、水田を埋没させられたり、地震や颪水害での山崩れや家屋倒壊による被害を受けるなど、その現実にはかなり厳しいものがあった。

中世を通じて荘園や公領内部で開発が進んだが、中世村落が現在の住居区以外で発掘される事例はほとんど存在しない。このことは中世以降に、集落立地がほとんど変化しなかったことを示すものといえよう。中世村落のみならず近世村落も数こそ増えてはいくが、集落立地の基本条件は現在とほぼ同じであったと考えられる。その意味では、中世に今日に至る村落景観の原型が成立したとみることができよう。

そして戦国末期頃から、その著しい拡大が始まる。当地域の沖積低地における開発を象徴するのは日野用水であるが、その開削を戦国期とする伝承には、それなりの根拠があるものと思われる。さらに水田開発は、全国統一政権である江戸幕府の成立によって、いっそうの拍車がかけられるところとなる。しかも、こうした近世初頭の開発は、必ずしも中世以来の土豪が中心となったのではなく、旧戦国大名の土豪クラスの家臣などの移住によって、至るところで、より積極的に水田開発が行われたと考えられる。

彼らによる水田開発は、とくに沖積低地で著しかったが、台地・丘陵部でも、それまで丘陵部寄りの小低地を開いた谷田的な水田に加えて、中小河川の両岸部にまでも水田開発を広げていった。もちろん水田のみならず、地形的なあるいは技術的な条件に応じて、畑地の開墾も行われたが、そうしたなかで水田志向は幕府と農民側にも根強く、台地部や沖積低地の荒れ地の新田化が、近世を通じて試みられてきた。

さらに近世においては、比較的豊富に残された地方文書から、村落景観の内部関係や開発の様相についても知ることができる。とくに近世の村落内部においては、親族組織や生活扶助組織が発達しており、親族同士や講および組などといった形で人々が結集し、堂や寮など村落景観の実態に即しながら、それぞれの村々で生活を営んできた。また寺院や神社あるいは墓地など、精神的紐帯とすべき施設の設定が、村落景観のありかたとも密接に関係してきた。

また当地域は、農業のみならず、その後の産業構造からしても、大都市・江戸の存在を抜きにして語ることはできない。年貢である米に限らず、絹・木材などさまざまな物産品が、当地を通して江戸に運ばれていた。焼畑による用材の生産や、多摩川からの砂利上納および鮎献上といった賦課も、まさに江戸近郊の山間部および台地・丘陵部と、多摩川・浅川が形成する沖積低地ならではのものであった。その意味で、とくに近世以降においては、江戸との関係が当地域の開発と大いに関連したのである。

やがて近代になると、江戸が東京に変わって名実ともに日本の政治的・経済的な中心となり、日野・八王子地区は著しい変貌を遂げるようになった。このことは冒頭にも記した通りであるが、本書では、そこに至るまでの地域開発と村落景観の展開という長い道程の見通しを、いちおうは示しえたものと考える。

【図表一覧】

図一覧

表一覧

【典拠文献一覧】

昭島市教育委員会事務局生涯学習部社会教育課編　二〇〇四『昭島の歴史』昭島市教育委員会
昭島市史編さん委員会編　一九七八『昭島市史』昭島市
昭島市史編さん委員会編　一九七八『昭島市史　附編』昭島市
蘆田伊人編　一九五七『新編武蔵風土記稿　第五・七巻』大日本地誌大系　雄山閣
青梅市郷土博物館編　一九七九『皇国地誌・西多摩郡村誌　五』青梅市史史料集第二五号　精興社
大石久敬原著・大石慎三郎校訂　一九六九『地方凡例録　上巻』日本史料選書一　近藤出版社
大蔵省編　一九八五『大日本租税志』復刻版：朝陽会　一九二七　大蔵省
金沢文庫　一九五六『金沢文庫古文書　第七輯』
関東近世史研究会校訂　一九八八「元禄郷帳」『関東甲豆郷帳』日本史料選書二七　近藤出版社
関東近世史研究会校訂　一九八八「天保郷帳」『関東甲豆郷帳』日本史料選書二七　近藤出版社
菊地　正　一九八七『とんとんむかし』東京新聞出版局
北島正元校訂　一九七七『武蔵田園簿』日本史料選書一五　近藤出版社
木村礎校訂　一九六九『旧高旧領取調帳　関東編』日本史料選書三　近藤出版社
黒板勝美校訂　一九三二・三三『吾妻鏡』新訂増補・国史大系第三二・三三巻　吉川弘文館
国土地理院　一九九一「土地条件図　八王子」
児玉幸多編　一九六六『近世農政史料集　上』吉川弘文館
古文書を探る会　一九九七『明治三年の村明細帳にみる八王子のむら』代表：中村昭一　八王子市郷土資料館内
佐藤進一ほか編　一九六五『中世法制史料集　第三巻』岩波書店
高柳眞三・石井良助編　一九七六『御触書寛保集成』岩波書店
高柳光寿・岡山泰四・斎木一馬編集顧問　一九六四『寛政重修諸家譜』続群書類従完成会
竹内理三編　一九八四『鎌倉遺文　第二六巻』東京堂出版

多摩川誌編集委員会　一九八六『多摩川誌』財団法人河川環境管理財団
千代川村生活史編さん委員会　一九九七『村史　千代川村生活史　第二巻』茨城県千代川村
八王子市教育委員会編　一九九〇『八王子千人同心史　資料編Ⅰ』
八王子市市史編さん委員会　一九六三『八王子市史　上巻』八王子市
八王子市市史編さん委員会　一九六七『八王子市史　下巻』八王子市
八王子市市史編さん委員会　一九六八『八王子市史　附編』八王子市
塙保己一編　一九二八『群書類従　巻一八』日記・紀行部　続群書類従完成会
日野市史編さん委員会　一九七七『日野市史史料集　地誌編』
日野市史編さん委員会　一九七八『日野市史史料集　近世一　交通編』
日野市史編さん委員会　一九七九『日野市史史料集　近世二　社会生活・産業編』
日野市史編さん委員会　一九八一『日野市史史料集　板碑編』
日野市史編さん委員会　一九八一『日野市史史料集　古代・中世編』
日野市史編さん委員会　一九八三『日野市史　民俗編』
日野市史編さん委員会　一九八四『日野市史史料集　考古資料編』
日野市史編さん委員会　一九八八『日野市史　通史編一　自然　原始　古代』
日野市史編さん委員会　一九九二『日野市史　通史編二（下）　近世編（二）』
日野市史編さん委員会　一九九三『日野市史史料集　高幡不動胎内文書編』
日野市史編さん委員会　一九九四『日野市史　通史編二（上）　中世編』
日野市史編さん委員会　一九九五『日野市史　通史編二（中）　近世編（一）』
間宮士信編『新編武蔵国風土記稿』幕府献上浄書本　国立公文書館蔵
村上　直編　一九七五『八王子千人同心史料――河野家文書』雄山閣
簗瀬一雄編　一九七五『発心集』角川文庫
矢代一夫・大津雄一　一九九九『北条五代記』勉誠出版

吉井始子編　一九八〇『食物本草本大成　第九巻』臨川書店

地方文書

阿伎留神社文書（あきる野市五日市阿伎留神社所蔵）

石川家文書（八王子市石川町石川羊一氏所蔵）

源原家文書（八王子市石川源原清寿氏所蔵）

関根家文書（八王子市郷土資料館所蔵）

平家文書（八王子市郷土資料館所蔵）

馬場家文書（八王子市郷土資料館所蔵）

村野家文書（あきる野市二宮村野市夫氏所蔵）

守屋家文書（八王子市石川町守屋光高氏所蔵、ただし八王子市郷土館所蔵の複写物を使用）

【参考文献一覧】

青鹿四郎　一九三五『農業経済地理』叢文閣
青森県おいらせ町教育委員会　二〇〇七『阿光防古墳群発掘調査報告書』おいらせ町埋蔵文化財調査報告書第一集　おいらせ町
縣　敏夫　二〇〇五『八王子市の板碑』揺籃社
秋山浩三　二〇〇八「田下駄・「大足」と関連木製品」『季刊考古学』第一〇四号　雄山閣出版
浅井義泰　二〇〇七「日野の用水とランドスケープ」『水の郷・日野／用水路再生へのまなざし　二〇〇六年度　日野の用水路再生共同研究プロジェクト年度末報告書』法政大学大学院エコ地域デザイン研究所
朝日村教育委員会　二〇〇二『奥三面ダム関連遺跡発掘調査報告書XIV　元屋敷遺跡Ⅱ』（上段）本文編　朝日村文化財報告書第二二集　新潟県朝日村
吾妻考古学研究所　二〇〇五『南広間地遺跡　東栄住宅地造成工事（日野市万願寺四丁目二七番二）に伴う埋蔵文化財発掘調査報告書』東栄住宅
阿部芳郎　二〇〇四『失われた史前学』岩波書店
アルケーリサーチ　二〇〇五『神明上遺跡――扶桑レクセル株式会社のマンション建設に伴う埋蔵文化財発掘調査――』扶桑レクセル株式会社
飯塚武司　一九八九「律令制成立期の土器様式の地域性をめぐって――南武蔵における供膳具形態の変遷を通して――」『東京都埋蔵文化財センター研究論集』七　東京都埋蔵文化財センター
飯沼賢司　二〇〇四『環境考古学とは何か』日本史リブレット二三　山川出版社
池上　悟　一九九二「南武蔵における古墳集末期の様相」『国立歴史民俗博物館研究紀要』四四　国立歴史民俗博物館
池上裕子　一九九九『戦国時代社会構造の研究』校倉書房
池上裕子　二〇〇九「中近世移行期を考える――村落論を中心に」『人民の歴史学』一七九　東京歴史科学研究会
石井　寛　二〇〇九「縄文後期集落の変遷と特質」『月刊　考古学ジャーナル』五八四　ニューサイエンス社

石渡雄士・根岸博之　二〇〇七「日野市における水システムと地域構造の研究」『水の郷・日野／用水路再生へのまなざし　二〇〇六年度　日野の用水路再生共同研究プロジェクト年度末報告書』法政大学大学院エコ地域デザイン研究所
和泉清司　一九九五『徳川幕府成立過程の基礎的研究』文献出版
五日市古文書研究会編　二〇〇八『三ツ鱗翁物語』小机光平私家版
五日市町史編さん委員会編　一九七六『五日市町史』五日市町
伊藤好一　一九九〇「高倉原の開発」『日野市史　市史余話』別巻　日野市史編さん委員会
伊藤好一　一九九五「享保期の新田開発」『日野市史　通史編二（中）　近世編（一）』日野市史編さん委員会
稲田孝司　二〇〇六「環状ブロック群と後期旧石器時代前半期の集団関係」『旧石器研究』二　日本旧石器学会
稲田孝司　二〇〇一『遊動する旧石器人』岩波書店
植木岳雪・酒井彰　二〇〇七『五万分の一地質図「青梅」』産業技術総合研究所
上野さだ子　二〇一〇『日野市郷土資料館講座　村絵図を楽しむ五――石田・上田――』日野市郷土資料館
大井町遺跡調査会　一九九三『本村遺跡』（第八地点）大井町遺跡調査会報告第四集　埼玉県大井町遺跡調査会
大井町遺跡調査会　二〇〇五ａ『本村遺跡Ⅳ』大井町遺跡調査会報告第一五集　埼玉県大井町遺跡調査会
大井町遺跡調査会　二〇〇五ｂ『江川南遺跡Ⅱ・神明後遺跡Ⅰ』大井町遺跡調査会報告第一六集　埼玉県大井町遺跡調査会
大阪府文化財調査研究センター　一九九五『考古学から災害復興を考える』
大貫芳弘・清野利明・森達也　一九九〇「日野市における沖積地上の遺跡調査の現状」『武蔵野』六八―二　武蔵野文化協会
小田静夫　二〇〇九「多摩の旧石器研究史」『多摩考古』第三九号　多摩考古学研究会
落川・一の宮遺跡調査会　二〇〇一『落川・一の宮遺跡Ⅱ　古代編』
小野みよ子・小坂二十重・光石知恵子　一九九〇「武州多摩郡石川村の天正検地と千人頭荻原氏の知行地成立について」『八王子の歴史と文化』第二号　八王子市教育委員会
小野みよ子・小坂二十重・光石千恵子　一九九一「〈史料紹介〉武州多西之郷石川之郷御縄打水帳」『八王子の歴史と文化』第三号　八王子市郷土資料館

オリエント時計工場地内遺跡調査団　一九九一『日野市南広間地遺跡群オリエント時計工場地内遺跡発掘調査報告書』
貝塚爽平　一九七九『東京の自然史　増補改訂版』紀伊国屋書店
貝塚爽平　一九九二『平野と海岸を読む』岩波書店
貝塚爽平・小池一之・遠藤邦彦・山崎晴雄・鈴木毅彦編　二〇〇〇『日本の地形四　関東・伊豆小笠原』東京大学出版会
梶原　勝　一九九一ａ「八王子市宇津木台地区の調査と問題点」『江戸遺跡研究会第四回大会・発表要旨　発掘された江戸時代』江戸遺跡研究会
梶原　勝　一九九一ｂ「多摩川中流域における古代の水田開発」『「開発」と地域民衆　その歴史像を求めて』雄山閣出版
梶原　勝　一九九三「ものからみた多摩の幕末から明治」『江戸遺跡研究会第六回大会・発表要旨　遺跡にみる幕末から明治』江戸遺跡研究会
梶原　勝　二〇〇〇「多摩地域における近世の掘建柱建物」『埋もれた中近世の住まい』同成社
梶原　勝　二〇〇四「発掘された多摩の建物跡」『多摩地域史研究会第一四回大会発表要旨　多摩のすまい』多摩地域史研究会
勝俣鎮夫　一九九六『戦国時代論』岩波書店
加藤衛拡　一九九三「武州山之根筋の寛文検地に関する基礎的研究」『学習院大学史料館紀要』第七号
加藤衛拡　二〇〇七「寛文検地と切替畑――武州西川地方における「山」利用と林野所持――」『近世山村史の研究――江戸地廻り山村の成立と展開――』吉川弘文館
金本展尚　一九九二「中世前期における多摩川中流域」石井進編『都と鄙の中世史』吉川弘文館
唐沢健一　一九八三「民俗社会生活　村の構成」『秋川市史　附編』秋川市
川口地区社教郷土史研究会・十周年記念誌編纂委員会　一九八八『川口の郷土史』川口地区社教郷土史研究会
川野和昭　二〇〇三「焼畑のめぐみ」原田信男編『食と大地』食の文化フォーラム二一　ドメス出版
菊地　正　一九八七『とんとんむかし』東京新聞出版局
木村礎・伊藤好一編　一九六〇『新田村落――武蔵野とその周辺』文雅堂書店
木村　礎編　一九八八『村落景観の史的研究』八木書店

工藤善通　一九九一『水田の考古学』ＵＰ考古学選書一二　東京大学出版会
国立市史編さん委員会　一九八九『国立市史　中巻』国立市
熊谷公男　二〇〇一『日本の歴史　三　大王から天皇へ』講談社
黒田日出男　一九八七「領主の争いと荘園の分割」『絵図にみる荘園の世界』東京大学出版会
河野通明　二〇〇四ａ「七世紀出土一木犂へら長床犂についての総合的考察」『商経論叢』四〇―二　神奈川大学
河野通明　二〇〇四ｂ『日本農耕具史の基礎的研究』日本史研究叢刊四　和泉書房
国士舘大学考古学会編　二〇〇九『古代社会と地域間交流――土師器からみた関東と東北の様相――』六一書房
国分寺市教育委員会　一九九五『大昔の国分寺』
国分寺市史編さん委員会　一九八六『国分寺市史　上巻』国分寺市
小坂克信　二〇〇四『用水を総合的な学習に生かす――日野の用水を例として――』（原発行所）とうきゅう環境浄化財団
（増刷発行所）玉川上水と分水の会
古代生産史研究会　一九九七『東国の須恵器――関東地方における歴史時代須恵器の系譜――』
駒沢大学考古学研究室　一九八〇『石川天野遺跡一・二次調査　滝山考燥遺跡　第八小学校裏遺跡Ａ地区』先史二〇
駒沢大学考古学研究室　一九八一『石川天野遺跡第三次調査』先史二一
駒沢大学考古学研究室　一九八二『石川天野遺跡第四次調査』先史二二
駒沢大学考古学研究室　一九八三『石川天野遺跡第五次調査』先史二三
駒沢大学考古学研究室　一九八四『石川天野遺跡第六次調査』先史二四
駒沢大学考古学研究室　一九八六『石川天野遺跡第七次調査』先史二五
小宮町遺跡発掘調査団　一九九二『小宮町遺跡発掘調査報告書』八王子市建設部街路課
小宮町遺跡発掘調査団　一九九四『小宮町遺跡　第二次発掘調査報告書』八王子市建設部街路課
米家泰作　二〇〇一「近世の焼畑と検地について」『愛知県立大学文学部論集』四五号　愛知県立大学
齋藤慎一　二〇〇六『中世武士の城』吉川弘文館
坂井秀弥　一九九六「律令以降の古代集落」『歴史学研究』六八一　歴史学研究会

相模原市地形・地質調査会　一九八四『相模原の地形・地質　調査報告』第一報　相模原市教育委員会
相模原市地形・地質調査会　一九八六『相模原の地形・地質　調査報告』第三報　相模原市教育委員会
桜井準也　二〇〇七「景観と認知」佐藤宏之編『ゼミナール旧石器考古学』同成社
佐々木高明　一九七九『稲作以前』NHKブックス
笹生　衛　一九九九「東国中世村落の景観変化と画期」『千葉県史研究』七　千葉県
佐藤甚次郎　二〇〇四『公図　読図の基礎』古今書院
佐藤宏之　一九九二『日本旧石器文化の構造と進化』柏書房
佐藤宏之　二〇〇六「環状集落の社会生態学」『旧石器時代』二　日本旧石器学会
佐原　真　二〇〇五『佐原真の仕事　四　戦争の考古学』岩波書店
渋江芳浩　一九八七「近世農家のイメージ」『貝塚』四〇　物質文化研究会
渋江芳浩　一九八八「Ⅱ―3　平安時代以後の遺構」『宇津木台遺跡群　Ⅻ』八王子市宇津木台地区遺跡調査会
渋江芳浩　一九九二「中世区画溝に関する覚書」『東京考古』一〇　東京考古談話会
渋江芳浩・黒尾和久ほか　二〇〇三『南広間地遺跡――一般国道二〇号（日野バイパス日野地区）改築工事に伴う埋蔵文化財調査報告書――』国土交通省関東地方整備局・相武国道工事事務所
渋江芳浩　二〇〇八「考古学から見た『江戸』成立前夜」『江戸遺跡研究会第二一回大会・発表要旨　近世江戸のはじまり』江戸遺跡研究会
島津弘・久保純子・堀琢磨　一九九四「南広間地遺跡を中心とした多摩川・浅川合流点低地の形成過程」『南広間地遺跡四』日野市埋蔵文化財発掘調査報告一九　日野市
下城　正　一九九〇「三ツ寺遺跡」『古墳時代の研究』二　雄山閣出版
下山治久編　二〇〇六『後北条氏家臣団人名辞典』東京堂出版
新多摩川誌編集委員会　二〇〇一『新多摩川誌　本編［上］』財団法人河川環境管理財団
神明上遺跡調査団　一九九四『神明上遺跡――東京都職員日野第一住宅および第二住宅の建設に伴う緊急発掘調査報告書――』神明上遺跡調査会

菅野雪雄　一九七八「多摩川水系の諸用水」『多摩のあゆみ』二四　たましん地域文化財団
杉本　良　一九九一「東京都八王子市石川天野遺跡の黒色土器の系譜――南関東に於ける栗囲式系統の土師器――」『東京考古』九　東京考古談話会
角田清美・細野義純・羽鳥謙三・大林成行　一九九六『東京都土地分類基本調査（五万分の一）地形分類図「川越・青梅」』東京都労働経済局
芹澤清八　一九九三『砂田A遺跡――一般道宇都宮環状線に伴う埋蔵文化財発掘調査――』栃木県埋蔵文化財調査報告一三　二　栃木県教育委員会
仙台市教育委員会　一九八二『栗遺跡　栗囲式土師器標識遺跡調査報告』仙台市文化財調査報告書第四三集
第三開発　二〇〇四a『七ツ塚遺跡一四　七ツ塚遺跡発掘調査報告書』日野市東光寺上第1土地区画整理組合
第三開発　二〇〇四b『南広間地遺跡――井上吉之助共同住宅建設に伴う埋蔵文化財発掘調査報告書――』井上吉之助
第三開発　二〇〇五a『七ツ塚遺跡一五　七ツ塚遺跡発掘調査報告書』日野市東光寺上第1土地区画整理組合
第三開発　二〇〇五b『東京都日野市　南広間地遺跡　株式会社東栄住宅建売住宅（日野市万願寺三丁目四六番）建設工事に伴う埋蔵文化財発掘調査報告書』株式会社東栄住宅
高島緑雄　一九九七「建武元年正統庵領鶴見寺尾郷図の研究」『関東中世水田の研究』日本経済評論社
館町龍見寺地区試掘調査団　一九九七『館町龍見寺経塚』
田中紀子採録　一九八三「日野の昔話」『日野の歴史と文化』第一八号　日野史談会
田中紀子　一九八九「日野市宮の別府神社のおまつり」『多摩のあゆみ』第五六号　多摩中央信用金庫
田中紀子　一九九五「古道を歩く（宮・上田方面）文化祭行事」『日野の歴史と文化』第四二号　日野史談会
田中広明　一九九四「『国造』の経済圏と流通――『武蔵』の『クニ』を形作るもの――」『古代東国の民衆と社会　古代王権と交流』二　名著出版
多摩市遺跡調査会調査団　一九八三『東寺方遺跡――市立総合体育館建設にともなう調査――』多摩市埋蔵文化財調査報告　四　多摩市教育委員会
多摩市遺跡調査会調査団　一九九一『稲荷塚古墳――八角形墳の調査――』多摩市埋蔵文化財調査報告二四　多摩市遺跡調

査会
多摩市史編さん委員会　一九九五『多摩市史　資料編二　近世　社会経済』多摩市
地団研東京支部　一九八九『東京の自然をたずねて』築地書館
調布市遺跡調査会　二〇一〇『調布市埋蔵文化財報告集刊』五
塚場遺跡発掘調査団　一九九八『塚場遺跡　第二次発掘調査報告書』
塚本　学　一九九三『小さな歴史と大きな歴史』吉川弘文館
辻　秀人　一九九〇「東北古墳時代の画期について（その二）――七世紀史の理解をめざして――」『伊東信雄先生追悼考古学古代史論攷』伊東信雄先生追悼論文集刊行会
鶴間正昭　二〇〇九ａ「南武蔵・相模の土器様相と地域間交流」国士舘大学考古学会編『古代社会と地域間交流――土師器からみた関東と東北の様相――』六一書房
鶴間正昭　二〇〇九ｂ「南武蔵型坏の成立について」『東京都埋蔵文化財センター研究紀論集』二五　東京都埋蔵文化財センター
鶴間正昭　二〇一〇「中田遺跡（Ｆ地区）の発掘調査成果」『八王子中田遺跡の再検討』東京考古談話会シンポジウム　発表要旨　東京考古談話会
帝京大学山梨文化財研究所　二〇〇九『特集　古代地域社会の諸相』帝京大学山梨文化財研究所研究報告一三
土井義夫・黒尾和久　二〇〇四「〈対談〉多摩の縄文中期のムラを掘る――この二〇年をふりかえって――」『多摩のあゆみ』第一一六号　たましん地域文化財団
東京西線及び北八王子変電所遺跡調査会　一九七四『北八王子西野遺跡』
東京都埋蔵文化財センター調査研究部　一九八七「多摩ニュータウンNo.471―Ｂ遺跡の調査概要」『月刊　文化財』二九一　文化庁文化財部
東京都教育委員会　一九八七『東京の民俗　四』東京都教育庁社会教育部文化課
東京都埋蔵文化財センター　二〇〇七ａ『日野市No.16遺跡――一般国道二〇号日野バイパス（日野地区）改築工事に伴う埋蔵文化財発掘調査――』東京都埋蔵文化財センター調査報告第二一二集

東京都埋蔵文化財センター　二〇〇七b『日野市No.16遺跡・神明上遺跡――一般国道二〇号バイパス（日野地区）改築工事に伴う埋蔵文化財発掘調査――』東京都埋蔵文化財センター調査報告第二一三集
東京都埋蔵文化財センター　二〇〇九『中田遺跡』東京都埋蔵文化財センター調査報告第二三一集
中田正光　二〇一〇『村人の城・戦国大名の城』洋泉社
丸山美季　二〇〇三「商取引文書から見た山方荷主町田家の西川材取引」『学習院大学史料館紀要』一二　学習院大学
日本学士院日本科学史刊行会編　一九五九『明治前日本林業技術発達史』日本学術振興会
丹羽邦男　一九八七「地租改正における焼畑の把握」『徳川林政史研究所　研究紀要』昭和六二年度　徳川林政史研究所
沼崎　陽　一九八三「Ⅲ―1―（1）集石」『宇津木台遺跡群　Ⅲ』八王子市宇津木台地区遺跡調査会
能登健・峰岸純夫　一九八九『火山灰と中世の東国』平凡社
橋口定志　一九九〇「中世東国の居館とその周辺」『日本史研究』第三三〇号　日本史研究会
橋口定志　二〇〇四「落川遺跡『武士団屋敷』の評価をめぐって」『古代文化』五六―七　古代学協会
橋口定志　二〇〇五「東国の武士居館」藤木久志監修『戦国の城』高志書院
橋本勝雄　二〇〇六「環状ユニットと石斧の関わり」『旧石器研究』二　日本旧石器学会
橋本直子　一九八六「近世後期の再開発と『新村』――会津藩河沼郡代田組を通して――」『日本歴史』四五五　吉川弘文館
長谷川厚　一九九二「古墳時代後期土器の研究（四）――古墳時代後期土器から見た広域間の交流について――」『神奈川考古』二八　神奈川考古同人会
八王子市石川天野遺跡調査会　一九七九『石川天野遺跡・滝山高燥遺跡』
八王子市石川天野遺跡発掘調査団　一九九七『石川天野遺跡』八王子市石川天野遺跡調査会
八王子市春日台遺跡調査会　一九七四『春日台・下耕地遺跡――東京都八王子市大谷町春日台および下耕地遺跡の発掘調査――』
八王子市春日台遺跡発掘調査団　一九九〇『春日台遺跡』
八王子市史編さん委員会編　一九六七「八王子千人同心」『八王子市史』下巻第四章第二節　八王子市役所

八王子市宇津木台地区遺跡調査会　一九八二『宇津木台遺跡群　Ⅰ』
八王子市宇津木台地区遺跡調査会　一九八三ａ『宇津木台遺跡群　Ⅱ』
八王子市宇津木台地区遺跡調査会　一九八三ｂ『宇津木台遺跡群　Ⅲ』
八王子市宇津木台地区遺跡調査会　一九八七ａ『宇津木台遺跡群　Ⅷ』
八王子市宇津木台地区遺跡調査会　一九八七ｂ『宇津木台遺跡群　Ⅸ』
八王子市宇津木台地区遺跡調査会　一九八七ｃ『宇津木台遺跡群　Ⅹ』
八王子市宇津木台地区遺跡調査会　一九八八ａ『宇津木台遺跡群　Ⅺ』
八王子市宇津木台地区遺跡調査会　一九八八ｂ『宇津木台遺跡群　Ⅻ』
八王子市宇津木台地区遺跡調査会　一九八九『宇津木台遺跡群　XIII』
八王子市教育委員会　一九八六『八王子市埋蔵文化財年報』昭和六一年度
八王子市教育委員会　一九九六『歴史と浪漫の散歩道［改訂版］八王子市文化財ガイドブック』
八王子市南部地区遺跡調査会　一九九七『南多摩窯跡群――八王子市みなみ野シティ内における古代窯跡の発掘調査報告――』
八王子市郷土資料館　二〇〇九『特別展　多摩の古墳』
服部敬史ほか　一九七四『八王子市谷地川流域における考古学的調査』八王子市教育委員会
服部敬史　二〇〇四「古代多摩地域の低地集落とその背景」『古代文化』第五六巻―第七号　古代学協会
羽鳥謙三・角田清美・大林成行　一九九五『東京都土地分類基本調査（五万分の一）地形分類図「八王子・藤沢・上野原」』
東京都労働経済局
原田信男　一九八三「在地小領主層の動向と近世村落の成立」『歴史学研究』五一四　歴史学研究会
原田信男・後野陽子　一九八七「『新編武蔵風土記稿』の郷荘名」『埼玉県史研究』一九　埼玉県
原田信男　一九九四『歴史のなかの米と肉』平凡社
原田信男　一九九九『中世村落の景観と生活』思文閣出版
原田信男　二〇〇五「日本の田畑と焼畑について」『季刊　東北学』二　東北芸術工科大学

原田信男　二〇〇六ａ『コメを選んだ日本の歴史』文春新書
原田信男　二〇〇六ｂ「近世における粉食」木村茂光編『雑穀Ⅱ』【もの】から見る日本史　青木書店
原田信男　二〇〇七「歴史学から見た焼畑の把握と農法」『季刊　東北学』一一　柏書房
原田信男　二〇〇八ａ「日本における稲作と魚」佐藤洋一郎編『米と魚』食の文化フォーラム二六　ドメス出版
原田信男　二〇〇八ｂ「江戸のブドウとブドウ酒」『酒史研究』二四　酒史学会
原田信男　二〇〇八ｃ『中世の村のかたちと暮らし』角川選書
原田信男　二〇〇九ａ『江戸の食生活』岩波現代文庫
原田信男　二〇〇九ｂ「多摩川中流域における開発と災害――日野・八王子地区を中心に――」『多摩のあゆみ』第一三五号　たましん地域文化財団
比田井克人　一九八五「七世紀に於ける多摩地方の土器様相――多摩ニュータウン地域の検討のために――」『東京都埋蔵文化財センター研究論集』三　東京都埋蔵文化財センター
比田井民子　二〇〇〇『多摩川流域の段丘形成と考古学的遺跡の立地環境』とうきゅう環境浄化財団
氷見市教育委員会　二〇〇九『稲積川口遺跡――一般県道鹿西氷見線地方特定道路事業に伴う発掘調査報告――』氷見市埋蔵文化財調査報告第五二冊
日野市遺跡調査会　一九八八『南広間地遺跡一』日野市埋蔵文化財発掘調査報告八　日野市
日野市遺跡調査会　一九八九『南広間地遺跡二』日野市埋蔵文化財発掘調査報告一〇　日野市
日野市遺跡調査会　一九九〇『南広間地遺跡三』日野市埋蔵文化財発掘調査報告一一　日野市
日野市遺跡調査会　一九九三ａ『日野ＳＳビル建築工事に伴う埋蔵文化財発掘調査概報――南広間地遺跡第一〇次調査――』日野市埋蔵文化財発掘調査報告一五　日野市遺跡調査会・サンリツ企画株式会社
日野市遺跡調査会　一九九三ｂ『(仮称) 浅川公会堂建設予定地埋蔵文化財発掘調査報告書――南広間地遺跡第一五次調査――』日野市埋蔵文化財発掘調査報告一六　日野市教育委員会
日野市遺跡調査会　一九九四ａ『南広間地遺跡四』日野市埋蔵文化財発掘調査報告一九　日野市
日野市遺跡調査会　一九九四ｂ『田中藤重による共同住宅建築に伴う埋蔵文化財発掘調査報告書――南広間地遺跡第一八次

調査――』日野市埋蔵文化財発掘調査報告二一　田中藤重

日野市遺跡調査会　一九九五a『南広間地遺跡五』日野市埋蔵文化財発掘調査報告二六　日野市

日野市遺跡調査会　一九九五b『一般国道二〇号（日野バイパス万願寺地区）改築工事に伴う埋蔵文化財発掘調査報告書――南広間地遺跡日野バイパス万願寺地区――』建設省関東地方建設局・相武国道工事事務所

日野市遺跡調査会　一九九五c『（株）大京Ⅰ・Ⅱ共同住宅建設工事に伴う埋蔵文化財発掘調査報告書――神明上遺跡――』日野市埋蔵文化財発掘調査報告二八　大京

日野市遺跡調査会　一九九六a『南広間地遺跡六』日野市埋蔵文化財発掘調査報告三四　日野市

日野市遺跡調査会　一九九六b『南広間地遺跡七』日野市埋蔵文化財発掘調査報告三五　日野市

日野市遺跡調査会　一九九六c『南広間地遺跡八』日野市埋蔵文化財発掘調査報告三六　日野市

日野市遺跡調査会　一九九六d『日本ハウズィング㈱によるマンション建築に伴う埋蔵文化財発掘調査報告書――南広間地遺跡第二八次調査――』日野市埋蔵文化財発掘調査報告三七　日本ハウズィング

日野市遺跡調査会　一九九六e『田中タダによる共同住宅建築に伴う埋蔵文化財発掘調査報告書――南広間地遺跡第三六次調査――』日野市埋蔵文化財発掘調査報告三九　田中タダ

日野市遺跡調査会　一九九七a『南広間地遺跡九』日野市埋蔵文化財発掘調査報告四一　日野市

日野市遺跡調査会　一九九七b『㈱大京Ⅴ共同住宅建設に伴う埋蔵文化財発掘調査報告書――南広間地遺跡第四〇次調査――』日野市埋蔵文化財発掘調査報告四三　大京

日野市遺跡調査会　一九九八a『南広間地遺跡一〇』日野市埋蔵文化財発掘調査報告五二　日野市

日野市遺跡調査会　一九九八b『南広間地遺跡一一』日野市埋蔵文化財発掘調査報告五三　日野市

日野市遺跡調査会　一九九八c『南広間地遺跡一二』日野市埋蔵文化財発掘調査報告五四　日野市

日野市遺跡調査会　一九九八d『七ツ塚遺跡三　七ツ塚遺跡発掘調査報告書』日野市埋蔵文化財発掘調査報告五五　日野市東光寺上第1・第2土地区画整理組合

日野市遺跡調査会　一九九九a『南広間地遺跡一三』日野市埋蔵文化財発掘調査報告六二　日野市

日野市遺跡調査会　一九九九b『七ツ塚遺跡四　七ツ塚遺跡発掘調査報告書』日野市埋蔵文化財発掘調査報告六三　日野市

東光寺上第1・第2土地区画整理組合
日野市遺跡調査会　一九九九c『南広間地遺跡一四』日野市埋蔵文化財発掘調査報告六五　日野市
日野市遺跡調査会　一九九九e『七ツ塚遺跡六　七ツ塚遺跡発掘調査報告書』日野市埋蔵文化財発掘調査報告六六　日野市東光寺上第1・第2土地区画整理組合
日野市遺跡調査会　一九九九d『七ツ塚遺跡七　七ツ塚遺跡発掘調査報告書』日野市埋蔵文化財発掘調査報告六七　日野市東光寺上第1・第2土地区画整理組合
日野市遺跡調査会　二〇〇〇『七ツ塚遺跡八　七ツ塚遺跡発掘調査報告書』日野市埋蔵文化財発掘調査報告六八　日野市東光寺上第1・第2土地区画整理組合
日野市遺跡調査会　二〇〇一a『七ツ塚遺跡九　七ツ塚遺跡発掘調査報告書』日野市埋蔵文化財発掘調査報告六九　日野市東光寺上第1・第2土地区画整理組合
日野市遺跡調査会　二〇〇一b『七ツ塚遺跡一〇　七ツ塚遺跡発掘調査報告書』日野市埋蔵文化財発掘調査報告七一　日野市東光寺上第1・第2土地区画整理組合
日野市遺跡調査会　二〇〇一c『岩澤昌男による共同住宅建設工事に伴う間増文化財発掘調査報告書――南広間地遺跡第五三次調査――』岩澤昌男
日野市遺跡調査会　二〇〇三『東京都日野市　南広間地遺跡――一般国道二〇号（日野バイパス日野地区）改築工事に伴う埋蔵文化財調査報告書――』国土交通省関東地方整備局・相武国道工事事務所
日野市落川遺跡調査会　一九九八『落川遺跡Ⅰ』
日野市教育委員会　一九九五a『日野市ふるさと博物館紀要』第五号　日野市
日野市教育委員会　一九九五b『日野市埋蔵文化財発掘調査輯報Ⅶ――神明上遺跡第七五次調査――』日野市埋蔵文化財発掘調査報告二三
日野市教育委員会　一九九六a『日野市埋蔵文化財発掘調査輯報Ⅷ』日野市埋蔵文化財発掘調査報告二九
日野市教育委員会　一九九六b『日野市ふるさと博物館紀要』第六号
日野市史編さん委員会　一九九〇『日野市史　別巻　市史余話』

日野史談会　一九八二『日野の歴史と文化』第一七号
日野市ふるさと博物館　一九九三『企画展　中世の日野　幻の真慈悲寺と高幡不動』日野市
日野新町一丁目住宅遺跡調査会　一九九七『姥久保遺跡Ⅰ』東京都南部住宅建設事務所
日野新町一丁目住宅遺跡調査会　一九九九『姥久保遺跡Ⅱ』東京都南部住宅建設事務所
日野新町一丁目住宅遺跡調査会　二〇〇二『姥久保遺跡Ⅲ』東京都南部住宅建設事務所
日野新町一丁目住宅遺跡調査会　二〇〇三『姥久保遺跡Ⅳ』東京都南部住宅建設事務所
平島素子・黒尾和久・渋江芳浩　一九九八『おちかわ――日野市落川土地区画整理事業に伴う発掘調査報告書――』日野市落川土地区画整理組合
平岡昭利編　二〇〇八『地図で読み解く日本の地域変貌』海青社
廣瀬直樹　二〇一〇「稲積川口遺跡出土の馬鍬について」『氷見市立博物館年報』第二八号　氷見市立博物館
福島和助（編集代表）　一九六七『郷土のはなし』八王子市立第八小学校校舎落成創立九〇周年記念事業協賛会
福田アジオ　一九八二『日本村落の民俗的構造』弘文堂
藤木久志　二〇〇五「戦国比企の城と村」藤木久志監修『戦国の城』高志書院
藤澤良祐　二〇〇一「瀬戸・美濃大窯製品の生産と流通――研究の現状と課題――」『戦国・織豊期の陶磁器流通と瀬戸・美濃大窯製品――東アジア的視野から――』瀬戸市埋蔵文化財センター
藤澤良祐　二〇〇六「瀬戸・美濃登窯製品の生産と流通」『江戸時代のやきもの――生産と流通――』瀬戸市文化振興財団
藤森栄一　一九八〇『縄文農耕』学生社
府中市史編さん委員会　一九六八『府中市史　上巻』府中市
古島敏雄　一九四三「焼畑農業の歴史的性格とその耕作形態」『近世日本農業の構造』日本評論社
増田淑美　一九九一「名主日記に見る幕末期多摩の民衆意識」『「開発」と地域民衆　その歴史像を求めて』雄山閣出版
増淵和夫　二〇〇一『多摩川の洪水と環境変動――近世多摩川洪水史と完新世段丘――』とうきゅう環境浄化財団
松井和幸　二〇〇四「馬鍬の起源と変遷」『考古学研究』五一―一　考古学研究会
丸山美季　一九九六「近世西川地方における山方荷主町田家の江戸材木問屋研究」『学習院大学人文科学論集』五　学習院

大学
丸山美季　二〇〇三「商取引文書から見た山方荷主町田家の西川材取引」『学習院大学史料館紀要』一二　学習院大学
水口由起子　一九八九『古墳時代後期に於ける土師器の一分析――元荒川以南の武蔵を事例にして――』『東国土器研究』第二号　東国土器研究会
溝口常俊　一九八二「甲州における近世焼畑村落の研究」『名古屋大学文学部研究論集』八三　史学二八　名古屋大学
溝口常俊　二〇〇二『日本近世・近代の畑作地域史の研究』名古屋大学出版会
南広間地遺跡整理調査団　二〇〇七『東京都日野市　南広間地遺跡――万願寺地区土地区画整理事業に伴う埋蔵文化財発掘調査資料集――』日野市
峰岸純夫　一九八九『中世の東国――地域と権力』東京大学出版会
峰岸純夫　一九九四「日野市域の荘園と公領」『日野市史　通史編二（上）』第一章第二節　日野市史編さん委員会
峰岸純夫　二〇〇六『中世東国の荘園公領と宗教』吉川弘文館
峰岸純夫監修　二〇〇七『図説　八王子・日野の歴史』郷土出版社
宮田　満　一九九四『多摩川における組合漁業の歴史的考察』『とうきゅう環境浄化財団研究助成報告』とうきゅう環境浄化財団
六車由実　二〇〇七a「焼畑研究をめぐるいくつかの課題」『私立大学学術研究高度化推進事業研究成果報告書　東アジアのなかの日本文化に関する総合的な研究』東北芸術工科大学東北文化研究センター
六車由実　二〇〇七b「山焼きの民俗とその可能性について」『農業が環境を破壊するとき　二〇〇六年度報告書』総合地球環境学研究所プロジェクト
六車由実　二〇〇七c「焼畑をめぐるいくつかの課題」『「オープン・リサーチ・センター整理事業」研究成果報告書』山形芸術工科大学
村田晃一　二〇〇五「七世紀における陸奥北辺の様相――宮城県域を中心として――」『日本考古学協会二〇〇五年度福島大会シンポジウム資料』日本考古学協会
村田晃一　二〇〇九「律令国家形成期の陸奥北辺経営と坂東――在地土師器・関東系土師器・囲郭集落の検討から――」国

士舘大学考古学会編『古代社会と地域間交流――土師器からみた関東と東北の様相――』六一書房
持田友宏　一九六九「南広間地遺跡の調査」『日野の歴史と文化』三　日野史談会
持田友宏・木津博明　一九七九「南広間地遺跡試掘調査報告」『日野考古研究』第二号　日野考古学会
森　謙二　一九九三『墓と葬送の社会史』講談社
森　謙二　二〇〇〇『墓と葬送の現在――先祖祭祀から葬送の自由へ――』東京堂出版
森　達也　一九九一「中世村落から近世村落へ」『江戸遺跡研究会会報』No.三二　江戸遺跡研究会
森　達也　一九九二ａ「多摩川中流域の低地開発と中世村落――東京都日野市南広間地遺跡の調査から――」『季刊あるく中世』No.二「あるく中世」の会
森　達也　一九九二ｂ「東京・日野市南広間地遺跡と出土陶磁器」『貿易陶磁研究』一二　貿易陶磁研究会
安澤秀一　一九七二『近世村落形成の基礎構造』吉川弘文館
柳田國男　一九六三「山民の生活」『定本柳田國男集』第四巻　筑摩書房
簗瀬裕一　二〇〇四「房総の中世集落」浅野晴樹ほか編『中世東国の世界二　南関東』高志書院

日野・八王子村落研究会の歩み

調査年月日	活動内容	会場・調査場所
昭和六三年(一九八八)		
三月五日	原田、八王子市宇津木台地区遺跡調査会来訪。宇津木台地区視察	八王子市宇津木台地区遺跡調査会
六月二六日	八王子市予備調査	八王子市石川町
八月二三日	福島和助氏の案内で原田、小宮山登氏、梶原、文書所蔵者宅を回る。石川町石川家、守屋家、源原家、宇津木町高木家	石川町
九月二—四日	第一回調査(合宿)。石川家文書調査。九月二日午前中、八王子郷土資料館土井義夫氏に挨拶。夕刻再び会談	石川町石川家
一二月三日	第一回勉強会。梶原発表「宇津木台地区遺跡群H地区における中・近世の土地利用変遷」	千代田区・お茶の水ジロー
平成元年(一九八九)		
五月六—七日	第二回調査(合宿)。石川家文書調査	石川町石川家
六月二四—二五日	第三回調査(合宿)。石川家文書調査	石川町石川家
七月二九—三〇日	第四回調査(合宿)。石川家文書調査	石川町石川家
八月七日	原田、日野市遺跡調査会万願寺事務所来訪。発掘調査現場視察。日野市役所で藤井和夫氏、日野市史編纂室鈴木淳世氏と面会	日野市遺跡調査会万願寺事務所
八月三一日	原田、八王子郷土資料館土井氏、日野市ふるさと博物館藤井氏と面会の後、日野市遺跡調査会万願寺事務所来訪。発掘調査現場視察。その後八王子市石川家と福島和助氏に石川家文書目録(中間)届ける	八王子市郷土資料館・日野市遺跡調査会万願寺事務所・日野市役所
九月一日	原田、日野市遺跡調査会万願寺事務所来訪。発掘調査現場視察	日野市遺跡調査会万願寺事務所
一一月二六日	第五回調査。石川家文書調査。午前小宮山氏・梶原は高木家へ	石川町石川家 宇津木町高木家
平成二年(一九九〇)		
三月二三日	原田、日野市遺跡調査会万願寺事務所来訪。発掘調査現場視察	日野市遺跡調査会万願寺事務所
三月二七日	原田、日野市遺跡調査会調査員と協議	日野市遺跡調査会万願寺事務所
六月七日	第二回勉強会。森達也氏発表「日野市内の考古学的状況」	明治大学大学院

六月一七日	第六回調査。石川家文書調査及び日野市ふるさと博物館へ井上潤・白井哲哉氏	石川町石川家 日野市ふるさと博物館
七月一日	第七回調査。日野市ふるさと博物館・万願寺斉藤大資氏宅調査	日野市ふるさと博物館 万願寺斉藤家
八月七日	第三回勉強会。梶原発表「古代の開発」	明治大学大学院
九月八—九日	第八回調査(合宿)。日野市ふるさと博物館の目録写す。第四回勉強会。宿舎にて土師発表「弥生時代終末から近世に至る大谷沢の開発」	日野市ふるさと博物館 ビジネスホテル・ツカモト
一一月九日	原田・松井章氏、日野市遺跡調査会万願寺事務所来訪。調査現場視察	日野市遺跡調査会万願寺事務所
一一月二四—二五日	第九回調査。石川家文書調査	石川町石川家
平成三年(一九九一) 八月三一—九月一日	第五回勉強会(合宿)。篠崎譲治氏発表「馬小屋の構造について」、井上発表「石川家文書について」、原田発表「関東における中世の村落景観」、森氏発表「中世村落から近世村落へ」	八王子大学セミナーハウス
平成四年(一九九二) 六月一四日	打合せ	日野市豊田
七月三一日	打合せ	八王子
平成五年(一九九三) 五月二一日	打合せ。原田、一〇月から1年間ウィーン海外留学のための、今後の方針検討	池袋
原田ウィーン留学のため一年半、活動休止。		
平成六年(一九九四) 一一月二三日	打合せ。期限を五年としたい。三月中に二泊三日程度の合宿。原田、一・二月中に日野市役所へ	新宿西口滝沢
原田学位論文執筆のため散発的な見学・会合のみ。		
平成一〇年(一九九八) 一月二五日	打合せ。これまでの経過説明、執筆分担確認、今後の計画	立川・文化財COM
四月二四日	八王子市郷土資料館文書調査	八王子市郷土資料館
七月六日	打合せ。九月五・六日調査予定	高田馬場

九月五—六日	第一〇回調査。石川家文書調査。小宮地区巡見	石川町石川家
原田校務・共同研究・自治体史による多忙のため散発的な見学・会合のみ。二〇〇二年から東京に転職。		
平成一四年（二〇〇二）		
九月一五日	打合せ。執筆分担確認、今後の計画について	立川・文化財ＣＯＭ
一〇月一三日	日野市ふるさと博物館へ再開の挨拶。	日野市ふるさと博物館
	第六回勉強会。梶原発表「宇津木台遺跡群の概要」、土師発表「南広間地遺跡の概要」	立川・文化財ＣＯＭ
一二月一日	第七回勉強会。原田発表「日本古代・中世村落の景観と生活」	立川・文化財ＣＯＭ
平成一五年（二〇〇三）		
二月一六日	第八回勉強会。須田努氏発表「『日野市史　通史編二』を読む」第三章第二・三節	立川・文化財ＣＯＭ
四月二六日	第一一回調査。日野市ふるさと博物館文書調査	日野市ふるさと博物館
一〇月二九日	打合せ	水道橋・百足舎
一二月三日	打合せ（予定）	水道橋・百足舎
平成一六年（二〇〇四）		
一月二八日	第九回勉強会。酒井発表「『武州多西之郡石川之郷御縄打水帳』の検討」	水道橋・百足舎
八月一〇日	打合せ	水道橋・百足舎
九月二九日	第一〇回勉強会。原田発表「多摩川中流域における村落景観の展開と自然環境——日八研の基本方針をめぐって——」	水道橋・百足舎
一〇月一二日	打合せ	立川・ルノアール
一〇月一三日	打合せ	水道橋・百足舎
一一月二九日	打合せ	水道橋・百足舎
一二月一五日	打合せ	立川・ルノアール
平成一七年（二〇〇五）		
一月一九日	第一一回勉強会。原田発表「中世村落における景観と生活：要旨——関東平野東部を中心として——」	立川市総合女性センター第二和室
二月一六日	打合せ	立川市総合女性センター第二和室
四月二〇日	打合せ	立川市総合女性センター第一和室

四月二七日	第一二回勉強会。清水発表「幕末維新期の在村文芸の展開と明治天皇行幸――武蔵国多摩郡連光寺村を事例として――」	立川市総合女性センター第二和室
六月八日	第一三回勉強会。原田発表「中世の立川氏について――最新の研究から――」	立川市総合女性センター第二和室
七月一三日	第一四回勉強会。上敷領発表「石川天野遺跡出土の旧石器時代資料について」	立川市総合女性センター第一和室
八月二四日	第一五回勉強会。梶原発表「中世末から近世初期の宇津木台地区」	立川市総合女性センター第二和室
一〇月五日	第一六回勉強会。谷澤発表「石川千広家文書(私文書)にみる石川家と当時の生活について――病気見舞帳を中心に――」。打合せ。今後の方針について	立川市総合女性センター第二学習室
一一月九日	打合せ	立川市総合女性センター第一和室
一一月一二日	第一回石川家文書追加調査	石川町石川家
一二月一〇日	第二回石川家文書追加調査	石川町石川家
一二月一四日	第一七回勉強会。有村発表「調布市佐須地区の中世遺物」	立川・ルノアール
平成一八年(二〇〇六)		
一月二五日	第一八回勉強会。酒井発表「石川家文書について」	立川市総合女性センター第二和室
二月五日	第三回石川家文書追加調査	石川町石川家
二月二二日	第一九回勉強会。原田発表「粉食と水車」。梶原発表だったが現場からの帰り高速渋滞のため遅れ原田発表となる	立川市総合女性センター第一和室
三月五日	第四回石川家文書追加調査	石川町石川家
三月二二日	第二〇回勉強会。梶原発表「宇津木台周辺の板碑――石川町・小宮町を中心に――」	立川市総合女性センター第二和室
四月二二日	第五回石川家文書追加調査	石川町石川家
四月二六日	第二一回勉強会。上敷領発表「宇津木台周辺の遺跡――石川町・小宮町を中心に――」	立川市総合女性センター第二和室
五月一一日	打合せ。科研費・合宿について	立川市総合女性センター第二和室
六月九日	第二二回勉強会。谷澤発表「石川千広家文書にみる石川家と石川村について」	立川市総合女性センター第二和室
六月一八日	第六回石川家文書追加調査	石川町石川家
七月三日	打合せ。今後の方針について	立川市総合女性センター第一和室
七月八日	第七回石川家文書追加調査	石川町石川家
八月四―七日	第一二回調査(合宿)。源原家・八王子市郷土資料館文書調査、考古資料調査	石川町源原家 八王子市郷土資料館外

九月二四日	合宿成果報告	立川市総合女性センター第一和室
一〇月四日	打合せ	立川市総合女性センター第二和室
一〇月一七日	打合せ	藤沢市・マタリ
一一月一一—一二日	第一三回調査（合宿）。源原家・八王子市郷土資料館文書調査	石川町源原家・八王子市郷土資料館
一二月六日	打合せ	立川・ルノアール
平成一九年（二〇〇七） 一月二四日	第一三回勉強会。原田発表「切畑について」	立川市総合女性センター第一和室
二月二四—二五日	第一四回調査（合宿）。源原家文書調査・考古資料検索	石川町源原家・日野市立中央図書館
三月二四日	原田・有村、源原家へ目録届ける	源原家
四月四日	打合せ。〇七年度の方針について	立川市総合女性センター第二和室
五月一六日	第二四回勉強会。原田発表「日野・八王子地区の地形について」	水道橋・百足舎
六月一五—一七日	第一五回調査（合宿）。源原家文書調査・八王子市郷土資料館・日野市郷土資料館	石川町源原家・八王子市郷土資料館・日野市郷土資料館
七月一八日	打合せ	水道橋・百足舎
八月一一—一二日	第一六回調査（合宿）。文書調査。巡見	八王子市郷土資料館 旧石川・平・粟之須村
九月二五日	合宿の成果報告。今後の打合せ	立川市総合女性センター第二和室
九月二九日	第八回石川家文書追加調査	石川町石川家
一一月六日	各自の方針報告	立川市総合女性センター作業室
一二月八—九日	第一七回調査（合宿）。源原家・八王子市郷土資料館文書調査。第九回石川家文書追加調査。調査範囲の旧村巡見	石川町源原家・石川家・八王子市郷土資料館
平成二〇年（二〇〇八） 一月二八日	打合せ	立川市総合女性センター第二和室
二月九日	第一〇回石川家文書追加調査	石川町石川家
二月二九日	打合せ	立川市総合女性センター第二和室
三月八—九日	第一八回調査合宿。源原家文書調査	石川町源原家

四月二一日	打合せ	水道橋・百足舎
五月二六日	打合せ	立川市総合女性センター第一和室
六月二五日	第二五回勉強会。梶原発表「中世の宇津木・石川地区における村落景観復原のための事例研究」	多摩市パルテノン多摩
八月二九—三一日	第一九回調査（合宿）。源原家文書調査	石川町源原家
一〇月七日	打合せ	多摩市パルテノン多摩
一二月一三—一四日	第二〇回調査（合宿）。久保純子氏を招き講演を聴く。石川家聞き取り調査（石川羊一氏・正子氏・立川秋雄氏）	八王子大学セミナーハウス・石川町石川家
平成二一年（二〇〇九）		
一月三一日	源原家文書調査・立川家聞き取り調査（立川秋雄氏・佐藤富夫氏）	石川町源原家・立川家
三月一日	第一回論文要旨報告会	立川市総合女性センターアイム
四月二九日	第二回論文要旨報告会	国士舘大学鶴川校舎原田研究室
五月九日	石川町巡見・聞き取り調査（澤田和夫氏）	石川町
七月二九日	打合せ。出版までのスケジュール確認	立川市総合女性センター第一和室
九月二日	打合せ。発表タイトルと図版枚数確認	立川市総合女性センター第二和室
九月一二日	石川町巡見（御嶽神社祭礼など）・聞き取り調査	石川町
一一月一七日	打合せ。一〇月以降の経過と今後のスケジュールについて	立川市総合女性センター第一学習室
一二月一二—一三日	第二一回調査（合宿）。多摩巡見	多摩各地
平成二二年（二〇一〇）		
一月一七日	論文検討会	国士舘大学鶴川校舎原田研究室
二月七日	論文検討会	府中市グリーンプラザ
三月七日	論文検討会	立川市総合女性センター第一・二学習室
三月二九日	論文検討会	立川市女性センター第一和室
四月二二日	論文検討会	多摩市パルテノン多摩
六月五日	石川家聞き取り調査（石川本氏）	羽村市石川家
六月三〇日	資料検討会	多摩センター・サイゼリア

九月二九日	打合せ。入稿後のスケジュールと初稿の注意点	立川市総合女性センター第二会議室
一一月二九日	打合せ。参考文献・典拠文献などの統一	立川市総合女性センター第二会議室

あとがき

私がはじめて日野・八王子地区を訪れたのは、一九八八年三月五日のことであった。そのほぼ一ヶ月前、東京で開かれた第一回の江戸遺跡研究会大会で、依頼を受けて「江戸の食生活と料理文化」という報告（のち『江戸の食文化』所収、吉川弘文館、一九九二年）を行ったが、この会で梶原勝君と談笑したことがきっかけとなった。その後の手紙のやりとりで〝八王子に面白い中世遺跡がありま す〟と宇津木台遺跡を紹介されて出かけたのである。

それはちょうど、木村礎編『村落景観の史的研究』（八木書店、一九八八年）の中世部分を執筆中の時期だった。のちに私の学位論文の舞台となる茨城県西部での研究テーマは、究極的には考古学的な知見との融合が是非とも必要だと考えていたこともあり、新しいフィールドにも興味があったので、梶原君の話に乗ることにした。その後、しばしば現地に赴き、同年の九月から日野・八王子地区において近世地方文書の調査を始め、一二月には第一回目の研究会を開いた（以下、その後の過程については、「日野・八王子村落研究会の歩み」を参照されたい）。

ただ一九八八年とは、私が最初の職を得て、北海道の札幌大学女子短期大学部に赴任した翌年のことで、地の利が極めて悪い状況のなかで研究がスタートをみた。また調査中にも、さまざまな事情に遭遇したが、いずれにせよ本書を上梓するまでには、途中にいくどかの小休止もあり、実に二三年の歳月が流れたことになる。余りにも遅々たる歩みで、明治大学の恩師・木村礎先生が共同研究期間を一〇年として、その成果を刊行し続けてきたことを思えば、内心忸怩たるものがある。

さらに申し上げにくいことではあるが、梶原君をはじめとする研究仲間の面々には、私自身がこの仕事に第一義的な位置づけを与えてこなかったという事実を、ここで正直に表白しておかなければならない。より厳密にいうなら、このフィールドでの共同研究は面白かったが、それ以上に、この二〇余年の間、私が中世村落史を超えたさまざまな分野に、勝手に触手を伸ばし過ぎてきたという事情があった。

思えば『江戸の料理史』の刊行は、初めての八王子訪問一年後のことであった。その後、私にとって食生活史研究は、村落史研究と表裏をなすテーマとなり、料理史・食生活史の通史を、それぞれ試みることができた。また『歴史のなかの米と肉』の上梓を契機に、中村生雄氏から彼が主宰する〝供犠論研究会〟に誘われ、私なりの動物供犠研究はまもなくまとまりをみせるところまできた。

さらに赤坂憲雄氏に乞うて、東北芸術工科大学の焼畑研究班に参加させていただいたが、これは総合地球環境学研究所佐藤洋一郎プロジェクトの火耕班に受け継がれ、これもいよいよ共同研究をまとめあげる最終段階にまで至った。それにしても余りにも研究領域を広げすぎた、と多少反省めいた弁解がないわけでもない。ただそれら回り道の成果は、多少ではあるが、この共同研究にも反映されている。

単に個別の研究領域のみならず、それ以上に北海道に職場を得て、海外への関心が高まり、しばしば出て歩き続けた。これが現在の国士舘大学21世紀アジア学部への就職に繋がったことになるが、それは札幌での職務の一つとして、学生たちをヨーロッパの研修旅行に連れ回す仕事が与えられ、海外から日本を眺める機会が持てたからである。

その少し前、国立民族学博物館での石毛直道氏主宰の共同研究に参加を許され、東アジアをめぐる食文化の議論に刺激され、一九八五年に初めて韓国を訪れてから、海外を見て歩くことに大きな興味を覚えた。日本の歴史を理解するためには、異文化の内実を知る必要を痛感していたので、引率の仕事は面白く、当時文化学科の主任であった内田実先生と、異文化理解のための研修コースを、次々と練りあげていったことが懐かしく思い出される。

その間に、札幌大学から一年間のウィーン大学留学研修を命ぜられたことについては、『中世村落の景観と生活』の「あとがき」に記したので繰り返さないが、その後もアジアを中心に、ほとんど私費で出かけ、自らの興味に沿った小さな海外ツアーも何度か企画して、異国の農村を極力見て歩くよう心がけた。これらの海外での蓄積が、私の研究にどこまで役立っているかは疑わしいが、どこかで血肉化しているはずだという確信はある。

こうした私自身の研究史を書きつづっても、この共同研究を一緒に推し進めてきた仲間には、単なる身勝手な弁明にすぎず、時間をかけすぎたことに対して、衷心から詫びるほかはない。ただ、かろうじての小さな自負は、総体的な視野に立ちつつも一つの地域にこだわって、近世地方文書の調査を行い、考古遺跡・遺物を実見し、現地の巡検を重ねたうえで、旧石器時代から前近代にかけての開発と景観の歴史を描き出したことだと思っている。

そもそも歴史の学会では、時代の潮流に乗った研究テーマが標榜され、それについて何ら総括もないうちに、新たな流行的テーマに飛びつくという傾向がないわけではない。この共同研究は、一〇年一律どころか二〇年一律で、現地との格闘を続けてきた。また昨今の現象でいえば、環境史というテーマが注目を浴びており、「環境」の二字が書名に付されることが多く、何かと有利なこともあるが、本書ではあえてそれをしなかった。

ここでいう開発や景観は、「環境」に最も深くかかわる問題であるが、逆に「環境」を優先させてしまうと、人々の生活実態がみえにくくなるからである。「生活」もまた流行語となった観があるが、それは木村礎先生による共同研究の開始以来、三〇年以上も前からの原点であり、開発も景観も、まさに「生活」そのものだと考えてきた。そして今、その長年の成果が、こうして刊行されることに大きな歓びを感じている。

いずれにしても、さすがに二〇年を超える共同研究ともなれば、非常に多くの現地の人々にお世話になると同時に、本書執筆者以外にも、さまざまな方々に、研究会に参加していただいたり、ご助言などを賜ってきた。ここにお名前を記して、衷心から感謝の意を表したい。

近世地方文書調査・考古遺跡関係：石川羊一・源原清寿・守屋栄（故人）・八王子郷土資料館・日野市教育委員会・日野市郷土資料館・八王子市宇津木台地区遺跡調査会・日野市遺跡調査会・阿伎留神社

聞き取り調査：阿留多伎潔・石川羊一・石川正子・石川本・池田久雄・内田寛一・佐藤富夫・澤田和夫・立川秋雄

近世文書整理：小宮山登（故人）・松本友里・井上淳・本村慈・高野宏峰・馬場憲一・安藤優一郎・八王子の古文書を学ぶ会（岡本・今野・鈴木各氏）

研究会参加者：森達也・大貫芳弘・篠崎譲治・須田努・白井哲哉・橋本直子・小黒恵子

研究助言者：福島和助（故人）・鈴木淳世・北村澄江・亀尾美香・秦哲子・戸井晴夫・清野利明・土井義夫・渋江芳浩・黒尾和久・平島素子・中山真治・清水菊子・松井章

また（有）文化財コムには、トレース図作成ほか、ひとかたならぬお世話になった。

つくづく研究というものが、多くの人々の支えによって成り立っていることを痛感させられる次第である。最後に再び個人的な感情吐露を許してもらえば、この春、研究上で刺激しあってきた友人二人が、相次いで冥界へと籍を移した。私自身も、昨年に還暦を迎えて、多少体調にも支障をきたすようになった。まだまだ各地を見て回りたいと思う気力はあるが、身体がどう許してくれるかは分からない。この夏は、北京への小旅行のほかは調査にも出ず、しばらく読書と著述に専念できると思った矢先、不意に少しばかり入院を命ぜられるところとなった。

共同研究の「あとがき」としては、余りにも私事にわたりすぎたが、本書は私の研究生活の大きな区切りをなすものであることから、あえてご寛恕願いたい。それにしても実に長い間、この共同研究に付き合ってくれた仲間たちに深く感謝する。

二〇一〇年八月二三日　飯田橋　外濠を見下ろす東京逓信病院の病室にて

原田信男

【付記】本書には、平成一七〜一九年度に文部科学省科学研究費補助金：基盤研究（C）・課題番号一八五二〇五〇八「平地部における開発と環境の変化に関する歴史的研究」による成果が一部に生かされている。

地域《ちいき》開発《かいはつ》と村落《そんらく》景観《けいかん》の歴史的《れきしてき》展開《てんかい》

——多摩川中流域《たまがわちゅうりゅういき》を中心《ちゅうしん》に——

2011(平成23)年2月28日発行

定価：本体9,000円(税別)

編　者　原田信男

発行者　田中周二

発行所　株式会社　思文閣出版

〒606-8203 京都市左京区田中関田町2-7

電話 075-751-1781(代表)

印刷
製本　亜細亜印刷株式会社

 ISBN978-4-7842-1555-3 C3021

執筆者紹介

〔編　者〕

原田信男（はらだ　のぶを）

1949年生．明治大学大学院文学研究科修了（日本生活文化史・日本文化論専攻）．現在，国士舘大学21世紀アジア学部教授．『中世村落の景観と生活』（思文閣出版，1999年）『歴史のなかの米と肉』（平凡社，1993年）『江戸の食生活』（岩波書店，2003年）など．

〔執筆者（掲載順）〕

久保純子（くぼ　すみこ）

1959年生．東京都立大学大学院理学研究科修了（地理学専攻）．博士（理学）．現在，早稲田大学教育学部教授．「相模川下流平野の埋没段丘からみた酸素同位体ステージ5a 以降の海水準変化と地形発達」（『第四紀研究』36，1997年）貝塚爽平・小池一之・遠藤邦彦・山崎晴雄・鈴木毅彦『日本の地形４　関東・伊豆小笠原』（分担執筆，東京大学出版会，2000年）若松加寿江・松岡昌志・久保純子・長谷川浩一・杉浦正美『日本の地形・地盤デジタルマップ』（東京大学出版会，2005年）など．

上敷領久（かみしきりょう　ひさし）

1959年生．國學院大學文学部博士課程後期修了（日本史学専攻）．現在，東京都国分寺市教育委員会教育部ふるさと文化財課職員．「盤状集積葬考」（『史学研究集録』第12号，1987年）「縄文時代の剝片石器製作技術」（『物質文化』52，1989年）「南関東における有舌尖頭器の展開」（『東京考古』15，1997年）など．

有村由美（ありむら　ゆみ）

1962年生．駒沢大学文学部歴史学科卒業（考古学専攻）．現在，調布市遺跡調査会主任調査員．

梶原　勝（かじはら　まさる）

1955年生．明治大学文学部史学地理学科卒業（日本史専攻）．現在，㈲文化財コム取締役．「多摩川中流域における古代の水田開発――日野市南広間地遺跡を中心として――」（地方史研究協議会編『「開発」と地域民衆――その歴史像を求めて――』（雄山閣，1991年）「考古学と地方史研究――多摩地域における19世紀の考古学――」（地方史研究協議会編『地方史・地域史研究の展望』名著出版，2001年）「多摩地域における近世の掘立柱建物」（浅川滋男・箱崎和久編『埋もれた中近世の住まい』同成社，2001年）など．

清水裕介（しみず　ゆうすけ）

1982年生．現在，中央大学大学院文学研究科博士後期課程（日本近現代史専攻）．「多摩聖蹟記念館の活動と性格――戦前期の収蔵品成立過程を通して――」（公益財団法人多摩市文化振興財団編展示図録『維新風雲回顧展――最後の志士・田中光顕の遺した「語り」と「遺墨」』，2011年１月）．「史料紹介明治十七年御猟場日記簿」（公益財団法人多摩市文化振興財団編『多摩のどうぶつ物語――ほ乳類が見た地域の歴史――』，2010年９月），「『多摩村音頭』制作と作詞者下村静治」（財団法人多摩市文化振興財団編『多摩の村から未来のわがまちへ』，2007年10月）など．

井上　潤（いのうえ　じゅん）
1959年生．明治大学文学部史学地理学科卒業（日本史専攻）．現在，渋沢史料館館長．「蛇池村――水田志向の村」（木村礎編『村落景観の史的研究』八木書店，1988年）「田宿村と猫島村」（木村礎編著『村落生活の史的研究』八木書店，1994年）「少・青年期の人間形成」（渋沢研究会編『新時代の創造 公益の追求者・渋沢栄一』山川出版社，1999年）など．

酒井麻子（さかい　あさこ）
1971年生．明治大学文学部史学地理学科卒業（日本史専攻）．現在，藤沢市文書館史料専門員．

谷澤美香（やざわ　みか）
1967年生．明治大学文学部史学地理学科卒業（日本史専攻）．現在，あきる野市教育委員会公民館職員．『村史　千代川村生活史』第2巻～第6巻（分担執筆，千代川村，1997年～2003年）「村方文書と千代川――村明細帳にみる千代川――」（村史紀要『千代川村の生活』第9号，2003年）など．

飯泉今日子（いいずみ　きょうこ）
1984年生．明治大学大学院文学研究科博士前期課程修了（史学専攻）．現在，東京都府中市文化スポーツ部文化振興課文化財係職員．

山本智代（やまもと　ともよ）
1983年生．明治大学大学院文学研究科博士前期課程修了（史学専攻）．現在，錦城学園高等学校専任講師．

索　　引

【地名・遺跡名】

【事項】

さ

し

す

せ

む

も

や

ゆ

よ

り

ろ

わ